中國法治之路

中國法治之路

李步雲

香港城市大學出版社
City University of Hong Kong Press

國際統一書號:978-962-937-409-9

出版

    香港城市大學出版社
    香港九龍達之路
    香港城市大學
    網址:www.cityu.edu.hk/upress
    電郵:upress@cityu.edu.hk

The Road to the Rule of Law in China

(in traditional Chinese characters)

ISBN: 978-962-937-409-9

Published by
    City University of Hong Kong Press
    Tat Chee Avenue
    Kowloon, Hong Kong
    Website: www.cityu.edu.hk/upress
    E-mail: upress@cityu.edu.hk

Printed in Hong Kong

目錄

第一部分

高舉憲政旗幟

第一章

憲政與中國

* 本章是根據 1993 年 2 月至 5 月作者在美國紐約哥倫比亞大學舉辦的「憲政與中國」研
討會上一系列發言整理而成。本章刊在作者所主持的《憲法比較研究文集（2）》（中國
民主法制出版社，1993 年 7 月第 1 版）中。日本西村幸次郎教授已將本章譯成日文，
發表在 1996 年版《大法學》第 46 卷第 3 號上。

憲政是當代一種比較理想的政治制度。它是全人類共同創造的一大文明成果，是各國人民通向幸福的必由之路。那麼，究竟什麼是憲政？它包含哪些基本要素？這些要素的主要內容是什麼？中國如實行憲政，在政治制度上需要作哪些改革？需要解決哪些理論認識問題？所有這些，都是現在人們普遍關心的。筆者的這篇論文試圖就這些問題作一概要性的探討。

什麼是憲政

什麼是憲政？讓我們先看看以前中國領導人和學者的觀點。在中國抗日戰爭時期（1937年–1945年），毛澤東曾說過：「憲政是什麼呢？就是民主的政治。」[1] 當時，中國共產黨人曾以憲政作為武器，向國民黨政府爭民主、爭自由、爭人權。那時，毛澤東曾明確提出「自由民主的中國」這一概念。他說，「『自由民主的中國』，將是這樣一個國家，它的各級政府直至中央政府，都由普遍平等無記名的選舉產生，並向選舉他們的人民負責。它將實現孫中山先生的三民主義，林肯的民有、民治、民享的原則與羅斯福的四大自由。」[2] 當時，中國共產黨的著名憲法學家張友漁，也曾撰寫過一系列文章，闡述什麼是憲政。[3] 但是，自

---

1. 〈新民主主義憲政〉，《毛澤東選集》第2卷（北京：人民出版社，1952年），726頁。

2. 〈答路透社記者甘貝爾十二項問題〉，《中共黨史教學參考資料》（北京：人民出版社，1979年）。

3. 張友漁曾在〈憲法與憲政〉一文中說：「所謂憲政就是拿憲法規定的國家體制、政權組織以及政府和人民相互之間權利義務關係而使政府和人民都在這些規定之下，享受應享受的權利，負擔應負擔的義務，無論誰都不許違反和超越這些規定而自由行動的這樣一種政治形態。」見《憲政論叢》（上冊）（北京：群眾出版社，1986年），97–103、138–140、141–145頁。

從 1949 年取得勝利以後，中國的黨政領導人就不再提憲政這一概念。學者中也很少有人再探討和闡述這一概念。1978 年以後，一些學者在自己的著作中偶爾也使用「憲政」一詞，但一般都是把憲政這一概念等同於憲法這一概念。[4] 這種狀況，一直延續到不久之前才開始有改變。在 1992 年 12 月中國先後召開的兩次大型學術討論會上，一些學者才開始比較系統地闡述這一問題。[5]

那麼，什麼是憲政呢？筆者認為，可以給憲政下這樣一個定義：憲政是國家依據一部充分體現現代文明的憲法進行治理，以實現一系列民主原則與制度為主要內容，以屬行法治為基本保證，以充分實現最廣泛的人權為目的的一種政治制度。根據這一定義，憲政這一概念，包含三個基本要素，即：民主、法治、人權。民主是憲政的基礎，法治是憲政的重要條件，人權保障則是憲政的目的。

要明瞭什麼是憲政，就需要搞清楚憲政與憲法的關係。憲政與憲法當然有密切聯繫，但兩者又有原則區別。一個國家實行憲政，必須有一部好的憲法；一個國家有憲法，但不一定實行憲政。希特拉時期的德國也有一部憲法，但我們不會承認它是實行憲政。我認為，憲政與憲法至少有以下區別：(1) 憲法是法律的一種，屬「社會規範」的範疇；憲政是政治制度的一種，屬「制度」這個範疇。憲法存在於憲法文件中，是紙上的東西；憲政存在於現實生活中，是在實行的東西。憲法是憲政的法律表現；憲政是憲法的實質內容，但不是它的全部內容，如國旗、國徽、國歌等方面的規定，並不是憲政的要素。(2) 在近代和現代，憲法有好有壞。例如，實行種族隔離的南非，其憲法就不是一部好憲法；維護這種嚴重違反基本人權的制度，就不是實行憲政。(3) 一個國家的憲法可以制定得很好，但領導人卻完全可以不按憲法的要求去做，而實行專制獨裁。這種情況也並非少見。憲政與憲法雖有這些區別，但兩者

---

4. 例如，中國社會科學院法學研究所陳雲生博士所著《民主憲政新潮：憲法監督的理論與實踐》（北京：人民出版社，1988 年）一書，就是把憲政與憲法作為同義語。

5. 這兩次會議，一次是許崇德教授主持的「憲法與民主」國際研討會：另一次是李步雲主持的「憲法比較研究」第二次全國研討會。本章作者在這兩次會議上提出並論述了憲政「三要素」說（民主、法治、人權），其他一些中外學者也就此問題作了廣泛探討。

又不可分離。實行憲政，需要有一部好的憲法作為合法依據和武器；而實現憲政則是憲法制訂和實行的靈魂、方向、目的與支柱。

憲政這一概念並不是一成不變的。它過去是，今後也將會伴隨着人類文明的日益進步而不斷發展與豐富其內涵。傳統的憲政概念，是以民主和法治為其基本要素。隨着人類物質文明與精神文明的提高，國際交往的日益密切，特別是二戰給人類帶來的巨大災難，人權問題日益為全人類所特別關注，人權保障成為憲政概念的基本要素，才逐步為愈來愈多的學者和政治家所承認和重視。事實上，民主與法治的主要原則和基本內容，也是在不斷發展變化的。

憲政的理論與實踐，都是共性與個性的統一。在利益的追求和享有上，在道德價值的判斷和取向上，全人類有着共同的、一致的方面，決定着憲政具有共性；在不同國家和民族之間，又存在着種種差異和矛盾，因而憲政又具有個性。民主、法治、人權的基本精神和主要原則，適用於世界上任何一個地方，是全人類共同要走的道路。但是，各國憲政的具體表現形式，實現憲政理想的具體步驟，則由於不同國家、不同民族在經濟、政治、文化方面的歷史傳統與現實條件不同而有差別。否認或誇大憲政的共性或個性的任何一個方面，都是不正確的，有害的。

民主

民主的精髓，是「人民主權」原則。林肯提出的「民有、民治、民享」，是對「人民主權」原則基本精神的一種很好的概括和表述。首先，國家的一切權力屬人民；政府的權力是由人民賦予，政府超越憲法所規定的權限，就是越權與非法。其次，人民是國家的主人，政府是人民的公僕；政府代表人民行使權力，政府要受人民的監督。最後，政府一切活動的目的，是為全體人民謀幸福，而不是為某個組織、團體、政黨或少數人謀私利。

「人民主權」原則，需要通過一系列民主的基本內容、基本制度體現出來，並予以保障。我認為，以下四項民主的內容與制度是最基本的，並適用於任何國家。(1) 政府應由普選產生，這種選舉應是自由的、公正的，要能真正反映出選民的意志。(2) 被選出的國家權力機

關，要能真正掌握和行使國家權力，不能大權旁落，而為其他並非普選產生的某個人或某一組織所取代。(3) 國家權力結構應建立和完善分權與制衡機制，以防止權力不受監督而腐敗。(4) 人民應當充分地享有知情權、參政權、議政權和監督權，藉以保證在代議制條件下國家權力仍然真正掌握在人民手裏。一個國家如果堅持了「人民主權」原則，切實建立和實施了以上基本制度；就是實現了憲政的一個基本要素——民主，就是為實現憲政奠定了基礎。

民主作為憲政的第一個要素，它的第一個基本內容，就是國家權力機構必須由真正的普選產生。世界上除了極少數小國可以實行直接民主（即由人民自己組成某類機構，直接行使立法、司法、行政權）外，絕大多數國家只能實行代議制，即通過普選產生政府（如議會、總統、執政委員會等），由政府代表人民掌握和行使國家權力。政府的合法性，需要人民的認可；其基本形式，就是人民通過選舉產生政府和更換政府。因此，保證普選的公正性具有極其重要的意義。由於各種複雜的原因，獨裁者個人、某些軍隊或政黨非法干預、操縱、控制選舉使其不能充分反映選民的自由意志，這在當今世界上還比比皆是，這是同憲政不相容的。現在，有些國家由於國內矛盾尖銳，或是由聯合國出面監督選舉（如柬埔寨），或自願放棄部分主權而邀請國際知名人士監督自己國家的選舉，這種情況今後還有增多的發展趨勢。

中國也是實行代議制，人民代表大會制度就是代議制的一種形式。有人批判代議制，認為它是「資本主義國家的政權組織形式」，[6]這是不正確的。1953 年，中國制訂了第一部選舉法，開始實行普遍選舉。其原則是：選舉權的普遍性和平等性，直接選舉與間接選舉相結合，實行無記名投票。1979 年 7 月公佈新《選舉法》，以後又作了修改。改進的地方主要是：除中國共產黨、各民主黨派、各人民團體可以聯合或單獨推薦代表候選人外，又規定「任何選民或者代表有三人以上附議，也可以推薦代表候選人。」實行了差額選舉；縣一級改間接選舉為直接選舉。但是，由於種種複雜原因，在實際選舉中，過去那種「上面定名單，下面劃圈圈」的弊端，現在仍然沒有得到根本性的改變。在我看來，要改革選舉制度，關鍵還是要從認識上解決一些思想理論問

6.《中國憲法學若干問題討論綜述》（長春：吉林大學出版社，1992 年），286 頁。

題，其中有兩條很重要。一是要真正了解在選舉中引進「競爭」機制的重要性。共產黨的組織和黨員，只有使自己永遠處於內部的和外部的平等競爭中，才能保持本身的青春活力，才不致停滯、倒退和腐敗。二是要真正相信廣大人民群眾。允許選舉人可以自己提候選人，搞差額選舉，這都應當是最起碼的民主要求。總想依據少數人的判斷與願望來安排人選，不相信多數人的看法的正確性（多數情況下），在認識上就是不正確的，效果是不可能好的。

民主的第二個基本內容是，經過普選合法地產生的政府要真正把人民賦予的權力掌握在自己手裏，而不能允許並非民選的任何個人或組織予以取代。現時，有三種情況是屬後者：一是國家權力實際掌握在並非民選的少數獨裁者手裏。他們也許是通過合法繼承而握有權力，也許是通過非法篡奪而掌握權力。二是軍隊長期代替政府掌握國家權力。當然，如因戰爭，嚴重自然災害或嚴重政治危機等特殊情況而在短期內掌握國家權力，是例外。三是某一政黨不按現代政黨活動的民主原則行事而實際掌握政權。這裏所指的民主原則有三個內容：（1）該政黨自身應當按民主原則進行組織與活動，其路線與政策不能由一個或少數幾個領袖人物說了算，廣大黨員應能充分自由地表達自己的意志並真正起作用；（2）黨與黨之間，包括執政黨與在野黨（包括合作黨）之間，在政治地位上是平等的，它們在政治活動中，平等地接受人民的選擇，平等地接受人民的監督；（3）執政黨不能凌駕於國家權力機關之上，不能把權力機關僅僅當作擺設。任何一個國家如果存在上述情況，就不能認為它是實行憲政。

中國共產黨自 1978 年召開十一屆三中全會以來，一直把批判與克服個人迷信與家長製作為增進黨內民主的主要措施，努力改善中國共產黨同各民主黨派的相互關係，力求提高各民主黨派作為現代政黨應有的獨立品格；克服「黨政不分」、「以黨代政」的弊端，否定把各級人民代表大會當作「橡皮圖章」的錯誤觀念和做法。無疑，這一切努力都是正確的。但是，這三個方面的改革，還有很長的路要走。中國政治體制改革的核心一環，中國實現憲政包括健全民主、屬行法治、保障人權的關鍵所在，是黨的領導的改革。這已經成為很多人的共識。

民主的第三個基本內容是，國家政權體系無論採取什麼結構形式，都必須採用分權與制衡原理，以防止某一機關或個人權力過分集中

而濫用權力，胡作非為。權力不受制約，必然導致腐敗，這是一條鐵的規律。分權學說主要是由洛克奠定基礎，而由孟德斯鳩進一步發展與完善（由兩權分立發展為三權分立）。最早最成功地運用分權制衡理論於政治體制實踐中的是美國。一方面，美國憲法確立了典型的立法、行政、司法三權相互分立與制約的政府體制；另一方面，它又成功地運用分權原理，建立了聯邦與各州的分權原則。中國學者一般認為三權分立是分權理論的具體內容與形式及其運用，而不了解分權理論同樣可以運用於中央與地方的權力劃分與結構中。這一點值得注意。美國憲法對分權學說成功運用給實踐帶來的好處，一是保證了民主體制的正常運作，防止了專制獨裁的出現，保證了國家在政治上的長久穩定。二是保證了國家政策與法律制訂的相對正確，避免了出現全域性的錯誤。三是調動了中央各個部門以及地方各級政府的主動性和積極性，保證了權力運作和政治生活的活力。美國憲法對分權學說的成功運用，對全世界都產生了廣泛的和深遠的影響。

中國自 1978 年以來，曾多次發起對「三權分立」的批判。這種批判在理論上是很難成立的。(1) 有人說，國家主權是統一的、不可分割的。孫中山先生早就回答過這個問題。他在論述「五權憲法」[7] 時曾提出，主權與治權是兩個不同的概念。立法、行政、司法的分立，是治權的分工，而不是主權的分裂。(2) 有人說，「三權分立」是相互扯皮，導致政府效率不高。在政治與行政領域，民主與效率有時是有矛盾的。權力分立與制約，有時會影響決策的速度與效率。但是，分權與制衡，可以防止獨裁專制，保證決策科學，避免少走彎路，因此，從總體上看，工作效率是高而不是低。況且，憲法通常都有規定，在國家處於某種緊急狀態時，憲法都賦予某些權力機關有緊急處置局勢的權力。(3) 有人說，各國國情不同，「三權分立」不能照搬。照搬當然不對，但權力需要相互制衡的原理是其精髓，這是不能否定的。有人正是以反對照搬三權分立的具體形式為理由，而拒絕接受分權與制衡這一原理的合理內核。(4) 有人說，「三權分立」是建立在西方的商品經濟與經濟利益多元的基礎上，在社會主義制度下不適用。這有一定道理。但是，社會

---

7. 孫中山提倡五權（即立法、司法、行政、考試、監察）分立，就是一種對分權理論的創造性運用。

主義高度集中的計劃經濟模式，已被證明不僅妨礙生產力高速發展，而且是產生政治權力過度集中這一嚴重弊端的經濟根源。中國正在放棄計劃經濟而實行市場經濟。在這種條件下，國家機關的職能，中央和地方權力的配置，都將發生重大變化，從而使分權與制衡成為更加必要。

　　1962年，毛澤東在同英國蒙哥馬利元帥的著名談話中，曾多次提到，新中國成立後一直沒有解決好中央集權與地方分權的相互關係問題。四十多年來，雖然經過多次「放放收收，收收放放」，但基本上是原地踏步，權力過分集中在中央，地方政府缺乏主動性、積極性、創造性的嚴重弊端，始終沒有得到解決。從憲法的規定看，除了五個民族自治區及一些自治州、縣享有較大的自治權外，各省、市的自主權力是極其有限的。特別是，在過去十分強調中央的路線和政策高度集中統一的長期形成的傳統和習慣下，使得在憲法上規定的地方上的自治權和自主權事實上也很難得到實現。這種情況，只有在實行市場經濟的條件下才能根本改變。1988年七屆全國人大第一次會議通過決議，給予首先實行改革開放的廣東省深圳市立法權，就是市場經濟必然要求擴大地方自主權力的一個突出例證。現在，中國的省、地、縣各級地方政府的權力正在迅速擴展和加強，它已經對經濟的發展起到了巨大的推動作用，它也必將對中國的民主憲政建設發揮深遠影響。現在，地方權力擴大的過程還剛剛開始。中國需要經過若干年市場經濟的發展和經驗的積累後，中央與地方權力配置的合理模式才有可能逐步確立下來。[8]

　　民主的第四個基本內容是，人民必須享有充分的知情權、參政權、議政權和監督權。在實行代議制民主的條件下，人民享有上述基本權利，是實現人民主權原則的重要保證。知情權的含義是，除了重要的、必要的軍事、安全等機密外，國家的一切政治、經濟、文化活動都要向人民公開，人民有權了解國家在各個方面的發展情況，了解國家制訂政策和法律的過程，了解自己選出的代表在各種國務活動中的立場和觀點，這是人民行使其他政治權利的基本前提。什麼事情都向人民「保密」，是同現代憲政根本不相容的。參政權的內容除了選舉權和被選舉權外，還可直接參與國家制訂和執行政策與法律的討論，包括參與對某

---

8. 張友漁的〈關於中國的地方分權問題〉一文扼要地介紹和分析了憲法的有關規定和現狀。該文載《中國法學》1985年第2期。

些重大國是問題的全民公決。議政權是人民享有充分的言論自由，享有發表各種政見的權利。監督權包括對議員（人民代表）和政府工作人員的監督，人民有權批評、檢舉、揭發、控告各級官吏直至國家最高領導人。在中國，為了進一步完善政治權利的保障體制，一是要加緊制訂新聞法、結社法、出版法、國家賠償法等一系列法律，立法指導思想的着眼點亦應是保障公民的權利與自由，而不應是無理的、過多地限制權利的行使。二是要採取各種實際措施與步驟保障人民能夠真正實際享有上述各項政治權利與自由。在這方面，中國還有很長的路要走。

法治

　　法治是憲政的第二個要素。法治與人治的對立，無論是在西方或中國，都已經有了幾千年歷史。[9] 但是，近代意義上的法治，卻是資產階級革命的產物。它以民主為基礎，以全體公民在法律上享有平等權利為重要特徵，而同古代法治相區別。亞里士多德主張的法治，奴隸並不能享有，而中國古代法家的法治，則是以專制主義為前提。近代意義上的法治，主要包括以下基本原則：（1）國家需要制訂出以憲法為基礎的完備的法律，而這些法律必須充分體現現代憲政的精神；（2）任何國家機關、政黨和領袖人物都必須嚴格依法辦事，沒有凌駕於憲法和法律之上的特權；（3）憲法和法律應按照民主程序制訂和實施，這種憲法和法律也能充分保障民主制度與人權；（4）法律面前人人平等，法律的保護與懲罰對任何人都是一樣的；（5）實現司法獨立，以保證法律的公正與權威。現代法治，既是現代文明的產物，又是它的重要表現。現在，法治概念已經為愈來愈多的學者和政治家所接受，建立一個民主的法治國家，已經成為全人類為之共同奮鬥的理想。因為，只有在一個法治國家裏，政治才能得到長期的穩定，經濟才能得到持續的發展，社會才能得到全面的進步，正義才能得到牢固的樹立，人權才能得到可靠的保障。

---

9. 古代中國的儒家主張人治，法家主張法治；古代希臘的柏拉圖主張人治，亞里士多德主張法治。那兩次大論爭，在中外歷史上都曾產生過深遠影響。從那時到現在，人治與法治孰優孰劣，一直沒有停止過爭論。

1990 年代早期與中期，中國學術界曾就法治與人治問題展開一場大辯論，法學界有影響的學者幾乎都就此問題發表過看法，不少黨和國家的領導人也表示了態度。爭論中出現過三種彼此完全對立的觀點，即：(1) 認為法治與人治根本對立，主張倡導法治，反對人治（簡稱「法治論」）。(2) 認為法治與人治都需要，主張法治與人治相結合（簡稱「結合論」）。(3) 認為法治概念不科學，主張拋棄法治這一概念（簡稱「取消論」）。作為一個學術理論問題，直到今天，爭論並未最後結束，沒有人也不需要有人對此作出結論。但是事實上，第一種意見佔了上風。現在，法治的概念，「以法治國」的口號，已經為執政黨和政府的一些重要文件以及黨和國家領導人的講話所採用；建立「法治國家」已經成為中國法制建設的一個重要指導思想；「要法治，不要人治」，已經成為國家工作人員和廣大公民的共識和思想理論武器。我認為，法治與人治問題，既十分複雜，又相當簡單。「結合論」說，法是死的，它要通過人制訂，要依靠人執行。好比法是武器，人是戰士，必須讓武器和戰士相結合，才能產生戰鬥力。其實，法治與人治完全不是這個意思，並不是法治意味着法的作用重要，人治意味着人的作用重要。法治和人治都有自己特定的含義。從古今中外的歷史看，法治與人治是作為一對相互矛盾與對立的概念而出現和存在的。它們之間的論爭與對立，主要集中在兩個問題上。

　　第一，作為一種治國的理論，主張法治的人認為，一個國家能否興旺發達和長治久安，主要不在一、兩個領導人是否賢明，而是主要依靠建立一個好的法律和制度；主張人治的人則不同意這種看法，而是認為，國家的興旺發達與長治久安，應當寄希望於有一、兩個好的領袖人物。即所謂「為政在人，人存則政舉，人亡則政息」。亞里士多德在反對柏拉圖的人治論、中國法家在反對儒家的人治論時，都曾提出過許多精闢的有說服力的論據。第二，作為一種治國的原則，法治論者主張法律應當具有至高無上的權威，任何領袖人物與組織都應當依法辦事，即國家應依法而治。相反，人治論者認為，要強調人的權威，國家可以依人而治。為什麼在中國，法治論會受到愈來愈多的人所擁護呢？這是因為，在中國，提倡法治，反對人治，有十分重要的現實意義。首先，中國的各級幹部和廣大人民長期以來就有一種觀念，即把國家現在與未來的希望，都寄託在少數幾位好的領袖人物身上，因而長期不重視民主和法制的建設，出現各種政治弊端，以致不能依靠法律和制度去防止「文

革」悲劇的發生和發展。其次，法律沒有權威，個人迷信、權大於法、長官意志、個人說了算的現象十分嚴重。倡導法治、反對人治，就是要糾正和克服、消除這種現象。由此可見，「法治論」是正確的、進步的，「結合論」則是不正確的，有害的。[10] 此外，「取消論」之所以是不正確的，是在於持這種觀點的人也沒有搞清楚「法治」的真正含義及其現實意義。例如，他們說，「法治」概念中，治理國家的主體是「法」，而「法」是死的，它怎麼能治理國家呢？！又說，既然可以提「以法治國」，為什麼不可以提「以黨治國」「以教育治國」呢？因為治理國家中，黨的作用、教育的作用，也很重要。顯然，這是完全脫離了法治概念的特定含義而陷入了文字遊戲。[11] 就中國目前情況看，要建立一個法治國家，在理論認識上已經取得一定進展，今後的主要問題，是要建立與健全一系列行之有效的實現法治的基本制度。在這一方面，中國現在的差距是很大的。

維護法律至高無上的權威，是實現法治的關鍵。要做到這一點，需要多方面的條件，但最根本的還是要依靠有一套好的制度。建立與完善憲法監督體制就是一項根本制度。這是西方建立法治國家的一條重要經驗。憲法監督制度以司法審查為主要環節，但其內容更為寬泛，還應包括對領導人的彈劾，對議員（人民代表）的罷免、對憲法的解釋、對侵犯人權的保障等。雖然各國行使憲法監督職能的組織形式不一，如美國由最高法院負責司法審查，德國有憲法法院，法國有憲法委員會，還有其他各種憲法監督的組織形式，它們的職權與程序也各不相同，但它們都有一些共同的特點和基本的發展趨勢，這就是，需要有專門的機構負責憲法監督，這種機構要有獨立性和很大的權威，要有明確的具體職權，要有完備的工作和訴訟程序。在中國，法律之所以缺少權威，首先是憲法缺少權威。一個根本原因，就是沒有設置專門的憲法監督機構和程序。中國現行《憲法》第 67 條第一項規定，由全國人大和它的常委會「監督憲法的實施」。由於沒有專門機構和程序，這一條形同虛設。自 1982 年以來，沒有行使過一次違憲審查，也沒有行使過其他方面的

---

10. 李步雲：〈法治與人治的根本對立〉，《法治、民主、自由》（成都：四川人民出版社，1985 年），121–138 頁。

11. 同上註，139–155 頁。

憲法監督職能。現行憲法在起革過程中，直到現在，不少專家學者和人民代表都曾建議設置專門機構與程序，但由於各種原因，這個問題始終沒有解決。現在十年時間白白耽誤了，這應當說是中國近十幾年以來，法制建設中的一個重大失誤。

近幾年，有關部門正在起革全國人大和人大常委會監督法。其重要內容之一，就是試圖建立專門的憲法監督機構，規定它的職權和工作程序。然而，這一立法活動卻步履維艱。想設計出一個比較理想的模式並不難，問題的關鍵是決策當局有沒有決心想把這一機構搞得很有權威和富有成效。有人不同意，軍委應受全國人大和人大常委會的監督，這是沒有道理的。按照憲法規定，軍委是國家機構的組成部分，受全國人大和人大常委會的領導，它是應當向全國人大和人大常委會報告工作的，但過去十年從來沒有這樣做。有些軍事方面的機密事項，可以免去報告或召開人大常委會的秘密會議，但大多數事項都是可以也應當向國家權力機關報告的。如果前任軍委主席和現任軍委主席能親自到人大常委會定期報告工作，對於提高國家權力機關和憲法的權威，肯定會起顯著的積極作用。有人不同意中國共產黨應受全國人大和人大常委會監督，也是沒有道理的。《憲法》第5條第2款明確規定，「一切國家機關和武裝力量、各政黨和各社會團體、各企業事業組織都必須遵守憲法和法律。一切違反憲法和法律的行為，必須予以追究。」這裏所指的「各政黨」，當然包括共產黨在內。根據客觀形勢與條件的變化以及主觀認識的發展，黨認為需要制定和推行某種新的方針和政策，它在推行之前，應當通過嚴格的、充分的民主程序，使之變為國家的政策，或者修改現行法律和制訂新法律。黨不能置現行的國家政策與法律於不顧，而逕自推行自己的政策。否則，應被視為違憲。在研究建立憲法監督機構時，完全不必擔心它會束縛執政黨的手腳；實際上是應當有一些「束縛」，因為這對執政黨自己是十分必要的、有益的。

堅持司法獨立是實現法治的一個必要標誌。它是權力分立與相互制衡的一個重要環節，對保證法律的公正與權威，維護法制的統一，保障民主與人權，都有極重要的作用。在司法獨立的問題上，現在的狀況雖然比以前有了很大的進步，但目前仍然存在不少缺陷。主要是：(1)立法不完善。七五憲法和七八憲法都把司法獨立的規定取消了。八二憲法雖然恢復了這方面的規定，是進步，但規定本身還有問題。現行《憲

法》第 126 條的規定是：「人民法院依照法律規定獨立行使審判權，不受行政機關、社會團體和個人的干涉。」那麼，立法機關、共產黨的組織就可以干涉？當然不可以。「干涉」是個貶義詞，它同「領導」是兩個完全不同的概念。立法機關（權力機關）和執政黨可以「領導」司法機關，但不能「干涉」它獨立行使審判權。審判「林彪、江青反革命集團」（1980 年）時，全國人大常委會也只是批准成立了「特別審判庭」和「特別檢察廳」，究竟如何對被告定罪量刑，要由「特別審判廳」決定。因此，這一條應當修改，以恢復五四憲法的規定較為恰當。1954 年憲法的規定是「人民法院獨立進行審判，只服從法律。」(2) 同憲法關於司法獨立的規定有密切聯繫，就是黨委審批案件的制度[12] 應當完全取消。1979 年 9 月，黨中央曾發佈指示取消這一制度，但後來在開始實行「從重從快」的刑事審判政策時，又部分恢復了。即使是法院、檢察院、公安部門有意見分歧的案件或所謂「疑難案件」也不應當由黨委或黨的政法委員會[13] 審批。三個機關有時對某些案件有不同看法是正常現象，否則就沒有必要設置它們實行分工與制約。況且法律明確規定有詳細的訴訟程序來處理這種矛盾。法院獨立行使審判權，是憲法賦予法院的權力。如果某些案件如何定罪量刑最後要由黨委或黨的政法委員會決定，那等於是在法院系統之外還有另外一個不公開的、權力大於法院的最高的「審判」機構。顯然，這是完全違憲的。(3) 不應當把行政管理辦法運用到法院工作中來。過去存在的院、庭長審判案件的制度就是一例。最高人民法院最後接受了學者的意見，明令取消這一制度是正確

---

12. 「黨委審批案件制度」是長期實行的一種內部制度，始於何時，有待查考。其主要內容是：1. 檢察院批准逮捕的案件，要報送同級黨的委員會審查批准後，檢察機關才能執行。2. 法院審理刑事案件，如何定罪量刑，要報送同級地方黨的委員會審批，才能決定和宣判。其中又有「先審後批」和「先批後審」之分。「先審後批」是：法院先對案件進行調查、庭訊，並提出是否有罪和如何定罪量刑的意見，報地方同級黨委審批後再作最後決定和宣判。「先批後審」是：法院對案情作初步調查後，先報送地方同級黨的委員會討論，作出如何定罪量刑的處理決定，而後由法院履行審判程序和手續。由於黨委需要討論和處理的事情很多，有時就由黨委內主管政法工作的書記個人審批案件。

13. 「政法委員會」是縣以上地方黨的委員會內設置的一個機構，由該地方的黨委內主管政法工作的負責人以及法院、檢察院、司法、公安、民政等部門的領導人參加，其任務是協調處理該地方有關政法工作的各種重大問題。

的。[14] 近幾年來，又出現了一種「請示」制度，即下級法院遇到某些疑難案件，在作出判決或裁定之前，先向上一級法院請示如何處理。這也是有弊病的。因為，上一級法院事先對案件如何處理已表示過意見，那麼，兩審終審制的上訴審，有時就會形同虛設。

在一黨制國家裏，要實現法治，一個根本問題，是要正確處理好執政黨的政策和國家法律的關係。這無論是在東方或西方，情況都一樣。在中國，實際的立法、司法、執法中存在這個問題，理論界對此也有尖銳的意見分歧。以下三個問題是需要着重解決的。(1) 有人認為，執政黨的政策和國家法律的相互關係，可以用這樣的公式來表述，即「黨的政策是國家法律的靈魂，國家法律是黨的政策的工具」。教育部主持編寫的法理學教科書和不少法理學著作就一直持這種觀點。我個人不同意這樣的看法。[15] 我認為，黨的政策也好，國家法律也好，其靈魂應當是，反映人民的意志和願望，維護他們的利益和滿足他們的要求，體現社會發展的規律和現時代的時代精神，盡快提高這個國家的物質文明與精神文明的發展水平。如果只是簡單地片面地說政策是法律的靈魂，那麼黨的政策的靈魂又是什麼呢？如果黨的政策有錯誤（有時是難免的，歷史一再證明過這一點），是不是法律也應跟着發生錯誤呢？執政黨的政策對國家法律的制訂是起一定指導作用的，但是在立法機關中，非執政黨的成員，也完全有權利批評、拒絕或提出修正執政黨的某些政策，這應當是現代民主的起碼要求。至於把國家法律當作實現執政黨政策的「工具」，就更是顛倒了黨的政策和國家法律在社會生活與政治生活中的地位和作用。把國家法律當作實現執政黨政策的工具，實際上就是把國家當作了執政黨的工具。執政黨在國家政治生活中可以起主導的、領導的作用，但執政黨決不可凌駕於國家機構之上。執政黨應當為國家服務，而不應當是國家為執政黨服務。本來，這個問題是可以平等討論的，而有人卻把作者的觀點說成是「自由化」思想，這就完全離

---

14. 「院、庭長審批案件制度」，始於何時，有待查考。其含義是，審判庭審理案件時，其處理意見要報院長或庭長審查同意後才能作出最後決定並審判。院、庭長可以改變案件的定性和處理。參見劉春茂：〈對法院院長、庭長審批案件制度的探討〉，《法學雜誌》1980 年第 2 期。該文第一次提出取消這種制度。

15. 參見李步雲：〈政策與法律〉，《法治、民主、自由》（成都：四川人民出版社，1985年），62–65 頁；〈論法制改革〉，《法學研究》1989 年第 2 期。

譜了。(2) 當黨的政策和國家法律發生矛盾時，是按黨的政策辦事，還是按國家法律辦事，學者們對此有三種不同的回答。第一種意見主張按政策辦；第二種意見主張按法律辦；第三種意見主張，「你個人認為哪方面正確，就按它的規定辦」。我是持第二種觀點。主張按法律辦的理由，一是政策是法律的靈魂，法律是政策的工具。上文已指出這是不正確的。二是法律的穩定性大，執政黨的政策能比較快地反映現實生活的發展變化。問題是在於，執政黨的政策只代表執政黨的主張，僅對黨員具有約束力，只有國家法律才對全體公民具有普遍約束力。黨的政策要變成國家法律，必須經過嚴格的、完備的立法程序。因此，國家法律的適用效力當然要比黨的政策高，這是現代民主的慣例。執政黨根據情勢的變化，可以制訂新政策，但它不能不顧現行法律而推行新政策，它應當通過修改或制訂新的法律來實施自己的政治主張。至於第三種意見，顯然是不行的，如果每個人都按照自己的判斷或按政策辦，或者按法律辦，那勢必各行其是而天下大亂。(3) 應當把執政黨的政策同國家的政策嚴格區別開來。過去在理論上和實踐上都沒有注意這種區分，是不正確的。執政黨的政策應當通過一定的民主程序，才能變為國家的政策。嚴格履行這一民主程序，有利於國家政治生活的進一步民主化。[16]

人權

人權得到充分的保障，是憲政這一概念的第三個基本要素。相對於人權來說，民主與法治都是手段，是實現人權這一目的的手段。當然，目的與手段這對範疇具有相對性。就民主本身來說，又有兩重性。民主制度、民主程序、民主方法是手段；而民主權利，即公民的各種政治權利（它們也是屬民主的範疇），則是目的。法治也有兩重性。作為一種治理國家的原則和方法，它是手段；同時，法律又體現著正義，而正義歷來是人們所追求的一種理想。然而，在任何時候和任何地方，在任何意義上，人權都不是手段，而是目的。因為，人權的充分享有，體

---

16. 參見李步雲：〈政策與法律〉，《法治、民主、自由》（成都：四川人民出版社，1985年）。同時，還應指出，由黨的組織同國家機關共同簽署和發佈某些規範性文件是不可取的，它是「黨政不分」的弊端的一種明顯的表現。

現了人在物質生活和精神生活方面需要的全面滿足，是人類最高的、最終的價值追求。現代憲法有兩個基本的和實質性的具體內容和社會功能。憲法詳細規定國家機構的產生、組成、職權、程序和相互關係，是要正確解決國家的「權力」（power）問題；憲法詳細規定公民應當享有的各種人身人格權利、政治權利與自由，以及經濟、社會和文化權利，是要切實解決保障公民的「權利」（rights）問題。但是，「權力」本身不是目的。國家機關及其工作人員，通過憲法，從人民那裏得到權力，其目的是運用權力為人民服務，是為了僕人能很好地為主人效力，也就是為了更好地保障與充分實現全體公民的各項人權。有人指出，中國現在是以經濟建設作為中心任務，中國憲法的目的主要應當是發展經濟而不是保障人權。實際上，這並不矛盾。以經濟建設為中心，無疑是十分正確的。但發展經濟本身並不是最終目的。我們不是為經濟而經濟。發展經濟是為了提高全體人民的物質生活水平，並為其他方面的發展創造經濟條件，歸根究底，還是為了人民的經濟權利和其他方面的權利得到滿足、實現和保障。人權是個內涵十分豐富的概念，中國國務院的人權白皮書就是這樣理解的：人權內容十分廣泛，生存權是首要人權，發展經濟，主要就是為了保障生存權，並使這一權利的質量不斷提高。因此，把保障人權作為憲政的一個要素，作為它的目的，這一觀點是正確的。

在中國，為了保障人權的充分實現，需要有正確的人權理論作指導。其中有三個基本理論問題是需要着重解決的。第一個問題是：人權的本原（即來源）是什麼？我認為，人權是人按其自然屬性和社會本質所應當享有的權利。換言之，人權的產生是由人自身的本性或本質所決定的。人的本性的兩個方面，即自然屬性與社會屬性是統一的、不可分割的。一方面，有社會，有人與人之間的各種關係，才會產生權利問題。一方面，有社會，有人與人之間的各種關係，才會產生權利問題。社會政治、經濟、文化的發展水平與各種社會關係的性質與狀況，對人權的存在和發展是有很大影響的。另一方面，生命（生命不被剝奪）、安全（身體不受傷害）、自由（思想與人身不受禁錮）和追求幸福（要求過更好的物質與文化生活）是人的一種自然本性。這種人的自然本性，是推動人權向前發展的永不枯竭的內在的動力。而人的社會本性，經濟、政治、文化等社會因素，則是人權發展的外在條件。這種人權產生、存在與發展的內因與外因是缺一不可的。但是，相比較而言，人的自然屬性對人權具有更根本的意義，因為人的自然本性是人權的最後歸

宿和目的。換句話説，我們之所以要充分保障人權，歸根到底，是為了滿足人的人身人格、物質生活與精神生活等方面的需求。改革各種社會關係，發展經濟政治文化，目的還是為了使人各方面生活更幸福。這是有關人權本原問題的比較完備的理論。有的中國學者，只講人的社會本性，不講人的自然本性，這是説不通的。如果我們在考察人權本原問題的時候，只承認人的社會性，不承認人的自然性，人人都成了沒有欲望、沒有要求、沒有理想、沒有德性的木頭，人權怎麼會存在？人權又有什麼意義？堅持人權本原問題的上述正確觀點，在實踐上具有如下重要意義：第一，它否認人權是任何外界的恩賜，這就為廣大人民爭取與維護自己應當享有的人權而鬥爭提供了一種有力的武器。第二，如果只講人的自然屬性（如「天賦人權論」所主張的），不承認人的社會屬性，就會忽視改革各種社會制度，發展經濟、政治、文化對保障人權的重要意義。第三，如果只講人的社會屬性，不承認人的自然屬性，就會忽視對「人」自身的研究，保障人權就會失去明確的和正確的方向和目的，就會誇大社會條件在人權保障中的意義和作用。

需要着重解決的人權基本理論的第二個問題是，政治權利和經濟、社會、文化權利的關係。這在全世界都是一個有爭議的問題。發達國家批評發展中國家不重視政治權利的保障。發展中國家回答説：「如果一個人天天餓着肚子，言論自由對他又有什麼意義？」發展中國家批評發達國家片面強調政治權利的保障，對方辯解説：「如果一個人的舌頭都不屬他自己（即無言論自由），他活着還有什麼意義？」從總體上説來，經濟權利確實是第一位的，因為一個人首先要吃飯、穿衣，然後他才能去從事政治及科學藝術等活動。但是，在人類社會的物質文明和精神文明已經發展到如此高的水平的現時代，只是強調或僅僅滿足於解決人民的溫飽問題，顯然也是不妥當的。因此，我認為，任何國家都應當對這兩類人權予以同樣的重視。事實上，現在的國際人權文書已愈來愈重視和強調這兩類人權的相互依存和不可分割。這一點，也已愈來愈成為人們的共識。然而，這僅僅是就指導思想的一般要求而言。從人權的具體發展戰略看，由於各國具體國情不同，各國可以選擇其優先發展的重點，可以着重注意克服過去在發展這兩類人權上認識方面的片面性。在中國，有的人片面強調保障經濟權利，是不正確的。中國是屬發展中國家，因此，實行以經濟建設為中心，經濟體制改革與政治體制改革同時並舉的發展戰略是正確的。但從指導思想與總結歷史經驗看，中

國同所有社會主義國家一樣，過去它僅重視對經濟權利的保障，而忽視了對政治權利的保障。這有多方面的原因。中國曾在很長一個時期裏沒有重視民主與法制建設，以致出現過「文革」十年那種人權遭到任意踐踏的歷史悲劇，就是理論上的失誤而在實踐上帶來的嚴重惡果。現在，人們普遍要求加快政治體制改革的步伐，要求加強對公民政治權利與自由的保障，不是沒有道理的。

人權基本理論需要着重解決的第三個問題是，個人人權與集體人權的關係。這個問題，同前面講的問題有一定的聯繫。因為，國際上有的學者認為，政治權利是一種個人人權，經濟權利是一種集體人權。但是，個人人權與集體人權還有多種含義和內容。一國內，少數民族、婦女、兒童、殘疾人等應享有的權利；國際上，民族自決權和發展權，也都是集體人權。有時候，國家利益和集體利益也被視為是一種與個人權利相對應的集體權利。一方面，我們應當承認，個人權利和集體權利是統一的、不可分割的，要予以同樣的重視；另一方面，又要看到個人權利是集體權利的基礎，因為任何集體都是由個人組成的，任何集體從國家或者國際社會的人權保護中所獲得的權益，其出發點是組成這個集體的個人，其實際受益者也是個人。否則，集體人權就失去了任何意義和存在價值。因此，人權保障應以個人權利為基礎。西方國家一直重視對個人人權的保障，它們現在面臨的主要問題是「社會和諧」問題，是貧富懸殊、種族歧視、男女不平等等。社會主義國家過去一直過分強調國家利益與整體利益而忽視個人利益，因此沒有重視對個人權利的保障。這個問題能否正確解決，對維護社會主義的信譽至關重要。

在現今世界上，任何國家在人權方面都存在這樣那樣的問題，區別只是在於，一些國家人權狀況很糟，一些國家相對好些。有人不承認中國也有人權問題，既不客觀，也十分有害。我認為，逐步改善中國的人權狀況，不斷完善人權保障機制，在基本指導思想和方針上，需要着重解決三個問題：第一，要真正把工作的立足點和基點放在加強國內人權的保障上。研究人權理論是十分重要的，但研究的目的是為了在實踐中加強對人權的保障。如實宣傳中國的成就是必要的，但只有國內人權保障真正搞好了，這種宣傳才有力量。宣傳教育也有兩個方面，既要肯定工作成績，也要承認存在問題。人權有國內與國際兩個方面，只有國內工作做好了，在國際上的工作才好開展。在國際人權領域，也有兩個

方面，既要反對對他國主權的侵犯和內政的干涉，又要積極支持和參與對人權的國際保護，接受合理、合法的國際批評與監督。有的人，把研究馬克思主義人權理論的目的和意義僅僅歸結為兩條：一是反對西方的「人權攻勢」，二是批評國內的「自由化」思想。這樣的指導思想，當然是不正確的和十分有害的。第二，要正確分析和把握人權實現的各種主、客觀條件，加快人權保障體制建設的速度。中國過去之所以發生十年「文革」那類嚴重侵犯人權的事件和今天仍然存在各種人權問題，主要原因是：計劃經濟體制存在嚴重弊端，民主與法制建設沒有搞好，群眾的尤其是領導人的人權意識很薄弱，社會的經濟和文化發展水平還不高。這四個方面也正是中國今後為增進人權的實現而需要創設的基本條件。隨着市場經濟的發展和民主法制的加強，人權制度的建設應當與其相適應。看不到這一點，不在人權保障方面採取相應的步驟，是不正確的。人權的許多內容，包括人身人格權、政治權利與自由的實現，並不直接地受經濟文化發展水平所決定，片面強調中國經濟文化落後而在人權領域不作出應有的努力，也是錯誤的。第三，在完善中國人權保障體制過程中，要充分吸收和借鑒世界各國一切有益的經驗。享有充分的人權，是全人類共同追求的理想，現已達到的世界範圍內人權理論與制度的成就，是人類共同奮鬥的結果。人權既有個性，也有共性。完善中國的人權保障體制，不能照搬外國的模式；但是，人權理論和制度中那些具有共性和規律性的東西，是應當吸取和採用的。

人權作為憲政的基本要素，要求一個國家必須制訂完備的確認和保障人權的法律。中國雖然在立法方面取得了一定成就，但還很不完備。憲法規定的各項基本人權，不少內容沒有通過制訂普通法律加以具體化。目前尚未制訂或正在制訂而尚未頒佈的法律主要有：新聞法、出版法、結社法、宗教法、散居少數民族平等權法、老年人權利保障法、勞動法、計劃生育法、國家賠償法，以及人大監督法、律師法、法官法、檢察官法等；此外，還有一些與人權保障密切相關的法律亟需修改和完善，如刑法、罪犯改造法、民事訴訟法、婚姻法等。人權法規不僅需要完備，而且在制訂和實施的時候，必須處理好權利保障與權利限制的合理界限。任何權利的行使都不是絕對的，但限制必須適當。必須把保障人權作為制訂這些法律的出發點和落腳點。對權利的行使作適當的限制規定，其目的也是為了使權利得到更好的保障。中國在起草遊行示威法的過程中，就曾遇到過這種情況，曾經有人主張對公民的這一基

本權利作很多不應有的限制，人們曾批評其草案是「不准遊行法」。現在，有不少這方面的法律遲遲制訂不出來，原因之一，就是不好處理權利保障與權利限制的界限，主要還是「左」的思想在作怪。

為了使人權能得到充分的實現，還必須有完備的司法保障體制。在這方面，中國需要進一步解決的主要問題是：第一，要正確處理好保障社會安全和保障個人權利的關係。在刑事審判活動中，這個問題尤其重要。要注意保持好這兩個方面的平衡和協調。過去，中國只重視社會安全的保障，而忽視對個人權利的保障。這同中國過去片面強調國家和集體利益而忽視個人利益有很大的關係。第二，要切實把保障人權作為司法工作的一項基本原則和根本的指導思想。要堅持司法中的人道主義原則，嚴禁各種對罪犯與人犯的非人道待遇。由於刑事被告人在整個訴訟過程中在客觀上是處於不利的地位以及其他原因，應實行「有利被告」和「無罪推定」原則。其目的是有利於正確認定事實和適用法律，而不是什麼「替罪犯開脫」。要貫徹「少殺」政策，走世界的共同發展趨勢——「輕刑化」道路；要着重依靠貫徹執行「綜合治理」方針來減少犯罪。第三，要盡快取消「收容審查」制度。現行《憲法》第37條第1、2款規定：「中華人民共和國公民的人身自由不受侵犯。任何公民，非經人民檢察院批准或者決定或者人民法院決定，並由公安機關執行，不受逮捕。」儘管收容審查在名義上不算正式逮捕，但在限制人身自由的嚴屬程度上，兩者沒有什麼區別。人身自由是一項基本人權，剝奪人身自由的法律，只有全國人大及其常委會才有權制訂。公安部當然無權制訂這樣的規章。即使是國務院，不經立法機關授權，也無權制訂長期限制公民人身自由的行政法規。全國人大及其常委會過去沒有今後也不可以作出這種授權決定。[17]

在國際人權領域，憲政要求一個國家應當積極參與人權的國際保護與合作。國家主權原則與人權的國際保護，都是國際法的基本準則，

---

17. 根據國務院的通知（1980 年 2 月 29 日）和公安部的兩個通知（1985 年 7 月 31 日、1986 年 7 月 31 日），收審對象是：有流竄作案嫌疑的人和有犯罪行為又不講真實姓名、地址、來歷不明的人。收審期限一個月，經省級公安部門批准，最多不能超過三個月。但在實際執行中，往往超過以上兩個方面的限制。

應求得兩者的統一與協調，而不應把它們絕對對立起來。籠統地講，人權高於主權，或主權高於人權，都是不正確的。如果要作比較，也要具體分析。當人權問題屬一國管轄事項，國際社會與他國不應干涉其內政時，主權高於人權。當人權問題威脅到人類和平與安全，國際社會應當採取行動；或者一國違背自己已經加入的國際人權公約，聯合國和有關締約國有權進行干預時，人權就高於主權。在後一種情況出現的時候，國家主權就不是絕對。在當代，「主權絕對論」已經過時。與此同理，西方有人提出「人權無國界」，中國則有人以「人權有國界」予以對抗。其實，這兩種觀念都不科學。正確的提法應當是，在前一種情況下，人權是有國界的；在後一種情況下，人權是沒有國界的。必須肯定，國際上存在一種各國都必須遵守的人權「共同標準」（它是人權的共性在國際領域的表現），否則，各國都要尊重《世界人權宣言》所宣佈的原則和確立的內容，一些國家共同簽署和加入一些國際人權公約，就將無法理解；各國在國際人權保護上採取種種共同行動就失去了根據。但是，也要承認，在人權內容的某些方面，各國根據自己的國情又可以有不同的標準。人權有其政治性的一面，也有其非政治性或超政治性的一面。要使國際人權問題完全同一個國家的外交政策脫離開來，是不可能的。但是，大部分人權問題的處理，應從維護全人類的共同利益出發，從尊重全人類共同的道德準則出發，而不應把自己國家的局部利益或意識形態的某些特殊考慮置於它們之上。國際社會採取共同行動制裁南非、以色列、伊拉克等國嚴重違反人權的行為；國際社會對一系列屬人道主義性質的人權，如對難民、無國籍人、殘疾人等的權利保護，都是國際人權超政治和超意識形態的表現。無論什麼國家，在國際人權上搞「雙重標準」，或把一切人權問題，都服從於或服務於本國的利益或意識形態，都是不正確的。這也就是中國提出的必須反對「人權政治化」和「人權意識形態化」的基本含義。它是作為一項原則而不是也不應是針對某一個具體國家而提出來的。中國是聯合國安理會的常任理事國，對國際人權的保護與合作，負有重大責任。當前可以和需要採取的一個重要的行動是，盡快加入國際「人權兩公約」〔即《公民和政治權利國際公約》、《經濟、社會及文化權利國際公約》（已於 2001 年加入）〕，現在世界上已經有一百一十多個國家加入這兩個公約。除美國尚未加入《經濟、社會、文化權利國際公約》外，其他大國都已加入。顯然，這已經是國際大勢所趨，人心所向。中國在人權立法上，顯然還有一些地

方不符合兩公約所要求的標準[18]，但完全可以通過進一步完善立法來解決；對其中的個別條款也可以提出保留或作出自己的解釋。中國如加入這兩個公約，將對國內人權建設起重大推動作用，也將在國際上大大提高自己的聲譽。

發展前景

中華人民共和國自 1949 年成立以來，在憲政建設方面，已經取得很大成就。同以前國民黨統治時期相比，它的進步是非常顯著的。但是，也應當肯定，今日的中國還不是實行憲政，還沒有達到現代憲政應達到的標準和要求。前面，我們提到的中國現今在民主、法治、人權方面存在的問題可以證明這一點。而且，這也同黨和政府的文件以及領導人的講話所表達的看法一致。憲法序言和中國共產黨章程都明確規定，建設高度的社會主義民主，是中國今後一個長時期內的奮鬥目標。黨的十三大和十四大的報告也都肯定了這一點。這是民主。關於法治，一位領導人在現行憲法頒佈前夕同《人民日報》負責人的談話中，曾經提出一個很重要的論斷，即中國需要開始「從人治向法治過渡」。關於人權，江澤民總書記就說過，中國「隨着現代化建設的發展，還要實現更高層次的和更廣泛的人權」。所有這些都說明，中國還沒有實現憲政。憲政應是中國為求其完全實現而為之奮鬥的目標和理想。也許有人要

---

18. 中國在人權立法方面同國際人權「兩公約」相比較，其差距和差異，主要是以下一些方面：（1）《公民及政治權利國際公約》第 2 條：「不同政見者」享有平等權，中國無此規定。第 2、9、14 條：公民權利受侵犯有權獲得救濟，中國的國家賠償法尚未制訂和頒佈。第 6 條：未滿 18 歲，不能判死刑，中國刑法規定，16 歲以上犯重罪可以判「死緩」。第 9 條：非依法定程序不受逮捕和拘禁，中國收審制度同它有差距。第 12 條：公民有國內遷徙自由，有「出國」和「回國」自由，中國無此規定。第 14 條：無罪推定，中國尚無此法律的明文規定。第 14 條：不得強迫被告自供或認罪，中國仍在實行「坦白從寬、抗拒從嚴」政策。第 22 條：自由結社，中國的結社法仍在制訂過程中，如何做到結社自由是一難題。（2）《經濟、社會及文化權利國際公約》第 6 條：自由選擇或接受工作謀生的權利，中國尚無自由選擇職業權。第 8 條：人人有權組織工會及加入其自身選擇的工會，中國只允許一種工會組織存在。第 8 條規定的罷工權利，中國已從憲法中取消這一權利。

問，中國現在不是實行憲政，那是實行什麼？我們的回答是，中國現在正在向憲政過渡，正在朝着這一方向前進。我們之所以需要研究憲政的概念，研究它的基本要素和具體內容，是為政治體制改革尋找與確立一個明確的方向與目標；我們之所以需要分析當前中國現行政治體制中存在的備種問題，是為了探究這一改革需要採取和能夠採取哪些實際措施與步驟。

對中國實現憲政的發展前景如何估計？事實上存在着「樂觀」與「悲觀」兩種不同看法。我是屬「樂觀論」一派。其主要論據有四個：第一，中國正在堅定不移地走建設市場經濟的道路，這已經成為絕對不可逆轉的發展趨勢。民主、法治與人權同高度集中的計劃經濟格格不入，卻同市場經濟存在着天然的聯繫。馬克思主義有條重要原理：經濟決定政治。從長遠看，市場經濟將成為中國走向憲政的決定性條件。第二，實現民主，屬行法治，保障人權，是 11 億中國人民的強烈願望。這種強烈願望根源於人的本性，而中國四十多年來在走向憲政中的風風雨雨，也從正反兩方面極大地激發、教育、培養、鍛煉了廣大人民的民主思想、法治觀念和人權意識。今後的任何領導人都不可能不考慮和尊重人民的這種願望。第三，從領導因素看，年輕化知識化將是未來發展的特點和趨勢，它符合「長江後浪推前浪，世上新人超舊人」的歷史規律。倚重個人的智慧和威望，是中國特殊歷史條件的產物，今後將不再存在，而轉變為依賴集體領導、依賴民主與法制。新的領導將不再背負沉重的包袱而更富於開拓精神，樂意在一張白紙上畫最新最美的圖畫。第四，現今世界已經出現兩大特點：一是科技進步日新月異，人類物質文明與精神文明正在迅猛發展；二是，世界一體化進程的發展速度正在加快，各國在經濟、政治、文化方面的相互聯繫、依賴、影響、吸收正在加強。在這種大氣候下，任何國家實行閉關自守都將成為歷史。這是中國一定要走世界發展的共同道路——實行憲政的國際條件。

在這裏，有必要對市場經濟同憲政的關係作進一步分析。在以前實行高度集中的計劃經濟的國家裏，隨着市場經濟的建立，必將促使政治法律制度或早或晚地發生如下四個方面的根本性變化。第一，在計劃經濟條件下，從組織社會的生產，到管理人民的生活，從政治到經濟、文化，事無巨細，政府都管。其特點是「大政府、小社會」。結果是，國家的職能無限龐雜，權力無限膨脹，國家利益高於一切，形成國家主

義、國家至上。相反，個人利益被漠視，個人的自由很少，個人的主動性、積極性、創造性的發揮受到很大限制。在市場經濟條件下，政企必然分開，國家職能大大縮小，將由以管理為主轉變成以服務為主，形成「小政府、大社會」的格局。個人利益將受尊重，個人的自由度將擴大，個人的主動性、積極性與創造性將最大限度地釋放出來。總之，國家職能的轉變，必將導致國家與個人在地位、作用及其相互關係上，從觀念到實踐，發生有利於民主、法治與人權的根本變化。第二，在計劃經濟條件下，經濟權力的高度集中，必然導致政治權力的高度集中。一方面，它要求各級黨和政府的權力集中在少數領導人手裏；另一方面，在中央與地方的關係上，又要求權力集中於中央，形成高度的中央集權制。在市場經濟條件下，情況將向相反方面轉化。機關、學校、工廠、研究所等單位的自主權將擴大，個人決策將逐步向民主的、科學的決策轉變；同時，隨着地方經濟自主權的擴大，地方政治上的發言權和自主權也將隨之擴大。這兩個方面的變化對民主政治建設，都有重要意義。第三，計劃經濟主要依靠行政手段和方法進行管理，市場經濟則主要依靠法律手段與方法來控制、管理、調節。市場經濟是一種法治經濟。它將為由人治向法治過渡提供現實的經濟條件。第四，以自由、平等與人道為基本原則的現代意義上的人權，是伴隨着資本主義商品經濟的產生而出現的。商品生產和交換的主要特點是，平等主體之間的自由等價交換。因此，商品經濟要求、也必將極大地增強人們的主體意識、權利意識、自由思想與平等觀念。這將為人權的實現提供堅實的思想基礎。現在世界上很多發展中國家都面臨着如何解決實行市場經濟和民主憲政這兩大課題。實際上，這兩個問題是緊密地聯繫在一起的。在中國，隨着市場經濟的逐步建立，民主、法治、人權在人們觀念方面的變化已悄悄地開始，在深圳、海南等開放地區，這種變化是很明顯的。

對中國憲政發展前景持悲觀態度的人中，也包括一些主張「新權威主義」的人在內。他們中的多數並不是認為，實行「新權威主義」比實行民主憲政要好，而是對中國廣大民眾的民主要求與素質估計過低，對市場經濟將給憲政帶來的影響認識不足。中國人民特有的歷史經歷（包括十年「文革」）鍛煉了也顯示了中國人民良好的民主素質，在他們中蘊藏有巨大的政治潛力。情況並不是也不可能是「新權威主義」論者所想像的那樣，「一搞民主，非亂不可」。他們對「四小龍」經驗的分析也是靜止地觀察問題，忽略了它們已經發生和將要發生的變化。我之所

以不同意「新權威主義」，還因為，它是一種人治主義。它把國家的希望，不是寄託在建立一個好的制度上，而是寄託在一個或少數幾個「政治強人」、「傑出領導」身上。即使從稍為長遠一點看問題，那也是靠不住的。當黨的文件、國家法律以及領導人講話一再肯定要建設民主政治，政治體制改革要和經濟體制改革同時進行，要由人治向法治過渡，「新權威主義」卻另有說法，不僅「強人政治」十分合理，還要加強，這就無異於是在民主政治建設上停步不前，以致倒退。

　　中國憲政建設的未來發展可能或應具有哪些最基本的特點？這是本章最後想要探討的問題。所謂「特點」，是一事物與另一事物相比較而言。實現憲政理想──民主得到充分的發展，法治得到嚴格的實施，人權得到全面的保障，是全人類必然要走的共同道路。這一歷史發展趨勢是不以人們意志為轉移的。因為憲政是人類物質文明、制度文明、精神文明發展到一定歷史階段的必然產物，也是這三個文明高度發展與發達的重要內容和表現。它存在的合理性和必然性，深深植根於人類的共同本性之中。但是，每個國家又有各自不同的歷史傳統，不同的現實的經濟、政治與文化條件，因而每個國家在實現憲政的三個基本要素及其主要原則的具體表現形式以及實現憲政的步驟與方式，會有各自不同的特點。我認為，中國憲政未來的發展將具有以下幾個值得重視和妥當處理的特點：第一，幾千年的中國歷史文化傳統將對未來憲政同時產生正面和負面的影響。積極影響主要有民本思想、社會整體觀念、大同思想、重視倫理等；消極影響主要是專制主義思想、家長制思想、特權思想、等級觀念、輕視權利、輕視個人等。從總體上看，消極影響大於積極影響。這同西方的歷史傳統有某些不同。西方歷史上商品經濟出現很早，重視個人、重視權利，是其特點。因此，在中國的憲政建設中，一方面，要繼承歷史傳統中一切具有人民性和民主性的文化精神；另一方面，又要着重批判與肅清歷史傳統中與現代民主、法治、人權不相容的種種文化積澱。第二，社會主義在實踐和實驗過程中的基本教訓之一，是重視了社會的整體性，從而給這些國家的勞動群眾帶來了利益和進步，也對世界歷史進程產生過重大影響。但是，它卻十分輕視對個人利益的滿足和個人自由的保障，從而影響了他們的主動性、積極性和創造性的發揮。因此，重視個人權利（尤其是政治權利）的維護與保障，將是也應是社會主義憲政發展的一個重要特點。這恰好同西方相反。三百多年來，西方物質文明與精神文明的發展，在很大程度上要歸

功於對個人利益的尊重和對個人權利的保障。現在西方國家面臨的主要問題是如何保障整個社會人與人之間的彼此和諧。第三，自由與平等，是憲政的兩個重要的原則，同屬人類所追求的最高價值。但是，兩者有時又是有矛盾的。它的一個重要表現，就是公平與效率的衝突。中國過去在思想上、政策上、制度上的主要弊端，是「平等」過頭而走向了平均主義，自由太少而束縛了各方面的手腳。因此，現在制度上（主要是經濟制度，但也同政治制度密不可分）需要解決的主要問題，是克服平均主義，擴大各方面的自由，給地方、企業事業單位與勞動者個人「鬆綁」，藉以調動廣大人民的主動性和積極性，提高效率，生產出更多的物質與精神的財富。只有先做到這一點，然後才能拋棄普遍貧困，走向共同富裕。因此，在自由與平等的價值取向上，中國要作出向自由傾斜的重大調整。這同西方世界也是相反的。那裏是自由很多，但平等不夠。（少數國家，如瑞典，可能已經有所不同？）他們面臨的主要問題，是如何解決貧富之間、種族之間、男女之間、強者與弱者之間的平等問題。第四，在憲政建設中，將會也需要引進競爭機制。事物無競爭，就缺少生命力，這是一個普遍規律。中國的經濟體制改革，正在引進競爭機制；政治體制改革也應引進這一機制。權力機關要搞差額選舉，公務員制度要搞考試擇優聘任；政黨社會團體要引進競爭機制，工廠、學校、研究所也要引進這一機制。害怕共產黨和黨外人士競爭，甚至害怕共產黨員與共產黨員競爭，實在是沒有道理。在政治領域（也包括思想文化領域）引進競爭機制，是培養人才、正確決策、增強活力、防止腐敗的最有效的辦法。雖然現在還有很多人不認識這一點，但它終將成為中國憲政建設的一個重要發展趨勢。第五，中國地域遼闊，人口眾多，有五十多個民族，各地經濟文化發展也不平衡。因此，在有力地推進憲政建設的過程中，合理地強調社會的穩定，合理地強調政治體制改革的循序漸進，是必要的。避免出現社會大動盪，符合人民的利益。但是，這裏有一個根本的前提，就是執政黨的政策必須正確。關鍵是，執政黨要適應世界發展的歷史潮流，滿足廣大人民的強烈願望，不斷推進經濟體制與政治體制的改革，堅定不移地走市場經濟和民主憲政的道路。這是中國走向國家繁榮富強、人民富裕幸福的必由之路。別的出路是根本沒有的。

第二章

憲政概念的科學內涵和重大意義

* 本章由作者及湖南大學法學院副教授張秋航合撰，後來以〈駁反憲政的錯誤言論〉為題
發表於《環球法律評論》2013 年第 1 期。

「憲政」是近代以來人類共同創造的一大文明成果。它是現代一種理想的政治形態，是各國人民走向幸福的必由之路。無論在西方還是東方，它早已成為共識，但國外和國內學術界對憲政的概念還存在着諸多不同見解。社會主義者一直對「憲政」持完全肯定的態度，並在中國近三十多年來的實踐中取得了舉世公認的巨大成就和進步。但是，極個別學術界人士卻對「憲政」一詞頗多微詞，並對政法高層產生了不容低估的負面影響。本章將就憲政概念的科學內涵與為外延及其理論與實踐意義提出筆者個人的見解。

　　西方學術界對什麼是憲政，有着各種相同而又相異的表述。例如，路易斯·亨金認為：「美國的憲政意味着政府應受制於憲法。它意味着一種有限政府，即政府只享有人民同意授予它的權力並只為了人民同意的目的，而這一切又受制於法治。憲政還意指廣泛私人領域的保留和每個個人權利的保留。」[1] C·H. 麥基文認為：「在所有相互承接的歷史階段，憲政有着亘古不變的本質，它是對政府的法律限制，它是專政的反對，它的反面是專斷即恣意而非法律的統治。」[2] 沃爾特·F·莫菲認為：「為了保護人類的價值和尊嚴，公民除了必須享有參與政府的權利之外還必須為政府的有效性設定實質界限，哪怕是完全代表人民意志的政府。約翰·E·費固曾把憲政比喻為奧德賽在被海妖所追趕時，在水中將他自己與船上的桅杆拴在一起的繩子。」[3] 丹尼爾·S·勒夫認為：「從歷史上看，憲政的產生總是基於這樣的理由，即確定國家的邊

---

1. 〔美〕路易斯·亨金著，鄧正來譯：《憲政、民主、對外事務》（北京：生活·讀書·新知三聯書店，1997 年第 2 版），11 頁。

2. 〔美〕C·H·麥基文著，翟小波譯：《憲政古今》（貴陽：貴州人民出版社，2004 年），16 頁。

3. 〔美〕沃爾特·F·莫菲著，信春鷹譯：〈憲法、憲政與民主〉，載《憲法比較研究文集》（3）（濟南：山東人民出版社，1993 年），2 頁。

界並限制國家的管理者。憲政，是一個比法治或法治國更高的抽象概念，其含義與有限國家相當。在有限國家中，正式的政治權力受到公開的法律的控制，而對這些法律的認可又把政治權力轉化成為由法律界定的合法的權威。」[4]斯特凡・馮・森格和埃特林曾在「歐洲地區比較憲政研討會」作一歸納，提出：「憲政可以被理想地定義為，旨在以大多數人所接受的方式組織政治決策程序的一套自覺規則。」「憲政是非個人的憲法統治。」「西方憲政的基本前提是政府應當受到限制。」[5]奈維爾・約翰遜提出：「第二次世界大戰浩劫之後，西歐戰後的憲政重建受到了防止災難重演的願望的強烈影響。重建的重點放在保障民主政治和尊重人權上，而最重要的是增進社會穩定的政治措施及設立不久前所發生的暴行的政治措施。」[6]綜觀上述西方有關憲政的定義及其他著名學者或權威詞典有關這一概念的論述，都沒有超出「民主」、「法治」、「人權」這三個基本概念所內含的要素，並同「立憲」與「行憲」分不開。[7]

中國近代以來，奉行民主主義的政治家和思想家，都對憲政理念和制度持肯定態度；對憲政概念的科學內涵儘管具體表述不一，但其基

---

4. 〔美〕丹尼爾・S・勒夫著，姚建宗譯，張文顯校：〈社會運動、憲政與人權〉，載《憲法比較研究文集》(3)（濟南：山東人民出版社，1993 年），274 頁。

5. 斯凡特・馮・森格、埃特林著，蘋蘋譯：〈歐洲地區比較憲法研討會討論摘要〉，載《憲法比較研究文集》(3)（濟南：山東人民出版社，1993 年），139 頁。這次研討會於 1989 年 9 月 13 日至 15 日在柏林召開。

6. 〔英〕奈維爾・約翰遜：〈1945 年以來的歐洲憲政 —— 重建與反思〉，載《憲法比較研究文集》(3)（濟南：山東人民出版社，1993 年），160 頁。

7. 有關憲政概念的表述還可舉出如下一些例子。如〔美〕斯蒂・M・格里芬認為：「憲政正是這樣一種思想，正如它希望通過法治約束個人並向個人授予權利一樣，它也希望通過法治來約束政府並向政府授權。」（〈美國憲政：從理論到政治生活〉，載《法學譯叢》1992 年第 3 期）。美國學術團體聯合會主席凱茨博士於 1980 年代後期多次主持憲政問題研討會，最後他將學者們對憲政的看法概括為以下三點：(1) 憲政是由一組用於制訂規則的自足或自覺的規則構成的，即憲法是「法之法」；(2) 憲政是由意識形態和文化決定的一系列特殊道德觀點，如尊重人的尊嚴，

本含義卻大體相同。如康有為認為：「憲政者，民權公議之政也。」[8] 蕭公權先生說，制憲是國家的百年大計，離開了法治不能有真民主，除卻憲法的保障不能有真民權，憲法是民主政治的永久根基；憲法是一切法制的本源，憲法良好，則一切法制才能良好。[9] 中國民主革命的先行者孫中山先生以「三民主義」為其理論基礎，以「五權憲法」為其特點的憲政作為他最高的政治理想追求，並提出了「軍政、訓政、憲政」的發展三階段及具體時間表。但是後來的蔣介石在他統治中國的22年裏，完全背棄了中山先生的理想追求，將「憲法」玩弄於股掌之中，不搞民主搞獨裁；不搞「憲治」搞「黨治」；使人民處於完全無權的地位。正是中國共產黨人繼續高舉憲政的旗幟，並將舊民主主義發展到新民主主義，並進而推進到社會主義。1940年，毛澤東在延安舉行的「憲政促進會」上發表了「論新民主主義憲政」的演講。他說，「憲政是什麼呢？就是民主政治」。[10] 他在這裏所講的「民主」是從其廣義上使用的，就像我們現在講要建設一個「富強、民主、文明、和諧的社會主義國家」一樣，後者所用民主一詞也是廣義的，包括法治、人權等內容在內。那時，毛澤東還曾明確提出「自由民主的中國」這一概念。他說，「『自由民主的中國』，將是這樣一個國家，它的各級政府直至中央政府，都由普遍平等無記名的選舉產生，並向選舉他們的人民負責。它將實現孫中山先生的三民主義，林肯的民有、民治、民享的原則與羅斯福的四大自由」。[11] 1942年，鄧小平在〈黨與抗日民主政權〉一文中曾尖銳地提出，中國共產黨絕不應也絕不會像國民黨那樣搞「以黨治國」，因為那「是麻痹黨、腐化黨、破壞黨、使黨脫離群眾的最有效的辦法」。為

承認人生而平等、自有並享有幸福的權利；（3）任何有意義的憲政概念，必須考慮到「合法性」（國家權力、公共政策和法律的合法性）和「同意」（人民對政府及其行為的承認和贊同）。參見李伯超：《憲政危機研究》（北京：法律出版社，2006年），17頁。美國政治學家麥克爾文認為：「在所有相繼的用法中，立憲主義都有一個根本的性質，它是對政府的法律制約……真正的立憲主義的本質中最固定的和持久的東西仍然和其肇端時幾乎一模一樣，即通過法律限制政府。」參見〔美〕斯科特‧戈登著，應奇等譯：《控制國家——西方憲政的歷史》（南京：江蘇人民出版社，2008年）。

8. 《康有為與保皇會》（上海：上海人民出版社，1983年），489頁。

9. 參見蕭公權：《憲政與民主》（北京：清華大學出版社，2006年）。

10. 〈新民主主義憲政〉，載《毛澤東選集》第2卷（北京：人民出版社，1952年），726頁。

11. 〈答路透社記者甘貝爾十二項問題〉，載《中共黨史教學參考資料》。

此，他提出了三個基本觀點：一是黨的「真正的優勢要表現在群眾擁護上」，「把優勢建築在權力上是靠不住的」。要保持黨在政治上的優勢，關鍵要靠自己路線和政策的正確，從而得到人民的衷心擁護。二是不應把黨的領導解釋為「黨權高於一切」，甚至「黨員高於一切」，即不應將黨凌駕於國家政權之上。三是辦事不能「尚簡單避複雜」，不能「以為一切問題只要黨員佔多數，一舉手萬事皆迎刃而解」，即搞民主、講程序，比較「麻煩」，但能保證自己少犯錯誤。[12]

從學術上對憲政概念作出過最精闢的分析和理論概括的是張友漁教授。抗日時期，他曾擔任中共四川省委副書記、新華社社長、「重慶談判」中國代表團顧問。從 1940 至 1944 年，他先後發表過有關憲政問題的十多篇專題論文，如〈國民黨與憲政運動〉、〈中國憲政運動之史的發展〉、〈憲政與憲政運動〉、〈憲政運動的方式與條件〉、〈憲法與憲政〉、〈抗戰與憲政〉、〈人治、法治、民治〉、〈法治真詮〉等。[13]他說：「所謂憲政就是拿憲法規定的國家體制、政權組織以及政府和人民相互之間權利義務關係而使政府和人民都在這些規定之下，享受應享受的權利，負擔應負擔的義務，無論誰都不許違反和超越這些規定而自由行動的這樣一種政治形態。」他又說：「民主政治的含義遠較法治的含義為廣。法治不就等於民主政治，但法治不僅是民主政治的一種表現形態，而且是民主政治的一個重要屬性。」他又說：「保障人民的權利實為憲法最重要的任務……而憲法便是人民權利之保障書。」他還說：「憲法是憲政的法律表現，而憲政是憲法的實質內容。」「憲法既然是為憲政而存在，則制定憲法，便應立刻實行憲政，如不能實行憲政，有何貴乎制定憲法？憲法不是裝潢品，也不是奢侈品，擱在那裏供人賞玩，供人消遣。」[14]中國共產黨人正是由於高舉起了憲政的旗幟，並堅持踐行憲政，包括實行黨內、軍內和革命根據地政權的人民民主，嚴明法紀、政紀、黨紀，堅決維護人民的各種權益，因而將各進步的階級和階層以及

---

12. 《鄧小平文選》第 1 卷（北京：人民出版社，1994 年），10-12 頁。

13. 參見《張友漁文選》上卷（法律出版社，1997 年），1-5 頁。

14. 張友漁：《憲政論叢》上冊（北京：群眾出版社，1986 年），97-103、102、138-140、141-145 頁。

廣大人民群眾團結在一起，調動起方方面面的積極性，推翻了不搞憲治搞黨治、不搞民主搞獨裁的國民黨反動政權。

在新中國成立後的前八年裏，中國共產黨仍然高舉憲政的旗幟，並將其發展到一個新的階段。其集中表現就是 1954 年憲法的制訂與實施。這部憲法明確規定：「中華人民共和國的一切權力屬人民」，並確立以人民代表大會制度為其根本制度的民主體制；確立了「司法獨立」和「法律平等」的法治原則；規定了公民應享有的各種權利。這部憲法是在中國當時的社會發展階段社會主義憲政的完善形式和形態。中共領導人對它的制訂和實施十分重視。毛澤東說：「一個團體要有一個章程，一個國家也要有一個章程，憲法就是一個總章程，是根本大法。」「要使全國人民有一條清楚的軌道，使全國人民感到有一條清楚的明確的道路可走。」[15] 他要求，憲法草案通過以後，「全國人民每一個人都要實行，特別是國家機關工作人員要帶頭實行，首先在座的各位（指出席中央人民政府委員會第三十次會議的委員）要實行。不實行就是違反憲法」。[16] 在五四憲法起草過程中，為了很好地總結中外歷史上的憲政經驗，他不僅自己做了深入研究，還明確要求政治局委員和中央委員閱讀 1936 年蘇聯憲法和其他社會主義國家的憲法，以及中國 1913 年天壇憲法草案、1946 年蔣介石憲法和 1946 年法國憲法等。劉少奇在《關於中華人民共和國憲法草案的報告》中指出：「我們提出的憲法草案，是中國人民一百多年來英勇鬥爭的歷史經驗的總結，也是中國近代關於憲法問題和憲政運動的歷史經驗的總結。」[17] 同時，他也要求憲法能得到普遍遵守。他鄭重指出：「憲法是全體人民和一切國家機關都必須遵守的，……中國共產黨是我們國家的領導核心，……黨的這種領導地位，決不應當使黨員在國家生活中享有任何特殊的權利，只是使他們負擔更大的責任。中國共產黨的黨員必須在遵守憲法和其他一切法律中起模範作用。」[18]

---

15. 《毛澤東選集》第 5 卷（北京：人民出版社，1977 年），131 頁。

16. 毛澤東：〈關於中國人民共和國憲法草案〉，《毛澤東著作選讀》下冊（北京：人民出版社，1986 年），710 頁。

17. 《劉少奇選集》下卷（北京：人民出版社，1981 年），138–139、168 頁。

18. 《劉少奇選集》下卷（北京：人民出版社，1981 年），138–139、168 頁。

自 1956 年起，由於國內外的各種複雜的原因，中國的執政黨開始執行一條「以階級鬥爭為綱」的思想和政治路線，連續開展了 1957 年的「反右派」、1959 年的「反右傾」、1964 年的農村「四清」等政治運動，使民主法治建設遭受破壞，公民的權利得不到應有保障。而民主法治不健全最終成為「文革」的歷史悲劇得以發生與發展並持續十年之久的根本原因和條件。也正是這場浩劫，使得全黨和全國人民空前覺醒，促進了以 1978 年執政黨的十一屆三中全會為標誌的改革開放新時代的到來；而 1982 年憲法的制定則成為了中國的民主法治建設重新走上憲政軌道的根本標誌和里程碑。起初，憲政概念尚未引起學術界的普遍關注。到 1991 年，實行市場經濟的戰略決策得以確立，依法治國與人權保障也開始得到高層領導和廣大幹部和群眾的廣泛認同。在這一背景下，憲政一詞開始引起學術界的普遍重視。其中 1990 年代初的三次大型研討會議對憲政研究的推動起了一定作用。[19]此後，有關憲政問題的著述和譯作如雨後春筍一般地生長出來。儘管學者對憲政這一概念的內含與外延存在諸多不同看法和表述，但絕大多數學者都肯定這一概念及其重要意義，並為不少政府部門所認同和重視。

究竟什麼是憲政：筆者在 1991 年發表的〈憲政與中國〉一文[20]，曾給憲政下過這樣一個定義：「憲政是，國家依據一部充分體現現代文明的憲法進行治理，以實現一系列民主原則與制度為主要內容，以厲行法治為基本保證，以充分實現最廣泛的人權為目的的一種政治制度。」「一個國家實行憲政，必然有一部好的憲法；一個國家有憲法，但不一定實行憲政，……實行憲政，需要有一部好的憲法作為合法依據和武器；

---

19. 這三次會議，一次是 1990 年許崇德教授在北京主持的「憲法與民主」國際研討會；另兩次是李步雲分別於 1991 年 5 月 22 日在北京主持的「比較憲法學」全國討論會和 1992 年 3 月 26 日至 28 日「憲法比較研究」國際研討會。後兩次會議的研究成果被編成三卷本《憲法比較研究文集》，分別由南京大學出版社、中國民主法制出版社、山東人民出版社出版；最終成果為專著《憲法比較研究》，由法律出版社於 1998 年出版。該專著於 2004 年由「韋伯文化」出版社在台灣地區以繁體字再版。

20. 該文刊載於憲法比較研究課題組編：《憲法比較研究文集》第 2 卷（北京：中國民主法制出版社，1993 年），1-31 頁。

而實現憲政則是憲法制定和實行的靈魂、方向、目的與支柱。」[21] 筆者在該文中曾將憲政概念概括為「民主、法治、人權」三個基本要素。現在，根據憲法雖好，但往往得不到嚴格遵守和執行的現實，並受一些學者論著的啟發，筆者將其修正為「四要素」，即憲政也包括「行憲」在內。「人民民主、依法治國、人權保障」是憲政的實質內容，「憲法至上」則是憲政的形式要件。

當代中國學術界還有不少學者對憲政這一概念的內含和外延的看法同作者大致相同。如郭道暉教授認為：「憲政是以實行民主政治與法治原則，以保障人民的權力與公民的權利為目的，創制憲法（立憲）、實施憲法（行憲）和維護憲法（護憲）、發展憲法（修憲）的政治行為的運作過程。」[22] 李龍教授認為：「憲政是以憲法為前提，以民主政治為核心，以法治為基石，以保障人權為目的的政治形態或過程。」[23] 憲政的三要素或「四要素」說，同張友漁教授的思路大體一致。

筆者之所以主張憲政概念的「四要素」說，主要是基於以下一些考慮。第一，憲政「四要素」說能夠比較具體而又全面地概括憲政這一概念應有的內含與外延。在數不清的對「憲政」的各種定義中，國內外不少學者將其歸結為是「有限政府原則、基本權利觀念」，或「制約國家權力，保障公民權利」。[24]「有限政府」或「制約權力」是屬民主的範疇，雖然很重要，但「民主」與其相比，含義要廣泛得多，內容也豐富得多。因此，前者的定義不夠全面。國內不少學者受毛澤東「憲政」就是「民主政治」的影響，今天仍然從「民主政治」角度定義憲政。筆者認

---

21. 憲法比較研究課題組編：《憲法比較研究文集》第 2 卷（北京：中國民主法制出版社，1993 年），2-3 頁。

22. 郭道暉：〈憲政簡論〉，《法學雜誌》1993 年第 5 期。

23. 李龍：《憲法基礎理論》（武漢：武漢大學出版社，2001 年），144 頁。

24. 如陳端洪教授認為，「所謂憲政，簡言之就是有限政府。它指向一套確立與維持對政治行為與政府活動的有效控制的技術，旨在保障人的權利與自由」。參見〈憲政初論〉，文載《比較法研究》1992 年第 4 期。又如美國的麥克爾文認為：「在所有相繼的用法中，立憲主義都有一個根本的性質，它是對政府的法律制約……真正的立憲主義的本質中最固定的和持久的東西仍然和其肇端時幾乎一模一樣，即通過法律限制政府。」參見〔美〕斯科特・戈登著，應奇等譯：《控制國家 —— 西方憲政的歷史》（南京：江蘇人民出版社，2008 年）。

為現在看來又偏於抽象和寬泛。政治制度和法律制度有區別：民主與法治並列，各有其特定內涵，是彼此不能完全包含和替代的。這一點，現今在國內的學界和政界已有廣泛共識。民主的一個根本原則是「主權在民」，即國家的一切權力屬人民。它的主要內容包括，一是公民的民主權利和自由；二是代議制民主，即選民通過自由、公正、普遍的選舉產生政府，政府對人民負責並受其監督；被選出的政府（首先是議會）必須真正掌握權力，不能大權旁落。三是國家權力的配置，包括執政黨和在野黨、合作黨之間，執政黨和國家權力機關之間，立法、行政、司法機關相互之間、領導個人與領導集體之間，中央與地方之間，必須依照「分權與制衡」的民主原則進行組建和運作。四是廣泛多樣的基層社會自治。五是決策、立法、執法、司法程序民主等。法治與此不同。它是指國家應有一套反映全體人民利益和意志，符合事物發展規律，體現時代精神的一整套法律，並要求所有國家機關、各政黨、各社會組織都按憲法和法律辦事。它不僅要做到民主的制度化、法律化，法律的內容還涵蓋經濟、文化、社會生活的所有方面。顯然民主與法治是屬兩個不同範疇的問題。人權的內容十分豐富。除公民的的政治權利與自由同時是屬「民主」的範疇外，將公民的人身人格權，經濟、社會、文化權利，以及各種弱勢群體的權利，也全部納入「民主」的範疇，很難說得通。至於有學者將憲法與憲政這兩個概念混為一談，甚至認為「立憲主義只是指制定憲法（而不管這些憲法的內容如何）的實踐。」[25] 就更不妥。因為有憲法，不一定是良憲；有良憲，也許僅是一紙具文。

第二，憲政「四要素」說能夠對現代政治法律領域裏民主、法治、人權這三個基礎性概念作出更高度的理論概括。民主、法治、人權是現代最先進的政治法律制度中最全面、最重要、最核心的內容和概念。二者不僅相互區別，不能替代；而且相互滲透，彼此依存，是一個有機聯繫的統一整體。民主是法治與人權的基礎。一個國家不是人民當家作主，法律只能成為某個人或某些人統治人民的工具，人民的權利難得到實現。但法治通過法律的規範等作用和其權威對民主起着保障作用。人民的權利則是民主制度和法律制度的存在依據和根本目的。以人為本的

---

25. 〔英〕戴維・米勒，韋農・博格丹諾主編：《布萊克維爾政治學百科全書》（北京：中國政法大學出版社，1992 年），172 頁。

價值觀，社會和諧和彼此寬容的理念，人性尊嚴，自由、平等、博愛的倫理觀，則是民主、法治、人權共同的理論基礎。對民主、法治、人權進行整體把握和高度理論概括，就是「憲政」，這也正是憲政這一概念獨特的內容、功能、價值和意義所在。

第三，憲政「四要素」說可以全面而具體地揭示「政治文明」的科學內涵。「政治文明」是黨的十六大提出的一個新概念，是中國人民未來的一個重要奮鬥目標。學術界的一個重要任務是對其科學內涵作出理論概括。如果人們問，什麼是政治文明？筆者會回答說，用兩個字概括，就是「憲政」；用六個字概括，就是「民主、法治、人權」。民主的對立面是專制。民主是文明的，專制是不文明的。法治的對立面是人治。法治是文明的，人治是不文明的。人權的對立面是人民無權。人權是文明的，人民無權是不文明的。學術界曾有過很多關於「政治文明」的定義，如「民主、自由、平等、解放的實現程度」說、「政治成果總和」說、「靜態、動態」說、「政治進步」說、「政治社會形態」說、「所有積極的政治成果和政治進步狀態」說，等等。這些定義的不足之處是，沒有具體說明「文明」究竟表現在哪裏，或用「積極」「進步」「成果」等抽象概念來表述和替代文明的具體內容，或缺少高度概括。[26] 憲政的「四要素」說可填補這些方面的不足。

第四，憲政「四要素」說可以突出憲法在國家政治與法律的制度和生活中極其崇高的地位和作用。憲法是近現代的產物。它的產生、存在價值及其重要地位，都由民主、法治、人權所決定。由近代資產階級民主革命催生並作為其主要成果的「人民主權」理論和原則，要求實行「代議制」民主，因為人民難以直接管理國家的各種事務，而只能通過自由、公正、普遍的選舉產生國家機構（主要是「議會」），由他們代表人民掌握和行使國家權力。但是被選出的立法、行政和司法機關可能權力無限和濫用權力，或使人民自己完全處於無權地位或應有權利受侵犯。這就需要一種其權威高於一般法律的國家根本大法，來規範國家權力和保障公民權利，使國家權力不致濫用和異化，保障公民權利不受侵犯和得以實現；並對一些基本的法治原則如法律平等、司法獨立等予以確認。這種國家總章程就是憲法。因此，制訂良憲特別是維護憲法的

---

26. 參見李步雲、聶資魯：〈論政治文明〉，《廣州大學學報》2005 年第 9 期。

崇高權威，就對國家的興旺發達、文明進步和長治久安，具有了至關重要的地位。這一點，中國現今黨政高層領導，對此在觀念上已愈來愈清醒，行動上也愈來愈重視。近些年來，胡錦濤總書記在各種重要場合都要反覆強調：「憲法以法律的形式確認了中國各族人民奮鬥的成果，確定了國家的根本制度、根本任務和國家生活中最重要的原則，具有最大的權威性和最高的法律效力。」[27]「依法治國首先要依憲治國，依法執政首先要依憲執政，憲法和法律是黨的主張和人民意志相統一的體現，是中國建設偉大實踐的科學總結。憲法是國家的根本法，是治國安邦的總章程，是保證國家統一、民族團結、經濟發展、社會進步和長治久安的法律基礎，是執政興國、引領全國各族人民建設中國特色社會主義的法制保證。全黨同志、全體國家機關工作人員和全國各族人民都要認真學習憲法、維護憲法，保證憲法在全社會的貫徹實施。」[28]胡錦濤在當選國家主席後就曾在十屆全國人大第一次會議莊嚴承諾：「我深知擔任國家主席這一崇高的職務，使命光榮，責任重大。我一定忠誠地履行憲法賦予的職責，恪盡職守，勤勉工作，竭誠為國家和人民服務，不辜負各位代表和全國各族人民的重托。」2004 年 3 月第三次修改憲法，將「國家尊重和保障人權」、「私有財產不受侵犯」、「三大文明」協調發展等內容寫進憲法中，中共中央曾專門就學習和貫徹實施憲法發出通知，指出：「依法治國，最根本的是依憲治國；依法執政，最根本的是依憲執政」。2008 年 3 月，吳邦國委員長在十一屆人大一次會議上曾說，這次修憲是中國「憲政史上又一新的里程碑。」筆者認為，中央多次強調的「依憲治國，依憲執政」，其實質就是「憲政」，「憲法至上」是憲政概念應有之義。在中國高舉社會主義憲政的旗幟，有利於落實和推進依法執政、依憲治國的偉大事業。

憲政這個概念並不是一成不變的。它過去是，今後也將會伴隨着人類文明的日益進步而不斷發展與豐富其內涵。從全球視野看，傳統的憲政概念，是以民主和法治為其基本要素。隨着人類物質文明與精神文明的提高，國際交往的日益密切，特別是二戰給人類帶來的巨大災難，人權問題日益為全人類所特別關注，人權保障成為憲政概念的基本要

---

27. 胡錦濤主席 2002 年 12 月 4 日在首都人民紀念憲法頒佈 20 周年大會上的講話。
28. 胡錦濤主席 2004 年 9 月 15 日在全國人大成立 50 周年的講話。

素，才逐步為愈來愈多的學者和政治家所承認和重視。事實上，民主與法治的主要原則和基本內容，也是在不斷發展變化的。在任何一個國家裏，受社會發展階段和現實經濟、文化條件的影響，憲政從實質內容到形式要件都有一個從無到有、從低水平到高水平的發展過程。

憲政的理論與實踐，都是共性與個性的統一。在利益的追求和享有上，在道德價值的判斷和取向上，全人類有着共同的、一致的方面，決定着憲政具有共性；在不同國家和民族之間，又存在着種種差異和矛盾，因而憲政又具有個性。民主、法治、人權的基本精神和主要原則，適用於世界上任何一個地方，是全人類共同要走的道路。但是，各國憲政的具體表現形式，實現憲政理想的具體步驟，則由於不同國家、不同民族在經濟、政治、文化方面的歷史傳統與現實條件不同而有差別。否認或誇大憲政的共性或個性的任何一個方面，都是不正確的，有害的。在第十屆五次全國人民大表大會上，溫家寶總理在記者招待會上回答記者問題時曾說，民主、法治、人權、自由、平等、博愛，是全人類的共同願望和價值追求。他的觀點正是表達了中國在民主、法治、人權等問題上有自己某些特殊的理解和做法，但我們的黨和政府充分肯定這些概念具有普適性。

王一程、陳紅太兩位教授在《理論研究動態》2004 年第 11 期發表的《關於不可採用「憲政」提法的意見和理由》一文（以下簡稱「王陳一文」）提出的八點反對「憲政」概念的理由，是極少數「憲政」概念否定論者的代表作，曾起過很不好的負面作用。但這八點「理由」是根本站不住腳的。

第一，王陳一文認為，「中國部分學者認為，憲政是以憲法為前提，以民主政治為核心，以法治為基石，以保障人權為目的的政治狀態或政治過程。這一類概念明顯受英美憲政理念和模式的影響，沒有區分馬克思主義與自由主義、社會主義政治與資本主義政治的基本區別」。我認為當代中國對憲政概念持肯定態度的學者，其絕大多數對憲政概念的理解，同執政黨領導人和理論家歷來的看法是一致的；他們對政治體制改革的建議，都沒有超出體制所允許的範圍；他們講的「民主、法治、人權」，都是堅持「中國特色社會主義」的性質。主張全盤照搬兩方政治體制模式的學者只是極少數。用其中極個別人為例，來曲解絕大多數「憲政」肯定論者的主張，是不符合事實的；這種認識與論證的方

法也是非科學的。「民主、法治、人權」等抽象概念是全人類共同創造的文明成果，並非西文和資產階級的專利品。我們講「民主、法治、人權」，有其自己具體的理論內涵與制度設計，而同西方相區別。一說「民主、法治、人權」就是沒有同「自由主義」「資本主義政治」劃清界限是不對的，果真如此，那麼，黨的「十七大報告」說，「人民民主是社會主義的生命」，「依法治國」與「人權保障」作為抽象概念和原則寫進憲法就都是沒有同西方資本主義劃清界限了。這在邏輯上是根本說不通的。

第二，王陳一文說：「毛澤東老一代無產階級革命家在抗日戰爭時期講『憲政』，是有特定歷史背景的。抗日戰爭時期講『憲政』，是有特定歷史背景的。抗日戰爭時期屬新民主主義革命階段。『憲政』是民主主義革命追求的目標。當時，我黨和毛澤東同志講憲政，主要是與國民黨搞假憲政進行鬥爭，……」。眾所周知，黨所領導的新民主主義革命同舊「民主主義革命」有着本質的區別，而是屬「社會主義範疇，是為全面實行社會主義作準備。新民主主義主義時期要講憲政，到了社會主義時期反而不能講了，這是什麼邏輯？同國民黨的假憲政作鬥爭，自己又怕講憲政，怎麼說得通？毛澤東說：「憲政是什麼呢？就是民主的政治。」我們現在的憲政「三要素」或「四要素」都包括民主在內，又有什麼不對？

第三，王陳一文說，中國政治體制存在的主要問題，不是解決如何限制政府權力、保障公民權利的問題，而是鄧小平所說的「民主的制度化和法律化的問題」。大家都清楚，改革開放以來，「限制政府權力，保障公民權利」，一直是中國政治體制改革的着力點，也是我們的黨和政府過去、現在與未來，政治體制改革的重要內容。這已經成為黨內與黨外、幹部與群眾的廣泛共識。王陳兩同志的認識同中國絕大多數人的看法相距太遠。「民主的制度化和法律化」就是一個法治問題，是法治的一個重要內容。民主法制化與法制民主化，是民主與法治這兩個概念的聯結點。憲政這一概念包含以上原理、原則，卻又是一個更高層次的概念。改革開放以來，中國的民主、法治、人權以及嚴格遵守憲法方面所取得的巨大成就與進步正好證明，憲政概念為以前的「人民民主專政」概念注入了新的生機和活力，是對前者的超越，而絕不是什麼憲政概念「已經過時」。

第四，王陳一文說：「如果把依法治國等同於『憲政』，撇開堅持黨的領導、人民當家作主，只講依法治國或『憲政』，那就不是社會主義民主政治了」。我不知道有沒有人把依法治國簡單地等同於「憲政」。假設有，也是極個別。即使有這樣極少數人持上述觀點，也不能作為否認「憲政」概念科學性的一條理由。

第五，王陳一文說：「我們是社會主義國家。在中國，國家與社會、政府與公民不是對立的。社會主義市場經濟不必然形成國家與社會分離的社會結構。」「個人權利與自由神聖不容侵犯，這些在西方被奉為圭臬的自由主義信條，不符合中國國情。」在我看來，社會主義的國家與社會、政府與公民，雖然不存在「對立」，但一定存在矛盾，而且必須通過憲政，即人民民主、依法治國、人權保障、憲法至上才能得到很好的解決。市場經濟必然導致公民社會的逐步形成，為憲政提供經濟條件。個人權利與自由神聖不容侵犯更應當是社會主義的信條。如果允許它們可以肆意侵犯，就像「十年文革」那樣，那是社會主義嗎？

第六，王陳一文說：「憲政問題的提出和討論不是一個純學術的問題，這裏面有必須警惕的國際背景和政治企圖。西方敵對勢力和海內外自由化分子無不力主憲政，為什麼？就是因為他們把憲政看作是最有可能改變中國政治制度的突破口，……」。在當前中國，絕大多數主張憲政的學者或官員，絕不是要完全照搬西方的理論與制度模式，而是將憲政的普世價值同中國的具體國情相結合，其背景就是最近溫家寶總理在第一屆全國人大第四次會議的記者招待會上所說，不搞政治體制改革，就難免會再一次出現「文化大革命」這樣的民族災難。王陳一文還說：「主張『司法獨立』、『權力制約』、『有限政府』實質是要改變人民代表大會的政體。」這是缺乏現代政治與憲法常識的說法。實質上，兩者絕不是對立的，而是人民代表大會這一根本制度內含有「權力制約」、「有限政府」和「司法獨立」等理論原則與制度建構。中國現行憲法對全國人民代表大會以及國務院、最高人民法院和最高人民檢察院的職權與職責都有十分明確而具體的規定，絕不是立法權、行政權與司法權像封建專制主義那樣由皇帝和地方長官那樣由一人行使。任何國家機關和領導人「權力無限」或權力不受「制約」，必然導致專制和腐敗。「司法獨立」在中國1954年憲法中表述為：「人民法院獨立行使審判權，只服從法律。」在1982年憲法中表述為「人民法院依照法律規定獨立行使審

判權，不受行政機關、社會團體和個人的干涉」。這同新民主革命時期革命根據地的某些憲法性文件所載「司法獨立」以及 1982 年憲法制訂時，前全國人大委員會委員長葉劍英在《憲法修改委員會第一次會議上的講話》所提「司法獨立」其精神是完全一致的。這同人大對司法機關的「監督」、黨對司法機關的「領導」並不矛盾，但不能「干涉」。

第七，王陳一文說，「有些學者把憲政定義為『依憲施政』、『憲法政治』、『實施憲法的民主政治』，按這種理解，那麼建國至今，我們實行的也不能說不是憲政。」在這裏，王陳兩教授也只說對了一半。中國 1954 年憲法確實是好的。但憲政要求，除有一部好憲法，最重要的還是行憲。由於該憲法缺少權威，它所確立的民主、法治與公民權利保障三大原則都未得到切實實施。而民主法治不健全，人權觀念太差，終於成為了「文化大革命」得以產生與發展並持續了十年之久的根本原因，從而使中華民族遭受了一場本應該不會發生的災難。至於王陳一文說，五十多年來我們一直不使用「憲政」的提法，是不符合事實的。本章在前面已引證了前任劉少奇委員長在總結 1954 年憲法的歷史經驗時將其高度概括為「憲政」，現任吳邦國委員長在評價 2004 年憲法修改的成就時將其提高到「憲政史」高度，就是例證。改革開放以來，個別領導對「憲政」的提法存有某些疑慮，黨和國家的文件也尚未使用，主要原因就是因為極個別同志包括王陳兩位及本章在內為其製造了理論混亂和誤區有密切的關係。

第八，王陳一文說，至今為止，主張使用憲政概念的人並沒有闡明「社會主義憲政」包含哪些理論創新內容和制度創新安排，甚至連「憲政與社會主義是否相容」這樣的基礎性問題也沒有解決。現在中國學界廣為認同的「憲政」四要素的民主、法治、人權和憲法至上，都已經清清楚楚地被規定在憲法中，黨的綱領性文件也作了極其準確的表述，對它們的價值和重大意義作出了極其重要的定位。如黨的「十七大報告」指出：「人民民主是社會主義的生命」，依法治國是治國的「基本方略」，人權是個「偉大的名詞」（參見國務院新聞辦公室 1991 年發佈的《中國的人權狀況》白皮書）。中國現行憲法序言莊嚴規定：「全國各族人民、一切國家機關和武裝力量、各政黨和社會團體，各企業事業組織，都必須以憲法為根本的活動準則，並負有維護憲法尊嚴保證憲法實施的職責。」這就是，憲法必須具有至高無上的權威。這些充

分表明，憲政同社會主義不僅「相容」，而且是它的應有之義與核心價值，並已得到黨和國家以及全國人民最廣泛的認同。還需要解釋和論證嗎？！「憲政」一詞，就是對「人民民主」、「依法治國」、「人權保障」以及「憲法至上」的內涵與外延和四者的緊密聯繫不可分割所作出的一個理論概括與抽象。這同黨的「十六大報告」提出的新概念「政治文明」是對民主、法治、人權和憲法應具有至高無上的權威所作出的一個高度理論概括和抽象是一個道理。至於「社會主義憲政」同「資本主義憲政」有什麼區別，這實際上就是社會主義的民主、法治、人權同資本主義的民主、法治、人權有什麼區別一樣，這個問題學術界已經說的夠多的了，我們的憲法和法律以及執政黨的各種文件已經表述得夠清楚的了。

自 1991 年前後，學術界首先是法學界提出憲政概念以來，各樣書籍與報刊雜誌發表了無數有關憲政的理論觀點和制度安排的建議，並沒有出現王陳一文在結束語中所說的那樣，它在「西化中國政治體制改革的實踐和走向，造成我們始料不及的嚴重和後果」，而是完全相反，中國的政治體制改革，在一大批憲政論學者的推動下，一直沿着社會主義道路向前發展，如 1996 年，依法治國與人權保障，被寫進黨的十五大報告；1999 年和 2004 年，依法治國與人權保障先後被莊嚴地記載在憲法中，一直到最近幾年胡錦濤總書記多次強調「依法治國首先要依憲治國，依法執政首先要依憲執政」等一系重大舉措。它已充分說明，「走向憲政」是歷史的潮流，人民的願望，是中國走向繁榮富強、人民幸福安康的必由之路。

【參考文獻】

1. 李步雲：《論法治》（北京：社會科學文獻出版社，2008 年）。

2. 〈中共中央關於全面推進依法治國若干重大問題的決定〉，《人民日報》，2014 年 10 月 29 日。

第三章

法治中國八大特徵

—— 我看十八屆四中全會
《決定》

* 本章原載於《人民論壇》2014 年 11 月期。

〔核心提示〕：十八屆四中全會《中共中央關於全面推進依法治國若干重大問題的決定》（下稱《決定》）的基本要求和標誌可以概括為以下八條：人大民主科學立法，執政黨依法依憲執政，政府依法行政，社會依法治理，法院獨立公正司法，法律監督體系完善，法律服務機制健全，法治文化繁榮昌盛。這次會議是建設法治中國的一個里程碑，把黨的十八大提出的「依法治國基本方略全面落實，法治政府基本建成，司法公信力不斷提高，人權得到切實尊重和保障」的要求進一步落到實處。

十八大提出了「依法治國」一系列新的提法，三中全會又明確了五個方面的具體要求，希望全面落實依法治國，推進法治國家的建設。四中全會是黨內第一個以「依法治國」為主題的中央全會，它描繪出了建設法治中國的宏偉藍圖，揭開了建設法治中國的新篇章，開啟了又一個里程碑。十八屆四中全會通過了《決定》，其基本要求和標誌可以概括為以下八條：人大民主科學立法，執政黨依法依憲執政，政府依法行政，社會依法治理，法院獨立公正司法，法律監督體系完善，法律服務機制健全，法治文化繁榮昌盛。尤其是在這八項基本要求中提出了過去沒有的許多創新性理念和具體制度要求，為我們指明了建設法治中國的明確、清晰的方向和道路。今後，全黨和全國人民的任務就是要認真落實四中全會的要求，加快建設法治中國，為實現中華民族偉大復興的中國夢提供堅強保障。

人大科學民主立法

十八屆四中全會《決定》提出，要「建設中國特色社會主義法治體系，必須堅持立法先行，發揮立法的引領和推動作用，抓住提高立法質量這個關鍵」，「完善以憲法為核心的中國特色社會主義法律體系」。而

要形成完備的法律規範體系，就需要人大科學民主立法。這是因為：第一，沒有一套良法體系，有法可依難以做起來。第二，還有很多法律沒有制訂，社會主義法律體系尚是初步建立。第三，法律體系會隨着社會的發展不斷修訂完善，可以說，法律的立改廢是常態。因此，立法在法治中國的建設過程中不是最重要的，但是很重要，應當貫徹法治建設始終；即使法治國家建成了，之後還有修改的任務，依然面臨立法任務。

立法的科學化，是指制訂出來的法律是良法，符合真善美標準：一是求真，法律需符合事物發展規律，體現時代精神，適應社會客觀條件；二是求善，法律需體現人類公平正義理念，實現人民利益，促進社會進步；三是求美，法律需結構嚴謹合理、體系完整和諧、語言規範統一。微觀上行為主體、行為內容和行為後果三要素齊備，才能成為法律，否則不是法律，是宣言。現在有的法律法規沒有法律後果的規定，這就不能稱之為法律。此外，宏觀上整個法律體系是立體的，不是平面的，是科學嚴謹、內部和諧的，前法和後法、國際法和國內法、實體法和程序法、部門法之間、上位法和下位法等之間要配套銜接，不能相互矛盾、脫節。

立法的民主化問題，建議把立法聽證列入正式程序；提前公佈草案，讓廣大公眾了解和討論提建議；給人大代表留出調查的時間，保證發言質量；小組發言討論時，提倡辯論和提出不同意見；向媒體公開；建立健全檔案制度，人大代表的表態、意見都要記錄下來，實行終身負責制；反對部門保護主義，更多依靠專家，通過各種手段擺脫部門立法。

立法要貫穿於法治國家建設的整個過程，也要貫徹在全面深化改革的過程中。現在進入了全面深化改革的階段，要把改革納入法治軌道。要用憲法和法律鞏固和發展改革的成果。

黨依法依憲執政

十八屆四中全會《決定》強調，「黨的領導是中國特色社會主義最本質的特徵，是社會主義法治最根本的保證」，「堅持依法治國首先要堅持依憲治國，堅持依法執政首先要堅持依憲執政」。黨要依憲執政，

這一條非常重要。黨要樹立這個意識,在憲法法律範圍內執政。十八屆三中全會提出了「普遍建立法律顧問制度」,我覺得黨的組織尤其要建立法律顧問。要加強黨、軍隊、國家、政府等法制部門的力量和作用。

黨要依憲執政,核心是要處理好改革和法律的關係,黨的政策和法律的關係問題。黨的政策不要和法律相衝突,衝突的話要考慮建立相應機制,使得黨員、群眾能夠及時反映矛盾衝突,在黨的政策內容沒有改革之前按照法律辦。通過合法的程序使得黨的政策納入法治軌道。特別是出現矛盾的時候怎麼處理?我認為,一個是修改法律;一個是政策有問題,就調整政策。這裏,就提出了及時清理舊的法律法規的要求,要把法律清理常態化。

政府依法行政

十八屆四中全會提出,全面推進依法治國的重大任務之一,是「深入推進依法行政,加快建設法治政府」,並強調「各級政府必須堅持在黨的領導下、在法治軌道上開展工作,創新執法體制,完善執法程序,推進綜合執法,嚴格執法責任,建立權責統一、權威高效的依法行政體制」。政府如何依法行政,十八屆四中全會有具體要求。比如,「推進機構、職能、權限、程序、責任法定化,推行政府權力清單制度」,「建立行政機關內部重大決策合法性審查機制」,「堅持嚴格規範公正文明執法,依法懲處各類違法行為……全面落實行政執法責任制」,「把法治建設成效作為衡量各級領導班子和領導幹部工作實績重要內容、納入政績考核指標體系,把能不能遵守法律、依法辦事作為考察幹部重要內容」等。在西方,依法行政是非常重要的。因為一個國家法律的 80% 以上都是由行政機關執行,在這個前提下強調政府依法行政十分重要。

社會依法治理

如何實現社會依法治理,一是通過法治宣傳教育和嚴格依法辦事,提高各種社會組織和全體社會成員對憲法和法律的信仰,從思想上

樹立憲法和法律的權威。四中全會《決定》提出，「堅持把全民普法和守法作為依法治國的長期基礎性工作，深入開展法治宣傳教育，引導全民自覺守法、遇事找法、解決問題靠法」。在培育和發展社會組織過程中，要特別重視各種法治組織，如法律宣傳教育、人民調解、法律援助、法律服務等組織，充分發揮其在法治社會建設中的作用。

二是圍繞中央關於社會事業改革創新、社會治理體制創新的總體設想和具體要求，加快制訂與之配套的各項法律、法規。及時總結實踐中各項改革的成功經驗，使其上升為法律、法規，以指導正在進行的改革實踐。在這方面，應發揮中央和地方的積極性，尤其是有法規制訂權的各省、市、自治區的人大及政府，有立法權的較大市，以及自治州、自治縣等，可以在不違背國家基本法律和中央有關改革的基本精神、基本要求的前提下先行一步，以適應各區域各地方經濟、文化、社會發展水平的差異，並為國家立法提供經驗。

三是充分發揮鄉規民約等其他社會規範在社會治理中的作用。四中全會《決定》提出，「推進多層次多領域依法治理。堅持系統治理、依法治理、綜合治理、源頭治理，提高社會治理法治化水平。深入開展多層次多形式法治創建活動，深化基層組織和部門、行業依法治理，支持各類社會主體自我約束、自我管理。發揮市民公約、鄉規民約、行業規章、團體章程等社會規範在社會治理中的積極作用」。城鄉自治組織的鄉規民約，以及各種社會團體、行業協會如商會類、科技類、公益慈善類等社會組織制訂的規章制度，雖然不具有依靠國家強制力推行和保護的屬性，但在調整社會關係和社會生活中同樣起着重要作用。在社會治理中，國家法律與鄉規民約等其他社會規範協調、互補、互動，就能夠使社會最基本的規範和行為準則更好地起到他律、互律、自律的作用。社會組織發展中特別是和法律相關的法律制度，如律師制度、公證和人民調解這樣的社會制度要着重發展，充分發揮他們的作用。

四是處理好政府和社會組織之間的關係。中央要求「政社分開」，目的是加強各種社會組織的自主性，更好地發揮它們在社會治理中的主動性、積極性和創造性，更好地調動社會組織成員及廣大公民在國家各項改革、建設事業中參與和監督的積極性。在推進法治社會建設中，政府必須正確定位，既不缺位、虛位，也不越位、錯位，做到既有所為又有所不為。政府的主要任務是指導和監督各種社會組織依法開展活動。

同時，也必須加強對社會組織依法開展活動的監督，使社會組織的自治活動在政府主導和法律規範的軌道上展開。

法院獨立公正司法

公正是法治的生命線。司法公正對社會公正具有重要引領作用，司法不公對社會公正具有致命破壞作用。四中全會《決定》強調，「完善確保依法獨立公正行使審判權和檢察權的制度」，「建立領導幹部干預司法活動、插手具體案件處理的記錄、通報和責任追究制度」，「建立健全司法人員履行法定職責保護機制」。法院獨立公正司法，就是要讓每個老百姓在每個案件中體會到正義。這一塊的具體部署已經展開。如終止政法委批案，將涉法涉訴信訪納入司法程序，並適時中止；省以下政法機關人財物統一管理，以克服地方保守主義；實行法官辦案終生責任制等。

法律監督體系完善

法律監督體系完善，其中包括加大檢察、監察、審計這些專門機關的監督，突出其法律監督的地位。同時要廣泛地依賴群眾監督和輿論監督，加大公開力度。尤其是要建立憲法監督制度。四中全會《決定》提出，「健全憲法實施和監督制度，完善全國人大及其常委會憲法監督制度」。我們認為，憲法監督機制和程序的建立，必須從中國的具體國情出發，符合現行憲法的精神和基本要求，在現行人大制度的框架內進行設計，不能照搬西方模式。

可以從以下幾個方面建立憲法監督制度：在全國人大常務委員會下新設立一個「憲法監督委員會」，其性質和地位與其他九個專門委員會基本相當。委員 19 至 21 人，從人大常委會委員中選舉產生，主任、副主任委員可從副委員長中選出。憲法監督委員會的職權、職責，可以有如下十項：

（1）對憲法解釋，提出意見和建議。（2）對現行法律、國務院制定的行政法規、軍委制訂的法規是否同憲法相抵觸，提出審查意見。（3）對報送全國人大及常委會備案的地方性法規是否同憲法和法律相違背，提出審查意見。（3）對報送全國人大及其常委會批准的自治區的自治條例和單行條例是否同憲法和法律相抵觸，提出審查意見。（5）對全國人大及其常委會授權國務院制訂的行政法規，或者授權省級人大及其常委會制訂的地方性法規是否同憲法和法律相抵觸，提出審查意見。（5）對國務院裁決的省級地方性法規同行政法規相抵觸、省級地方性法規同國務院部委規章之間有矛盾的處理意見，提出審查意見。（7）對中央一級國家機關的重大政策和決策是否違憲，提出審查意見。（8）對中央一級國家機關之間的權限爭議，提出處理意見。（9）對全國人大選舉的中央一級國家機關的領導人的罷免案，提出審查意見。（10）全國人大及其常委會交付的其他工作。

憲法監督程序可作如下規定：任何國家機關、社會組織、企事業單位和公民個人，都有權利向憲法監督委員會提出違憲審查建議，其中國務院、軍委、最高人民法院和最高檢察院、全國人大常委會各專門委員會和各省級人大的建議，憲法監督委員會必須列入議事日程予以研究。憲法監督委員無權直接作憲法監督事項的決定，必須報全國人大常委會討論和作出決定並宣佈。在中國的政治體制下，對執政黨的新的方針政策是否同現行憲法和法律矛盾衝突，不在「違憲審查」範圍之內。因為這只是黨的意見和主張，全國人大及其常委會有權作出是否採納或部分採納作出修改憲法和法律的決定。以上憲法監督機構的設置及其職權的設定同中國現行憲法的原則精神和具體規定是完全一致的。全國人大及其常委會有權增設這樣的專門委員會，不必修改憲法。

法律服務機制健全

法律服務機制健全，是指法律服務機制既要規範，也要依法，要加強律師的職業道德教育，更主要的是充分發揮律師的作用，尊重律師的權利，也要加強法律援助等制度的建設。四中全會《決定》提出，「全面推進依法治國，必須大力提高法治工作隊伍思想政治素質、業務工作

能力、職業道德水準，着力建設一支忠於黨、忠於國家、忠於人民、忠於法律的社會主義法治工作隊伍」，「加強法律服務隊伍建設，增強廣大律師走中國特色社會主義法治道路的自覺性和堅定性，構建社會律師、公職律師、公司律師等優勢互補、結構合理的律師隊伍」，並首次提出，「建立從符合條件的律師、法學專家中招錄立法工作者、法官、檢察官制度，健全從政法專業畢業生中招錄人才的規範便捷機制」。

法治文化繁榮昌盛

四中全會提出，「法律的權威源自人民的內心擁護和真誠信仰。人民權益要靠法律保障，法律權威要靠人民維護。必須弘揚社會主義法治精神，建設社會主義法治文化，增強全社會厲行法治的積極性和主動性，形成守法光榮、違法可恥的社會氛圍，使全體人民都成為社會主義法治的忠實崇尚者、自覺遵守者、堅定捍衛者」。要使法律文化繁榮昌盛，就要重提雙百方針。科學文化的發展有其自身的發展規律，要百花齊放，百家爭鳴才能繁榮和發展。在這個前提下建立中國特色的法治理念體系，同時要進一步健全法律教育和法治宣教工作，使得廣大公民幹部有法律意識，法律理念朝着法治文化的氛圍培育，甚至養成法律神聖不可侵犯的意識。

總之，這次會議是建設法治中國的一個里程碑，把黨的十八大提出的「依法治國基本方略全面落實，法治政府基本建成，司法公信力不斷提高，人權得到切實尊重和保障」的要求進一步落到實處。

第四章

修改一九七八年憲法的
理論思考和建議

* 從 1981 年 11 月 2 日至 1981 年 12 月 18 日的一個半月時間裏，作者曾在《人民日報》
上連續發表了十篇文章，對當時正在進行的憲法修改提出意見和建議。由於該報是黨中
央的機關報以及此系列文章發表時間集中，因而引起有關方面的關注。據在憲法修改
委員會秘書處工作的一位同志講，憲法修改委員會採納了文章的一些建議。如 1982 年
《憲法》第 33 條第 1 款規定：「凡具有中華人民共和國國籍的人都是中華人民共和國公
民。」改變過去三部憲法的做法，將〈公民的基本權利和義務一章〉，放在〈國家機構〉
一章之前等。〈修改 1978 年憲法的理論思考和建議〉由十篇短文匯集而成。

中國 1978 年憲法為什麼要修改？

　　1980 年 9 月，五屆人大三次會議根據中共中央建議，決定成立以葉劍英同志為主任委員的中華人民共和國憲法修改委員會，主持對中國 1978 年憲法的修改工作。這是中國社會主義民主和社會主義法制正在大踏步地向前發展的重要標誌。

　　建國以來，我們有過三部憲法，即 1954 年憲法、1975 年憲法、1978 年憲法。五屆人大二次、三次會議曾對 1978 年憲法個別地方作過修改。憲法是國家的根本大法，它比其他法律更需要有穩定性。為什麼制訂 1978 年憲法到現在只有短短三年多時間，又要對它作全面的修改呢？我們認為主要是由於以下一些原因。

　　一方面，1978 年五屆人大一次會議修改憲法的工作，是在粉碎江青反革命集團之後不久進行的。由於當時歷史條件的限制，我們還來不及全面地總結建國以來社會主義革命和社會主義建設中的經驗教訓，也來不及徹底清理和清除「文化大革命」十年內亂期間各種「左」的思想對憲法條文的影響，以至現行憲法中還有一些反映已經過時的政治理論觀點和不符合客觀現實情況的條文規定。比如，在憲法序言中，還保留有「堅持無產階級專政下繼續革命」的提法，對所謂「無產階級文化大革命」仍然加以肯定等。對於這樣重大的思想理論是非和歷史事件的評價，直到今年 6 月黨的十一屆六中全會作出《關於建國以來黨的若干歷史問題的決議》，才得出正確結論，最後完成對被「四人幫」搞亂了的一系列思想理論是非和重大方針政策是非的撥亂反正。只有這時，我們才有條件來徹底清除「左」的思想對 1978 年憲法的各種影響。

　　另一方面，從五屆人大一次會議以後，特別是黨的十一屆三中全會以來，我們國家的政治生活、經濟生活和文化生活都發生了新的巨大變化和發展，特別是黨和國家的工作着重點已經轉移到社會主義現代化建設的軌道上來；黨中央對於國內階級狀況作了新的科學分析：作為階

級的地主階級、富農階級已經消滅，作為階級的資本家階級也已經不再存在，社會主義國家的主人翁，是工人、農民、知識分子以及其他擁護社會主義的愛國者；國家領導制度和國民經濟體制正在進行和將要進行重大改革，社會主義民主和社會主義法制正在日益健全；現在擺在全國人民面前的中心任務，是要建設一個現代化的、高度民主、高度文明的社會主義強國。所有這些，都沒有也不可能在 1978 年憲法中得到反映。

此外，由於 1978 年修改憲法的工作進行得比較倉促，因此作為國家的總章程，1978 年憲法的許多條文規定，還不夠完備、嚴謹、具體和明確；如何維護憲法的極大權威，使它得到切實遵守，也缺乏應有的組織設置和法律保障。這些都不利於充分發揮憲法的重要作用。

總之，根據上述原因，中國 1978 年憲法已經不能很好地適應社會主義現代化建設的客觀需要，對它進行全面的修改，是十分必要的。

葉劍英同志在憲法修改委員會第一次會議上的講話中，深刻地闡述了這次修改憲法的指導思想。他指出：這次修改憲法，應在總結建國以來中國社會主義革命和社會主義建設經驗的基礎上進行。經過修改的憲法，應反映並且有利於中國社會主義的政治制度、經濟制度和文化制度的改革和完善。在新的憲法和法律的保障下，全國各族人民應能夠更加充分地行使管理國家、管理經濟、管理文化和其他社會事務的權力。法制的民主原則、平等原則、司法獨立原則應得到更加充分的實現。中國人民代表大會制度、包括各級人民代表的權力和工作、常務委員會和各個專門委員會的權力和工作，應怎樣進一步健全和加強，也都應在修改後的憲法中作出新的規定。總之，我們要努力做到，經過修改的憲法，能夠充分體現中國歷史發展新時期全國各族人民的利益和願望。

憲法的制訂和修改必須貫徹民主原則

在資本主義國家裏，掌握政權的資產階級在制訂或修改憲法的時候，通常也是採取民主的方法。不過，這種民主是資產階級的民主，是極少數人的民主。在封建專制時代，立法權屬於君主一人。資產階級在革命時期，他們的啟蒙思想家都集中反對這一點，並鮮明地提出立法權應該屬人民。洛克說：「只有人民才能通過組成立法機關和指定由誰來

行使立法權，選定國家形式。」[1] 孟德斯鳩提出：「民主政治還有一條基本規律，就是只有人民可以制定法律。」[2] 盧梭也強調：「立法權力是屬人民的，而且只能是屬人民的。」[3] 他們的這些主張，已經載入資產階級憲法；這些主張，無疑具有歷史的進步意義。但是，在以私有制為基礎、由資產階級掌握國家權力的社會裏，這些主張是根本無法實現的。資產階級憲法的制訂或修改，無論是由特別選出的「立憲會議」負責，還是由最高立法機關——資產階級議會負責，都只能是為了維護資產階級的剝削和壓迫制度，而不可能反映廣大勞動人民的根本利益。資產階級議會是由忠實於資本主義制度的資產階級代表人物所壟斷，或由他們佔據支配地位。他們負責制訂憲法，當然只能反映資產階級的意志。有時候，由於資產階級統治集團內部矛盾尖銳化，或出於其他考慮，資產階級憲法的制訂或修改要交付全民表決，但這只能是走走形式，做做樣子，而絲毫不會改變事情的實質。因為，廣大勞動人民根本不可能通過投票來改變資本主義生產資料私有制和資產階級掌握國家權力的現實。

社會主義國家是無產階級和勞動人民真正當家作主的國家。正是基於政權的這一階級本質，廣大人民群眾應該享有決定一切國家大事的最高權力，社會主義法制只能按照人民的意志去創立，憲法的制訂或修改必須執行民主立法的原則，認真貫徹群眾路線。

在斯大林領導下，蘇聯 1936 年憲法的制訂，就是認真貫徹了民主立法的原則。從 1935 年 7 月召開憲法委員會全體大會第一次會議，到 1936 年 5 月中旬，完成了蘇聯憲法草案的籌備工作；6 月初召開的蘇共（布）中央全會，就憲法草案進行了詳細的討論和審議，並提到蘇聯中央執行委員會主席團加以評議和通過。6 月 12 日公佈了蘇聯新憲法草案，數千萬蘇聯勞動人民積極地參加了為期達五個多月的對憲法草案的全民討論。蘇聯勞動人民對憲法草案提出的建議和補充意見總數超

---

1. 〔英〕洛克著，葉啟芳、瞿菊農譯：《政府論》（下篇）（北京：商務印書館，1997 年），88 頁。

2. 〔法〕孟德斯鳩著，張雁深譯：《論法的精神》（上冊）（北京：商務印書館，1961 年），12 頁。

3. 〔法〕盧梭著，何兆武譯：《社會契約論》（北京：商務印書館，1980 年），65 頁。

過 150 萬件。這些意見和建議上報到蘇聯中央執行委員會主席團組織處加以研究整理的就有 13,721 件。其中有很多好的意見被採納。這次全民討論為社會主義憲法按照民主立法原則制訂或修改，樹立了一個很好的先例。

在毛澤東同志領導下，中國 1954 年憲法的制訂也認真貫徹了民主立法的原則。1953 年 1 月 13 日中央人民政府委員會成立了以毛澤東同志為首的中華人民共和國憲法起草委員會。該委員會在 1954 年 3 月接受了中共中央提出的憲法草案初稿，隨即在北京和全國各大城市組織各民主黨派、各人民團體和社會各方面的代表人物共八千多人，用兩個月的時間對初稿進行了認真的討論。在討論中，共搜集了 5,900 多條意見（不包括疑問）。應當說，這八千多人都是憲法起草工作的參加者。以這個初稿為基礎經過修改後的憲法草案，於 6 月 14 日公佈，交付全國人民討論。全民討論進行了兩個多月，共有一億五千多萬人參加，對草案提出了很多好的修改和補充意見。毛澤東同志曾指出：「這個草案所以得人心，是什麼理由呢？我看理由之一，就是起草憲法採取了領導機關的意見和廣大群眾的意見相結合的方法。」

現在，中華人民共和國憲法修改委員會正在對 1978 年憲法進行修改工作。葉劍英同志在憲法修改委員會第一次全體會議的講話中指出：「民主立法是我們立法工作的基本原則。這次修改憲法，一定要堅持領導與群眾相結合的正確方法，採取多種形式發動人民群眾積極參加這項工作。」全國廣大的工人、農民、知識分子和一切愛國者，都應主動、積極地參加到這一工作中來，通過各種方式方法，對憲法的修改，出主意，提建議。這是全中國人民的神聖權利，也是我們的光榮義務。

憲法的完備問題

憲法的完備程度，並不完全取決於憲法篇幅的大小。我何不能完全拿一部憲法的長短來衡量該憲法是否完備。不能認為憲法比較長，就一定是完備的；憲法比較短，就一定是不完備的。因為憲法的長短，取決於很多客觀和主觀方面的因素。比如，從客觀因素看，聯邦制國家的憲法，通常就應該比單一制國家的憲法要長一些。但是，它們之間也有

一定的內在聯繫。憲法篇幅的長短、條文和字數的多少，在某種程度上也會直接影響到憲法的完備性。因為沒有足夠的篇幅，就容納不下一部比較完備的憲法應該具有的各種必不可少的內容。

據統計，現今世界上的 142 部成文憲法，其中有 10 部超過 36,000 字，24 部少於 5,000 字。142 部憲法的平均長度是 15,900 字。中國解放後頒佈的三部憲法，分別是 9,100 字、4,300 字、7,100 字左右（標點符號計算在內）。這個數字大大低於世界憲法的平均字數。

這種情況不可能不影響中國憲法的完備程度。

事實表明，在中國 1978 年憲法中，有不少需要作為憲法規範的內容，沒有寫進去；有些內容雖然規定了，但由於篇幅狹窄而不夠具體、明確、詳盡、周密。像我們這樣一個疆域遼闊、人口眾多的大國，又肩負如此複雜艱巨的社會主義現代化建設的重任，沒有一部內容比較豐富、充實、周詳、完備的新憲法，客觀上就很難滿足我們國家和人民的迫切需要。中國未來的新憲法，其篇幅應該比前三部憲法長一些，也是十分自然的。

據有的學者分析，從制訂的時間來看，愈是近代的憲法篇幅愈長。這種情況的出現是合乎邏輯的。因為，從社會歷史和法制建設的總趨勢看，隨着各國經濟、政治、文化、科學發展水平的不斷提高，憲法和法律必然日益走向完備。從各個國家的具體情況看，一般說來革命（包括資產階級革命和社會主義革命）成功之初，由於政治尚不穩固，統治經驗也比較缺乏，因而憲法和法律的制訂力求簡括一些。隨着統治階級統治地位的鞏固，政治局勢的相對穩定，以及統治經驗的逐步積累，憲法和法律也必然日益完備。我們必須看到這種總的發展趨勢，並使我們的工作適應這種要求。

當然，現今世界上也有某些資本主義國家的憲法，其內容過於繁瑣龐雜，對此，這些國家的當權者也感到頗為頭痛。這種偏向我們當然也要注意避免。憲法是根本大法。一些應該由普通法律確認而不必由憲法確認的規範，就不要寫進憲法中去。蘇聯 1936 年憲法在制訂過程中就曾遇到過這種情況。當時一些人要求把關於保險事業的個別問題、關於集體農莊建設中的某些具體問題都包括到憲法中去。斯大林指出這些意見是不正確的。他說：「提出這些修正的人，大概沒有懂得憲法問題

和日常立法問題的區別。正因為如此，所以他們力圖盡量多摻進一些法律到憲法中去，簡直要把憲法變成一部法律大全。可是憲法並不是法律大全。憲法是根本法，而且僅僅是根本法。」[4] 此外，如果在某些問題上，我們的經驗還不夠成熟，就需要本着宜粗不宜細的原則處理，不可把條文寫得過於具體。

但是，從中國法制建設的歷史經驗和當前的現實需要來看，我們着重應該注意防止的，是那種認為憲法的內容愈簡單、愈原則、愈抽象就愈好的思想傾向；中國現行憲法修改工作面臨的主要問題，是如何把它修改得使其內容更為豐富、充實、周詳、完備。

憲法的結構

憲法的結構是指成文憲法的內容如何進行組合、編排，以構成一個完整的憲法文件。一般說來，是憲法的內容決定憲法的結構。但是，由於各國的歷史特點、文化傳統以及立法者各方面的修養不同，有時憲法的內容大致一樣，而憲法的結構卻有較大差異。無論是資本主義類型的憲法。還是社會主義類型的憲法，其結構沒有也不可能有一個固定的模式。然而，各個國家的統治階級總是力圖使自己的憲法盡量做到科學、嚴謹、合理，以便更好地為憲法的內容服務，這一要求則是共同的。

根據我們對現今世界各國 150 部憲法（其中加納、尼日利亞、納米比亞等 12 個國家，其憲法是由若干個憲法性文件所組成）的結構進行比較，其中有以下三個問題值得我們注意。

1. 關於憲法的序言。在 150 部憲法中，有序言的 91 部，沒有序言的 59 部。憲法沒有序言的國家，包括朝鮮和羅馬尼亞。由此可見，並不是任何一部憲法都有序言和一定要有序言；但是，大多數國家的憲法有序言，又說明序言總有它自己一定的作用。各國憲法的序言內容很不一致，主要是記載這些國

---

4. 斯大林著，中共中央馬克思、恩格斯、列寧、斯大林著作編譯局譯：《列寧主義問題》（北京：人民出版社，1964 年版，1971 年 12 月第 2 次印刷），618 頁。

家的鬥爭歷史和業已取得的成就，確定建國的宗旨，提出國家的奮鬥目標，明確指導國家活動的基本原則以及制訂憲法的目的等。這些內容帶有綱領的性質，難以形成各項具體的法律規範，用序言的形式來表達比較恰當。一個國家的憲法究竟要不要序言以及序言的內容如何，應該根據各自國家的民族特點和實踐經驗，並參考別國經驗，權衡利弊得失，然後決定取捨。

2. 關於公民的基本權利和義務。在大多數國家的憲法中，這方面的內容是安排在國家機構（包括立法、行政、司法機構）之前，少數國家的憲法是把公民的基本權利和義務安排在國家機構之後。例如，亞洲 34 個國家中，只有中國、緬甸、蒙古；非洲 49 個國家中，只有幾內亞、肯尼亞；歐洲 31 個國家中，只有波蘭、匈牙利、挪威、愛爾蘭。從絕大多數國家的憲法來看，其主要內容的安排大體上是這樣的順序：序言；國家的社會制度（包括政治制度，經濟制度，科學、文化、教育等）；公民的基本權利和義務；國家的立法機關、行政機關、司法機關的組成、職權、活動原則；憲法的保障和憲法的修改。一般說來，公民的基本權利和義務安排在國家機構之前比較好些。因為公民的民主自由權利是近代民主的重要內容，而國家機關則是實現民主（包括資產階級民主與社會主義民主）的具體形式和手段。就社會主義國家來說，人民是國家的主人，國家的一切權力屬人民，一切國家機關應該是在民主的基礎上產生，並為它服務。所以把公民的基本權利與義務放在國家機構之前比較順理成章。

3. 在 150 部憲法中，絕大多數憲法都有專門章節規定憲法如何修改；還有很多國家（如法國、意大利、南斯拉夫）的憲法有專門章節明確規定憲法的保障，即怎樣制裁違憲行為，如何保障憲法的實施。足見很多國家十分重視維護憲法的最高法律效力和憲法的極大權威，以充分發揮其作用。

中國前後頒佈施行由三部憲法（即 1954 年憲法、1975 年憲法、1978 年憲法），其結構大致相同，都是由「序言」以及「總綱」、「國家機構」、「公民的基本權利和義務」、「國旗、國徽、首都」等四章組成。

在全面修改中國 1978 年憲法的工作中，如何使中國憲法的結構做到邏輯嚴謹、佈局合理，以實現正確豐富的內容與盡量完美的形式相結合，是一個值得重視的問題。

憲法的現實性

憲法的現實性是指憲法的條文規定必須準確地反映一定的社會關係，使之能夠適應社會的客觀要求，而不能和現實需要脫節。這是保證憲法具有極大權威和充分發揮其作用的基本前提。正如馬克思在談到拿破崙法典時所指出的：「這一法典一旦不再適應社會關係，它就會變成一疊不值錢的廢紙。」[5] 列寧也很重視這個問題，曾經非常形象地把憲法分為「成文的憲法」和「現實的憲法」，並且強調，前者必須如實地反映後者，即如實地反映一定的社會關係和現實需要。他說：「當法律同現實脫節的時候，憲法是虛假的；當它們是一致的時候，憲法便不是虛假的。」[6]

為了保持憲法的現實性，要注意以下四點：

1. 憲法比一般法律更需要有穩定性，如果朝令夕改，人們就會無所適從，影響憲法的權威。但是，現實社會是經常處於不停的發展變化中，因此憲法的穩定性又只能是相對的。隨着政治、經濟形勢的不斷變化發展，需要及時對憲法作相應的修改，才能使憲法的內容不致與現實脫節。中國 1978 年憲法之所以需要作比較全面的修改，原因之一，就是中國的政治、經濟狀況已經發生了顯著變化。

2. 必須從一個國家一定時期的政治、經濟、文化發展水平出發，暫時做不到的事情，就不要規定到憲法中去。例如，由於中國經濟還比較落後，城市人口過多，因此中國 1978 年憲法沒有規定公民享有遷徙自由，這是符合當前實際情況的。

5.《馬克思恩格斯全集》第 6 卷（北京：人民出版社，1961 年），292 頁。

6.《列寧全集》第 15 卷（北京：人民出版社，1963 年），309 頁。

3. 要保證憲法內容的科學性，包括憲法的條文規定必須符合中國的國情，符合中國社會制度的性質和人民的根本利益。凡是寫進憲法的內容，就一定要堅決實行，才能維護憲法的尊嚴。事實上根本做不到的事情，就不要規定到憲法中去。否則，會在人們的心目中降低憲法的尊嚴。

4. 憲法應當對一系列重要的現實社會關係，如黨和政權的關係，民主和集中的關係，民主和專政的關係，中央和地方的關係，國家、集體和個人的關係，權利與義務的關係等，全面地辯證地作出恰當的規定，使這些現實社會關係能夠很好地協調一致。正如恩格斯所說：「在現代國家中，法不僅必須適應於總的經濟狀況，不僅必須是它的表現，而且還必須是不因內在矛盾而自己推翻自己的內部和諧一致的表現。」[7]例如，在中國的憲法中，既要堅持黨在整個國家生活和全部社會生活中的領導地位和核心作用，又要實行黨政分工，充分發揮政權機關的作用。新的憲法應對此作出正確的規定；1978 年憲法中有關黨政不分的某些條文，需要加以修改。又例如，憲法既要充分確認公民的各項權利和自由，又要在一定的條文中指出：公民的自由權利必須依法行使，不能濫用此種權利。中國 1978 年憲法卻沒有這方面的規定。

憲法的規範性

保持憲法的規範性，是維護憲法應有權威的一個重要條件，值得重視。

「規範」的意思，簡單說就是「行為規則」。規範有技術規範和社會規範。法律規範屬社會規範一類。法律規範是由國家制訂或認可、體現統治階級意志、以國家強制力保證其實施的行為規則。法律規範通常由三個部分組成：一是「假定」，它指明行為規則適用的條件；二是「處

---

7. 斯大林著，中共中央馬克思、恩格斯、列寧、斯大林著作編譯局譯：《列寧主義問題》
（北京：人民出版社，1964 年），483 頁。

理」（或稱「命令」），即行為規則本身，它指明要求怎樣做，不能怎樣做；三是「制裁」，它指明違反規範的法律後果。法律規範必須具有以上三個構成要素，否則就不成其為法律規範，就會失去它的存在意義。法律條文和法律規範是兩個不同的概念。前者是後者的文字表達形式。一個法律條文不一定完全包括規範的三個構成要素；一個規範可以表述在幾個條文，甚至幾個不同的法律文件中；幾個規範也可能表現在一個條文中。

憲法雖然是國家的根本大法，但它也是一種法律。憲法規範是法律規範的一種；規範性應該是憲法的基本特性之一。一般說來，憲法的序言沒有規範性；憲法的具體條文則應具有規範性。以憲法是根本大法為理由，否認憲法的規範性，或者不重視憲法的規範性，這無疑是不正確的。

為了使憲法規範臻於完備，在立憲過程中必須對規範的三個組成部分以正確的規定。

對憲法規範中的「假定」部分來說，重要的是保證它的顯明性。例如，如果一個國家的憲法規定了公民的基本權利和義務，但沒有在憲法或國籍法等具體法律中明文規定哪些人是該國的公民，公民這一概念就是不明確的，因而這一憲法規範也是不完善的，在實踐中必然會帶來混亂。長期以來，中國法學界對中國公民的概念一直存在兩種截然不同的理解。即：一種觀點認為，凡是具有中華人民共和國國籍的人就是中國的公民；另一種觀點認為，被剝奪了政治權利的人就不再是中國的公民。這種情況之所以存在，是同中國憲法和具體法律沒有明文規定哪些人是中國的公民有一定的關係。

對憲法規範中的「處理」部分來說，重要的是保證它的確定性。從法律調整社會關係的方法看，法律規範的「處理」部分可區分為如下三種類型：一是禁止性規範，它的內容是禁止實施一定的行為；二是義務性規範，它的內容是直接指出國家機關、社會團體、公職人員或公民的義務；三是授權性規範，它的內容是直接規定國家機關、社會團體、公職人員或公民的權利。法律規範的這三種類型，都要求憲法條文的內容必須確切規定遵守和違反的界限，不能模棱兩可。在這一面，中國 1978 年憲法也有某些值得斟酌的地方。例如，第 4 條規定，「各民族間要團結友愛，互相幫助，互相學習」，這裏的「要」字帶有勸說性，而且「團

結友愛」等概念也欠具體明確，在執行過程中就難以判斷其是非界限和追究其法律責任。第 12 條規定，「在國民經濟一切部門中盡量採用先進技術」，「盡量」二字也屬勸說性語句；是可以這樣做，也可以那樣做的。又例如，第 21 條第 3 款規定：「全國人民代表大會會議每年舉行一次。在必要的時候，可以提前或者延期。」什麼是「必要」，也無明文規定，因此後面的話就顯得靈活性太大，等於是說十年八年不開人代會也不違憲，因為並不難找到不開人代會的「必要」理由。這一點就不如 1954 年憲法確定。該憲法第 25 條規定：全國人民代表大會會議每年舉行一次，在必要時可以臨時召集會議。

對憲法規範中的「制裁」部分來說，也需要作出明確、具體的規定。憲法制裁，雖然不同於刑事制裁、民事制裁、行政制裁，有其自身的特點；但違憲應有制裁，這是必須肯定的。否則，違反憲法而不招致任何法律後果，那麼憲法的條文規定就難於成為憲法規範，那整部憲法也就很難發揮它的最高的和直接的法律效力了。憲法制裁應包括兩方面的內容：一是什麼機關有權裁決某一行為是否違憲；一是對於違憲行為應有哪些具體的制裁形式和方法。中國 1978 年憲法只有一處關於這方面的內容，即第二十二條規定，「監督憲法和法律的實施」是全國人民代表大會的職權之一。顯然，這是很不完善的，有必要認真加以研究和改進。

憲法條文必須明確、具體、嚴謹

1980 年 9 月，葉劍英同志在憲法修改委員會第一次會議上的講話中指出：作為國家根本大法，現行憲法的許多條文規定也不夠完備、嚴謹、具體和明確。這是我們修改現行憲法需要注意解決的一個問題。就憲法條文必須「明確、具體、嚴謹」來說，解放以後中國頒佈施行的三部憲法，最好的是 1954 年憲法，最差的是 1975 年憲法。下面，我們着重舉 1975 年憲法中若干例子來說明，憲法條文必須「明確、具體、嚴謹」是什麼意思，這樣要求有什麼意義。

憲法條文必須明確，是指它的內容應當做到概念清晰、界限分明。例如，1975 年《憲法》第 26 條規定：「公民的基本權利和義務是，

擁護中國共產黨的領導，擁護社會主義制度，服從中華人民共和國憲法和法律。」這就把權利與義務這兩個不同的概念混為一談了。這裏所說的三點內容，應是公民的義務，而不是公民的權利。憲法和法律規定的公民的義務，公民必須履行；但他們所享有的權利，則可以行使，也可以不行使。如果服從憲法和法律成了公民的權利，那他們也可以不行使這一權利，即可以不遵守法律了。這當然是錯誤的。此外，這一條文還有一個弊病，似乎公民的基本權利和義務僅僅只是這三點，而事實並不是這樣。又例如，1975 年《憲法》第 25 條第 3 款規定：「對於重大的反革命刑事案件，要發動群眾討論和批判」；1978 年《憲法》第 41 條第 2 款也規定：「對於重大的反革命案件和刑事案件，要發動群眾討論和提出處理意見」。這兩種提法都不清晰、確切。因為，並不是所有刑事案件都是反革命案件，反革命案件只是刑事案件的一種。比較正確一點的提法應該是：「對於重大反革命案件和其他重大刑事案件……」但是，這種提法仍然有問題：所謂「重大」，具體標準是什麼？是群眾討論後提出的處理意見，還是僅供人民法院定罪量刑時參考？這些仍不明確，因而也就難以準確執行。

　　憲法條文必須具體，是指它的內容不能過於籠統、抽象；該原則的要原則一些，該具體的就要具體一些。否則，某些必不可少的重要內容就會遺漏，或使人們無所適從。例如，1975 年憲法關於全國人民代表大會職權的規定，把 1954 年憲法原有的許多重要內容，如「監督憲法的實施」、「決定戰爭和和平的問題」、「批准省、自治區和直轄市的劃分」等都刪去了。這就使得這些十分重要的職權應該由誰行使很不明確。1975 年憲法決定不設國家主席，1954 年憲法規定由國家主席行使的許多重要職權，如「授予國家的勳章和榮譽稱號，發佈大赦令和特赦令，發佈戒嚴令，宣佈戰爭狀態，發佈動員令」，在 1975 年憲法中也找不到着落。如果上述重要職權誰都不能行使，或誰都能夠行使，國家機器的運轉就要亂套。憲法條文必須具體，還意味着憲法規範不應使用那些含義不具體的形容詞和口號。例如，1975 年憲法和 1978 年憲法關於國家武裝力量的規定，使用的是「工農子弟兵」和「無產階級專政的柱石」這樣一些提法。在總綱具體條文中使用這些提法，不能準確地表達中國人民解放軍的性質和它在國家中的法律地位。

憲法條文必須嚴謹，是指條文的內容要做到含義確切，邏輯嚴密。例如，1954年《憲法》第11條規定：「國家保護公民的合法收入」，這是正確的；1975年《憲法》第9條卻改為：「國家保護公民的勞動收入」，這就不對了。因為銀行存款利息、繼承的財產、救濟金、撫恤金等，並不是「勞動」收入，但卻是「合法」收入，是必須保護的。上面說的是憲法規範所使用的具體概念必須含義準確。還有一種情況是，憲法規範的整個內容也要做到邏輯嚴謹。例如，中國的三部憲法，都只規定了公民應該享有什麼自由。但是，這種自由的行使，並不是絕對的，而應該是有條件的、受一定制約的。中國憲法卻沒有這方面的任何條文規定。這就容易給那些搞無政府主義的人提供藉口或被少數壞人鑽空子。外國憲法，包括資本主義國家的憲法和社會主義國家的憲法，絕大多數都有這方面的規定，值得我們借鑒。

憲法是國家的根本大法。它在整個法律體系中的主體地位，決定它應該具有更大的穩定性，因而對於重大問題只能作比較原則的規定。但是，憲法是普通法律的立法依據，是所有國家機關、政黨和社會團體以及全體公民都必須嚴格遵守的行為準則。這就要求它的條文規定，必須明確、具體、嚴謹，才能充分發揮它的應有作用。那種認為既然憲法是根本大法，它的規範就愈抽象愈好，就可以含糊其辭、模棱兩可的看法，是不正確的。

憲法的原則性與靈活性

一般說來，任何法律都應該是原則性與一定的靈活性相結合。但是，在整個法律等級體系中，效力愈高的法律，就愈應體現這種結合。憲法是國家的根本大法，具有最高法律效力，是普通法律的立法依據。因此憲法比一般法律必須更好地結合原則性與靈活性，才能保證憲法適應現實生活的需要。特別是像我們這樣一個疆域遼闊、人口眾多、情況複雜、發展迅速的大國，這個問題就顯得更加重要。

毛澤東同志在總結制定中國1954年憲法的經驗時曾指出：

這部憲法之所以受到廣大人民的擁護，主要有兩條：「一條是正確地恰當地總結了經驗，一條是正確地恰當地結合了原則性和靈活性。」[8] 在這部憲法中，原則性與靈活性的正確結合，主要表現在以下三個問題上。

1. 這部憲法規定，一定要完成社會主義改造，實現國家的社會主義工業化。這是原則性。但是，並不是在全國範圍內，在一個早上，在所有經濟部門都實行社會主義。「社會主義全民所有制是原則」，「靈活性是國家資本主義」。並且，國家資本主義的形式不是一種，而是「各種」；實現不是一天，而是「逐步」。例如，這部憲法規定，當時生產資料所有制有下列各種：全民所有制、集體所有制、個體勞動者所有制、資本家所有制。（第 5 條）但是，「國營經濟是全民所有制的社會主義經濟，是國民經濟中的領導力量和國家實現社會主義改造的物質基礎。國家優先發展國營經濟。」（第 6 條）同時，「國家對資本主義工商業採取利用、限制和改造的政策」，「逐步以全民所有制代替資本家所有制」。（第 10 條）

2. 少數民族問題。民族區域自治機關與其他地方國家機關，既有共同性，也有特殊性。共同的就適用共同的條文，特殊的就適用特殊的條文。例如，這部憲法規定：「中華人民共和國是統一的多民族的國家」；「各少數民族聚居的地方實行區域自治。各民族自治地方都是中華人民共和國不可分離的部分。」（第 3 條）「自治區、自治州、自治縣的自治機關依照憲法和法律規定的權限行使自治權。」（第 69 條）「自治區、自治州、自治縣的自治機關可以依照當地民族的政治、經濟和文化的特點，制定自治條例和單行條例，報請全國人民代表大會常務委員會批准。」（第 70 條）這些規定都是原則性與靈活性的恰當結合。

3. 人民民主原則貫穿在我們的整個憲法中。我們的民主不是資產階級的民主，而是人民民主，這就是無產階級領導的、以

---

8. 《毛澤東選集》第 5 卷（北京：人民出版社，1977 年），129 頁。

工農聯盟為基礎的人民民主專政。這一原則也要結合靈活性。比如；憲法確認中國公民權利的實現有物質保證，這是社會主義民主區別於資產階級民主的重要標誌之。但是這種物質保證要受經濟條件的制約。由於中國生產力發展水平不高，所以 1954 年憲法規定，這種物質保證只能是「逐步擴大」。（第 91 條至第 94 條）這也是一種靈活性。

在這裏，有兩個問題需要注意。一是原則性應結合靈活性，絲毫不是意味着憲法規範可以含糊其辭、模棱兩可。這是兩個完全不同的問題，不能混為一談。二是對於憲法規範的靈活性，普通法律應緊密配合，作出具體解釋和補充規定，或制訂一般的法律使之具體化，才能避免人們隨意解釋與運用這種靈活性，在實踐中造成混亂，或者使靈活性落空。例如，1954 年《憲法》第 76 條規定：「人民法院審理案件，除法律規定的特別情況外，一律公開進行。」在這裏，審理案件一律公開進行，這是原則；「特別情況」例外，這是靈活性。對此，1956 年 5 月 8 日人大常委會通過《關於不公開進行審理的案件的決定》具體規定：「人民法院審理有關國家機密的案件，有關當事人隱私的案件和未滿十八周歲少年人犯罪的案件，可以不公開進行。」這樣，案件不公開審理的「特別情況」就進一步明確了。

現在，我們國家的政治、經濟等各方面的客觀條件都發生了很大變化，因此我們不能照抄照搬 1954 年憲法的某些具體規定；但是，毛澤東同志所總結的憲法必須正確地恰當地結合原則性與靈活性，則具有普遍的指導性，是我們這次修改憲法時必須認真加以貫徹的。

憲法的穩定性

任何統治階級立法的目的，就在於通過法律來實施，來體現自己的階級意志，維護自己的階級利益，因而都要竭力維護自己法律的穩定性，這在中外法制史中有不少記載，比如，中國春秋時期，鄭國子產鑄刑書於鼎；印度人刻法於椰子之葉；羅馬人揭十二銅表法於公市等。中外歷史上有些着名的思想家、政治家也都十分重視這個問題。如韓非

説：「法莫如一而固」[9]，「治大國而數變法，則民苦之。」[10]唐太宗説：「法令不可數變，數變則煩，官長不能盡記，又前後差違，吏得以為奸古，自今變法，皆宜詳慎而行之。」[11]亞里士多德説：「法律所以能見成效，全靠民眾的服從，而遵守法律的習性須經長期的培養，如果輕易地對這種或那種法制常常作這樣或那樣的廢改，民眾守法的習性必然消滅，而法律的威信也就跟着削弱了。」[12]剝削階級的思想家提出這些看法，雖然都是從維護本階級法律的權威和統治的利益出發，但他們關於法律應有穩定性的觀點，是有一定科學道理的。馬克思主義者也非常重視法律的穩定性。我們黨的十一屆三中全會的公報就曾經指出：要保證我們的法律具有穩定性、連續性和極大的權威。

憲法是國家的根本大法。它的內容是規定國家生活各方面的根本性問題，是普通法律的立法依據。它的修改不僅涉及國家各項根本制度的改變，而且涉及一般法律的制訂、廢除和修改。因此，對憲法的修改必須持十分慎重的態度，需要採取各種措施盡量保持它的穩定性。但是，這種穩定性也並不是絕對的，而是相對的。隨着現實政治、經濟、文化等客觀形勢和條件的不斷發展變化，也必須及時對憲法作相應的修改。建國以來，我們頒佈過三部憲法，現在又要對1978年憲法作全面修改。這是由我們國家特殊的歷史條件決定的。現在，我們國家已經進入一個新的歷史發展時期。社會將相對地處於一個穩定發展的階段，人民也迫切希望這方面的制度在今後較長時期裏能夠穩定下來。因此，中國未來的新憲法應當體現和反映這一要求。

為了保持憲法的相對穩定性，需要注意以下五個問題：

1. 要在認真總結社會主義革命和社會主義建設經驗教訓的基礎上，力爭憲法的內容盡量符合客觀規律的要求。憲法規範愈能體現社會主義制度下政治、經濟、文化等各方面的客觀規律，就愈具有穩定性。

9.《韓非子‧王蠹》。

10.《韓非子‧解老》。

11.《通鑒紀事本末》第 29 卷。

12.〔古希臘〕亞里士多德著，吳壽彭譯：《政治學》（北京：商務印書館，1965 年），81 頁。

2. 憲法的內容應是國家生活中根本性、長遠性和普遍性的問題。那些不必由憲法規定而可以由具體法律去解決的問題，以及那些只具有臨時性或個別性的問題，則不宜規定在憲法中，以免現實情況稍有變動，又要修改憲法。

3. 憲法的內容應做到原則性與靈活性相結合。在中央與地方的關係、民族區域自治、所有制與分配形式、公民權利的物質保證等一系列重要問題上，如果能夠正確地恰當地把原則性和靈活性結合起來，就能大大提高憲法規範的持久性。

4. 要做到正確的內容與完美的形式相結合。從體系安排、邏輯結構、概念運用到文字表達，都要力求準確、嚴謹、顯明，經得起反覆推敲。

5. 以上幾點是就憲法本身的內容與形式說的，是使憲法保持穩定性的主要方法。除此以外，從憲法修改的方式來看，則可以採取制訂新憲法和通過憲法修正案這兩種方式相結合。美國憲法制訂於 1787 年，至今仍然沿用，就是採用憲法修正案的方法。美國憲法原文僅 7 條。美國國會通過第一次憲法修正案（第 1 條至第 10 條）是 1791 年；最近一次通過憲法修正案（第 26 條）是 1971 年。他們之所以這樣做，主要是為了保持憲法的穩定性。外國在這方面的經驗我們應當注意借鑒。中國過去對憲法的修改一直採用另外制訂一部新憲法的方式。五屆人大第二次和第三次會議採取了憲法修正案的方式對個別條文進行了修改。實踐證明這樣做效果很好。在這次對 1978 年憲法進行全面修改以後，我們可以較多地採取憲法修正案這種方式。

什麼是公民

中國憲法有〈公民的基本權利和義務〉一章。在中國，公民究竟是指哪些人，這是必須明確回答的一個問題。長期以來在法學界一直存在着兩種不同見解：一種意見認為，凡是具有中華人民共和國國籍的人，就是中國的公民；另一種意見認為，有些人雖然具有中國國籍，但是被

依法剝奪了政治權利，他們就不再是中國的公民。我們認為，後一種見解是不大妥當的。

有人認為，政治權利就是公民權；有些人既然被剝奪了政治權利，就是被剝奪了公民權。既然公民權都被剝奪了，怎麼還是中國的公民呢？這種邏輯顯然是難以成立的。因為，公民權是一個內容十分廣泛的概念。例如，中國 1978 年《憲法》第三章關於公民基本權利的規定，既包括公民在政治方面的民主、自由等項權利（第 45 條至第 47 條以及第 55 條），也包括公民在經濟、文化、教育等方面的權利（即第 48 條至第 52 條）。比如，憲法規定「公民有勞動的權利」、「勞動者有休息的權利」、「勞動者在年老、生病或者喪失勞動能力的時候，有獲得物質幫助的權利」、「公民有進行科學研究、文學藝術創作和其他文化活動的自由」。無疑，這些經濟、文化、教育方面的公民基本權利，都屬「公民權」這個範疇。說只有「政治權利」才是公民權，上述這些權利都不是公民權，是根本說不通的。根據中國刑法的規定，剝奪政治權利是剝奪下述權利：選舉權和被選舉權；《憲法》第 45 條規定的各種權利；擔任國家機關職務的權利；擔任企業單位和人民團體領導職務的權利。被剝奪的這些政治權利，雖然是公民權利極其重要的部分，但作為一個被剝奪政治權利的人，並不是全部公民權都被剝奪了。比如，被剝奪政治權利的人，還有申訴權（為自己申辯的權利）、控告權（揭發檢舉壞人壞事的權利）。這些也是屬公民權這個範疇，是沒有也不可能被剝奪的。此外，一個被剝奪政治權利的人，還享有經濟、文化、教育等方面的權利。因此，我們不能在被剝奪的幾項政治權利和全部公民權之間劃等號，不能把「剝奪政治權利」理解為是剝奪了全部公民權，是剝奪了作為中華人民共和國公民的資格。所以，即使是人民的敵人，即使是那些正在服刑的被剝奪了政治權利的罪犯，也還仍然是中華人民共和國的公民。

如果認為那些被剝奪了政治權利的人不再是中國的公民，那就難以確定這些人除了被剝奪的那幾項政治權利之外，他們還享有哪些權利和應盡哪些義務。比如，既然這些人不再是中國的公民，那麼中國憲法中關於〈公民的基本權利和義務〉這一章的各項規定，對他們就不適用，對他們就沒有約束力。1978 年《憲法》第 9 條規定：「國家保護公民的合法收入、儲蓄、房屋和其他生活資料的所有權。」如果那些被剝

奪了政治權利的人不再是中國的公民，他們就不在這一條的保護之列。又例如，《中華人民共和國刑法》第 2 條規定，中國刑法的任務之一，是保護公民私人所有的合法財產，保護公民的人身權利和其他權利。如果那些被剝奪了政治權利的人不是中國的公民，那麼這些人沒有被剝奪的合法財產和人身權利就得不到中國刑法的保護，人們就可以隨便侵佔他們的私人合法財產，就可以對他們刑訊逼供或任意傷害。這顯然是不行的。在中國的法律制度中，如果被剝奪了政治權利的人不再是中國的公民，那他們是什麼呢？有人說，他們是「人」，是「國民」。但是，這些「人」和「國民」，在我們的國家裏，究竟享有哪些權利，應盡哪些義務，在中國憲法和各項具體法律中，都找不到任何有關這方面的規定。這等於是說，他們不是中國憲法和法律的調整對象；不受中國憲法和法律的管轄、約束和保護；憲法和法律關於「人的效力」就不適用於他們。如果要明確他們的權利和義務，就得另外制訂一套適用於他們的法律，或者在憲法和各項具體法律中，專列一些適用於他們的條文。否則，這些人在各個方面的權利和義務就必然是含糊不清的。

公民一詞來源於古希臘、羅馬奴隸制國家。那時候，並不是凡具有一個國家國籍的人就是該國的公民，公民僅僅是在法律上享有一定特權的一小部分自由民。例如，公元前 5 世紀雅典人口約 17 萬，其中成年公民是 4 萬人。[13] 又據古希臘政治家德米特利奧斯的調查，公元前 309 年，雅典「民主國」具有政治權利的「自由」公民僅 2.1 萬人，而奴隸則達 40 萬人。[14] 這種情況是由當時的經濟制度和政治制度的客觀條件所決定的。正如恩格斯所說：「在希臘人和羅馬人那裏，人們的不平等比任何平等受重視得多。如果認為希臘人和野蠻人、自由民和奴隸、公民和被保護民、羅馬的公民和羅馬的臣民（指廣義而言），都可以要求平等的政治地位，這在古代人看來必定是發了瘋。」[15] 在封建等級和君主專制制度下，只有封建主享有經濟、政治、法律上的特權，農民及其他勞動人民則處於被奴役、被壓迫的地位，因此沒有公民的概

---

13. 亞里士多德著，吳壽彭譯：《政治學》（北京：商務印書館，1965 年），105 頁。

14. 〔法〕茄羅蒂（Roger Garaudy）著，凌其翰譯：《什麼是自由》（北京：三聯書店，1954 年），45 頁。

15. 《馬克思恩格斯全集》第 3 卷（北京：人民出版社，1961 年），143 頁。

念;或者即使有這一概念,也是帶着封建等級制的色彩。資產階級革命時期,以洛克、孟德斯鳩、盧梭等為代表的啟蒙思想家,提出了「天賦人權」、「主權在民」等思想,強調國家屬公民全體,主張凡是具有該國國籍的人都是公民,要求法律面前人人平等。從此以後,這一觀念就被體現在各個資產階級國家的憲法以及憲法性文件中。這同奴隸制和封建制的法律制度相比,是一個歷史性的進步。現在,在資本主義國家的憲法中,凡是具有該國國籍的人,多數國家稱「公民」(如法國、意大利),一部分國家稱「國民」(如西德、日本),也有極個別實行君主立憲制的國家稱「臣民」。這種名稱的不同,是由各個國家不同的文化傳統和習慣形成的。但有一點是共同的,即現在絕大多數資本主義國家的憲法,不再把具有本國國籍的人,分成公民與非公民、國民與非國民、臣民與非臣民兩個部分,分別規定他們享有不同的權利和應盡不同的義務。社會主義類型的憲法也大體上是採取這種作法。如果我們把那些被剝奪政治權利的人不作為公民看待,不僅在法律制度上會帶來如前所述的某些混亂,同時也不符合歷史發展的客觀趨勢。

現在世界上多數國家的憲法都有關於本國公民(或稱國民)資格的條文規定。中國憲法似宜對此有所規定;或者,由全國人大常委會專門為此作出憲法解釋亦可。作出這方面的規定或解釋可以很簡單,一句話就行了:「凡具有中華人民共和國國籍的人,都是中國公民。」

第五章

黨必須在憲法和法律的
範圍內活動

*　本章原載於 1982 年 11 月 22 日《光明日報》。《新華文摘》1983 年第 1 期轉載。1984
年 10 月獲《光明日報》「優秀理論文章」二等獎。本章作於 1980 年 8 月，並投稿《光
明日報》。該報認為事關重大而未發表，直到中央明確肯定這一原則方才刊登。收入本
書的這篇文章，已對在《光明日報》發表時的內容作了少許增改，並收入作者的《新憲
法簡論》（北京：法律出版社，1984 年）一書。本章觀點可參見 1981 年 6 月 27 日《關
於建國以來黨的若干歷史問題的決議》與黨的十二大通過的新黨章總綱最後一段。

新憲法 1982 年《憲法》的序言規定：「全國各族人民、一切國家機關和武裝力量、各政黨和各社會團體，各企業事業組織，都必須以憲法為根本的活動準則，並且負有維護憲法尊嚴、保證憲法實施的職責。」這裏所說的「各政黨」，當然包括中國共產黨在內。在國家的根本大法中強調中國共產黨也必須以憲法作為自己根本活動準則，這在新中國的立憲史上還是頭一次。

胡耀邦同志在黨的十二大報告中指出：「新黨章關於『黨必須在憲法和法律的範圍內活動』的規定，是一項極其重要的原則。從中央到基層，一切黨組織和黨員的活動都不能同國家的憲法和法律相抵觸。」這是我們黨總結了建國 32 年來正反兩方面的歷史經驗所得出的一個嶄新的結論，也是在新的歷史時期我們黨決心採取的一條十分重要的方針。這一規定從原則上明確了黨的領導同國家政權的關係，不但給黨的建設的理論增添了新的內容，也給馬克思主義的國家與法的學說增添了新的內容。現在，這一原則又莊嚴地記載在憲法裏。運用憲法來保證切實做到這一點，對於加強和改善黨的領導，對於維護憲法的統一和尊嚴，對於發揚民主與健全法制，都有重大的現實意義和深遠的歷史意義。

強調各級黨的組織必須以憲法作為自己的根本的活動準則，會不會貶低黨的領導地位，削弱黨的領導作用呢？我們認為不會。社會主義的法律是黨領導人民制訂的，是黨的路線、方針、政策的具體化、條文化、定型化，是黨的主張和人民意志的統一。黨通過領導國家的立法機關、行政機關和司法機關，制定、貫徹和執行法律，把先進階級的意志上升為整個國家的意志，並且運用國家強制力保證其實施，這正是鞏固與加強黨的領導地位，而決不是降低或削弱黨的領導作用。既然黨的路線、方針、政策，通過法律的形式成了全國人民的共同意志，成了全體公民都要嚴格遵守的行為準則，因此，要求各級黨組織在憲法和法律的範圍內活動，嚴格依法辦事，不僅不會削弱黨的領導，而且更有利於黨的路線、方針、政策在全國範圍內和在全體規模上得到最嚴格的和統一

的貫徹執行，從而有利於加強黨的領導地位，更好地發揮黨對國家生活和社會生活各個方面的領導作用。事實證明，以黨代政、以言代法、以政策代替法律，大小事情都憑各級黨組織和領導人説了算，只能削弱黨的領導。當黨提出的意見、主張和方針政策為國家的權力機關所接受，形成國家的法律和制度以後，各級黨的組織就應該為維護這些法律和制度而鬥爭，並且帶頭遵守這些法律和制度，還要教育和引導廣大幹部和群眾遵守這些法律和制度。從這個意義上説，各級黨的組織遵守國家的憲法和法律就是堅持和加強黨的領導。

強調各級黨的組織必須以憲法作為自己的根本活動準則，會不會給黨的工作帶來「麻煩」和「不方便」，從而降低黨的工作效率呢？我們認為不會。社會主義的法律，是黨領導人民，運用馬克思主義的理論作指導，在總結實踐經驗的基礎上按照事物發展的客觀規律制定出來的。正如馬克思所説，立法者「不是在製造法律，不是在發明法律，而僅僅是在表述法律，他把精神關係的內在規律表現在有意識的現行法律之中」。[1] 憲法和各部門法不僅要反映各種社會規律，即社會現象中經濟、政治、文化、軍事等各方面的必然聯繫，還要反映自然規律，即各種自然現象彼此之間的必然聯繫，以及人們在生產鬥爭中人和自然界的種種必然聯繫。因此，各級黨組織嚴格依法辦事，實質上就是嚴格按客觀規律辦事，使黨在各方面的工作增強自覺性，減少盲目性。同時，社會主義法律可以使全國各方面的工作有一個統一的行為準則，使一切黨政機關和公民從法制中知道做什麼和怎樣做是國家允許的或不允許的。這樣就可以使黨組織在各種問題上容易做到思想統一、行動一致，避免許多由於領導成員彼此之間認識不同，而互相扯皮的現象，從而增強黨組織的戰鬥力。

強調各級黨的組織必須以憲法作為自己的根本活動準則，會不會束縛自己的手腳，使黨組織不能充分發揮領導作用呢？我們認為也不會。正如毛澤東同志曾經説過的那樣，「按照法律辦事，不等於束手束腳」，「要按照法律放手放腳」。[2] 因為，有的法律規定是比較原則的，如何具體執行，需要領導者去靈活運用。有的法律規定比較具體，但需

1. 《馬克思恩格斯全集》第 1 卷（北京：人民出版社，1956 年），183 頁。

2. 《毛澤東選集》第 5 卷（北京：人民出版社，1977 年），359 頁。

要領導者進行大量的工作去組織實施。而且，即使法律制訂得再完備，任何時候也不可能包羅一切；許許多多的問題，仍然需要領導機關和領導人員，在不違背憲法和法律總的精神的前提下，按照實際情況去處理、解決。這一切，都要求各級黨組織放手大膽地工作，以充分發揮自己的領導作用。任何一種法律都是有一定「束縛」作用的。但是社會主義的法律決不會束縛那些為人民謀利益的正確思想和行動，它只是對那些習慣於個人專斷或蔑視法律的人，玩忽職守、對人民的生命財產漠不關心的人，利用人民給予的權力搞特權或貪贓枉法的人，才會有所束縛。這樣的「束縛」，只會使黨組織的肌體更加健康強壯，使黨在人民群眾中的威望更加提高。

要求各級黨的組織必須以憲法作為自己的根本活動準則，是發揚社會主義民主的必要條件。在中國，國家的一切權力屬人民，人民行使國家權力的機關是人民代表大會。社會主義的法律是國家權力機關通過一定的民主程序制訂或認可的行為規範。黨的意見和主張只有經全國人大和它的常委會通過和決定才能成為法律，成為國家意志。各級黨組織嚴格地以憲法作為自己的根本活動準則，就集中地、鮮明地表明我們黨真正尊重國家權力機關的地位和作用，尊重人民管理國家的權力，尊重社會主義民主，切實按照民主原則辦事。而且，既然社會主義的憲法和法律是體現了全國人民的共同意志，因此，黨組織嚴格依法辦事，就是意味着嚴格地按照人民的意願辦事，表明自己沒有也決不享有超越憲法和法律的特權，就能進一步提高黨在人民中的威望。同時，法律是明文公佈而人人周知的行為規範。要求黨組織在法律範圍內活動，就能更好地把各級黨組織的工作置於廣大人民群眾的監督之下；就可以更有效地約束各級黨的組織和領導人員按民主程序辦事，認真發揚民主作風，切實尊重人民群眾的民主權利。

要求各級黨的組織必須以憲法作為自己的根本活動準則，是維護社會主義法制應有權威的可靠保障。過去，由於種種原因，我們沒有能把黨內民主和國家政治生活的民主加以制度化、法律化，或者雖然制定了法律，卻沒有應有的權威，這是「文化大革命」得以發生和進行的一個重要條件。我們必須認真記取這個教訓。而要維護法制的應有權威，關鍵是各級黨組織要帶頭遵守法律，嚴格依法辦事。我們黨是執政黨，

在全國各條戰線、各個部門和所有基層單位中，黨的組織都是處於領導者的地位。如果黨的組織隨隨便便地把法律拋在一邊，自己發佈的決議和指示，可以任意和憲法與法律的原則精神或具體規定相違背，那就會嚴重損害法律的權威性，就難以教育自己的黨員切實遵守法律，就無法要求其他社會組織嚴格依法辦事。

要求各級黨的組織必須以憲法作為自己的根本活動準則，也是加強與改善黨的領導的有效措施。我們的黨是全國人民的領導核心，這種領導地位得到了憲法的認可與保障。堅持黨的領導作為堅持四項基本原則之一，已經莊嚴地記載在憲法的序言中。任何人否認或反對黨的領導，都是違反中國憲法的。但是，黨對國家的領導，如果沒有法律作出明確的、具體的、詳細的規定，黨就難以領導好國家。國家要由黨領導，但是黨不是凌駕於國家和法律之上，而是通過民主的程序實施領導。對於憲法和法律，任何一級黨組織都不能想立就立，想廢就廢，願執行就執行，不願執行就不執行。如果某些法律規定已不適應形勢發展的需要，黨組織應通過民主的、合法的程序，建議立法機關對某些法律進行補充、修訂，而不能任意予以變更或不遵守。同時，黨在對國家事務和各項經濟、文化、社會工作的領導中，必須正確處理黨同其他組織的關係，從各方面保證國家權力機關、行政機關、司法機關和各種經濟、文化組織有效地行使自己的職權，保證工會、青年團、婦聯等群眾組織主動負責地進行工作。這是改善黨的領導的重要一環。而要切實做到這一點，各級黨的組織就必須嚴格依法辦事，真正尊重憲法和法律賦予這些組織的職權。

現在，各級黨組織都應以憲法作為自己根本的活動準則，已作為一項重要原則在新憲法中正式確認下來。怎樣才能保證各級黨的組織都切實做到這一點呢？

第一，黨中央在這方面要首先作出表率。黨中央是全黨的領導核心。黨中央領導人民制訂憲法和法律，也領導人民遵守憲法和法律。粉碎「四人幫」以後，特別是三中全會以來，黨中央領導全黨和全國人民為發展民主與健全法制而鬥爭；今後也一定能在嚴格遵守憲法和法律方面，為全黨和全國人民作出榜樣，這是維護憲法的權威與尊嚴最重要的保證。

第二，各級黨的領導幹部要真正樹立起法制觀念，堅決克服與法制觀念不相符合的各種錯誤思想、認識、作風和習慣。在這方面，最重要的是要樹立起法治思想，堅決克服「權大於法」的現象。

　　第三，各級黨的領導者必須認真學習法律，要執行好法律必先熟悉法律。如果根本不懂法律，也就無法保證黨組織的活動符合憲法和法律的規定和要求。現在各級黨的領導者中，熟悉法律的人還不是很多。採取各種辦法提高他們的法學知識水平，是十分必要和非常迫切的。

　　第四，一切國家機關、各民主黨派、各社會團體，都有權對各級黨的組織是否嚴格依法辦事實行監督。採取各種組織的、法律的、制度的措施，來保證這種監督切實有效，是非常重要的。過去，我們只講或者只強調黨組織對國家機關和社會團體是否守法實行監督這一面，是不全面的。

　　第五，維護憲法尊嚴，保證憲法實施，人人有責。依靠廣大群眾對各級黨組織是否在憲法和法律的範圍內活動進行監督，也是十分必要的。

　　八二憲法頒佈近三十年來，歷史證明，黨只有在憲法和法律的範圍內活動，才能不斷發展和壯大。強調這一點在新時期尤其具有重要意義。

　　黨的十五大總結我們黨的歷史經驗特別是十一屆三中全會以來治理國家的經驗，提出「依法治國」的基本方略，黨的十六大又提出「堅持依法執政」。胡錦濤同志在紀念憲法施行２０周年大會上強調指出：「黨要堅持依法執政，各級黨委和領導幹部必須增強法制觀念，善於把堅持黨的領導、人民當家作主和依法治國統一起來，不斷提高依法執政的能力。」這對於加強和改善黨的領導，提高黨的執政能力和執政水平，具有極其重要的指導意義。

　　以胡錦濤同志為總書記的黨中央領導集體第一次參加的大會就是紀念憲法實施20周年的大會，第一次中央政治局集體學習的主題就是學習憲法，由此可以看出憲法對於我們黨和國家工作的重要性。胡錦濤同志在主持學習憲法時指出：「要把學習貫徹十六大精神和學習宣傳憲法緊密結合起來，把貫徹實施憲法落實到全面實現十六大提出的宏偉目

標和各項任務上來。」這都充分表明了新的中央領導集體對憲法在黨的領導工作中的重要地位和作用的高度重視。

依法治國是建設社會主義法治國家的必然要求。1999 年《憲法》修正案第 13 條規定:「中華人民共和國實行依法治國,建設社會主義法治國家。」這標誌着執政黨對國家的管理方式有了新的發展,由建國初期採取軍事管制的方式管理國家,到後來採取行政和計劃的方式管理國家,直到今天採取的既有行政的手段,同時又有市場的手段,更重要的是用法律的手段來管理國家。依法治國對執政黨的要求就是依法執政。依法執政是我們黨提出的口號,憲法裏的依法治國也是黨中央向全國人大建議修改憲法而寫入的,這就是說,依法治國也是黨的領導的體現,是黨的意志通過國家的立法機關和修憲程序而成為國家的意志。所以,依法執政就是為了實現依法治國,就是為了改進和完善黨的領導。依法執政的提出,進一步豐富了依法治國的理念,同時也反映了黨的執政能力、執政水平的提高。

在新世紀新階段,強調中國共產黨和各民主黨派都必須以憲法為根本活動準則,負有維護憲法尊嚴、保證憲法實施的職責,並把它作為新世紀新階段中國多黨合作和政治協商必須堅持的重要政治準則,反映了中國共產黨依法執政的理念,體現了依法治國的根本要求。根據這一準則,中國共產黨和各民主黨派必須堅持憲法至上,維護憲法權威,自覺在憲法和法律範圍內活動。中國共產黨作為執政黨,要率先垂範,依照憲法規範自己的領導方式和行為方式,作遵守憲法和法律的模範。具體說,就是要在「三個代表」重要思想指導下,依照憲法和法律化了的黨的路線、方針和政策治國理政;就是要依照憲法和法律化了的人民意志來領導和支持人民當家作主,保障人民依法行使管理國家事務、管理經濟和文化事業、管理社會事務的各項權利;就是要在人民民主專政的國體與人民代表大會制度的政體相統一的憲政領域做到立黨為公、執政為民,切實做到「權為民所用、情為民所系、利為民所謀」。各民主黨派作為參政黨,也要認真學習憲法,掌握憲法知識,增強憲法觀念,維護憲法權威,自覺地以憲法為根本活動準則,積極履行憲法賦予的職責,與中國共產黨風雨同舟、肝膽相照,共同把建設中國特色社會主義偉大事業推向前進。

第六章
二〇〇四年修憲建議

* 本章這是作者 2003 年 6 月 13 日上午在人民大會堂由吳邦國委員長主持的憲法修改座談會上的發言。這次座談會主要是聽取憲法學者的意見。參加此次座談會的憲法學家還有許崇德、張慶福、韓大元、徐顯明，以及長期從事人大工作的顧昂然和項淳一兩位同志。作者被要求第一個發言。2004 年第四次修憲時，儘管有人反對，中央還是果斷作出決定，採納學者建議，將「國家尊重和保障人權」莊嚴載入憲法。這次修憲後，中央電視台在黨中央修憲領導小組辦公室的支持與指導下，作了一期長約 50 分鐘的專題節目，闡述這次修憲的基本精神。作者在節目中講的內容之一，就是為什麼要將人權保障寫進憲法。

這次中央主持修改憲法，比 1999 年修憲在民主立憲方面又有了進步。那一次是中央先有幾點修改意見，而後召開兩次專家座談會。這次中央沒有提出具體方案，而是召開六次座談會，廣泛聽取各種建議，先民主，後集中。下面，我談幾點看法。

首先，我認為應當在這次修憲中加進「國家尊重和保障人權」的內容。人權得到最充分的實現，應當是社會主義的理想。可是我們過去在這個問題上觀念有錯誤，一度把這面旗幟交給了西方。最近十多年來，經過理論界的反覆討論，已逐步達成基本共識，就是社會主義者應當高舉人權的旗幟。共產主義社會是一個人人自由、人人平等、人人富裕的社會，而這正是現代人權最基本的內容與要求。中央採納了多數學者的看法，在黨的「十五大」和「十六大」報告中已先後寫進國家「尊重和保障人權」的內容。這次修憲把「尊重和保障人權」寫入憲法只有好處，沒有壞處。

有同志說，世界上也有不少國家的憲法並沒有關於國家「尊重和保障人權」的內容，而且中國憲法對公民的基本權利已經作了詳細的規定，因此沒有必要再寫進這一內容。我不同意這一看法。幾年前，我們的輿論還普遍認為，「人權是資產階級的口號」，直到今天也還有很多幹部視「人權」為禁區，不敢觸及。將「國家尊重和保障人權」寫進憲法，有利於徹底消除人們對這一問題的誤解和顧慮。第二，將這一原則寫入憲法，有利於從立法、執法、司法、護法等各方面促進對人權的尊重和保護。第三，將這一原則寫進憲法，可進一步消除國際上一些政府和人士，對中國政府在人權問題的立場上的誤解與攻擊，有利於提高中國的國際聲譽。第四，人權的本來含義是一種「應有權利」，並不以法律是否規定為轉移。法律是人制訂的，立法者對人作為人依照其人格、尊嚴與價值所應當享有的各種權利，可以規定也可以不作規定。憲法明定的各種公民的基本權利是人權的重要內容，但人權不僅限於這些憲法

權利，它的內容與範圍要廣泛得多。因此作出「國家尊重和保障人權」這一原則性、概括性規定是科學的、有益的。

我還認為，應當通過這次修憲建立起中國的以違憲審查為重要內容的憲法保障制度。現在世界上絕大多數國家都已經建立起違憲審查制度。這一制度對樹立憲法的崇高權威，保證憲法的切實實施起着關鍵性的作用。中國憲法只是簡單地規定全國人大和全國人大常委會「保證憲法實施」，而沒有建立起任何具體制度。違憲主體是誰，即什麼人的行為可以構成違憲？違憲客體有哪些，即什麼樣的行為可以構成違憲？確認違憲後可以有那些制裁方式和應當承擔什麼法律後果？什麼樣的組織或個人有權提出違憲審查提案或建議？什麼樣的組織具體負責受理和審議，這類提案或建議其程序是什麼？所有這些制度在中國都沒有建立起來。這是現今中國憲法制度的最大缺陷，也是中國憲法還缺乏應有權威的根本原因所在。坦率講，現在中國憲法被違反但得不到糾正的情況還不少。憲法是國家的根本大法，是國家長治久安的根本保證；依法治國重在依憲治國，國家領導機構及領導人帶頭切實遵守憲法，就將極大地促進全國人民都切實遵守憲法和各種法律。中國現行憲法自 1982 年制訂以來，不少學者一直在呼籲建立中國的違憲審查制度。當時我們的解釋是「經驗還不成熟」。現在 20 年已經過去了，恐怕不好再這樣講了。現在中國的經濟與政治體制改革已取得巨大的成就，人民的政治覺悟和民主法制觀念已得到很大的提高。今天建立違憲審查制度的客觀條件已經完全具備。

世界各國的違憲審查制度有幾種基本模式，即：一是由立法機關負責，如英國與前蘇聯；二是由司法機關負責，如美國；三是由專門的政治機關負責，如法國；四是由憲法法院負責，如奧地利、德國。根據中國當前的具體國情，尤其是現行政治體制，在全國人大設立憲法監督委員會是可行的。它由全國人大領導，在其閉會期間受全國人大常委會領導。其性質與地位等同於現在的各個專門委員會，它的職權與職責主要是：對解釋憲法，提出建議；對現行法律，行政法規、地方性法規是否同憲法相抵觸，提出建議；對報送全國人大及其常委會備案的地方性法規是否違憲提出審查意見；對中央一級國家機關的權限爭議，提出處理意見；對中央一級選舉出的領導人的罷免，提出審查意見等。委員會成員以 15 人左右為宜，其主任、副主任可以在副委員長中遴選，委員

中最好有若干法學專家。各級人大都是處於執政黨的領導下，憲法監督委員會的活動不會對黨的領導帶來什麼影響或威脅。

同時，我還就此提出一個具體建議。「孫志剛事件」已經在全國引起強烈反響。[1] 依照中國《立法法》的有關規定，三位公民有權就撤銷國務院制訂的「收容遣返」條例提出建議，全國人大常委會還必須就此作出回答，結論也只能說這一條例是應當撤銷的。因此我認為全國人大應當就此盡快地果斷地作出決定，由全國人大行使憲法權力，宣佈撤銷這一條例。自 1954 年憲法頒佈到現在，50 年了，我們還沒有過違憲審查的先例。這次如果能這樣做，一定會對樹立憲法權威起重大作用。

最後，我還主張對現行《憲法》的第 126 條作出修改。這條規定是，「人民法院依照法律規定獨立行使審判權，不受行政機關、社會團體和個人的干涉」。「干涉」是個貶義詞。人民法院的審判工作，要接受黨的領導，要接受人大的監督。但「領導」「監督」同「干涉」完全不是一回事。1982 年現行憲法制訂時，我同一些學者就不同意這樣規定，主張回復到 1954 年憲法的規定，「人民法院獨立進行審判，只服從法律」。現在實際生活中有些地方黨委或人大這樣或那樣地妨礙人民法院獨立進行審判的事情還時有發生，這同現行《憲法》第 126 條的規定有一定的關係。

以上建議是否妥當，請考慮。

---

1. 孫志剛事件指 2003 年 3 月 17 日，任職於廣州的湖北青年孫志剛因沒有暫住證而被廣州公安送至「三無」人員收容遣送中轉站收容。孫志剛在收容期間受到工作人員及其他收容人員毆打，於次日死亡。這宗悲劇引起全國各界人士的強烈反響。最終，孫志剛以生命代價推動中國法治進程，促使國務院於同年自行廢止《城市流浪乞討人員收容遣送辦法》。

第七章

建立違憲審查制度
刻不容緩

* 本章原載於《法制日報》，2001 年 11 月 2 日。

依法治國，建設社會主義法治國家，作為中國人民的一項治國方略和奮鬥目標，已被莊嚴地載入憲法。憲法是國家的根本大法，是全國各族人民、一切國家機關和武裝力量、各政黨和各社會團體、各企事業組織的根本活動準則。依法治國的根本是依憲治國；依法辦事首先應當依憲辦事。不重視憲法的作用，就會丟失立國的根本；不樹立憲法的權威，就難以樹立法律的權威。

1982年制訂的中國現行憲法，後來又經過多次修正，是一部好憲法。這部憲法制訂以來，廣大幹部和群眾的憲法意識已經有了提高。但是也必須看到，中國憲法的實施不能說沒有問題了。新中國成立已50多年，還從來沒有處理過違憲案件。我們既沒有設置具體負責受理與審查違憲案件的專門機構，沒有制訂具體的違憲審查的特別程序，也沒有設計出一套進行違憲審查的理論和原則。例如，在中國什麼叫違憲？它應有哪些構成要件？違憲的主體可以是哪些機關和個人？違憲的客體應是什麼樣的行為？違憲行為有無時效？什麼樣的組織和個人可以提出進行違憲審查的要求或控告？違憲審查機構是「不告不理」還是可以主動審查？它以什麼形式進行裁決，其效力又如何？如此等等，在中國理論界和權力機構中，都還沒有明確和統一的認識。

世界各國違憲審查機構的設置，大體上可以分為四大類：一是由立法機構負責違憲審查。通常認為英國和蘇聯是採用這種方式的代表。英國實行「議會至上」的憲政體制，內閣和法院由議會產生並對其負責，議會可以制訂、修改和廢止任何法律，包括各種憲法性文件：任何一部法律如果違憲，也只能通過議會才能修正或廢止。由於英國採用這種體制有其歷史的特殊性；而這種體制有一重要弱點，即「自己監督自己」，因此西方國家效仿它的極少。

二是由司法機關負責違憲審查。首創這種體制的是美國。它建立在「三權分立」的政治哲學基礎上，它的直接淵源是著名的馬伯里訴麥迪遜案這一判例。在世界範圍內這一判例也開創了違憲審查的先河。早

在此判例確立之前，闡釋三權分立學說最力，也稱為「美國憲法之父」的漢密爾頓就說過：「法院必須有權宣佈違反憲法明文規定的立法為無效。如無此項規定，則一切保留特定權利與特權的條款將形同虛設。」「解釋法律乃是法院的正當與特有的職責。而憲法事實上是，亦應被法官看作根本大法。所以對憲法以及立法機關制定的任何法律的解釋權應屬法院。」現在全世界效仿美國模式的有六十多個國家。但是大多數國家還是依據本國的具體國情作出某些規定。例如，只有最高法院才能審查違憲的立法，法庭組成人員要吸收法學教授、政治家參加，審查程序也不同於一般的法院審案程序。

三是由專門的政治機關負責違憲審查。法國是實行這種體制的典型。法國現行憲法規定：「憲法委員會的成員為九人，任期九年，不得連任。憲法委員會成員每三年更新三分之一，其中三名由共和國總統任命，三名由國民議會議長任命，三名由參議會議長任命。除上述規定的九名成員外，各前任共和國總統是憲法委員會當然的終身成員。」其主要職責是：「憲法委員會監督共和國選舉。」「各組織法在公佈前，議會兩院的規章在施行前，都必須提交憲法委員會，憲法委員會應就其是否符合憲法作出裁決。」為了同樣的目的，各個法律在公佈前，可以由共和國總統、總理、國民議會議長、參議院議長、60 名國民議會議員或者 60 名參議院議員提交憲法委員會。此外，該委員會還有權裁決議會兩院議員選舉中的法律爭議以及監督全民公決等。該委員會活動是秘密的，開會只公佈結果，不公佈理由和內部討論內容。法國憲法委員會具有很強的政治性和很高的權威性，各國完全效仿的不多，但很重視它的某些長處和經驗。

四是由憲法法院負責違憲審查。這種模式由奧地利於 1920 年首創，後來德國、意大利、西班牙等大多數歐洲國家都相繼設立了憲法法院。不少亞、非、拉國家也採用這種制度。奧地利的憲法法院由 12 名正式成員和 6 名替補成員組成。院長、副院長及 6 名正式成員和 3 名替補成員，由聯邦政府提名；國民議院和聯邦議院各提出 3 名正式成員，1 名替補成員。以上名單均由總統任命。所有憲法法院的成員和替補成員均需有法學或政治學學歷，並且擔任法學或政治學專業職務不少於 10 年。奧地利憲法還規定：「任何政黨的雇員或其他工作人員均不得被任命為憲法法院成員。」憲法法院職權通常包括：解釋憲法；裁決國家

機關之間的權限爭議;審查各種法律、法規、法令的合憲性;審理或監督審理高級官員包括總統的彈劾案;審查公民個人提起的憲法訴訟等。

世界各國違憲審查制度對樹立憲法的權威和維護國家法制的統一,對保障民主、法治與人權,對維護國家政治與社會的穩定,都起了重要的作用,其具體經驗也是我們可以借鑒的。但是,在中國建立違憲審查制度,必須從中國的具體國情出發。人民代表大會制度是中國的根本政治制度,立足於中國的政治體制來建立違憲審查制度是首先必須堅持的。民主與法治的健全與完善是一個長期的發展過程,不能想當然去追求哪些所謂的「理想」模式。

基於以上考慮,我們建議:全國人民代表大會設立憲法監督委員會。它受全國人民代表大會領導;在人民代表大會閉會期間,受全國人民代表大會常務委員會領導。憲法監督委員會由主任委員、副主任委員兩人和委員 12 至 15 人組成,其主任、副主任人選舉大會主席團在副委員長中提名,委員人選在代表中提名,大會通過。憲法監督委員會的組成人員中,應當有適當數量的法學專家。在大會閉會期間,全國人民代表大會常務委員會可以補充任命缺額的副主任或委員。憲法監督委員會可以聘請若干法學專家擔任顧問,顧問由全國人大常委會任免。顧問列席會議,但無表決權。憲法監督委員會的職責如下:(一) 對憲法解釋,提出意見和建議;(二) 對現行法律、行政法規和地方性法規、自治條例和單行條例是否同憲法相抵觸,提出審查意見;(三) 對報送全國人民代表大會常務委員會備案的地方性法規是否同憲法和法律相違背,提出審查意見;(四) 對報送全國人民代表大會常務委員會批准的自治區的自治條例和單行條例是否同憲法和法律相抵觸,提出審查意見;(五) 對全國人民代表大會及其常務委員會授權國務院制訂的行政法院,或者授權省級人民代表大會及其常務委員會制訂的地方性法規是否同憲法和法律相抵觸,提出審查意見;(六) 對國務院裁決的省級地方性法規同行政法規相抵觸、省級地方性法規同國務院部門規章之間有矛盾的處理意見,提出審查意見;(七) 對中央一級國家機關之間的權限爭議,提出處理意見;(八) 對中央一級國家機關的重大政策和決策是否違憲,提出審查意見;(九) 對全國人民代表大會選舉的中央一級國家機關領導人員的罷免案,提出審查意見;(十) 全國人民代表大會

及其常務委員會交付的其他工作。以上機構的設置及其職權的設定，同中國現行憲法的原則精神和具體規定是完全一致的。

在 1982 年現行憲法制訂的時候，學者們就曾呼籲建立中國的違憲審查機制，中央對此也作過認真考慮，但是鑒於當時「經驗不足」而未能實現。20 年後的今天，中國在制憲行憲方面已積累了相當多的經驗。廣大幹部和群眾的法制觀念和憲法意識已有很大提高。政治體制改革和民主政治建設已取得長足的進展。為了預防和消除權力腐敗和權力異化，民主監督體系正在加強。中國已經加入世界貿易組織，社會主義市場經濟將進一步完善。建設社會主義法治國家的奮鬥目標已經確立，正在步伐堅定地向前邁進。由於黨的路線、方針和政策正確，黨的威望日益提高，黨的執政地位空前鞏固。所有這一切，都為今天在中國建立違憲審查制度，提出了迫切要求和提供了現實條件。如果本屆人大能在自己的任期內建立起違憲審查制度，將為黨的十六大和新一屆人大，為新世紀的民主法治建設獻上一份厚禮。

第八章

「憲法是人權保障書」
的理論依據

· 本章原載於《法制日報》，2014 年 1 月 29 日。

列寧曾指出：「憲法就是一張寫着人民權利的紙。」我們黨內最傑出的法學家之一的張友漁教授早在抗日戰爭時期即已指出：「保障人民的權利，實為憲法的最重要的任務」，「而憲法便是人民權利之保障書」。為什麼要用「保障人權」來定義憲法，來揭示憲法的根本任務？其理論基礎和根據是什麼？這是一個很值得研究的問題。我認為，憲法是「人權保障書」有如下四條理論根據：

實現「人民主權」的必然要求

　　它是建立在「人民主權」原理的基礎上。「人民主權」即「主權在民」是現代民主的理論基礎和根本原則，它的對立物是封建社會君主主權即主權在君。中國憲法規定：「國家的一切權利屬人民」，就是「主權在民」這一原理和原則的體現。既然人民是國家的主人，但是任何一個國家的公民（或）國民、臣民不可能都直接去管理國家，而必須實行代議制，即人民行使選舉權，選出一個國家機構，代表人民行使國家權力，具體管理國家。在西方有議會制與總統制，中國是實行人民代表大會制度。但是被選出的國家機構及其工作人員，又很有可能濫用權力，甚至肆意侵犯人民的權利，不按人民的意志辦事，因此就必須制定一部國家的根本大法即憲法，詳細規定公民有哪些基本權利不允許侵犯，或國家要努力促其實現，同時詳細規定國家機構都有哪些職權與職責和行使程序，使其不得濫用權力。憲法必須有這兩部分的內容，否則就不是憲法。真正意義上的憲法只能是近代資產階級革命以來的產物。古代是沒有現代意義上的憲法的，它也不是「階級鬥爭」的產物，而是實現「主權在民」這一原理和原則的必然要求。

權力與權利存在本質區別

它是由國家權力與公民權利的相互關係的原理所決定。現在國際和國內學術界和實務界常有人將兩者混為一談，或搞不清兩者的原則區別和相互關係。其實，兩者在表現形態、一般屬性、基本特徵、相互關係上都存在着本質區別。具體表現為如下八方面：(1) 國家權力包括職權與職責兩方面，在憲法和法律的規定上，兩者是不分的，在表述上通常用「職權」一詞。而公民的權利和義務分開的，權利是利益的獲取，而義務是利益的付出，在本質和法律表現上，兩者是截然分離的。(2) 國家的職權和職責是不能放棄和隨意轉讓的；而公民的權利是可以放棄和轉讓的。(3) 國家權力的行使，相對人必須服從；但公民權利關係的兩方，地位是平等的。(4) 對國家，法不授權不得為；對公民，法不禁止即自由。(5) 國家權力實質上「權威」；而公民權利實質上是「利益」，包括各種經濟、文化、社會利益以及人身人格利益和各種行為自由。(6) 國家的職權與職責應當以職責為本位，即國家工作人員在行使權力的時候，首先要想到是在履行為人民服務的責任。而公民的權利與義務應當以權利為本位。但任何人又必須盡對國家、社會和他人應盡的義務，否則自己的權利也難以享有得到。(7) 公民的權利產生國家權力，而不是相反。國家權力是以確認和保障、國家工作人員才能享有的權力。而人權是依據人的本性所應當享有的，不是任何外界的恩賜。(8) 國家權力是手段，公民權利是目的。國家權力存在的意義和價值，就是為人民服務，即謀取與保障公民的各種權利，否則它就沒有存在的價值。深刻理解這八條，對正確樹立馬克思主義權力觀與權利觀意義重大。這八條中，最後兩條是關鍵。正如習近平總書記所作的準確而又通俗的高度概括，即「權為民所賦，權為民所用」。

保障人權具有終極的倫理價值

憲法是人權保障書這一定義，還是由「依憲治國」「依憲執政」這一體制中人權所處地位所決定。現代憲法（社會主義憲法應當是其最先

進的形式）具有三大原則和制度：民主、法治、人權。從終極意義上看，民主和法治既是手段，也是目的；唯有人權僅是目的。民主能夠集中多數人的智慧，調動和發揮廣大人民群眾參與改造世界的積極性，這是手段。國家的一切權力應當屬人民，人民應當是國家的主人。因此，它又是目的。現代法律是集中多數人的智慧制訂出來的，通過它具有規範、預測、統一、教育、懲戒等社會功能，它是人們認識和改造世界的工具。但法又具有公平、正義的本質屬性、法治是人類文明進步的重要標尺。因此，在國家應依憲治國、執政黨要依憲執政的政治形態中，民主與法治既具有倫理性價值，又具有工具性價值，唯有保障人權才具有終極的倫理價值。

人權自身具有崇高的價值

憲法之所以是人民權利保障書，還因為人權本身具有崇高的價值。國務院新聞辦公室經國務院授權於 1991 年 11 月 3 日發佈的《中國人權狀況》白皮書曾稱，「人權」是個「偉大」的名詞，是無數志士仁人為之奮鬥的崇高理想。我認為它的「偉大」之處可表現以下四條：

1. 充分實現人權，是社會主義的崇高理想追求。社會主義是一個「人人自由、人人平等、人人富裕、人人能享有現代政治文明」的社會。馬克思曾多次強調，那個理想社會的基本特徵是「人的自由而全面發展」。正如《共產黨宣言》所指出：「平等是共產主義的政治論據」，「各盡所能、各取新需」的人人富裕社會早被莊嚴地寫在了社會主義的旗幟上，並成為數百年來社會主義運動的基本實踐。「依憲治國」、「依憲執政」乃是現代政治文明最基本的標誌。因此，我們可以說，社會主義者應當是最徹底的人權主義者。

2. 充分實現人權是「為人民服務」宗旨的切實保障。「人民」是一個高度抽象的概念，中國人民是由十三億多個都在追求幸福的活生生的個人所組成，如果我們對一個個具體的人的權利保護不重視，「為人民服務」的宗旨可能成為一句空話，甚至可能被有些人利用來肆意侵犯人民權利的藉口。

3. 充分實現人權是推進科學發展的出發點和最後歸宿。「發展」本身不是目的，科學發展觀的本質和核心是「以人為本」、它的基本理念是「發展為了人民，發展依靠人民，發展成果由人民共享」。

4. 充分實現人權，是全人類的共同價值追求。人權是普遍性和特殊性的辯證統一。不同國家經濟文化發展水平不同，有不同的民族和宗教、有不同的經濟、政治制度，有不同的歷史、文化傳統，這些都決定了不同國家之間存在人權制度和觀念的差異和發展模式和水平的不同。因此人權具有特殊性。人權的普遍性是由於人有共同的人性、共同的利益和道德。人人都希望自己的生命和人身安全得到保障，人身自由不被肆意剝奪，這是一個「不證自明」的真理。

第二部分
依法治國

第九章

論以法治國

偉大的中華人民共和國成立三十周年了。三十年來，我們取得了輝煌的成就，也經歷了種種挫折。總結三十年的經驗，證明了一條馬克思主義的客觀真理：工人階級必須十分重視法制的作用，運用社會主義法制治理自己的國家。具有重大歷史意義的五屆人大二次會議通過了憲法修正案和刑法、刑事訴訟法等七部重要法律，進一步加強了社會主義民主和社會主義法制，在以法治國的道路上，向前邁進了重要的一步；健全國家經濟法規、行政法規等工作，正在加緊進行；嚴格遵守法律，堅決執行法律，反對法外特權，開始成為社會風氣。以法治國是潮流，是人心，是中國革命進入新的歷史時期的重要標誌。我們共產黨人，全國人民中的一切先進分子，都要做立志改革的人，作以法治國的促進派。

以法治國是歷史經驗的總結

　　自從人類進入階級社會以來，國家和法律就像一對孿生的兄弟來到了人間。馬克思和恩格斯指出：「在一定生產關係中佔統治地位的階級，除了必須以國家的形式組織自己的力量外，他們還必須給予他們自己的由這些特定關係所決定的意志以國家意志即法律的一般表現形式。」[1] 法律是統治階級通過國家政權認可或制訂的行為規則。沒有法律，沒有一定的法律制度，就不能組成國家，就不能實現國家權力，整個龐大而複雜的國家機器就會失去按照統一軌道、精確而有效率地運轉的力量。

　　歷史上的任何國家都有自己的法律。奴隸制國家有奴隸主階級的法律。封建制國家有封建主階級的法律。儘管這兩種制度的國家都離不

1.《馬克思恩格斯全集》第 3 卷（北京：人民出版社，1960 年），378 頁。

開法律，但它們實行的不是法治，而是專制。只有到了近代資本主義國家，法治主義才真正成為治理國家的基本原則。封建地主階級把法律同專制連在一起，實行專橫殘暴的統治；資產階級法治，則把法律同民主連在一起，主張從法律上來保障公民的民主、自由權利。儘管這裏的民主自由實際上只有資產階級才能享受得到，對於無產階級和勞動人民來說，僅是紙上充饑的畫餅，但是，資本主義國家三百年的實踐表明，資產階級法治原則，是社會發展的產物，是歷史進步的結果，它大大促進了社會生產力的發展，是維護資產階級統治的有效工具。

工人階級是人類歷史上最進步的階級，社會主義國家是最高類型的國家。在我們的社會裏，廣大人民群眾享有最廣泛的民主，他們是國家的真正主人。社會主義的法律體現着廣大人民的意志和利益。在社會主義制度下，不以少數人的個人意志來治理國家，而是通過制訂和執行法律來治理國家，是符合廣大人民的利益和願望的。工人階級肩負着消滅一切階級和階級差別、高速地發展社會生產力、最終實現共產主義的歷史使命。這就更加迫切需要運用法制這一工具去實現自己的目的。

列寧在創建第一個社會主義國家時，就十分重視法律的作用。他說：「如果不願陷入空想主義，那就不能認為，在推翻資本主義之後，人們立即就能學會不需任何法權規範而為社會勞動，況且資本主義的廢除不能立即為這種變更創造經濟前提。」[2]「假使我們拒絕用法令指明道路，那我們就會是社會主義的叛徒。」[3] 就在十月革命爆發的當天夜裏召開的蘇維埃代表大會上，便通過了列寧起草的《和平法令》和《土地法令》。十月革命成功後不到一年，世界上第一部社會主義憲法就誕生了。列寧對於蘇俄刑法典和民法典的制訂也非常關心，就是身負重傷在病牀之上還親筆草擬刑法條款，並強調制訂民法典是「特別緊急和特別重要」[4] 的任務。在蘇維埃俄國成立後的五年之間，刑法典、民法典、訴訟法典及其他經濟法規都先後制訂出來。初生的社會主義國家所建立的革命法制，對於鞏固年輕的蘇維埃政權，恢復和發展國民經濟，起了

2.《列寧選集》第 3 卷（北京：人民出版社，1972 年），252 頁。

3.《列寧選集》第 3 卷（北京：人民出版社，1972 年），108 頁。

4. 列寧：《1922 年 2 月 28 日給司法人民委員的信》。

極其重要的作用，使社會主義制度在資本主義世界的重重包圍之中傲然屹立。

　　以毛澤東同志為首的中國共產黨，在領導中國革命的鬥爭中也十分重視法制的建設。早在抗日戰爭時期，毛澤東同志就指出過民主和法制對於國家的重要意義。他說：「一定要爭取民主和自由，一定要實行新民主主義的憲政。如果不是這樣做，照頑固派的做法，那就會亡國。」[5] 中華人民共和國成立前夕，我們黨和各民主黨派商定召開了中國人民政治協商會議，制訂了共同綱領和中央人民政府組織法。共同綱領是中國的臨時憲法，是建國初期一切法制的基礎。新中國成立後，依據共同綱領建立了中央國家機關和地方各級人民政府，開展了全國範圍內的法制建設，先後制訂了地方各級人民政府和司法機關的組織通則，制訂了工會法、婚姻法、土地改革法以及有關民族區域自治、公私企業管理和勞動保護等法律、法令。我們在這些法律的指導下，建立了以工人階級為領導、工農聯盟為基礎的人民民主專政的全部國家機構，恢復了國民經濟，改善了人民生活，把一個被人稱作「一盤散沙」的舊中國，治理得井井有條，蒸蒸日上。

　　隨着國民經濟的迅速恢復和發展，需要進一步健全國家法制。1954年9月召開了中國第一屆全國人民代表大會第一次會議。在毛澤東、劉少奇等同志的主持下制訂了中華人民共和國憲法。這部憲法是共同綱領的發展，它體現了我黨過渡時期總路線的要求，明確規定了實行社會主義改造和社會主義建設的方法和步驟。依據憲法，重新制訂了有關國家機關和國家制度的各項重要法律、法令。國家法制的完善和發展，保證了中國人民代表大會制度和政權建設的順利進行，保證了人民民主的健康發展，為第一個五年計劃的順利完成和經濟建設的突飛猛進提供了根本的政治條件。

　　然而，自1957年開始，由於我們思想和工作指導上的錯誤，使中國的法制建設受到了很大干擾。這時出現了許多極不正常的現象：憲法規定的法制原則受到批判，審判獨立被打成資產階級的原則，「公民在法律面前一律平等」被說成是資產階級的觀點。法制保障民主的作用完

5.《毛澤東選集》第1卷（北京：人民出版社，1960年），697頁。

全被否定，而法制的專政作用卻被片面強調，無產階級專政被看成是不受人民意志任何約束的極端政權，法制領域逐漸成了無人問津的「是非之地」和「政治禁區」；國家的立法工作幾乎處於停頓狀態；憲法和法律被拋置一邊；輕視法制、以黨代政、以言代法的現象，開始在廣大幹部包括一些高級幹部中得到發展。法制建設遭到干擾，中國經濟建設也就出現了不顧客觀規律，不按法律辦事而盲目蠻幹的局面，給國家和人民帶來了重大損失。1962年，毛澤東同志針對當時法制不健全的嚴重情況，曾指出：現在是無法無天，沒有法律不行，刑法民法一定要搞。但是，這一意見並未引起足夠重視和得到貫徹執行。如果說，中國的經濟建設從1958年後出現的混亂和失調情況，經過三年調整得到了基本糾正的話，那麼中國法制建設的混亂和「失調」現象，則依然繼續發展。這就給林彪、「四人幫」一類野心家、陰謀家篡黨奪權的罪惡活動，提供了可乘之機。

1966年，毛澤東同志發動了「文化大革命」。這場中國歷史上從未有過的政治運動，以「反修防修」為號召，曾一度振奮了許多人。然而，由於對黨內和國內的形勢作出了違反實際的估計，沒有劃清馬列主義和修正主義的界限，社會主義和資本主義的界限，使得林彪、「四人幫」一夥在所謂「鞏固無產階級專政」、「反修防修」的口實下，把本來就殘缺不全的革命法制一掃而光。一夜之間，治理國家的準則，判斷是非的標準，定罪量刑的根據，統統沒有了，取而代之的，是他們這夥的「全面專政」和幫規幫法。人民成了「敵人」，壞蛋成了「英雄」，遵紀守法被說成是「保守落後」，打砸搶抄抓居然是「革命行動」。憲法和法律被不宣而廢，司法機關被徹底砸爛，群眾的人身自由和民主權利遭到肆意侵犯，大批革命幹部受到殘酷迫害。國家失去了治國的章程，幾個小丑得以禍害天下十年之久，把一個好端端的中國引上了政治和經濟全面崩潰的邊緣。「文化大革命」的深刻教訓，終於使人民大眾，從高級幹部到平民百姓，認識了一個簡單而又重要的道理：在我們國家，如果沒有法制，就沒有人民的民主，就沒有國家的富強，就會走上絕路，亡黨亡國。

粉碎「四人幫」，人民得解放。中國的歷史發展到一個新時期，中國的法制建設也進入了一個新階段。黨中央及時發出了一定要加強社會主義法制的偉大號召。五屆人大一次會議制訂了新的中華人民共和國憲

法，確訂了新時期治國的總章程。五屆人大二次會議又就有關問題對憲法作了重要修正，並制訂了中國長期缺乏的幾個基本法規，從而揭開了我國社會主義法制建設的新篇章。

中國三十年的歷史經驗表明：重視法治時，國家就穩定、就鞏固，經濟就發展；忽視法治時，國家就混亂，經濟就停滯不前，甚至倒退崩潰。這一無可辯駁的歷史事實向人們揭示了一條客觀真理——以法治國，勢在必行。這是人民群眾的心願，是社會發展的規律，是我們在新的歷史時期建設社會主義現代化強國的必由之路。

那麼，無產階級究竟為什麼需要以法治國？我們在要不要以法治國的問題上，最基本的經驗教訓是什麼呢？

三十年的實踐經驗證明，只有實行以法治國，才能切實保障人民的民主權利，真正體現我們的國家是人民群眾當家作主。

我們實行的是社會主義制度。由工人階級領導的全體人民當家作主，是社會主義制度的性質決定的。鞏固這種制度，是我們以法治國的一個根本指導思想。這就要求我們一定要十分重視運用法制這一工具，去保障全體人民管理國家的權利，即民主權利。社會主義民主，就是人民當家作主。從原則上講，社會主義民主是人類歷史上新型的民主，是任何資產階級國家所不可能有的最廣泛、最高度的民主。但是，由於社會主義時期政治、思想和經濟條件的限制，由於我們認識上和工作上的缺點與錯誤，中國的民主制度是很不完善的，這是中國上層建築與經濟基礎不相適應的一個急待改變的重要方面。要進行這樣的改變，要保障人民的民主權利，實現政治民主化，就必須運用法制的力量，實行以法治國。沒有法制，人民的各項民主權利，就得不到法律上的肯定和承認，獲得法律的效力；沒有法制，人民的民主權利就會在實際上成為某些領導者的恩賜品，他們高興恩賜就恩賜，不高興要收回就收回；沒有法制，侵犯人民民主權利的違法行為就受不到應有的制裁，連起碼的人權都沒有保障，人民當家作主就成了無稽之談。

既然廣大人民群眾是我們國家的主人，他們當然要求把自己的意志和利益具體制訂成法律，並要求各級國家機關和工作人員嚴格遵守。從根本上說，實行以法治國就是按照人民的意志治理國家。在社會主義歷史階段的一定時期內，由於生產力發展水平和勞動群眾文化水平的限

制，不可能所有的人都直接管理國家，而只能由他們中間的先進分子來代表他們行使管理國家的職權。在這種情況下，通過制訂和運用法律，以執行人民的意志，維護人民的利益，這是人民行使自己當家作主權力的一種重要形式和手段。如果我們的國家是無法可依，有法不依，凡事都由少數人說了算，所謂人民當家作主是根本不可能的。

三十年的實踐經驗證明，只有實行以法治國，才能防止林彪、「四人幫」一類野心家篡黨奪權的陰謀得逞，鞏固無產階級專政。

憲法和法律規定的各項人民民主權利中，最重要的是人民對國家各級領導人員的選舉權、監督權和罷免權。加強社會主義法制以切實保障人民真正享有這些權利，對於保證國家權力不被少數壞人所篡奪，具有十分重要的意義。林彪、「四人幫」是怎樣上台的？重要原因之一，不就是因為民主和法制不健全，選舉、罷免和監督領導人的權力並不掌握在人民群眾手裏嗎？很明顯，如果有了健全的民主和法制，林彪、「四人幫」一夥是很難平步青雲、扶搖直上的；即使上了台，人民也可以把他們撤下來，甚至可以依法彈劾，交付審判。但是，各級人民代表、廣大人民群眾，沒有得到這種權力，沒有法律制度去限制他們，沒有法律手段去制裁他們。這是歷史留給我們的一個慘痛教訓。

集體領導的原則，是無產階級民主制的重要內容。列寧說：「為了處理工農國家的事務，必須實行集體領導。」[6] 不實行集體領導，就有變為「寡頭政治」的危險，而且難於糾正。要實行集體領導，就要實行法治，就要從法律上明確規定集體領導的基本原則，明確規定各人的分工和權限。集體領導也要個人負責、個人有權，但在這個權上卻有一個總的權威——體現集體意志的法律。與法律相抵觸的個人權力，就是濫用職權，就應受到領導集體的抵制，就應受到法制的糾正和查處。這樣，才能從法律制度上防止個人居於集體之上，出現個人獨裁。林彪、「四人幫」上臺的重要原因之一，就是因為集體領導的原則根本沒有建立起來，選擇領導人的權力既不在人民群眾手裏，甚至也不在領導集體手裏。林彪、「四人幫」一夥肆意踐踏憲法和法律、作威作福、稱王稱霸，應該說，很多領導人包括中央和省一級的負責幹部是知道得更清楚

6.《列寧選集》第 4 卷（北京：人民出版社，1972 年），24 頁。

的。他們雖然通過各種形式同他們作了堅決鬥爭，但仍然不能充分運用自己的權力把林彪、「四人幫」一夥趕下臺來。這一教訓難道還不深刻嗎？

三十年的實踐經驗證明，只有實行以法治國才能高速度地發展生產力，順利地建設社會主義的現代化強國。

迅速發展中國經濟建設，在本世紀內實現農業、工業、國防和科學技術的四個現代化，是中國各族人民的根本利益。我們的法制是社會主義的上層建築，是維護自己的經濟基礎、保護和發展生產力的重要工具。保障人民群眾的民主權利，調動群眾的生產積極性和創造性，保護和促進生產力的發展是社會主義法制為四個現代化服務的重要內容。同時，總結經濟建設的基本經驗，使之穩定下來成為法律，以指導國家建設事業，是社會主義法制為四個現代化服務的重要方面。四個現代化的實踐，迫切要求我們加強經濟立法，以法治理經濟。但是，在經濟領域，在社會主義建設上，正如毛澤東同志指出的：「我們還有很大的盲目性。」[7] 對社會主義建設的客觀規律，對組織社會主義經濟的方式方法，對社會主義革命和建設的關係等一系列問題，我們還沒有從理論上和實踐上弄得很清楚，還沒有總結出一套帶根本性的規律和方法，使之上升到法律的高度，作為經濟建設中必須遵循的基本準則。事實證明，如果不制訂出必要的經濟法規，在國家的統一領導下按照經濟規律管理經濟，我們就無法高速度地發展社會生產力，四個現代化的宏偉計劃就會落空。

中國的現代化建設，要堅持自力更生的原則。同時，也必須引進外國的先進技術、先進設備和吸收外國資金，這是促進中國現代化建設的重要因素。而要做到這一點，就要有一系列關於金融信貸，關於外國投資，關於中外合資企業，以及關於專利、稅收等方面的法律規定。只有這方面的法規逐步得到完善，才能促進中國與其他國家的經濟合作，促進中國現代化事業的發展。

為了使經濟法規得到貫徹，在制訂各種經濟法規的同時，還必須建立相應的經濟司法機構，加強經濟司法工作。列寧說：「各個托拉斯

---

7. 毛澤東：《在擴大的中央工作會議上的講話》。

和企業建立在經濟核算制基礎上，正是為了要他們自己負責，而且是完全負責，使自己的企業不虧本。如果他們做不到這一點，我認為他們就應當受到審判，全體理事都應當受到長期剝奪自由（也許在相當時期後實行假釋）和沒收全部財產等等的懲罰。」[8] 我們只有根據列寧指示的精神，對企業經營的好壞，實行切實的法律監督，有獎有罰，賞罰分明，只有對那些管理混亂，揮霍浪費，違法亂紀，給國家造成嚴重損失的企業及其負責人，交付經濟法庭審判，追究經濟責任，實行法律制裁，才能有效地保障中國社會主義現代化事業的順利進行。

實現農業、工業、國防和科學技術的四個現代化，對於我們來說，是一件偉大事業。但是對於世界來說，還只是標誌着我們達到先進國家的水平。對於以在全世界實現共產主義為理想的工人階級說來，這還只是萬里長征途中的最初幾步。消滅階級、消滅剝削，極大地發展生產力，實現人類社會的最高理想——共產主義，是工人階級偉大而艱巨的歷史使命。實現這個歷史使命是一個長期的奮鬥過程，在這個奮鬥過程中，是離不開國家和法律的。因此，以法治國不是權宜之計，而是根本大計；不只是在實現四個現代化時需要它，在實現四個現代化以後，也還要充分運用法律的武器，發揮法制的作用，以法治理國家，為早日實現共產主義打下堅實的基礎，準備充足的條件。

現在，我們的國家已經進入一個新的歷史時期。經過三十年的鬥爭與改造，中國的地主階級、富農階級已經消滅，資本家階級已不再存在，這些階級中有勞動能力的大多數人已經改造成為社會主義社會中的自食其力的勞動者。雖然還有反革命分子和其他階級敵人，還有犯罪分子，階級鬥爭還沒有結束，但階級鬥爭已經不是中國社會的主要矛盾。我們已經有了可能、也有了十分迫切的必要進一步擴大人民的民主權利，按照法制原則處理包括敵我矛盾在內的各種問題，鞏固和發展安定團結的社會秩序，動員和組織一切力量為現代化建設事業努力奮鬥。中國社會發展的客觀形勢，既提出了以法治國的迫切要求，又為以法治國提供了根本的前提條件。排除各種阻力，實行以法治國，是我們義不容辭的責任。

---

8. 列寧：〈致財政人民委員部〉，《列寧全集》第35卷（北京：人民出版社，1959年），549頁。

克服以法治國的思想障礙

　　建國以來法制建設正反兩方面的經驗告訴我們，要實現以法治國，就必須在思想理論方面糾正各種錯誤認識。當前，還有哪些重大理論是非需要澄清呢？

　　要實現以法治國，就必須徹底改變那種把以法治國同黨的領導對立起來的錯誤觀念。

　　以法治國同黨的領導是密切相關的。以法治國要有黨的領導，黨的領導也必須通過以法治國才能更好地實現。社會主義法律是黨領導制定的；是黨的路線、方針、政策的定型化、規範化、條文化。黨通過領導國家的立法機關、司法機關和行政機關，制訂、貫徹和執行法律，把階級的意志上升為國家的意志，並且運用國家強制力保證其實施，這正是鞏固與加強黨的領導，而決不是降低或削弱黨的領導。我們的黨是執政黨，這種領導地位得到了憲法的認可與保障。任何人反對黨的領導，都是違反憲法的。但是，黨對國家的領導如果沒有法律來作出明確的、具體的、詳細的規定，黨就領導不好國家。以法治國嚴格要求黨的任何組織與個人，從黨中央主席到每個普通黨員，都要依法辦事，是為了使法律得到統一而嚴格的執行，這不是否定和削弱黨的領導，而正是為了維護黨的領導。可是在一個相當長的時期裏，不少同志卻蔑視和輕視法制，以為黨的組織和領導人嚴格依法辦事是限制和削弱了黨的領導，以為不運用法律和制度去治理國家，而是以黨代政，以言代法，事無鉅細一律都憑黨的各級組織和領導人直接發號施令，那才是體現了黨的「絕對」領導，這不能不說是我們黨還缺乏統治經驗的一種表現。

　　黨要以馬列主義、毛澤東思想武裝全國人民，要運用它指導各條戰線的工作。但是，馬克思主義不是法律，也不能代替社會主義法制。「四人幫」的顧問康生宣稱，哪有這個法、那個法，「馬克思主義就是根本大法」。這是極其荒謬的。馬克思主義是一種科學真理，是屬思想領域的東西。我們只能通過宣傳教育，讓人們接受馬克思主義，而不能用強制的方法，讓人們信仰馬克思主義。中國公民有思想和言論自由，他們可以信仰馬克思主義，也可以不信仰馬克思主義。而法律則不同，法是統治階級意志被上升為國家意志的、以國家強制力保證其實施的、人人必須遵守的行為規範。任何人違法犯罪都要受到制裁。因此，馬克思

主義與社會主義法制是兩個範疇的東西，不能混為一談；也決不可以用馬克思主義代替社會主義法律。中國憲法和各項具體法律的制訂，都是以馬列主義作為指導思想。因此，以法治國，決不會削弱或貶低馬克思主義的地位和作用，而是能夠更好地發揮它在革命與建設中的作用，從而鞏固和加強黨的領導。

多年以來，不少同志把黨的政策和國家的法律等同起來，或者對立起來，認為有政策就行了，何必還要法律；強調法的作用會貶低政策的作用，因而會削弱黨的領導。這種觀點是錯誤的，法律與政策是密切地聯繫在一起的兩種不同的社會現象。黨的政策是制訂法律的重要依據，但同時又決不可以把黨的政策和國家的法律看成是一個東西，不能以政策代替法律。既然法律是政策的定型化、條文化和具體體現，既然黨的政策通過法律的形式成了全體公民都要嚴格遵守的行為準則，因此，執行法律就是執行黨的政策，就是服從黨的領導；實行以法治國不僅不會降低政策的作用，而是能夠使黨的政策得到更好的貫徹，使黨的領導得到強有力的鞏固。

有的同志認為，在國家的政治生活中，政策的效力應該高於法律的效力。這種觀點也是不正確的。完備社會主義法制需要一個過程。當某一方面的法律尚未制訂出來的時候，在一定程度上講，政策也可以起法律的作用。但是當法律已經制訂出來，就必須按照法律辦事，而不是按照黨的政策辦事。在適用法律時，要正確理解貫徹在其中的黨的政策精神，但是決不允許藉口對政策的原則精神各有不同理解而自行其是，破壞對於明確而具體的法律條文的嚴格執行。在一般情況下，黨的政策和國家的法律是完全一致的；如果出現不一致，應及時向上級直至中央反映這種情況，而在執行時，必須先按照法律的規定去做。如果隨着客觀形勢與任務發生變化以及革命與建設經驗的不斷豐富與積累，某些法律條文需要修改，那也應該以民主的方式，通過嚴格的立法程序進行，任何一級組織包括黨中央在內，都不應發佈同現行憲法和法律相抵觸的決議、命令和指示。如果不是這樣做，那就不能維護國家法律的尊嚴，就會損害黨和人民的利益。

要實現以法治國，還必須徹底改變「無產階級要人治，不要法治」的錯誤觀念。

我們認為，所謂人治，主要是由掌握權力的統治者個人的意志來治理國家，是一種傾向於專制、獨斷的治國方法。所謂法治，則是用體現整個統治階級集體意志的法律作為治理國家的依據和標準，是一種傾向於民主、排斥專制的治國方法。人治的主要特點，是個人具有最高權威；法治的主要特點，則是法律具有最高權威。這種現代意義上的「法治」，是資產階級革命以後才有的。民主和法治是資產階級反對封建專制主義鬥爭的兩個主要思想武器。針對封建主義的「君權神授」，資產階級提出了「天賦人權」的學說；針對封建主義的「主權在君」，資產階級提出了「主權在民」的思想；針對封建主義的君主專制中央集權，資產階級提出了立法、行政、司法「三權分立」的主張；針對封建主義的皇帝是最高立法者，資產階級提出搞普選制、議會制，立法權由議會行使；針對封建主義的法外專橫，資產階級提出了「法無明文不為罪」；針對封建主義的法律公開維護以皇權為中心的等級與特權，資產階級提出了「法律面前人人平等」。雖然資產階級的法治歸根到底是為了維護資本主義私有制和資產階級的政治統治，但是應該承認，資產階級法治主義的理論與實踐，是對君主專制主義的徹底否定，是對人治的徹底否定，是人類歷史的一個巨大進步。在帝國主義時期，資產階級法治的歷史作用雖然已經由原來是進步的事物走向了自身的反面，但它同公開拋棄法治的法西斯主義也還有很大區別。

　　在社會主義制度下，無產階級和廣大人民群眾治理自己的國家，也存在着「法治」或者「人治」這樣兩種根本不同的方法。無產階級的法治，就是要求制訂一部完善的憲法和一整套完備的法律，使各方面的工作都有法可依，有章可循；堅持一切黨政機關和社會團體，一切工作人員和公民個人都要嚴格依法辦事；法律和制度必須具有穩定性、連續性和極大的權威，任何領導人都不能隨意加以改變。而人治則與此相反，認為法律來縛自己的手腳，有了黨的政策可以不要法律，認為法律只能作為辦事的參考，個人權力應該大於法，領導人的意志高於法，辦事可以依人不依法，依言不依法；認為群眾的「首創精神」可以高於法律，群眾運動一來可以把法律當廢紙扔在一邊。這種反對「法治」、主張「人治」的理論、意見、思想、看法，不是在很長一個時期裏，在我們的很多幹部包括不少高級幹部中曾經相當流行嗎？然而三十年來的經驗教訓充分證明，不搞法治搞人治，就會破壞正常的民主生活，導致個人獨裁；就會破壞黨和國家的集中統一領導，「獨立王國」林立，「土

法」叢生，無政府主義氾濫；就會出現司法專橫，發生種種冤假錯案，造成冤獄遍於國中的悲慘局面，就會失去廣大群眾對各級國家工作人員尤其是對領導人員的監督，為大小野心家篡黨奪權、任意改變國家的基本政治、經濟制度大開方便之門。

有的同志說，人是決定的因素，法制的威力要由人來發揮，離開人治談法治，法治是不能實現的，人治同法治的關係，猶如戰士同武器的關係，因此必須把兩者結合起來。顯然，這是把「人治」同「人」、「人的因素」、「人的作用」這些完全不同的概念混為一談了。「人治」是一種否認或輕視法律和制度的重大作用而主張依靠長官意志來治理國家的方法，是同法治這一治國方法相對立的一種理論和實踐，它同「人」、「人的因素」、「人的作用」完全不是一個意思。人治與法治有著原則的區別，是相對立而存在，相鬥爭而發展的。否認人治與法治的根本對立，主張既要實行法治，也要實行人治，這在理論上是不正確的，實踐上是有害的。在社會主義制度下，法治要求有法可依，有法必依，認為有法才能治國，無法必然亂國，違法一定害國；而人治則認為法律可有可無，有法可以不依，凡事由少數領導者個人說了算。這兩種完全不同的主張和做法怎麼能夠並存呢？認為社會主義國家既要實行法治，也要實行人治，這種觀點表面看來似乎很全面，既重視法的作用，也重視人的作用，實際上卻搞亂了法治與人治的本來含義，把「法治」與法等同起來，把「人治」和「人」等同起來，混淆了法治與人治的本質區別，其結果必然是從根本上否定法治這一治國方法。

要實現以法治國，還必須在全黨和全國人民的心目中牢固地樹立起法律具有極大權威的正確觀念。

在社會主義制度下，在全黨和全國人民中樹立起法律具有極大權威的觀念，並認真實行這一原則，具有十分重要的意義。社會主義的法律是人民通過自己的代表，通過國家權力機關，以完備的立法程序，慎重而莊嚴地討論通過的。它集中體現了工人階級和廣大人民的意志和利益。因此，無產階級的法律具有極大的權威，就是人民的意志具有極大的權威。堅持社會主義法制具有極大權威，就是堅持只有人民的意志才具有極大權威，不允許任何人以自己的個人意志作為最高權威凌駕於法律之上；堅持社會主義法制神聖不可侵犯，就是堅持人民的利益神聖不可侵犯，不允許任何人任意破壞社會主義法制。我們講法律具有極大

權威，並不是說法律不能修改，而是要強調它的穩定性、連續性，尤其是它的權威性。社會主義的根本政治、經濟制度，包括公民的基本民主權利和自由，一旦以憲法和法律的形式肯定下來，任何人都不能隨意改變。只有這樣，才能防止那種依人不依法、依權不依法、依言不依法的現象，才能做到使法律和制度不因領導人的改變而改變，不因領導人的看法和注意力的改變而改變，避免那種「人存政舉、人亡政息」的局面。中國是經歷了二千多年封建專制主義長期統治的國家。專制主義的一個特點，是統治者個人具有絕對權威。在中央，是皇帝決定一切；在地方，是長官決定一切。在中國，這種意識形態的流毒和影響是根深蒂固的。一個突出的表現，就是我們過去十分重視樹立各級領導者個人的極大權威，而十分輕視樹立法律和制度的極大權威。結果是，在幹部中，權力大於法，以言立法、以言廢法的專制主義得以滋長和氾濫；在群眾中，則助長了那種把一個國家、一個地區是否興旺發達的希望完全寄託在個別領導人身上的小生產者心理，而不懂得民主與法制的重要作用，不知道如何運用法制這個武器去行使自己管理國家的最高權力。無數事實證明，今後只有在全黨和全國人民的思想中牢固地樹立起法律具有極大權威這一觀念，並在實踐中徹底堅持這一原則，廣大人民群眾才可能最有效地運用法制這個武器去行使自己的意志和維護自己的利益，才能防止林彪、「四人幫」製造的歷史悲劇在中國重演。沒有法律具有極大權威的正確觀念並在實踐中真正貫徹這一原則，就沒有以法治國，就沒有無產階級專政的鞏固和社會主義建設事業的勝利，這是從中國三十多年來法制建設正反兩個方面的經驗中得出的一個十分重要的結論。

健全法律制度，實現以法治國

以法治國並不是一個空洞的政治口號，而是無產階級治理國家的根本方法。實現以法治國，就是要求我們運用十分完備的法律制度來治理國家。因此，不僅需要解決思想方面的問題，更重要的還在於改變與以法治國不相適應的各種制度。

全面加強立法工作，盡快地制定出一整套完備的社會主義法律，是實現以法治國的前提。

黨的十一屆三中全會指出，要做到「有法可依，有法必依，執法必嚴，違法必究」，這是完善中國社會主義法制的基本標誌。在這裏，「有法可依」是完善法制的前提條件。可以說，沒有一整套完備的法律，也就沒有實行以法治國的基礎。我們認為，要完備中國的社會主義法律，必須着重解決以下三個問題：第一，憲法和各種部門法必須門類齊全，使社會生活的一切領域都要有章可循，堅決杜絕社會生活中無法可依，或某一領域中法制空白的現象。五屆人大二次會議頒佈了七部重要法律之後，已使中國長期無法可依的現象有了根本改變；但是還必須看到，由於法律虛無主義的長期影響，中國法制建設中的空白還相當多。民法、經濟法、行政法、商業法、工廠法、計劃生育法等都急需制定；婚姻法、勞動法、兵役法等都急需修改。不完善這些法律，就會直接影響到中國四個現代化的建設，就會直接影響到中國政權的穩定和鞏固。所以盡快完備中國各項立法工作，仍是我們實行以法治國急需解決的重要前提。我們建國已經 30 年了，正反兩方面的經驗極為豐富，全面地開展立法工作的客觀條件已經充分具備。認為我們的經驗還不多，因而主張立法工作必須慢慢來的論點，是根本站不住腳的。

　　第二，完備社會主義法制還必須使各種法律規範本身完整、具體、細緻、周密。這包括各種法律的條款內容要全面，結構要嚴謹、語義要明確、界線要清晰。法律是高度規範化的行為準則，具有強制執行的特點。因此，法律的規定不能含含混混，模棱兩可，更不能文章化、口號化、政治化。有一種意見認為，中國地域遼闊、情況複雜，因此中國法律應儘量「原則化」，不宜於細緻、具體。應當說，這在當前是妨礙中國法律建設的一個重大思想障礙。法律的繁簡程度，是與一個國家的社會政治、經濟情況分不開的。中國當前急需解決的主要問題是法律不完備，因此，在制定法律的過程中，應充分考慮實際生活的需要，盡量使其完善、具體、細緻。法律的條款不明確、不具體，搞所謂「原則法」，那只能造成適用法律時的模棱兩可，給執法者以極大「自由裁決」的權力，從而造成法制的虛設。

　　第三，完備法制的重大標誌，還在於必須使所有的法律規範都要公開，堅決廢止那些名目繁多的不適當的起法律作用的「內部規定」。這些「內部規定」，實際上是一種脫離人民群眾的監督、脫離政權機構的管轄、凌駕於法律之上的「超級法律」。這也是中國法制不健全的一

種表現形式。任何一個國家制訂法律的直接目的都是為了讓所有的人都能嚴格遵守。因此，不言而喻的前提，就是要讓所有的人都知道法律的內容，否則，遵守法律從何談起？中國古代的封建統治者都知道「鑄刑鼎」的道理，把封建統治階級規定的法律，銘刻於大鼎之上，讓老百姓都知道？以維護封建統治者的根本利益。我們今天有些人卻連「鑄刑鼎」的道理也不懂，他們津津樂道於脫離人民群眾監督的某些「內部規定」，這些「內部規定」非常適合那些官僚主義者的需要，也為某些特權者所愛不釋手，它是實行以法治國，完備社會主義法制的一大禍害，必須堅決取締。同時還要指出的是，應該嚴格劃分法紀與黨紀、政紀的區別。黨紀的最高處分是開除黨籍，政紀的最高處分是開除公職。除此之外的，諸如各種形式的拘留審查，限制或剝奪人身自由，搜查住宅，扣押信件等都屬法紀的範圍，都應由國家司法機關按公開的法律規定處理，不得以什麼「內部規定」為據。今後，一切法律規定都必須明令公佈，交人民群眾監督執行，否則，就不具有法律的效力。

所有國家機關和黨的各級組織？全體公職人員和公民都嚴格依法辦事是實現以法治國的關鍵。

中國七部重要法律頒佈之後，廣大群眾眾目所視、人皆關心的一件大事，就是我們能不能一絲不苟地堅決執行這些法律。這是實現以法治國面臨的一個十分尖銳的問題。由於法律虛無主義的長期統治，特別是林彪、「四人幫」的瘋狂破壞，中國憲法規定的許多基本原則，都曾遭到公開踐踏，在中國造成了「失信於民」的痛苦經歷。因此，中國新頒佈的各項法律也必然面臨着一個「取信於民」的重大課題。檢驗真理的唯一標準是實踐。檢驗中國法制是否有力量、有權威，也只能靠實踐，沒有比事實更有力量去說服人民相信我們的法律是可以信賴的了。建國三十年來，究竟有哪些重要的事實，使法制「失信於民」，需要從制度上加以根本改變的呢？

第一，必須堅決杜絕法律定而不行，言而無信的現象，絕對保障中國法律的嚴肅性。法律是通過國家機關制訂和認可，由國家力量保障強制執行的行為準則。法律的嚴肅性是法律本身所不可缺少的基本要素。如果法律只是冠冕堂皇地羅列一些條文，而實踐中又僅僅把法律當作擺設，在行動上另搞一套，那麼再好的法律也不過是一紙空文，在人民群眾中只能是毫無權威。解決這個問題，一是要充分發揮法律監督機

構——人民檢察院的作用，要發揮人民代表大會及其常務委員會監督法律實施的職能。當前最主要的就是要使法律監督機構有職有權，保證它們能夠對法律的執行實行有效的監督，特別是要嚴肅對待國家幹部中違法亂紀的問題。中國刑法中明確規定了瀆職罪，凡利用職權，違法亂紀，造成國家和人民一定損失的，都必須根據情節輕重嚴肅處理；二是要加強憲法的監督執行。憲法是一個國家的根本大法，也是人們的行為標準，應具有最高的法律效力。但是在中國，什麼是違憲？如何確定違憲？違憲如何處理？都沒有明確的法律規定。「四人幫」橫行時期，違憲行為成為公開的「革命行動」，造成了「根本大法，根本沒用」的悲劇。我們應該參照其他國家的經驗，建立和健全維護憲法權威的監督機構和司法機構，如建立憲法法院等。否則，根本大法的嚴肅性，就仍然沒有保障。

第二，必須堅決貫徹法律面前人人平等的法制原則，從思想上尤其是從制度上認真解決一部分幹部包括少數高級幹部在內的特權思想、特權作風、特權地位的問題。幹部搞特權，是樹立社會主義法制權威的一大障礙，我們認為，要徹底解決這個問題，一是要加強馬克思主義的思想教育，大造革命輿論，使人們真正認識到，搞特權，對於共產黨員和革命幹部來說，不是什麼光榮，而是一種莫大恥辱。二是要在適用法律方面，堅持法制的平等原則。一個人不論現在地位多高，過去功勞多大，如果違法犯罪，都要受法律同樣的制裁。三是要建立和健全一整套黨規黨法，充分運用黨的紀律手段，同黨員幹部中搞特權的人和事作堅決鬥爭。四是要徹底改革幹部制度，使華國鋒總理在五屆人大二次會議的政府工作報告中提出的建立幹部的考試制度、考核制度、監督制度、獎懲制度、罷免制度、輪換制度、退休制度，真正付諸實施；要把所有這些制度的改革形成法律，並公之於眾，讓廣大人民群眾監督執行。這四條是缺一不可的，特別需要指出的是，在這裏，幹部制度的改革，具有決定性意義。馬克思主義認為，存在決定意識，如果我們不能認真而切實地從制度上堵塞幹部搞特權的一切漏洞，杜絕幹部享有法律之外的特權地位的一切可能，幹部中的特權思想和特權作風是無法解決的。

第三，執法機關，特別是公安機關要堅決依法辦事。執法機關依法辦事包括兩個方面的含義，一是要求處理任何民、刑事案件都必須按照法律規定的標準和程序辦事，對一切人實行同一個尺度、同一個原

則，從而排除任何人具有超越於法律之上的特權；二是政法機關本身的任何活動，都必須嚴格遵守各種法律規定，做到執法者首先守法。公安機關處於政法工作的第一線，是打擊犯罪、保護人民的哨兵，它是在特殊的條件下，有時要用特殊的手段與犯罪分子進行各種形式的鬥爭，因此它的活動嚴格遵守法律規定，具有更加重要的意義。長期以來，特別是在「四人幫」橫行時，公安戰線上無法可依，有法不依的現象十分嚴重，視法律為束縛，迷信長官意志的習慣，在某些人身上表現得十分突出。今後，如何從思想上特別是從法律制度上解決公安工作切實遵紀守法的問題，是健全法制的一個重要課題，這方面需要採取的重要措施之一，是切實搞好公檢法三機關的相互配合與相互制約，從思想上和制度上徹底改變過去那種公安機關的地位和權力高於和大於法院和檢察院的情況，要徹底改變那種「一長代兩長」「一長代三長」的做法。

認真搞好黨政機關的分工與制約，切實保障司法機關的獨立性，是實現以法治國的組織保證。

唯物辯證法認為，任何事物都是矛盾對立面又統一又鬥爭，由此推動事物的發展。一個國家政權，從階級實質上講，是統治階級獨自掌握權力和行使權力的工具，因此，統治權力是統一的和不可分割的。但從每個具體國家機關的作用來說，它們又互相分工、互相制約。根據馬克思主義的普遍原理，中國憲法明確規定，我們的國家制度是人民代表大會制，並對各國家機關的權力，作了明確的分工。但是，林彪、「四人幫」一夥打著「黨的領導」「一元化」「集中統一」等旗號，妄圖集黨、政、軍、公安、司法等大權於一身，實行封建專制的獨裁統治，他們在一系列涉及國家根本制度的問題上，完全把憲法的原則拋擲一邊，用黨政不分，以黨代政，以言代法等根本違反社會主義民主和法制原則的東西，當作國家實際實行的制度，從而使中國最高國家權力機關，變成徒具虛名的橡皮圖章。在政法機關的關係上，他們搞什麼「三合一」的「群專委員會」「人保組」，實際上就是妄圖把無產階級專政機關，變成脫離黨和人民監督，也沒有任何相互制約而僅僅由他們獨自控制的新式蓋世太保。文化大革命中，大量冤假錯案的產生，不正是「四人幫」這條反革命路線的產物嗎？十年腥風血雨的政治浩劫，給我們最基本的歷史教訓之一，就是要完善民主與法制，無產階級的國家機器，其職權與分工，應當受到社會主義法制的嚴格規定和限制。無產階級的國家政權

應當努力創造使之既不能存在，也不能再產生的社會危險，就是林彪、「四人幫」式的封建專制和個人獨裁。

黨政關係也就是黨的領導與國家政權之間的關係，這是被林彪、「四人幫」搞得最亂的一個問題。黨的領導是中國憲法所規定的基本原則，但是黨的領導絕不是黨政不分更不是個人獨裁。董必武同志早在建國初期就曾提出，「由黨直接作政權機關的工作是不好的」，黨的領導應當表現為：「（一）對政權機關工作的性質和方向應予確定的領導；（二）通過政權機關及其工作部門實施黨的政策，並對他們的工作實施監督；（三）挑選和提拔忠誠而有能力的幹部（黨與非黨的）到政權機關去工作。」這就是說，黨的領導主要是方針、政策、路線的領導，絕不是越俎代庖，干涉和包攬國家機關的具體工作。五屆人大二次會議通過的地方各級人民代表大會和地方各級人民政府組織法，規定縣以上人民代表大會設立常務委員會，各級革委會改為各級人民政府，明確規定了它們的職權和地位，這是中國法律制度的一項重大改革。為了保障這些法律的實現，必須首先解決黨政不分的問題。如各級黨委不應直接向人大常委會和人民政府發號施令；黨委的決議只在黨內有約束力，對人大常委會和人民政府沒有約束力，各級黨委的第一書記一般不要兼任同級人大常委會特別是同級人民政府的主要領導職務；這些領導人應由人民代表民主選舉產生。各級黨委要尊重各級人大常委會和政府的決議和指示並保證其貫徹執行；任何人非法干涉和破壞人大常委會和政府的工作，都應追究責任。只有這樣，才能從法律制度上真正解決黨政不分的問題。

為了實行以法治國，在國家機關的分工與制約上，最重要的一個方面就是要保障司法機關的獨立性。所謂司法獨立，就是指人民法院和人民檢察院，根據憲法和法律的規定，獨立地行使審判權和檢察權，不受任何其他機關、團體、個人的干涉。中國憲法和人民法院組織法、人民檢察院組織法都對此作了明確的規定。為了保障這一原則的實現，中國法律明確規定，各級法院院長和檢察長，都由同級人民代表大會選舉產生，這就從組織制度上保證了司法機關活動的獨立性。同時，長期在中國司法工作中實行的黨委審批案件的制度，對縣以上幹部和知名人士等十個方面特殊規定的審批制度都已取消，這是保證中國司法獨立原則得到切實執行的重大決策。今後的問題，主要是各級黨委不折不扣地貫

徹這一決定，各級司法機關大膽工作，勇於負責，忠於職守，敢於同一切破壞司法獨立的錯誤行為作鬥爭。

實行以法治國，還必須造就一大批忠實於法律和制度，忠實於人民利益，忠實於事實真相的法官、檢察官和律師。實行以法治國，主要講的是要把法律作為治理國家的準繩，它並不是否定人的作用。任何法律的制訂、貫徹、執行都必須通過人的活動，才能變成實際的力量。司法機關獨立行使職權，是從組織制度上保障司法人員嚴格執行法律而不受任何其他因素的干擾，這使各級司法工作人員肩負的任務更加光榮和艱巨。為了真正做到執法必嚴，違法必究，造就一大批敢於堅持真理，勇於為捍衛社會主義法制而不惜以身殉職的法官、檢察官和律師，是實行以法治國的重要保障。黨和國家應該大力表彰那些不畏權貴，不徇私情，執法不阿的司法工作人員和人民律師，並讓他們在我們的國家得到應該享有的地位和榮譽。

實行以法治國並不是一件輕而易舉的事。以法治國就必不可免地要對個人權力進行調整，對非法的權力進行限制，黨委的某些權力要收歸司法機關，公安機關的某些權力要收歸法院和檢察院。所以，從一定的意義上說，以法治國是一場制度的革新，是一場革命。社會的發展要在不斷改革中實現，歷史的前進是在不斷改革中完成。任何一個時代都有一批批立志改革的先行者，他們思想解放，勇於探索，抓住真理，所向披靡，向一切落後的事物宣戰。黨的好女兒張志新烈士就是這樣的先行者。她以敏銳的思想和殷紅的鮮血向着現代迷信和專制殘餘英勇衝擊，喚起人們對改革制度的重視和對以法治國的嚮往。現在，人心思治、人心思法。全國人民急切盼望我們國家經濟繁榮，政治安定，法制昌明。我們共產黨人、工人階級不要辜負人民的希望，一定要依靠人民的力量，運用法制的權威，治理好我們偉大的社會主義祖國。

後記：本章是為 1979 年 9 月下旬中國社會科學院召開的「慶祝中華人民共和國成立三十周年學術討論會」提供的論文，作者是李步雲、王德祥、陳春龍。9 月 30 日，李步雲在會上作了口頭發言。全文收入《法治與人治問題討論集》（北京：群眾出版社，1981 年）。《光明日報》在徵求中央法制工作機構一些同志（如高西江）的意見後決定發表此文，但堅持要改題目。理由是「以法治國」口號關係重大，中央尚無此提法。後以〈要實行社會主義法治〉為題，於 1979 年 12 月 2 日在該報摘要發表。這是國內學者第一次提出並系統論述這一問題。

第十章

法治與人治的
根本對立

．　本章原載於《西南政法學院學報》1981 年第 2 期。1980 年代初期進行的關於法治與人
　　治問題的大討論，其規模之廣、理論界主要是法學界參與爭鳴者之多，為建國以來所罕
　　見。當時出現過「要法治不要人治」、「法治人治應結合」、「法治概念不科學，應取消」
　　三大截然對立的觀點。本章主要是回答「結合論」。作者觀點可參見〈人治與法治能相
　　互結合嗎？〉一文，載《法學研究》1980 年第 2 期。

在法治與人治問題的討論中，有的同志提出：歷史上從來沒有過單純的法治，也沒有過單純的人治，任何統治階級總是把法治與人治結合起來的；社會主義時期，我們既要實行法治，也要實行人治。這種觀點是值得商榷的。

在這裏，問題的關鍵，是要弄清楚，究竟什麼是法治，什麼是人治。持上述看法的同志，有一個基本論點，就是「徒法不能自行」，法的制訂、執行、遵守都要依靠人。正如有的同志所作的形象比喻：法是武器，人是戰士，法治與人治的關係，好比武器同戰士的關係，因此，有必要把兩者結合起來。顯然，這是把「法治」同「法」、「法的作用」，把「人治」同「人」、「人的作用」這樣一些不同的概念完全混為一談了。如果這些同志的論點是正確的，那就只能得出一個結論：古今中外根本就沒有什麼「法治」，而只有「人治」。中國五十年代末期，一些小冊子和文章就正是從這一論點出發，得出了這樣的結論：既然法自己不會產生，不會行動；立法的是人，司法的也是人；離開了人，法是死的，什麼作用也沒有；因此，所謂「法治」完全是一種「虛構」，世界上只有「人治」，根本就沒有什麼「法治」。自然，這不符合歷史事實。

事實是，法治也好，人治也好，都不是一個空洞的抽象的概念。作為兩種對立的治理國家的理論和原則、方法，儘管在不同的社會制度下，在不同的統治階級那裏，其具體內容和階級實質有很大不同，但它們都有自身確定的含義。它們不僅是一種理論，一種治國原則和方法，而且也是一種社會實踐，同一個國家實行什麼樣的政治法律制度密切相關。法治與人治概念的確定的含義和豐富的、具體的內容，決不是簡單地可以用「法」與「人」、「法的作用」和「人的作用」這樣的概念所能夠替代的。法治與人治是相對立而存在、相鬥爭而發展的。它們之間的激烈論爭，往往出現在社會發展的轉變關頭。這種論點的出現不是出於偶然，而是有它自身的客觀必然性。在一定的歷史條件下，法治的主張總是具有一定的革命性和進步性；人治的主張則總是具有一定的反動

性或落後性，兩者是不能結合的。歷史上，有過奴隸主階級的法治、地主階級的法治、資產階級的法治和社會主義的法治。它們逐步由低級向高級演變，是社會發展的客觀要求，是人類進步的重要標誌。

下面，我們就來具體考察一下幾個不同的歷史時期，法治與人治的根本對立，它們之間論爭的具體內容及其社會意義。

古希臘奴隸制時期

古希臘奴隸制時期，代表中、小奴隸主階級利益的亞里士多德主張法治，而代表奴隸主貴族利益的柏拉圖則主張人治。

柏拉圖主張的「賢人政治」，實際上就是人治。他提出：「除非哲學家成為國王，……國家就不會解脫災難，得到安寧。」他認為，一個國家的國王只要是個有知識的哲學家，就可以把國家治理好，而不需要借助於法律進行統治。在他看來，政治好比醫學，統治者好比醫生，被統治者好比病人，只要有個好醫生，就能把病人治好；如果強調運用法律治理國家，就會把哲學家的手束縛住，猶如讓一個高明的醫生硬要依照教科書去看病一樣。他認為，法律是呆板的、固定的，不能適應經常變化的情況；法律原則性強，又不能適應各種特殊事例，而「人們之間和他們行為中的差異，以及人事中的無限的不規則的活動，都不允許有一種普遍和單純的規則，並且沒有任何技術能夠制定出一種應付千變萬化的原則」。儘管在柏拉圖晚年所寫的《政治家》、《法律篇》這兩部著作中，他對法律作用的看法有很大改變，但他的基本立場仍然是人治優於法治。例如，他認為，如果一個國家的統治者不是哲學家，而且在較短的時間內又沒有好的方法把統治者變成一個哲學家，則法治要比人治好。然而法治只能稱為「第二等好的」政治，終究不如賢人政治好。他說，在各種政府形式中，只有一種政府形式是最妥當的，它是真正的政府：這種政府的統治者懂得科學，而不是不懂科學。至於這種政府是否受法律的統治，或者沒有法律，它的人民是否願意被統治，那都是無足輕重的。

亞里士多德的法治論，是在批評柏拉圖的人治論的基礎上建立起來的。這種法治論與人治論的對立，主要表現在如下兩個方面：

首先是理論方面。亞里士多德在回答「由最好的一人或由最好的法律統治哪一方面較為有利」[1]這一問題時,他認為「法治應當優於一人之治」。[2]其理由主要是:

1.　法律是由許多人制訂出來的,而眾人所作的判斷總比一個人的判斷要可靠。他說:「城邦原為許多人所組合的團體;許多人出資舉辦一個宴會可以勝過一人獨辦的酒席;相似的,在許多事例上,群眾比任何一人又可能作較好的裁斷。」「大澤水多則不朽,小池水少則易朽;多數群眾也比少數人為不易腐敗。單獨一人就容易因憤懣或其他任何相似的感情而失去平衡,終致損傷了他的判斷力;但全體人民總不會同時發怒,同時錯斷。」[3]

2.　人難免感情用事,實行人治易出偏私;而法律有公正性,實行法治才能避免偏私。他說:「要使事物合於正義,須有毫無偏私的權衡;法律恰恰正是這樣一個中道的權衡。」[4]又說,「凡是不憑感情因素治事的統治者總比感情用事的人們較為優良。法律恰正是全沒有感情的;人類的本性便誰都難免有感情。」[5]「常人既不能完全消除獸欲,雖最好的人們也未免有熱忱,這就往往在執政的時候引起偏向。法律恰恰正是免除一切情欲影響的神祇和理智的體現。」[6]

3.　法律有穩定性和連續性的特點,並不因領導人的去留而隨意更改。然而一人為治的君主制,其皇位是世襲的;如果繼任者是個庸才就會危害全邦。實行法治就能避免這種情況。

1.　〔古希臘〕亞里士多德著,吳壽彭譯:《政治學》(北京:商務印書館,1965年),162頁。

2.　同上註,167頁。

3.　同上註,163頁。

4.　同上註,169頁。

5.　同上註,163頁。

6.　同上註,169頁。

4. 實行法治可以反對專橫與特權。他說：「為政最重要的一個規律是：一切政體都應訂立法制並安排它的經濟體系，使執政和為官不能假借公職，營求私利。」[7]「一個城邦要有適當的法制，使任何人都不致於憑藉他的財富或朋友，取得特殊的權力，成為邦國的隱憂。」[8]

5. 法律確實比較原則，也不能完備無遺，但它不能成為反對實行法治的理由。他說：「法律訓練（教導）執法者根據法意解釋並應用一切條例。對於法律所沒有周詳的地方，讓他們遵從法律的原來精神，公正地加以處理和裁決。法律也允許人們根據積累的經驗，修訂或補充現行各種規章，以求日臻完備。」[9]他還說，「就因為法律必難完備無遺，於是，從這些缺漏的地方着想，引起了這個嚴重執爭的問題：『應該力求一個（完備的）最好的法律，還是讓那最好的一個人來統治。』法律確實不能完備無遺，不能寫定一切細節，這些原可留待人們去審議。主張法治的人並不想抹殺人們的智慧，他們就認為這種審議與其寄託一人，毋寧交給眾人。」[10]

從以上材料可以看出，對於一個國家的長治久安來說，究竟是法治好還是人治好？應當承認，亞里士多德講的一些道理，包含有許多合理的科學的成分在裏面。

其次是原則方面。法治和人治的對立，反映出它們是兩種不同的治國原則。這種對立的最核心的一條，就是法律的權威高於國家領導人的權威？還是國家領導人的權威高於法律的權威？亞里士多德說：法治應包含兩重意義：已成立的法律獲得普遍的服從，而大家所服從的法律又應該本身是制訂得良好的法律。他認為，合乎「正義」的法律，就是良好的法律；大家都要服從法律，當然包括國家領導人在內。他十分強調要保障法律的權威和尊嚴。他說，最後的裁決權力應該寄託於正式

---

7. 同上註，269 頁。

8. 同上註，268 頁。

9. 同上註，168 頁。

10. 同上註，171 頁。

制訂的法律。只是所有的規約總不能概括世事的萬變，個人的權力或若干人配合組成的權力，只應在法律所不及的時候，方才應用它來發號施令，作為補助。他強調：「法律應在任何方面受到尊重而保持無上的權威，執政人員和公民團體只應在法律（通則）所不及的個別事例上有所抉擇，兩者都不該侵犯法律。」〔11〕相反，在柏拉圖看來，一個城邦如果實行法治，就會妨礙哲學家的統治，因為哲學家掌握的知識是一種真理，它比國家機關所制訂的法律要高明得多；他認為，國王的命令就是法律，他可以不按法律辦事。

由此可見，亞里士多德的法治論同柏拉圖的人治論的根本對立主要表現在這樣兩個方面：一是國家興旺發達與長治久安的決定性因素究竟是什麼？人治論認為，希望主要應當寄託在有一個好的國王身上；法治論則認為，希望主要應當寄託在建立一個好的比較完備和具有無上權威的法律和制度上。二是法治論主張國家要有比較完備的法律，特別是全國的每個人包括國家最高領導人在內，都要遵守法律，嚴格依法辦事；人治論則認為，法律可有可無，國王個人的權威高於法律的權威，要依照他個人的意志和智慧治理國家，他可以不按法律辦事。這就說明，法治與人治是相比較而存在，相對立而產生和發展的。它們都有自己的特定含義，是不能簡單地把法治同「法」、「法的作用」，把人治同「人」、「人的作用」混為一談的。它們的意思也並不是一個對法的作用強調得多一點，對人（國家領導者）的作用強調得少一點；另一個對人的作用強調得多一點，對法的作用強調得少一點。如果按照有些同志的看法，歷史上沒有單純的法治，也沒有單純的人治，從來都是法治與人治相結合，那麼，亞里士多德就應是既主張法治，也主張人治；柏拉圖是既主張人治，也主張法治了。顯然，這樣講是不符合歷史事實的。的確，柏拉圖主張人治，但並不完全否認法的作用，在他晚年甚至說過，沒有法律，「人們自己將無法區別於野蠻人」。亞里士多德主張法治，也並不否認國家領袖人物的作用，並不抹殺領導者個人的才智。同時，不論是亞里士多德還是柏拉圖都重視道德和教育的作用。然而，這並不能作為法治與人治應當結合的理由，而恰好證明法治論並不是主張什麼法律萬能。

---

11. 同上註，192頁。

在西方的政治法律思想史上，亞里士多德是第一個系統闡述法治理論的人。他的觀點對後世產生過巨大的積極的影響。亞里士多德的法治論是代表著奴隸主階級的利益，是為了更好地維護奴隸主對奴隸的統治。但是，在當時的歷史條件下，他的法治主張反映著中、小奴隸主階級的利益，比較進步；柏拉圖的人治主張則是代表奴隸主貴族的利益，比較落後和反動，這是可以肯定的。

中國春秋戰國時期

中國春秋戰國時期是奴隸制向封建制急劇轉變的時期。法家主張「法治」和儒家主張「人治」，就正是封建制和奴隸制、新興地主階級與沒落奴隸主階級之間的鬥爭在理論上和政治上的重要表現之一。儒家的人治以「禮治」、「德治」為其重要內容。儒家講「禮治」、「德治」，實際上就是講「人治」。

法家的「法治」與儒家的「人治」其根本對立主要表現在以下三個方面：（1）儒家認為，一個國家是興旺發達還是衰敗沒落，主要的起決定作用的因素在於國君和將相是否賢明，而不在法律制度的有無與好壞，即所謂，「為政在人」、「其人存，則其政舉，其人亡，則其政息。」[12]「法不能獨立，類不能自行，得其人則存，失其人則亡。」[13]法家則反對這種看法，認為一個國家的治與亂、興與亡，關鍵的第一位的因素是法律與制度的有無與好壞，而不在是否有賢明的帝王與將相。他們說：「國無常強、無常弱，奉法者強則國強，奉法者弱則國弱。」[14]他們深刻地、針鋒相對地批駁了人治的主張。尹文子說：「聖人之治」，是「自己出者也」；「聖法之治」，是「自理出者也」；故「聖人之治，獨治者也；聖法之治，則無不治也。」[15]慎到說：所謂人治，就是「舍法而以身治」，是「以心裁輕重」，「賞罰從君心出」，那就必然造成「同

12.《禮記·中庸》。

13.《荀子》。

14.《尹文子·聖人》、《尹文子·大道》。

15.《慎子·君人》。

功殊賞」和「同罪殊罰」[16] 等不良後果。韓非子説：「明主之治國也，使民以法禁，而不以廉止」[17]，「釋法術而心治，堯不能正一國」[18]，「今廢勢背法而待堯舜，堯舜至乃治，是千世亂而一治也。」[19] 因此，他們鮮明地提出了「唯法為治」和「以法治國」等口號。(2) 儒家主張把「禮」作為治國的根本，作為人們一切行為的最高準則。他們説：「治人之道，莫急於禮」；[20] 他們提出：「夫禮者，所以定親疏、決嫌疑，別同異、明是非也。……道德仁義，非禮不成。教訓正俗，非禮不備。分爭辯訟，非禮不決。君臣上下，父母兄弟，非禮不定。宦學事師，非禮不親。班師治軍，蒞官行法，非禮威嚴不成不行。禱祠祭祀，供給鬼神，非禮不誠不莊。」[21] 他們既然主張以「禮」作為人們一切行為的準則，因此，他們極力反對公佈成文法。晉國鑄刑鼎，孔子就説：「晉其亡乎，失其度矣……民在鼎矣，何以尊貴。」[22] 他極力主張仍然保持過去那種「刑不可知，則威不可測，則民畏上」[23] 的狀況。與此相對立，法家則主張：「事斷於法」。他們從多方面論證了法的社會作用，並十分強調必須以法律作為人們的行為準則。管仲説：「法律政令者，吏民規矩繩墨也。」[24] 商鞅説：「釋權衡而斷輕重，廢尺寸而意長短，雖察，商賈不用，為其不必也。故法者，國之權衡也。」[25] 他們明確主張公佈成文法，認為只有這樣，才能做到「天下之吏民無不知法者。……故吏不敢以非法遇民，民又不敢犯法。」[26] (3) 儒家主張「禮有差等」、「法不加於尊」、「刑不上大夫，禮不下庶人」；法家則與此相反，認為君主

---

16. 《韓非子・六反》。

17. 《韓非子・六反》。

18. 《韓非子・用人》。

19. 《韓非子・難勢》。

20. 《禮記・祭統》。

21. 《禮記・曲禮》。

22. 《左傳・昭公二十九年》。

23. 《左傳・昭公六年孔穎達正義》。

24. 《管子・七元七臣》。

25. 《商君書・修權》。

26. 《商君書・定分》。

擁有至高無上的權力，但法律一經制定和公佈，全國每一個人，包括君主在內，就都要遵照執行。如管仲主張：「君臣上下貴賤皆從法。」[27] 商鞅也説：「法者，君臣之所共操也」[28]、「法之不明者，君長亂也」、「君臣釋法任私必亂」。[29] 他們極力主張「刑無等級」、「法不阿貴」，要求「刑過不避大臣，賞善不遺匹夫」。

從上述法治與人治的根本對立中，我們可以清楚看出，儘管法家的法治主張，主要是為了更有效地統治當時的勞動人民，但它在封建制與奴隸制激烈鬥爭的時代，主張以地主階級的法治，反對奴隸主貴族的「心」治；主張以反映新興地主階級利益的、明令公佈的成文法律，而不是以體現奴隸主利益的、不成文的周禮作為人們的行為準則；主張君主與官吏也要守法，限制這些人恣意專橫；主張適用法律平等，而反對奴隸制的等級與特權，其重大歷史進步作用是不能否認的。

儒家主張人治，但並不是根本不要法與刑。如孔丘説：「禮樂不興，則刑罰不中，刑罰不中，則民無所措手足。」[30] 這是事實。同樣，法家主張法治，也並不是根本不要禮與德。如商鞅説：「法者所以愛民也，禮者所以便事也。是以聖人苟可以強國，不法其故，苟可以利民，不循其禮。」[31] 這也是事實。然而，決不可以此作為理由，否定法治與人治的根本對立。唯物辯證法認為，對立面是彼此相互聯繫、相互滲透的。不能因為「你中有我，我中有你」，就否定對立面之間的原則界限。有的同志説，先秦法家只是側重法治，儒家只是側重人治而已。按照這種説法，法家主張法治，也主張人治；儒家主張人治，也主張法治。這不符合歷史事實。有些同志之所以得出這樣的結論，歸根到底，還是由於把「法治」同「法」、把「人治」同「人」混為一談的緣故。

法家的法治主張，既有精華也有糟粕。他們主張嚴刑竣法，搞愚民政策和文化專制等等，就是屬糟粕一類。同樣，儒家的整個學説，既

27.《管子·經法》。

28.《商君書·修權》。

29.《商君書·修權》。

30.《論語·子路》。

31.《商君書·更法》。

有糟粕也有精華，如孟子講「民貴君輕」，就是屬精華之列。這是並不奇怪的。法治主張只是法家整個學說的一個方面；人治主張也只是儒家整個學說的一個方面。我們現在不是全面評價法家和儒家的全部學說。而且，法治與人治主張本身也是一分為二的，因為任何事物都有兩重性。但是，我們不應該由此得出結論說，法治與人治之間沒有什麼好與壞、進步與落後之分。唯物辯證法要求我們，對於複雜的現象，應該善於抓住其主流和本質。事物的矛盾的主要方面決定該事物的性質。如果我們承認，從總體上和根本上說，法家的法治代表着新興地主階級的利益，儒家的人治是維護奴隸制的等級與特權，我們就應該承認，在當時的歷史條件下，法治主張是進步的，人治主張是反動的。有的同志以孟子的「民貴君輕」思想對比法家主張君主專制，就得出結論說，人治比法治「具有更多一點民主色彩」，這種看法不是全面的和正確的。

是否實行君主專制，並不是區分儒家人治與法家法治的一個標誌。孟子的「民貴君輕」不是反對君主專制，而是為了維護君主專制。當時的法治與人治，在維護君主專制這一點上，是殊途同歸的。在生產力很低和封建生產關係的條件下，在中國的具體歷史環境中，君主專制制度的存在有它的客觀必然性，這不是當時人們的主觀願望所能決定的。法家一方面主張「以法治國」、「唯法為治」，另一方面又把君權絕對化，主張皇帝權力至高無上，這就使得其法治理論不能不經常處於不可克服的矛盾之中，使得「事斷於法」、「君臣上下貴賤皆從法」「刑無等級」等主張，在理論上和實踐上不可能真正得到實現。正是在這個意義上說，在君主專制主義制度下，不可能有嚴格意義上的真正的法治。這一矛盾，只有在資本主義的政治法律制度建立以後才得到進一步解決。因此，儘管當時新興地主階級的法治相對於沒落奴隸主階級的人治來說，是進步的革命的事物；但是相對於資產階級的法治來說，它又成了落後的和反動的東西。

資本主義時期

資產階級的法治理論，是在反對封建主義的革命鬥爭中提出來的，有它自己的特定的含義。資產階級法治，作為一種理論，它體現和反映在資產階級啟蒙思想家洛克、孟德斯鳩、盧梭等人的著作中；

作為一種社會實踐，它就是資產階級的「法治國」，即實行法治的資產階級民主共和國。資產階級法治這一概念，決不是可以用什麼「法很重要」、「要重視法的作用」那樣一些很一般、很抽象、很含混的意思所能概括、表達和代替的。

資產階級法治的對立面是封建君主專制主義的人治。兩者的根本對立，突出地表現在如下四個方面：(1) 封建專制主義的人治，主張依靠君主個人的意志來決定國家的大政方針以治理國家。英國的詹姆士一世說：「國王可以正正當當地叫做神。因為他所行使的神權和上帝一樣，上帝有自由生殺予奪的權力，不對任何人負責。國王也是這樣：要怎樣做便怎樣做，除掉對上帝負責之外，並不對於任何人民負責。」[32]與此相反，資產階級法治則主張依靠體現統治階級集體意志和根本利益的法律來治理國家。洛克說：「誰握有國家的立法權或最高權力，誰就應該以既定的、向全國人民公佈周知的、經常有效的法律，而不是以臨時的命令來實行統治。」[33]又說，「使用絕對的專斷權力，或不以確定的、經常有效的法律來進行統治，兩者都是與社會和政府的目的不相符合的。」[34] (2) 封建專制主義人治主張君主的權威高於法律的權威，也可以不受法律的約束。詹姆士一世說：「君主注意人民，如同頭腦注意身體。一個慈愛的父親總在兒輩的幸福中得到快樂，故國王在人民之上，在法律之上，只能服從上帝和自己的良心。」[35]與此相反，資產階級的法治則主張法律的權威高於任何國家領導人的權威，任何國家領導人都要遵守法律，嚴格依法辦事。盧梭說：不管一個國家的政體如何，如果在它管轄範圍內有一個可以不遵守法律，所有其他的人，就必然會受這個人的任意支配。(3) 封建專制主義的人治，主張君主應該掌握立法、司法、行政等一切大權，極力反對分權的理論和作法。霍布斯說：「如果要把主權分開，給這個人一點，給那個人一點，便是紛擾和內亂

---

32. 轉引自高一涵編：《歐洲政治思想史》中卷（上海：上海書店，1923年），163頁。

33. 〔英〕洛克著，葉啟芳、瞿菊農譯：《政府論》下篇（北京：商務印書館，1964年），80頁。

34. 同上註。

35. 轉引自高一涵編：《歐洲政治思想史》中卷（上海：上海書店，1923年），162頁。

的原因。」〔36〕與此相反，資產階級法治則要求三權分立，主張立法權由普選的議會行使，實行司法獨立。孟德斯鳩說：「一切有權力的人都容易濫用權力，這是萬古不易的一條經驗。」「從事物的性質來說，要防止濫用權力，就必須以權力約束權力。」「如果同一個人或是由重要人物、貴族或平民組成的同一個機關行使這三種權力，即制定法律權，執行公共決議權或裁判私人犯罪或爭治權，則一切便都完了。」〔37〕(4) 封建專制主義的人治主張法律不平等。封建主義的法律制度，不論是立法還是司法，都公開維護等級與特權。與此相反，資產階級法治則主張法律面前人人平等。洛克說：「法律一經制定，任何人也不能憑他自己的權威逃避法律的制裁；也不能以地位優越為藉口放任自己或下屬胡作非為而要求免受法律的制裁。」〔38〕「國家的法律應該是不論貧富、不論權貴和莊稼人都一視同仁，並不因特殊情況而有出入。」〔39〕

　　通過以上對比分析，我們可以清楚看出，法治與人治都有特定的含義和具體的內容。從資產階級法治的立場看問題，封建社會儘管有法律，但沒有法治；資產階級法治同封建專制主義人治是不能「結合」的。這一點，啟蒙思想家講得十分透徹。我們不妨再引用一點材料。例如，孟德斯鳩就指出：「專制政體是既無法律又無規章，由單獨一個人按照一己的意志與反覆無常的性情領導一切。」〔40〕「人們曾經想使法律和專制主義並行，但是任何東西和專制主義聯繫起來，便失掉了自己的力量。」〔41〕

　　資產階級法治較之代表地主階級利益的法家的法治，不僅要進步得多，而且有性質上的不同。先秦法家的法治，是在肯定君主專制前提

---

36. 轉引自高一涵編：《歐洲政治思想史》中卷（上海：上海書店，1923 年），201 頁。

37. 〔法〕孟德斯鳩著，張雁深譯：《論法的精神》（上冊），商務印書館 1961 年版，第154、156 頁。

38. 〔英〕洛克著，葉啟芳、瞿菊農譯：《政府論》下篇（北京：商務印書館，1964 年），58 頁。

39. 同上註，88 頁。

40. 〔法〕孟德斯鳩著，張雁深譯：《論法的精神》上冊（北京：商務印書館，1961 年），8 頁。

41. 同上註，129 頁。

下實行以法治國；而資產階級法治則是對君主專制主義本身的徹底否定。正是從這個意義上說，封建社會不可能有真正的法治；近代意義上的法治，是資產階級革命以後才有的。但是，正如馬克思所指出，資產階級法治也仍然是「理論和實踐處於驚人的矛盾中」。[42] 因為，這種法治是建立在私有制的經濟基礎之上，是建立在資產階級與無產階級這兩大階級的尖銳對立之上，是建立在剝削與壓迫的現實生活之上。因此，這種法治，從資產階級內部來說，有它的真實性，但對無產階級和勞動人民來說，又有它的局限性、虛偽性和欺騙性。一方面，資產階級需要利用這種法治所具有的超階級外表的假像，來麻痹勞動人民的革命意識，以進行有效的統治；另一方面，他們又害怕人民群眾利用資產階級的民主和法治，訓練隊伍，積聚力量，因此他們總是想方設法限制人民群眾的民主權利，直至在革命危機時期公開拋棄這種法治。從階級實質上講，資產階級法治歸根結蒂是為了維護資本主義私有制和資產階級的政治統治。但是，應該承認，資產階級法治主義的理論與實踐，不僅在反對封建主義的革命時期起過革命作用，而且也是人類社會歷史發展的一個巨大進步。在帝國主義時期，資產階級法治的歷史作用雖然已經由原來是進步的事物走向了自身的反面，但它同公開拋棄法治的法西斯主義也還是有很大的區別。

資產階級法治包括「人」、「人的因素」、「人的作用」在內，這是不言而喻的。資產階級法治實行普選制、議會制，立法權由議會行使，就是否定君主立法，而要求由選舉產生的資產階級代表人物集體行使立法權。資產階級實行「三權分立」，搞「司法獨立」，就是否定君主司法，而要求由資產階級的各級司法人員獨立行使司法權。資產階級法治主張法律應該具有至高無上的權威，就是否定君主或某些官吏可以高居於法律之上而不按法律辦事，目的是使體現資產階級集體意志的法律在全國上下得到一體遵行，以維護資產階級的根本利益。總之，在資產階級法治的概念中，法和人是不可分割地聯繫在一起的。如果我們把資產階級法治這樣一個統一整體中的「法」與「人」割裂開來，把人的因素抽出去，在「資產階級法治」和「資產階級法律」這兩個完全不同的概念之間劃等號，所謂資產階級法治就會變成是一個抽象的、僵死的和毫

---

42. 《馬克思恩格斯全集》第 1 卷（北京：人民出版社，1956 年），703-704 頁。

無意義的概念，這是不符合資產階級法治的本來含義的。在歷史上，資產階級法治的理論與實踐，同封建專制主義的對立與鬥爭，是十分尖銳與激烈的。為此，英國的克倫威爾曾經把查理一世送上絞刑架，法國的羅伯斯庇爾曾經把路易十六送上斷頭台。資產階級法治又怎麼能夠同封建專制主義人治相「結合」呢？

社會主義時期

在社會主義制度下，無產階級和廣大人民群眾治理自己的國家，也存在着是法治還是人治這樣兩種根本不同的原則和方法。中國法制建設所走過的曲折道路，同這一理論問題是否得到正確認識和處理密切相關，這已為建國以來三十年的歷史所充分證明。

本來，我們黨對於實行社會主義法治的問題一直很重視，所採取的立場也是正確的。早在「五四」運動前後，黨的創始人李大釗等同志就曾經對儒家的人治進行猛烈抨擊而極力推崇社會主義法治。在長期革命戰爭中，儘管黨的中心任務是武裝奪取政權，但我們黨還是一直重視革命根據地的法制建設。新中國成立後，黨和國家的各種重要文件以及領導人的講話，都沒有否定過法治。1954 年，毛主席親自主持制訂了中國的第一部憲法，並強調指出：憲法「通過以後，全國人民每一個人都要實行，特別是國家機關工作人員要帶頭實行，首先在座的各位要實行。不實行就是違反憲法」。[43] 在法制建設上，建國後的短短幾年內，我們制訂了一系列重要法律法令，全國上下也比較重視依法辦事。這些說明，以前我們基本上是堅持了以法治國。而且這種法治，就其階級性和社會性來說，是屬社會主義的歷史類型。它不僅是對封建專制主義人治的根本否定，而且也同資產階級法治相對立。雖然，這個時期我們在社會主義法治的理論上，認識還不是很充分、很自覺；法律制度也很不完備，但作上述這樣的基本估計是必要的。

1957 年以後，情況發生了很大變化。由於種種原因，在廣大幹部中開始產生了一種否認法治、主張人治的思潮。不少主張實行法治的同

---

43. 毛澤東：《關於中華人民共和國憲法草案》。

志遭到了批判；在一些小冊子和文章中，「法治」被說成是虛偽的、騙人的、反動的東西；認為歷史上根本沒有什麼法治，只有人治。不少幹部認為法律束手束腳，政策可以代替法律，法律可有可無；認為即使要有一點法律，但它只能作辦事的參考，權力應該大於法，領導人的意志應該高於法律，辦事可以依人不依法，依言不依法；認為「群眾運動」的「首創精神」可以高於法律，「群眾運動」一來可以把法律當作廢紙一樣扔掉。這樣一種否定法治、主張人治的理論、意見、看法和主張，在很長一個時期裏，在我們的很多幹部包括不少高級幹部以及黨和國家領導人中曾經相當流行。這種人治思想，雖然沒有寫成系統性的理論文章，但它確確實實是存在的。這一思潮給中國法制建設所帶來的危害，已是人所共知。

對於這種人治思想究竟應該怎樣看待呢？我認為：

首先，這種人治思想同歷史上的人治思想相比較，有它相同的地方，也有它不同的地方。從歷史上看，作為一種治國的原則和方法，人治的一個重要特點，是國家領導人具有最高權威；法治的一個重要特點，是國家的法律具有最高權威。黨中央曾經指出：法律能否嚴格執行，是衡量一個國家是否實行法治的重要標誌。而在中國一個時期裏出現的那種認為權大於法，辦事可以依人不依法、依言不依法的觀點和作法，同歷史上的人治思想，就是一脈相通的。但是，這種人治思想又是產生在社會主義的歷史時期，是在堅持社會主義的基本政治制度前提下而存在的一種錯誤主張和實踐。它的產生主要有以下三個方面的原因：一是黨在思想、政治路線上的「左」傾錯誤，導致一些同志在法治與人治的理論問題上沒有能夠採取正確的立場；二是幹部思想上的無知，以致有不少同志根本不了解社會主義法律的性質和作用，存在着輕視法律、蔑視法治的法律虛無主義態度；三是中國幾千年來的封建主義思想，其中特別是專制主義和家長制思想的餘毒在一些幹部包括某些高級幹部的頭腦中作怪。雖然這種人治思想並不是要從根本上否定社會主義制度，並不是要搞封建專制主義；但從思想範疇來說，它決不屬無產階級的思想體系，而是屬非無產階級的思想體系，是封建主義思想佔主導地位並兼有小生產者思想的混合物。這種人治思想的存在，始終是健全中國社會主義法治最根本的障礙。這種人治思想不克服、不肅清，我們的法制建設是絕然搞不好的。過去是這樣，現在是這樣，將來也是這樣。

其次，這種人治思想同「文化大革命」期間林彪、江青反革命集團的胡作非為是根本不同的，必須嚴格加以區別。前者是一度存在於我們黨內和人民內部的錯誤思想和作法，後者是一小撮披着共產黨外衣的反革命分子鼓吹封建法西斯主義；前者導致社會主義法制很不完備、很不健全，後者則是徹底毀滅社會主義法制，大搞封建法西斯專政。但是兩者之間也有一定的聯繫。林彪、江青反革命集團怎麼能夠篡奪部分黨和國家的領導權？重要原因之一，不就是因為中國的民主與法制不健全，選舉、罷免、監督領導人的權力並沒有真正掌握在人民群眾手裏嗎？很明顯，如果我們有健全的法制，林彪、江青一夥是很難平步青雲、扶搖直上的；即使上了台，人民也可以把他們撤下來，甚至可以依法彈劾，交付審判。但是，各級人民代表、廣大人民群眾，並沒有得到這種權力，沒有那種具有極大權威的法律制度和法律手段去限制他們和制裁他們。同時，由於社會主義法制的觀念沒有在廣大幹部和群眾中牢固地樹立起來，實際上是人治思想佔上風，也為林彪、江青一夥為所欲為地肆意踐踏憲法，瘋狂破壞法制，提供了一定的條件。這是歷史留給我們的慘痛教訓。

最後，在社會主義條件下，法治與人治之間存在着根本的對立，是不能相互「結合」的。社會主義法治要求「有法可依，有法必依，執法必嚴，違法必究」；要求法律具有極大權威，一切黨政機關和社會團體，包括黨中央、人大常委和國務院，一切工作人員和公民個人，包括黨和國家的所有領導人，都要一絲不苟地嚴格遵守法律；法律和制度應該具有穩定性和連續性，不能因領導人的改變而隨意改變，不能因少數領導者個人的看法或注意力的改變而改變。而人治則認為：法律可有可無，權大於法，有法可以不依，凡事由少數領導者個人說了算。這兩種完全不同的主張和作法，怎麼能夠彼此相容和並存呢？認為社會主義制度下，既要重視法的作用，也要重視人的作用，這就是法治與人治相結合。這種觀點表面看來似乎很全面，實際上這是搞亂了法治與人治的本來含義和特定內容。社會主義法治的概念包括「人的因素」在內，社會主義法律的制訂、執行、遵守都離不開人的作用，這是不言自明的。認為法律不是人制訂的而是天上掉下來的，法律不要人去執行和遵守而自己會起作用，這樣頭腦簡單的人，在現實生活中是很難找到的。如果把法治和法混為一談，認為只要社會上有法律，就是有了法治，那麼，社會主義法治作為一種理論與實踐，它的基本原則、豐富內容和革命鋒

芒，就會被「社會主義國家也需要有法律，也要重視法的作用」這樣一種很簡單、很一般、很抽象、很含混的概念所代替和抹煞。法律必須具有極大權威這一重要原則也就一筆勾銷了。如果認為一個國家只要有法律，就是實行法治，那末，黨中央鄭重提出的：「法律能否嚴格執行，是衡量一個國家是否實行法治的重要標誌」這一極為重要的科學論斷也就是無的放矢而沒有什麼意義了。法治與人治「結合」論有一個前提：就是法治雖好，但有片面性，需要有人治作補充；「人治」雖有一定片面性，但終究還是一種很好的思想、主張、作法，人民非常需要它。顯然，從這種理論出發，不可能總結好歷史的經驗教訓，不可能準確地宣傳和實行社會主義法治，也不可能有力地批判和克服那種健全社會主義法制最大的思想障礙，即權大於法，依人不依法，依言不依法的人治思想。而其實踐結果，則必然是以人治代替法治。

第十一章
法治概念的科學性

原載於《法學研究》1979 年第 2 期。

當前，在關於法治與人治問題的討論中，有的同志提出：「法治」這一概念「不科學」，有「片面性」和堅持四項基本原則有矛盾；我們既然有法制的提法，也用不着再講什麼法治了，因此主張拋棄「法治」這個概念。我們認為，這種觀點是值得商榷的。

「法治」概念是不是科學

有的同志說，如果「法治」指的是所謂「法律的統治」，那麼這一概念本身就是不科學的。因為，法律是統治階級實現其階級統治的工具，而不是統治的主體；統治的主體只能是組成統治階級的人們。因此，世界上並不存在「法律的統治」。我們認為，這是純粹從字面上來解釋「法治」這個詞，這樣解釋並不符合人們在使用法治這一概念時賦予它的特定的、真實的含義。的確，資產階級講法治，英文是 Rule of law、Government of law，或者 Rule by law，直譯可以是「法律的統治」，或者「被法律所統治」。但是，資產階級在使用這一概念的時候，並不是這樣解釋它的；並不是說統治的主體不是人而是法律，是不會說話的法律在那裏統治，而不是活生生的人在那裏統治。如果我們細讀一下提出資產階級法治主義的各啟蒙學者的著作以及多如牛毛的各種辭典和教科書，就會知道，他們講法治，儘管說法不一，但有一個最基本的意思是相同的，即任何一個統治者或統治者集體，都應嚴格依照法律來治理國家。當然，這也只是法治這一概念的主要含義。除了這個意思以外，資產階級主張法治而反對君主專制主義的「人治」，還包括有三權分立、法律面前人人平等、罪刑法定等內容在裏面。總之，把「法治」說成是法律在統治，而不是統治者個人或集體運用法律，依照法律治理國家，那是望文生義的解釋。法治這一概念存在了幾千年。在近代，這一概念幾乎已經家喻戶曉。但是在現實生活中究竟還有多少人認為是法律自己在那裏統治，而不是作為主體的人運用法律這一工具在那裏治國

呢？這種認識雖説不是完全沒有，恐怕有也不多。顯然，這樣提出問題和論證問題，是不妥當的。

有的同志認為，法治這一概念是歷史上剝削階級提出的，又沒有階級性，是一個「非階級或超階級的觀點」，因此我們不能用。我們現在所使用的許多概念，比如民主、自由、平等、人權、人道主義等等，都不是無產階級自己的發明，而是歷史上沿襲下來的。為什麼這些概念可以沿用，唯獨「法治」概念就不能沿用呢？歷史上有過的許多名詞、概念，剝削階級總是抹煞、掩蓋其階級性，但不妨礙馬克思主義者揭示這些名詞、概念的階級屬性，賦予他們以階級的含義。一個名詞、概念有沒有階級性，不能單從字面上看。問題是人們怎樣解釋它、運用它。比如「民主」，從字面上看，是沒有階級性的，無產階級可以利用它，其他剝削階級也可以利用它。歷史上，有過雅典奴隸主的民主，有過歐洲封建社會城邦國家的地主階級民主，有過資產階級民主，還有我們今天的社會主義民主。一切剝削階級都不承認民主有階級性，只有馬克思主義者才認為民主具有階級屬性。「法治」也是這樣。亞里士多德主張的法治，是奴隸主階級的法治；韓非、商鞅等主張的法治，是新興地主階級的法治；洛克、盧梭等主張的法治，是資產階級的法治，我們今天提倡的，是廣大人民群眾的社會主義法治。我們今天既然使用法治這一概念，當然和歷史上有過的法治概念之間，存在着一定繼承關係。但是，這種繼承不是全盤照搬，而是批判地繼承。社會主義法治同歷史上各個剝削階級法治，其繼承之處在於，法治作為一種治國的理論和原則、方法，有某些相同之處。從法治的理論依據來看，法治論者都認為，一個國家是否興旺發達、長治久安，起決定性作用的第一位因素，不在於一兩個領導人是否賢明，而在於法律與制度的有無與好壞。從法治的標誌來看，所有法治論者都大致強調以下三點：一是國家應該制訂一套比較完備的法律，作為人們的行為準則；二是任何人包括國家領導人在內都要遵守法律，嚴格依法辦事；三是法律面前人人平等，誰違法犯罪都要受到同樣制裁。以上內容基本上是各種法治主張的共同點。它們之間的區別，首先在於階級本質不同。這種不同，從根本上說，是由法律本身的階級性決定的。既然法律體現着不同階級的意志和利益，因此不同階級所實施的法治，總是有利於維護本階級的利益，有利於更好地實現本階級的政治統治。其次是它們之間的具體內容和實現程度不同。比如近代意義上的法治是同民主分不開的，而封建主義的法治則同

君主專制結為一體；三權分立是資產階級法治主張的重要內容，而封建義主義的法治則是立法、司法、行政大權都集中在君主一人之手。在嚴格依法辦事和法律面前人人平等這些方面，不同歷史時代的法治，在實現程度上都有很大差別。總之，法治這一概念並不是什麼「非階級或超階級的觀點」。只要我們對法治的概念及其作用進行科學的分析，作出符合客觀實際的理論說明，法治這一概念的階級性是可以闡述清楚的，人們是不會對此有所誤解的，我們是完全可以使用這一概念的。

有的同志還指出：雖然我們十分強調工業、科學的作用，但不能提什麼「以工業治國」、「以科學治國」；非常重視軍隊的作用，但不能提什麼「以軍治國」。因此，提「以法治國」也是不科學的。這是一種不恰當的比喻和推論。因為，法律和工業、科學、軍隊的性質、特點完全不同。法律是集中體現統治階級意志的、由國家制訂（或認可）的、並由國家強制力保證其統一實施的、人們必須嚴格遵守的行為規則。所謂「以法治國」或「依法治國」（即法治），也就是要十分重視運用法律這種行為準則並嚴格依照它的規定來治理國家的意思。由於法律只有上述那樣的性質和特點，因此提「以法治國」和「依法治國」是確切的、科學的。正如葉劍英同志所說「我們的國家要大治，就要有治國的章程」（《關於修改憲法的報告》），憲法就是治國的總章程，而刑法、民法、訴訟法、組織法、行政法、選舉法、經濟法、勞動法、婚姻法等等，則是每個方面的治國的具體章程。有法才能治國，無法必然亂國。只有運用並嚴格依照法律這一治國的章程來全面地高度地統一全國人民的思想和行動，國家才能治理好，這是明白易懂的道理。而工業、教育、軍隊的情況與法律完全不同。它們既不具有法律那種人人必須遵守的行為規則的性質，也不具有法律那種在政治、經濟（包括工業、農業、交通運輸、財貿、金融等）文化、教育、軍事等各方面都要統一執行的特點。有些同志完全撇開法律與工業、科學、軍事具有完全不同的性質和特點這一前提，只抓住它們對治理國家都有作用這一點，來論證「以法治國」不科學，顯然是沒有什麼說服力的。

有的同志還提出，「法治」的提法過於簡單，容易引起人們的誤解，因此不宜使用。人所共知，「民主」也只是兩個字，而且直到今天人們對它還存在着這樣或那樣的不同理解，但這並不妨礙我們使用這個概念。還有平等、自由、人權等等也是如此。在中國的政治生活中，法

治這個詞的提出和普遍使用，實際上只是近兩年的事情。只要我們通過研究和宣傳，對「法治」這個詞的準確含義作出科學的規定和闡明，人們對它是完全可以正確地掌握與運用的。

「法治」這一概念有沒有片面性

有的同志提出，法治的提法和口號有「片面性」，因為它否定了黨的領導的作用，否定了黨的路線的作用和政權的作用，否定了政治思想工作的作用和共產主義道德教育的作用，否定了生產關係的作用和生產力的作用……總之，認為這一提法是肯定了法律制度的作用，而否定了其他一切，是鼓吹「法律萬能」。

首先，從理論上看。要求一個概念和口號的提出應該包括社會生活中的一切，否則就認為這個口號有「片面性」，這種邏輯是不能成立的，事實上也是根本辦不到的。任何一個口號，都有特定的科學含義，特定的具體內容，特定的適用範圍，特定的社會作用，不能要求它概括一切，包羅一切，代替一切。比如，「堅持四項基本原則」是我們今後的長遠的一個帶有根本性和全域性的口號，但它的含義只是強調了四項基本原則對治理國家的重要意義，而四項基本原則是屬政治與思想這個範疇，並沒有包括發展生產這一重要內容在裏面。而「實現四個現代化」這一口號則不同，它是從經濟方面提出要求，是強調發展生產對建設國家的重要作用和意義。又比如，「加強社會主義民主，健全社會主義法制」，也是一個帶根本性和全域性的口號，但它也只是要求解決整個上層建築領域中一個方面的問題；而「建設社會主義的精神文明」這樣的重要口號，則又是從另一個方面提出要求，是強調精神文明對建設國家的重要作用和意義。如此類推，還有「自力更生」、「百花齊放，百家爭鳴」等口號，都有它們各自的科學含義和社會作用。如果因為這些口號只是強調了某一個方面的事物、問題的重要作用和意義，就說這些口號有「片面性」，顯然是不正確的。每一個概念、每一個口號，都有它自己特定的含義和範圍，我們在解釋和運用它們的時候，不能任意增加其內涵、擴大其外延。解釋和運用法治這一概念和口號也應該是這樣。認為提法治就是鼓吹「法律萬能」，就是否定了其他東西對治國安邦、建設國家的重要作用，正是違背了科學地解釋和運用各種概念、

口號的上述基本要求。所謂「法治」，是相對於那種不重視運用法律手段、不嚴格依照法律規定來治理國家的人治主張而言的，它並不是說除了法律以外，其他東西不能治國，法律是治國的唯一手段。法治的基本含義，就是要善於運用和善於依照體現統治階級集體意志和根本利益的法律來治理國家；國家的法律和制度應該比較完備，而且是按照嚴格的程序制訂出來的，它一經公佈施行，就要保持其連續性、穩定性和權威性；任何機關、團體和公民個人包括國家的領袖人物在內都要嚴格依法辦事；堅持法律面前人人平等。如果一個國家切實做到了以上這些，也就是實現了法治。至於黨的領導和黨和路線如何重要，如何加強與改善黨的領導，如何正確制訂和執行黨的路線，以及政權建設的重要性、道德和教育的重要性、發展生產的重要性、完善生產關係的重要性等等，那是另一個方面、另一個範疇的問題，不能也不應和法治問題混為一談。法治這一概念，自然包括強調法律與制度對治國安邦具有重要作用這個意思在內。但它並不意味着否定其他工具、其他手段對治國安邦的作用。世界上任何一個單獨的事物，都不是萬能的。法治只是一種（也僅僅是一種）治國的理論、原則、方法，它不應也不能代替任何一項具體工作。法治的對立物是人治，法治所排斥、否定、反對的，不是人的作用，不是道德和教育的作用，而是那種認為法律可有可無、權大於法、辦事依人不依法、依言不依法的「人治」理論和實踐。由此可見，說提倡法治就是提倡「法律萬能」，這在理論上邏輯上都是站不住的。我們認為，上述這些道理，廣大幹部和群眾是不難理解的。事實上，近兩年我們的黨和國家提倡法治以來，絕大多數人能夠正確理解與掌握法治這一概念的基本含義，並沒有因此就認為人的作用不重要了，道德和教育的作用不重要了，發展生產和完善生產關係的作用不重要了。至於極少數人對法治這一概念有片面理解，以為只要有了法律和制度，就可以解決一切問題，這種情況與法治這個概念和口號的提出時間還不長，我們對它在理論上正確闡述、在宣傳上廣為傳播還很不夠有密切關係。這是屬我們在工作方面的問題，並不是這個概念和口號本身有什麼「片面性」。

其次，從歷史上看。有的同志說，法治思想最本質的特徵是主張「法律萬能」，是認為法律的強制手段是治理國家唯一有效的方法。這是不符合歷史事實的。就我們所了解的情況來看，歷史上提倡法治的人並不主張什麼「法律萬能」，並不否定國家的領袖人物以及道德與教育

等對治理國家具有重要作用。這方面的事實是很多的。我們不妨簡單地列舉一些材料來證明這一點。比如，亞里士多德鮮明地主張法治，針鋒相對地反對柏拉圖的「哲人政治」，但他並不否定國家領導人的作用。他就說過：「如果既是賢良政治，那就不會亂法。」又說：「我們注意到邦國雖有良法，要是人民不能全部遵循，仍然不能實現政治。」他也不反對道德的作用。他曾提出：一個人應具有一定的物質財富、健康的身體和良好的道德，其中良好的道德是最主要的。中國春秋戰國時期代表新興地主階級利益的思想家韓非倡導法治，但他同時又主張「法、術、勢」相結合；商鞅倡導法治，但他也主張：「國之所以治者三：一曰法；二曰信；三曰權。」他也並不否認國君的作用。法國啟蒙思想家盧梭是一個資產階級革命時期的法治論者，但他對教育的作用也十分重視，並專門寫了《愛彌爾》（或稱《論教育》）一書。

　　以上事實充分說明，歷史上主張法治的人並不否認國家領導人以及道德、教育等對治理國家的重要作用，「法治」這一概念的含義並不是主張什麼「法律萬能」。同時，中外歷史上主張「人治」的人也並不否認法律對治國安邦的一定作用。然而這個事實恰好說明，法治和人治的對立，並不是一個主張「法律萬能」，一個主張國家的領袖人物萬能。正如我們在前面曾經指出過的那樣，法治與人治的對立，就其理論根據這一點來說，法治認為一個國家是否長治久安，第一位的具有決定性意義的因素，不是國家的領袖人物是否賢明，而是法律與制度的有無與好壞。而人治主張則持與此完全相反的觀點。有些同志沒有能夠正確地把握住這一點，把法治主張法律與制度是國家長治久安的第一位的決定性的因素，誤解或曲解成法治主張法律與制度是治理國家的唯一的手段和工具。顯然，這是兩個完全不同的問題，不能混為一談。

　　第三，從實踐看。我們的國家如果否定法治，實行人治，並不能正確地有效地發揮國家領袖人物的作用，發揮道德、教育的作用。相反，如果我們的國家否定人治，實行法治，局面就完全是另一個樣子。1957 年「反右」以前和 1976 年粉碎「四人幫」以後的情況就是很好的說明。下面，我們不妨就這個問題作一些具體分析。

　　在社會主義條件下，如果實行人治，認為法律可有可無，有法可以不依，凡事由少數領導個人說了算，其結果是長官的個人意志號令一切和指揮一切，而出現種種不按客觀規律辦事的弊端，如果實行法治，

領導人自己帶頭嚴格按照法律和制度辦事，就可以保證他們少犯全域性的錯誤，犯了這種錯誤也比較容易糾正。

再比如，實行社會主義法治，同加強共產主義的道德教育也是密切相關的。社會主義法制和共產主義道德的一致性，集中地表現在：凡是社會主義法制所禁止的行為，也是共產主義道德所譴責的行為；凡是社會主義法制所鼓勵的行為，也必然是共產主義道德所倡導的行為。例如，保護社會主義公共財產，不僅是憲法對公民規定的義務，也是共產主義道德的要求。法制與道德的相互作用，具體表現在：一方面，加強共產主義道德教育，是維護社會主義法制的重要手段。因為一個有高尚的道德觀念的人，一定會積極維護社會主義法制。另一方面，社會主義法制一個重要職能就是教育人民，傳播共產主義道德；並且通過一定的強制手段，保證那些既體現在法律規範中也體現在道德規範中的行為準則得到切實遵守。制訂法的過程，是形成和提高人民共產主義道德意識的過程。在實施法的過程中，結合法的適用，實行公開審判，開展法制宣傳，懲罰犯罪活動，制裁違法行為，這對同剝削階級的舊習慣、舊思想、舊道德觀念作鬥爭，教育和改造違法犯罪者，培養人們的共產主義道德品質，都有極為重要的意義。如果我們的國家不是實行法治而是實行人治，人們無法可循或者有法不依，共產主義的道德教育就根本不可能搞好。以上這一切，都是建國三十多年以來正反兩個方面的經驗教訓所一再證明了的。

實行法治同堅持四項基本原則是否矛盾

有的同志認為，我們治理國家主要依靠堅持四項基本原則，法治的口號同它是矛盾的，所以不能用。我們認為，這種看法是不正確的。要治理好一個國家，涉及政治、經濟、文化等各個方面，問題又十分複雜。因此，治理國家的原則不應該是一個，而應該是很多。「法治」是一項治國原則，但並不是說治國只能有這一項原則。堅持社會主義道路，堅持人民民主專政（即無產階級專政），堅持黨的領導，堅持馬列主義、毛澤東思想，是治國的四項基本原則，但也並不是說治國只能有這四項基本原則，不能有任何別的治國原則。「以法治國」的口號同「堅持四項基本原則」的口號不僅不矛盾，而且相得益彰。無論從理論還是

從實踐看，實行法治大大有利於堅持四項基本原則；如果實行人治，則完全不利於四項基本原則的貫徹實施。

實行以法治國與能否堅持社會主義道路是密切配合在一起的。1954年，毛澤東同志在談到中國憲法的原則時指出：「原則基本上是兩個：民主原則和社會主義原則。」又說：「用憲法這樣一個根本大法的形式，把人民民主和社會主義原則固定下來，使全國人民有一條清楚的軌道，使全國人民感到有一條清楚的明確的道路可走，就可以提高全國人民的積極性。」毛主席在這裏所講的中國憲法的基本原則，也就是中國社會主義法制的一項基本原則。堅持社會主義道路像一條紅線貫串在中國全部社會主義的法律和制度中。社會主義法是建立、鞏固和發展社會主義生產關係的重要工具。在中國，社會主義法曾為剝奪地主、官僚資產階級的財產，建立社會主義的國營經濟和合作社經濟服務，為限制、利用和改造資本主義工商業和農業、手工業的社會主義改造服務。生產資料私有制的改造基本完成以後，法制保護生產關係的突出作用，就是保護社會主義公有制、「各盡所能、按勞分配」原則以及社會主義生產中人與人的合理關係得到不斷鞏固、發展和完善；就是保衛社會主義的生產關係和公共財產不受侵害。社會主義經濟制度的產生和發展有它自身的客觀規律性。我們要正確認識與掌握這一規律性，單憑一兩個領導者的個人智慧是不行的！而是要依靠全黨和全國人民的集體智慧。只有依靠這種集體智慧求得對社會主義生產關係不斷發展與完善的科學認識，並形成為法律與制度，使之成為統一全黨和全國人民思想和行動的準則，才能保證我們的國家沿着社會主義道路健康地發展。這一點，只有實行法治才能切實做到。如果我們的國家不是實行法治，而是處於那種認為法律可有可無，有法可以不依，凡事由少數領導者個人說了算的狀態，國家就不可能沿着社會主義道路勝利地前進，就會左右搖擺，就會出現那種貌似革命而實則極左的嚴重弊病，把社會主義的經濟制度搞得混亂，從而大大影響社會生產力的發展。

實行社會主義法治同堅持人民民主專政（即無產階級專政）也是相互依存、相輔相成的。它們之間的關係，概括起來就是：人民民主專政決定社會主義法治的性質和內容，社會主義法治則是實現人民民主專政的有效手段。人民民主專政包括對人民實行民主，對敵人實行專政這樣兩個方面。實行「以法治國」，既有利於發揚人民民主，也有利於加

強對敵專政。無產階級在領導廣大人民群眾奪取了政權、爭得了民主以後，應該運用社會主義法制的形式，將這個勝利成果加以記錄，予以承認，給以保障。人民需要法律，首先就是為了保護自己的民主權利。在社會主義條件下，為了切實保障和充分發揚人民民主，需要運用宣傳教育、道德規範、黨的政策等工具和手段。但是，運用法律和制度來保障人民民主，具有特別重要的意義。因為法制具有行為規範的特性、國家意志的特性、強制執行的特性，這些特性是思想教育、道德規範、黨的政策所不具有或不完全具有的。法制正是通過它的這些特性來發揮對人民民主的保障作用。社會主義民主的各個方面，公民的各項民主權利和自由，只有通過憲法和各方面的具體法律，把它們一條條、一項項明確地肯定下來，使之條文化、具體化、規範化，廣大人民群眾才能清楚地知道自己究竟享有哪些民主權利，才能充分調動他們的積極性，才能指導他們正確地運用這些權利去管理自己的國家。對各級國家機關和廣大幹部來說，只有做到民主制度化、法律化，才能使他們明確地、具體地知道，自己應該如何發揚人民民主，應該如何按照民主集中制原則進行活動，應當怎樣尊重人民的民主權利，自己應該具有什麼樣的民主作風，怎樣依靠廣大群眾做好各項工作。同時，民主一經制度化、法律化，發揚人民民主也就變成了國家意志，任何單位和個人是毫無例外地應該遵照執行。無論誰破壞社會主義民主，都是違背國家的意志，違背全體人民的意志，都是違法行為；國家和人民就可以運用法律的強制力，對任何破壞民主的行為予以追究，給以各種形式的制裁。這一切說明，發揚人民民主是不能沒有法治的。

再從加強對敵專政來看。只有實行以法治國，才能嚴格地運用比較完備的法律和制度，最準確有效地識別敵人、打擊敵人、制裁敵人、改造敵人。對敵專政同非法專橫是不相容的。「對敵狠」，並不是說可以胡來。對敵人，要依照法律規定的程序進行懲治，要依照法律的規定定罪量刑，要依照法律的規定對敵人實行改造，做到既準確又合法。建國以來的經驗教訓充分表明，是否實行以法治國，同能否堅持人民民主專政是息息相關的。在「文化大革命」期間，林彪、江青反革命集團大搞封建專制主義的「人治」，在理論上把健全社會主義法制同加強人民民主專政對立起來，在實踐上瘋狂地踐踏社會主義法制。他們非法專橫，想抓誰就抓誰，想專誰的政就專誰的政，為所欲為，無法無天。結

果是把人民民主專政變成了赤裸裸的封建法西斯專政。這一教訓難道還不深刻嗎？！

實行以法治國同堅持黨的領導也是密切相關的。以法治國要有黨的領導，黨的領導也必須通過以法治國才能更好地實現。社會主義的法律是黨領導制訂的，是黨的路線、方針、政策的定型化、規範化、條文化。黨通過領導國家的立法機關、司法機關和行政機關，制訂、貫徹和執行法律，把階級的意志上升為國家的意志，並且運用國家強制力保證其實施，這正是鞏固與加強黨的領導，而決不是降低或削弱黨的領導。我們的黨是執政黨，這種領導地位得到了憲法的認可與保障。中國《憲法》（1978 年）第 2 條第 1 款規定：「中國共產黨是全中國人民的領導核心。工人階級經過自己的先鋒隊中國共產黨實現對國家的領導。」因此，任何人反對黨的領導，都是違反憲法的。但是，黨對國家的領導如果沒有法律來作出明確的、具體的、詳細的規定，黨就領導不好國家。無規矩不能成方圓。有法才能治國，無法必然亂國。毛主席說：「一個團體要有一個章程，一個國家也要有一個章程。」憲法就是治國的一個總章程，而各項具體法律則是治理國家的具體章程。只有依靠一套比較完善的、具有極大權威的治國章程來領導廣大人民群眾治理國家，才能增強自覺性、預見性，減少盲目性、隨意性；增強穩定性，避免不穩定性；才能保證整個龐大而複雜的國家機器按照統一軌道精確而有效率地進行運轉。以法治國要求黨的任何組織與個人，從黨中央總書記到每個普通黨員，都要嚴格依法辦事，是為了使法律得到統一而嚴格的執行，這不是否定和削弱黨的領導，而正是為了維護和加強黨的領導。可是在一個相當長的時期裏，由於否定法治，主張人治，因而不少同志蔑視和輕視法律，以為黨的組織和領導人嚴格依法辦事是限制和削弱了黨的領導，以為不運用法律和制度去治理國家，而是以黨代政，以言代法，事無巨細一律都憑黨的各級組織和領導人直接發號施令，那才是體現了黨的「絕對」領導，這不能不說是我們的黨還缺乏統治經驗的一種表現。這樣做的結果，只能損害黨的領導作用的發揮和領導地位的鞏固，只能削弱人民群眾對黨的工作、黨的幹部和黨員的監督，危害黨的健康肌體。

黨要以馬列主義、毛澤東思想武裝全國人民，要運用它指導各條戰線的工作。但是，馬克思主義不是法律，也不能代替社會主義法制。

林彪、江青反革命集團的重要頭目康生宣稱，哪有這個法，那個法，「馬克思主義就是根本大法」。這是極其荒謬的。馬克思主義是一種科學真理，只屬思想領域的東西。我們只能通過宣傳教育，讓人們接受馬克思主義，而不能用強制的方法，使人們信仰馬克思主義。法律則不同。法是統治階級意志被上升為國家意志的、以國家強制力保證其實施的、人人必須遵守的行為規範。任何人違法犯罪都要受到制裁。因此，馬克思主義與社會主義法制是兩個範疇的東西，不能混為一談；也決不可以用馬克思主義代替社會主義法律。那種以為既然有了馬列主義、毛澤東思想作指導，也就用不着再有社會主義法律的觀點是極其錯誤的。我認為，不能強迫人們信仰馬克思主義，絲毫不是意味着可以允許人們肆意詆毀、攻擊馬克思主義。因為這是兩個含義與性質完全不同的問題，不能混為一談。

　　堅持馬克思列寧主義、毛澤東思想，作為四項基本原則之下，已經明確地規定在中國憲法的序言中。憲法的這一規定，是完全合理和不可動搖的。如果誰要動搖這一基本規定，誰就是站在極其危險的道路上。誰要肆意謾罵、攻擊、詆誹馬克思主義，誰就是公然違背了我們國家的根本大法。我們就要根據各種具體情況，進行必要的制裁。中國憲法和各項具體法律包括刑法、民法、訴訟法、經濟法、婚姻法等法律的制訂、貫徹和執行，都是以馬克思主義作為指導思想。在一定意義上可以説，馬列主義、毛澤東思想是中國社會主義法治的靈魂，而社會主義法治則是馬列主義、毛澤東思想的一個方面（不是全部）的具體體現和具體實施。因此，以法治國決不會貶低或削弱馬克思主義的地位和作用，而是能更好地鞏固和維護它在治理國家中的地位，提高和發揮它在革命和建設中的作用。馬列主義、毛澤東思想既是人民革命實踐經驗的科學總結，又是指導人民革命鬥爭實踐的理論武器。在馬克思主義指導下，在總結實踐經驗的基礎上，制訂出政治、經濟、文化、教育、軍事、外交等各個方面的法律、規章和制度，作為人們的行為準則，並保證全國上下一體遵行，就可以更正確地、穩定地、全面地、有效地發揮馬克思主義對指導人民革命鬥爭實踐的偉大作用。相反，如果不搞法治搞人治，國家無法可循或者有法不依，凡事由少數領導者個人說了算，馬克思主義對人民革命鬥爭實踐的指導作用只能受到損害。建國以來正反兩方面的經驗教訓也充分證明了這一點。

通過上述分析，可以清楚看出：堅持四項基本原則，是實行社會主義法治的根本指導思想，並為社會主義法治提供了政治基礎，指明了前進方向。實行以法治國則是堅持四項基本原則的重要手段和可靠保障。它們都是治理國家不可離開的重要原則。人為地把「堅持四項基本原則」同「實行社會主義法治」這兩個口號對立起來，不論在理論上和實踐上都是極為有害的。

「法制」為什麼不能代替「法治」

有的同志提出，我們既然有了「健全社會主義法制」這一口號，也就用不着再提什麼「要實行社會主義法治」這樣的口號了。我們認為，這一理由也是不能成立的。因為，「法制」與「法治」是兩個既有密切聯繫，又有重大區別的概念，不能混為一談。「法治」這一概念的作用是「法制」這一概念所不能代替的。

什麼是法制呢？我們法學界現在正在進行討論，還沒有取得一致的意見。雖然大家的看法並不完全相同，然而有一點是絕大多數的人都能接受的，那就是「法制」是指法律制度；或者說，「法制」是法律制度的簡稱。人類自進入階級社會以後，有了法律，也就有了法律制度。任何一個國家的任何一個歷史時期，都有自己的法律制度。歷史上，有過奴隸主階級的法制、封建主階級的法制、資產階級法制和社會主義法制。所謂法律制度，即包括各種法律，也包括與法律的制訂、執行與遵守有關的各項制度在內。前者包括憲法以及刑法、民法、訴訟法、婚姻家庭法、行政法、勞動法等部門法（又有成文法與不成文法即習慣法之分），後者則包括立法制度與司法制度。司法制度中又有審判制度、檢察制度、律師制度、勞改制度等等。審判制度中又有公開審判、合議、陪審、迴避、辯護等制度。此外，貫穿在整個法律制度之中的，還有各項法制原則，如法制的民主原則、平等原則、獨立審判原則、人道主義原則等等。所謂「法制」，也就是上述這些法律與制度的總稱。因此，法制這個概念的內涵是十分豐富的，外延是十分廣闊的。我們通常所說，「要健全社會主義法制」，意思就包括了要健全所有這些法律與制度在內。

法治與法制不同。其區別主要表現在以下三個方面：第一，法律制度是屬制度這個範疇。它同一個國家的政治制度、國家制度、經濟制度、軍事制度、文化制度、教育制度等等，是屬同一種類、同一系列的概念，是相對於這些制度來說的。「法治」則不一樣。它是一種（僅僅是一種）治國的理論、原則和方法，是相對於「人治」這一治國的理論、原則和方法來說的。在政治法律思想史上或法理學上，無論過去或現在，法治與人治始終都是作為一組對立物而出現的。因此，法制與法治是屬兩個不同範疇的概念。第二，作為一種治國的理論，法治與人治的根本對立在於，法治認為一個國家能否興旺發達、長治久安，具有決定性意義的因素，是整個法律與制度的好壞，而不是少數幾個國家領導人是否賢明。人治的理論則恰好與此相反。作為一種治國的原則與方法，實行法治的主要標誌，是一個國家要有比較完善的法律與制度；並且特別強調，任何國家機關、社會團體或公民個人，包括國家的最高領導人在內，都要遵守法律，嚴格依法辦事。這同那種認為法律可有可無，有法可以不依，凡事由少數領導者個人說了算的人治是有原則區別的。這些，是法治這一概念的最基本的含義。法制這一概念的最基本的含義則與此不同，這已如前述。因此，法制與法治這兩個概念，其內涵與外延都不一樣。第三，任何一個國家的任何一個歷史時期都有它自己的法律制度，但不一定都是實行法治。一個國家的治理，如果是人治的理論、原則和方法佔據著統治的、支配的地位，但仍然有它自己的一定的法律制度。比如，在希特勒統治德國和蔣介石統治中國的時期，有它自己一定的法律制度，但絕不能說那時也是實行法治。由此可見，法制與法治是兩個不同的概念，各有自己特定的科學含義，也各有自己特殊的社會作用。兩者是不能等同的，也是不能相互代替的。

當然，這絕不是說，法治與法制這兩個概念彼此毫不相干，相反它們是密切地聯繫在一起的。從嚴格的意義上講，法治這一治國的理論、原則和方法的提出，就是直接地為建立、健全和完善一定的法律制度服務的。社會主義法制的建立、健全和發展，需要有各種正確的理論與原則作為它的指導思想。辯證唯物主義的宇宙觀與方法論，馬克思主義的上層建築與經濟基礎相互關係的學說、國家學說、階級鬥爭學說、兩類矛盾學說等等，都是社會主義法制建設不可缺少的正確指導思想。

法治的理論與原則，也是其中之一。建國以來正反兩方面的經驗表明：如果堅持法治的理論與原則，社會主義法律制度的建設，就前進，就興旺發達；如果否定法治的理論與原則，社會主義法律制度的建設，就倒退，就衰敗沒落。

　　歷史上，法治與人治的論爭及其對社會政治、經濟、文化生活的廣泛、巨大而深刻的影響，是一個客觀存在；在各個不同的歷史時期，法治的主張總是代表着一定的進步力量的利益，反映着當時社會進步的要求，也是難以否認的事實。法治這一治國的理論與原則之所以被人們反覆提出來，並用以指導、影響、推動法制建設的實踐，決不是某些人的心血來潮的產物和憑空創造，而是有它自身存在的合理性和社會價值。在社會主義時期，人們之所以極力倡導法治，情況也是這樣。今天，在中國，愈來愈多的人強烈地主張法治，反對人治；法治的主張已經開始深入人心。這一事實本身就雄辯地證明，「以法治國」的口號具有強大的生命力，它是不會從 1980 年代社會主義中國的政治生活和思想領域中被摒棄、被抹掉的。

　　後記：載《法學研究》1982 年第 2 期。目的是回答法治與人治論爭中「取消論」一派的種種論據。對法治概念和以法治國口號與方針的責難和疑慮，在理論和實際工作者中直到今天也並沒有完全解決和消除。從 1996 年 3 月八屆人大四次會議提「法制國家」到 1997 年 9 月黨的十五大改提「法治國家」就是一個例證。中國關於法治與人治的論爭，在日本和前蘇聯都有影響。如日本京都大學針生誠吉教授曾摘要翻譯本章在課堂上組織學生討論，認為本章是中國「法治論」一派的代表作。

第十二章

依法治國的理論根據
和重要意義

· 原載於《人大工作通訊》1996 年第 11 期。

在中國，實行依法治國，並不是哪些人的心血來潮，也不是某種權宜之計，而是歷史發展的客觀規律，是社會進步的現實要求，是人類文明的重要標誌，是全國人民的共同願望。這可以從如下四個方面進行具體分析：

依法治國是實行市場經濟的客觀要求

依據馬克思主義的基本原理，上層建築最終是由經濟基礎決定，並必須也必然為經濟基礎服務。中國現在實行的市場經濟，既為依法治國提供了現實的經濟條件，也為實行這一方針提出了客觀要求。社會主義市場經濟同中國古代的自給自足的自然經濟和中國曾經實行過的計劃經濟相比較，它和法律制度的相互關係，有着根本的區別。市場經濟只能是法治經濟。市場經濟的本質特點和內在規律必然要求以法治國。

與生產力水平低下和社會分工不發達相適應的自然經濟，其經濟活動特點是自給自足。這種經濟活動的單一性，決定了複雜與完備的經濟法律規範沒有產生的客觀條件和需求。這種經濟關係通過和運用宗法倫理、道德規範和傳統習慣就完全可以調整和維繫。自然經濟條件下的農民在政治上也不可能提出民主與法治的要求，而必然把自己和家庭的命運寄希望於國家出現少數明君賢相。計劃經濟是建立在經濟主體之間具有隸屬關係、其特殊的物質利益被忽略、經濟自身的價值規律、競爭規律等不被尊重的行政經濟，維繫這種經濟關係的主要方法是行政手段。在計劃經濟體制下，由於經濟權力的高度集中以及伴隨而來的政治權力的高度集中，計劃就是法律，法律手段本身也喪失了獨立的品格，其作用是十分有限的。因此，計劃經濟在本質上不是「不是權利經濟」而是「權力經濟」，它內在地、本能地要求人治而不是法治。

市場經濟是一種以交換為基礎的經濟形式，一切經濟活動和行為都要遵循價值規律，各種生產要素都要作為商品進入市場，通過競爭機制和價格槓桿的作用，實現各主體之間的平等、自由的交易和各類資源的優化配置。市場經濟是建立在各經濟主體之間具有自主性和平等性並且承認其各自物質利益的基礎之上。利益主體多元化、經濟產權明晰化、運行機制競爭化、市場行為規範化、宏觀調控科學化是它的主要特徵。具有自主、平等、誠信、競爭等屬性的這種經濟形態，除了依賴經濟規律來運作，同時又主要依賴法律手段來維繫，它必然從客觀上要求法律的規範、引導、制約、保障和服務。社會主義市場經濟建立和完善的過程，實質上是經濟法制化的過程。具體表現在：1. 市場主體的資格、它們之間的平等地位，需要依法確立。市場主體多元化所產生的複雜的產權關係和產權的經常性的流動和重組，需要法律規則加以規範和明確。市場經濟的微觀基礎是政企分開、自主經營、自負盈虧的企業，企業是獨立的商品經營者。市場經濟條件下法律的主要任務之一，是確認和保護各類市場主體人格獨立，確認和保護他們意志的自由，確認和保護他們地位的平等。2. 市場主體行為，各主體在經營、交換中彼此的權利和義務需要法律的規範和保障。通過規定人們的法定權利和義務來調整社會關係，是法的一個基本特徵。市場經濟是一種權利經濟，是以權利為本位，企業的義務由其所享有的權利所派生。如果在計劃經濟體制下，經濟主體是義務主體，那麼在市場經濟體制下，經濟主體就應成為權利主體。市場經濟行為的自主性、平等性、競爭性、契約性，必然要求運用法律手段來規範和保障經濟主體在交換、經營中的權利義務關係，以維繫市場經濟的正常運行，保證意思自治、交易公平、競爭平等、經營正當。3. 統一的市場規則，有序的市場活動，需要依法確認和保障，以建立公正的市場法律秩序。優勝劣汰是市場經濟的客觀需要，也是它的自然法則。市場經濟作為競爭性的經濟形態，它在合法運作與公平競爭的同時，也會出現種種非法運作和不公平競爭，如投機倒把、坑蒙詐騙、假冒偽劣、權錢交易、地區封鎖、行業壟斷，以至行賄受賄等等，這些只有通過法律手段才能預防和消除。法的規範性、明確性、公開性、公正性、穩定性、權威性等特性，使法律在規範市場活動中具有其他手段都無法替代的功效。4. 健全的經濟宏觀調控系統需要法律的

建立、完善和保障。市場經濟具有自發性和盲目性的特點，這是其自身的弱點和消極面。當今世界各國的現代市場經濟，加強了國家對經濟的宏觀調控是其重要特點之一。以公有制為主體的社會主義市場經濟，在宏觀調控上有強大的物質基礎。它有必要也有可能運用宏觀調控來解決市場經濟的自發性和盲目性，以保持經濟總量的基本平穩，促進經濟結構的優化，調節好種種利益關係，引導國民經濟持續、快速、健康的發展。生態環境的有效保護，推動社會的全面進步。法律手段可以保證宏觀調控的客觀性、科學性和穩定性，這是行政手段難以做到的。5. 社會保障體系需要依靠法律手段建立和完善。市場經濟條件下的自由競爭，必然導致一些企業的破產和部分勞動者的失業，兩極分化的趨勢也不可完全避免。因此建立社會保障體系，包括醫療保險、養老保險、失業保險、工傷保險等制度，以保障勞動者的基本生活需要，減輕企業負擔，促進產業結構調整，提高企業競爭力，保障社會安定，都是十分重要的。這比計劃經濟條件下的社會保障體制情況複雜，也需要有法律手段調整。

此外，對外開放是中國的一項既定國策。在今天世界經濟一體化的趨勢和格局下，中國的經濟必須參與國際大循環，必須成為國際市場的組成部分，必須擴大對外貿易，引進先進技術和國外資金，開展科技文化的廣泛交流。這就要求我們一定要有健全的法律制度，要求我們的法律按國際經貿和民商事領域的國際慣例和國際通行的規則辦事，運用行政手段無濟於事的。

依法治國是建設民主政治的基本條件

民主與法制是密切聯繫在一起的。概括地說，民主是法制的前提和基礎，法制是民主的確認和保障。在中國，國家的一切權力屬人民，政府的一切權力都是人民所賦予，人民的各種經濟、政治、文化以及人身人格權利應當得到充分的保障。在現代，通過法律保障人民主權原則的實現，已成定理。在中國，十二億人民怎麼當家做主呢，絕不可能人人都去執掌政權，而只能通過自由公正的選舉產生政權機關，代表人民行使權力。為了保證這種權力的行使能符合人民的利益，根本的辦法就是通過制訂和實施體現人民意志和利益、符合社會發展規律的法律，

並保證這種法律具有極大的權威，來確保政府為人民服務，為公眾謀利益。在這種情況下，政權機構嚴格依法辦事，就是體現了人民當家做主。

在國家和社會生活中，人民的主人翁地位，公民的各種權利，沒有完備的具有極大權威的法律予以全面確認和切實保障，是根本靠不住的。十年文革的悲劇就充分說明了這一點。

當時，人代會有十年之久沒有召開，憲法這一根本大法成了一張廢紙，廣大人民群眾的各種權利遭到踐踏是必然的結局。鑒於這一教訓，鄧小平同志十分重視運用法律手段來保護公民的民主權利，他提出：「為了保障人民民主，必須加強法制。必須使民主制度化、法律化，使這種制度和法律不因領導人的改變而改變，不因領導人的看法和注意力的改變而改變。」[1] 在法制健全的條件下，公民權利的行使，可以得到有效的保障；公民的權利如果遭到侵犯，也可以得到有效的救濟。

權力不受制約，必然腐敗；絕對的權力，絕對的腐敗。這是一條鐵的規律。因此，國家的權力必須受制約。首先，國家權力要受法律的制約。人民通過憲法和法律分別賦予各類國家機關以立法權、行政權、司法權、監督權等等，這既是一種「授權」，即國家權力的獲得有了合法性；同時，這也是一種「限權」，即國家機構只能在憲法和法律賦予它的範圍和限度內行使自己的權力，超越權限行使權力就是違法。可以設想，如果沒有健全的法制，不通過法律對國家機構的權限加以設定，它就可能擁有絕對的無限的權力而使人民遭殃。其次，是以權力制約權力。中國的公檢法三機關的相互合作與制約，就是一種比較好的完整的權力相互制約的機制。立法、行政與司法機關相互之間，各機構內外、上下、左右之間，都應建立某種權力相互制約機制。再次，是以權利制約權力。公民可以通過自己所應享有的選舉權、參政權、議政權、罷免權、監督權，來開展對國家政權機關行使權力的監督，其形式和渠道是多種多樣的。這後兩種制約也需要通過法律加以制度化、規範化。建立強有力的監督機制是建設法治社會的重要一環，是以權力制約權力和以

1.《鄧小平文選》第 2 卷（北京：人民出版社，1994 年），146 頁。

權利制約權力的基本形式。現在，中國這樣的法律監督體系正在建立與健全的過程中。它包括權力機關的監督、執政黨與民主黨派的監督、政協和其他社會團體的監督，國家專門機關（檢察系統、行政監察系統、審計系統等）的監督，廣大群眾和新聞輿論的監督，以及國家機構內部和上下左右的相互監督。完善這一監督體系，是防止權力濫用，政府腐敗，幹部變質最有效的辦法和出路之一。

　　社會主義民主政治建設的關鍵，是加強和改善黨的領導。實行依法治國是加強特別是改善黨的領導的根本途徑和可靠保障。只有依法治國，才能克服和消除「以黨治國」的弊端。對於後者，鄧小平同志早在1941年〈黨與抗日民主政權〉一文中就已作出了最深刻的說明。他指出：「有的同志誤解了黨的領導，把黨的領導解釋為『黨權高於一切』，遇事干涉政府工作，隨便改變上級政府的法令，不經過行政手續，隨便調動在政權中工作的幹部，有些地方沒有黨的通知，政府法令行不通，形成政權系統中的混亂現象。甚至有把『黨權高於一切』發展成為『黨員高於一切』者，黨員可以為非作歹，黨員犯法可以寬恕……結果群眾認為政府是不中用的，一切要決定於共產黨，政府一切法令都是共產黨的法令，政府一切錯誤都是共產黨的錯誤，政府沒有威信，黨也脫離了群眾。這實在是最大的蠢笨。」鄧小平這段十分精闢的論述，今天仍有現實意義。改變這種狀況的辦法，就是要徹底改變黨政不分，以黨代政的弊端，充分發展社會主義民主，善於把黨的政策與主張通過嚴格的民主程序變為法律而上升為國家意志，治理國家由主要依靠政策轉變到主要依靠法律。總之，就是實行以法治國。

依法治國是人類社會文明的重要標誌

　　在中外歷史上，從字源看，「法」字一出現就具有正義、公正等含義。中國古代，「法」字象徵一種可以判明是非曲直和正義與否的獨角獸。西方古代，人們就已經把法看作是一手拿寶劍，一手拿天平的正義之神。法並不是階級鬥爭的產物，而是根源於人類社會生活本身所始終存在的主要矛盾，包括個人與社會（含個人與他人、個人與群體）、秩

序與自由的矛盾。法作為一種普遍性的社會規範；它的產生和存在，正是為了合理解決這些矛盾，使其和諧與協調，從而維護社會正義，推動社會進步。法的階級性並不是法的本質，而是法的本質的異化。法應當是平等地屬人類社會的每一個人，是人類共同創造的文明成果，是人們希冀運用它來促進物質文明與精神文明的進步而為全人類的共同利益服務的工具。每一歷史時代，法的內容與形式以及法的精神，都同該時代的物質文明與精神文明息息相關，密不可分，彼此適應，是該時代人類文明發展水平的綜合性標尺。一部由低級狀態向高級狀態演變的法律制度和思想史，是整個人類文明由低級狀態向高級狀態發展歷史的一個縮影。當然，理想和現實是有矛盾的。在階級社會中，法律往往為在經濟上因而也在政治上佔統治或優勢地位的階級所利用，為其狹隘的一己的私利服務。但是，我們既是現實主義者，也是理想主義者，如果我們不承認法律應是平等地屬全人類，應是人類的共同財富和平等地對待每一個人，我們又有什麼根據和理由，去批判奴隸制和封建制法律的不合理性，去批判當代諸如前南非種族主義法律的非正義性呢？

法制文明是屬制度文明的範疇。中國現代化事業的宏偉目標，是建設一個富強、民主、文明的社會主義國家。這裏所說的「富強」，即物質文明，是指社會生產力發展水平的極大提高和人民物質生活需求的極大滿足。「文明」是特指精神文明，包括社會文化教育科技事業的高度發展和人們文化科學與思想道德水準的極大提高。這裏所說的「民主」，從廣義上說，包括法治在內。民主與法治是屬制度文明的範疇。在現今的歷史條件下，家長制、一言堂、搞特權、權大於法、政府權力不受任何制約，公民權利得不到有效保障，當然是不文明的。一個社會如果沒有法律，要麼專制主義盛行，要麼無政府主義猖獗，自然也是不文明的。

在物質文明和精神文明的建設中，法律有其特殊的功能。法律的制訂和實施，集中了人民的智慧，反映了人民的願望，較之個人獨斷專行無比優越。法律能反映事物的發展規律，少數人決定問題難免主觀臆斷。依法治國就可以保證兩個文明的建設高效而持續地得以發展。我們要剷除封建主義殘餘思想的影響，要抵制拜金主義、享樂主義的滲透，要消除腐朽生活方式的侵蝕，除了思想教育，法律應是最重要的手段。

依法治國是實現國家長治久安的根本保證

法治與人治的對立和論爭，在中外歷史上已經存在幾千年。作為一種治國的理論，兩者的對立與爭論主要是集中在這樣一個問題上，即國家的長治久安關鍵是要依靠：一、兩個好的領導人及其威望，還是主要應寄希望於建立一個有權威的良好的法律和制度。古希臘亞里士多德主張「法治優於一人之治」，他的老師柏拉圖卻認為，國家的治理好壞與長治久安主要是在是否有一個好的「哲學王」當政。這是兩種完全不同的看法。中國古代法家倡導以法治國，反對儒家的「為政在人，其人存則政舉，其人亡則政息」的人治主張，在理論上也是圍繞上述問題開展論爭的。歷史已經證明，在當時的具體條件下，法治主張代表了先進階級、階層和開明政治家改革社會的要求和願望，其法治優於人治的論據也是科學的、合理的。

在我們黨和國家的歷史上，對於這個問題的認識，曾經歷過一個曲折的過程。半個世紀前，毛澤東同志在延安回答黃炎培先生提出的共產黨在執掌全國政權後怎樣才能跳出「其興也勃焉，其亡也忽焉」的歷史周期率這一問題時，曾經正確地指出：「我們已經找到新路，我們能跳出這週期率。這條新路就是民主。只有讓人民來監督政府，政府才不敢鬆懈。只有人人起來負責，才不會人亡政息。」[2]建國後到1956年這一時期，民主與法制建設發展順利，成就顯著。但是由於國際與國內的複雜原因，自1957年後，「左」的指導思想與方針開始抬頭並愈演愈烈，因而，導致民主與法制不健全，終於成為十年文革這場歷史性悲劇得以發生和發展的根本條件。當時，法治思想削弱，人治思想上升，突出表現在1958年8月在北戴河召開的協作區主任會議上。毛澤東說，公安法院也在整風，法律這個東西沒有也不行，但我們有我們這一套，還是「馬青天」那一套好，調查研究，就地解決問題。毛澤東還說，不能靠法律治多數人。民法刑法那麼多條誰記得了。憲法是我參加制定的，我也記不得。韓非子是講法制的，後來儒家是講人治的。我們的各種規章制度，大多數、百分之九十是司局搞的，我們基本上不靠那些，主要靠決議，開會，一年搞四次，不靠民法、刑法來維持秩序。人民

---

2. 黃炎培：《延安歸來》（重慶：國訊書店，1945年）。

代表大會、國務院開會有他們那一套，我們還是靠我們那一套。劉少奇提出，到底是法治還是人治？看來實際靠人，法律只能作為辦事的參考。[3]

　　1978 年黨的十一屆三中全會以來，鄧小平同志總結了國際和國內正反兩方面的經驗教訓，就如何才能保證國家的長治久安和興旺發達，發表了一系列精闢的見解和科學的論斷。他在 1978 年 8 月〈黨和國家領導制度的改革〉這篇極為重要的講話中指出：「我們過去發生的各種錯誤，固然與某些領導人的思想、作風有關，但是組織制度和工作制度方面的問題更重要。這方面的制度好可以使壞人無法任意橫行，制度不好可以使好人無法充分做好事，甚至會走向反面。即使像毛澤東同志這樣偉大的人物，也受到一些不好制度的嚴重影響，以致對黨對國家對他個人都造成了很大的不幸。」他接著指出，由於毛澤東同志「沒有在實際上解決領導制度問題以及其他一些原因，仍然導致了『文化大革命』的十年浩劫。這個教訓是極其深刻的。不是說個人沒有責任，而是說領導制度、組織制度問題更帶有根本性、全域性、穩定性和長期性。」[4]鄧小平同志在不同場合和從不同角度曾一再反對和批判那種把一個國家的前途和命運寄託在一兩個人的威望之上的人治思想。如 1988 年他說「我有一個觀點，如果一個黨、一個國家把希望寄託在一兩個人的威望上，並不很健康。那樣，只要這個人一有變動，就會出現不穩定。」[5]1988 年又強調：「一個國家的命運建立在一兩個人的聲望上面，是很不健康的，是很危險的，不出事沒問題，一出事就不可收拾。」[6]不久，他又指出：「我歷來不主張誇大一個人的作用，這樣是危險的、難以為繼的。把一個國家，一個黨的穩定建立在一兩個人的威望上，是靠不住的，很容易出問題。所以要搞退休制。」[7]他在回答一意大利記者的問題時指出，我們今後可以防止文革悲劇重演，辦法就是「認真建

---

3. 轉引自全國人大常委會辦公廳研究室編著：《人民代表大會制度建設四十年》（北京：中國民主法制出版社，1991 年），102 頁。

4. 《鄧小平選集》第 2 卷（北京：人民出版社，1994 年），333 頁。

5. 《鄧小平選集》第 3 卷（北京：人民出版社，1994 年），272-273 頁。

6. 同上註，311 頁。

7. 同上註，325 頁。

立社會主義的民主制度和社會主義法制」。[8] 這是鄧小平同志關於健全民主與法制的理論基礎和指導思想，是他的民主與法制思想的精髓和靈魂。這是一個在國際共產主義運動史上，在理論與實踐兩方面都長期沒有能夠解決的問題，是鄧小平同志科學地深刻地作了回答。很顯然，如果這一指導思想不明確，所謂發展民主與健全法制就只能是一句空話。

早在 1988 年 9 月 26 日，剛剛上任的江澤民總書記在中外記者招待會上就曾鄭重宣佈和莊嚴承諾：「我們絕不能以黨代政，也絕不能以黨代法。這也是新聞界講的究竟是人治還是法治的問題，我想我們一定要遵循法治的方針。」今年 2 月 8 日，在中共中央舉辦的「中央領導同志法制講座」上，他又指出：「加強社會主義法制建設，依法治國，是鄧小平同志建設有中國特色社會主義理論的重要組成部分，是我們黨和政府管理國家和社會事務的重要方針。」今年 3 月召開的八屆人大四次會議通過的一系列重要文件，又以國家最高權力機關的名義，明確確定了「依法治國，建設社會主義法制國家」這一根本方針和奮鬥目標。它標誌着中國實行依法治國進入了一個新的發展階段。如果我們能夠沿着這一正確方向和道路堅定不移地走下去，把中國建設成為一個「富強、民主、文明的社會主義國家」這一宏偉目標和理想，是一定可以實現的。

後記：原載於《人大工作通訊》1996 年第 11 期。1997 年 9 月中共十五大報告對依法治國的重大意義作了如下概括：「依法治國，是黨領導人民治理國家的基本方略，是發展社會主義市場經濟的客觀需要，是社會文明進步的重要標誌，是國家長治久安的重要保障。」這四條同本章所作的概括是相同的。其中「黨領導人民治理國家的基本方略」實際上講的也是民主政治。

8.《鄧小平選集》第 2 卷（北京：人民出版社，1994 年），348 頁。

第十三章

依法治國的里程碑

* 原載於《人民日報》1999 年 4 月 6 日理論版。本章是應《人民日報》編輯之約,為闡述「依法治國,建設社會主義法治國家」的治國方略和奮鬥目標寫入憲法而作。該報還為本章的發表寫了「編者按」。

第九屆全國人民代表大會第二次會議經過充分的民主討論和審議，莊嚴地通過了根據中共中央的修憲建議並由全國人大常委會提出的憲法修正案。這次修憲共六條，主要內容是：在序言中肯定了「鄧小平理論」的指導地位，在總綱的有關條款中規定「國家在社會主義初級階段，堅持公有制為主體、多種所有制經濟共同發展的基本經濟制度，堅持按勞分配為主體、多種分配方式並存的分配制度」，「在法律規定範圍內的個體經濟和私營經濟等非公有制經濟，是社會主義市場經濟的重要組成部分」，「農村集體經濟組織實行家庭承包經營為基礎、統分結合的雙層經營體制」，「中華人民共和國實行依法治國，建設社會主義法治國家」等等。鄧小平理論是馬克思主義同當代中國實踐和時代特徵相結合的產物。二十年來中國在經濟、政治、文化各個領域所取得的舉世公認的成就同它的正確輔導分不開。這次修憲將鄧小平理論確立為我們國家的指導思想？是未來繼續堅持改革開放和勝利實現社會主義現代化的重要保證。這次修憲在經濟方面所涉及的幾項基本的和重要的制度，是多年來探索的成功經驗。現在用憲法這一國家根本大法的形式將它們肯定下來，將保證其長期穩定和進一步改革與完善，以不斷促進社會生產力的發展和人民生活水平的提高。在這裏，我着重就「依法治國方略的形成過程，它的科學內涵和重要意義以及社會主義法治國家的主要標誌談談個人的看法。」

　　在中國，實行「依法治國，建設社會主義法治國家」，是一個長久的歷史性過程。它的起點是 1978 年黨的十一屆三中全會的召開。建國後，由於各種複雜的原因，中國的民主與法制建設，曾走過一條很曲折的道路，既取得了一定的成就，也有過重大挫折，特別是經歷了十年「文革」的浩劫。鄧小平同志總結了國內與國際的歷史經驗，提出了發展社會主義民主與健全社會主義法制的方針。20 年來，在這一方針的指引下，中國的民主與法制建設已經取得舉世矚目的成就。

依法治國，建設社會主義法治國家，是鄧小平理論的重要組成部分。雖然在小平同志的著作中沒有用過「依法治國」和「法治國家」這樣的提法，但是他對如何才能保證國家的長治久安，作了最全面最深刻的闡述，從而為實行依法治國的方針，奠定了堅實的理論基礎。他提出的健全社會主義法制的一整套原則，為我們確立建設社會主義法治國家的奮鬥目標，勾畫出了一幅準確、完整和清晰的藍圖。

　　為什麼要加強社會主義民主法制建設了怎樣才能保證國家的長治久安？鄧小平同志說：「我們過去發生的各種錯誤，固然與某些領導人的思想、作風有關，但是組織制度，工作制度方面的問題更重要。這些方面的制度好可以使壞人無法任意橫行，制度不好可以使好人無法充分做好事，甚至會走向反面。即使像毛澤東同志這樣偉大的人物，也受到一些不好制度的嚴重影響，以至對黨對國家對他個人都造成了很大的不幸。我們今天再不健全社會主義制度，人們就會說，為什麼資本主義制度所能解決的問題，社會主義制度反而不能解決呢？這種比較方法雖然不全面，但是我們不能因此而不加以重視。斯大林嚴重破壞社會主義法制，毛澤東同志就說過，這樣的事件在英、法、美這樣的西方國家不可能發生。他雖然認識到這一點，但是由於沒有在實際上解決領導制度問題以及其他一些原因，仍然導致了『文化大革命』的十年浩劫。這個教訓是極其深刻的。不是說個人沒有責任，而是領導制度、組織制度問題更帶有根本性、全域性、穩定性和長期性。這種制度問題，關係到黨和國家是否改變顏色，必須引起全黨的高度重視。」這一思想和理論，後來他曾反覆加以闡明和強調。例如，他在回答意大利一位記者提出的「如何避免類似『文化大革命』那樣的錯誤」這一問題時說：「現在我們要認真建立社會主義的民主制度和社會主義法制。只有這樣，才能解決問題。」1988 年前後，他曾多次指出：「我歷來不主張誇大一人的作用，這樣是危險的、難以為繼的。把一個國家、一個黨的穩定建立在一兩個人的威望上，是靠不住的，很容易出問題。」這是鄧小平同志關於健全民主與法制的理論基礎和指導思想，是他的民主與法制思想的精髓和靈魂。這是一個在國際共運史上，在理論與實踐兩方面都長期沒有能夠解決的問題，是小平同志科學地深刻地作了回答。很顯然，如果這一指導思想不明確，發展民主與健全法制的任務是難以實現的，其結果不可能是實行法治，而只能是實行人治。

鄧小平同志在上述這一治國理論和指導思想的基礎上，對發展社會主義民主與健全社會主義法制提出了一整套原理、原則和要求。他指出：「沒有民主，就沒有社會主義，就沒有社會主義現代化。」要通過改革，克服「官僚主義現象、權力過分集中現象、家長制現象、幹部領導職務終身制現象和形形色色的特權現象」。他提出：「搞四個現代化一定要有兩手，只有一手是不行的。所謂兩手，即一手抓建設，一手抓法制。」健全社會主義法制的基本要求是：「有法可依，有法必依，執法必嚴，違法必究。」他強調要維護法律的穩定性和權威性，要貫徹法律平等原則和司法獨立原則，「必須使民主制度化、法律化，使這種制度和法律不因領導人的改變而改變，不因領導人的看法和注意力的改變而改變」。「公民在法律和制度面前人人平等」，「不管誰犯了法，都要由公安機關依法偵查，司法機關依法處理，任何人都不許干擾法律的實施，任何犯了法的人都不能逍遙法外」。「黨要管黨內紀律的問題，法律範圍的問題應該由國家和政府管。黨干預太多，不利於在全體人民中樹立法制觀念。」

鄧小平同志在談政治體制改革時，曾經指出：「要通過改革，處理好法治和人治的關係，處理好黨和政府的關係。」在這裏，他把處理好法治與人治的關係問題，放到了政治體制改革的主要的和關鍵性的地位。從小平同志有關必須健全社會主義法制的理論闡述以及他提出的一整套健全法制的要求和原則可以清楚看出，他是堅持倡導法治的。1978年以後，法學界和政治學界曾經就法治與人治問題開展過一場大討論，出現過三種截然對立的觀點，即：要法治，不要人治；法治與人治應當結合；法治（依法治國或以法治國）概念不科學、同「法制」概念沒有什麼區別，應當拋棄。雖然經過長期的討論和爭鳴，「要法治不要人治」的主張得到了愈來愈多的人的認同，但是在廣大幹部中對法治概念和依法治國的口號和方針仍然存在有這樣那樣的看法和疑慮。這就要求中央新一代領導集體根據中國經濟、政治和文化現實條件的變化和實踐經驗的積累，進一步豐富和發展鄧小平同志有關民主與法制的理論。

多年來，中央領導同志十分重視和強調要依法治國。例如，江澤民同志 1989 年 9 月 26 日在中外記者招待會上曾鄭重宣佈：「我們絕不能以黨代政，也絕不能以黨代法。這也是新聞界講的究竟是人治還是法治的問題，我想我們一定要遵循法治的方針。」李鵬同志 1994 年給

《中國法學》雜誌的題辭是：「以法治國，依法行政」。這是代表新一代中央領導的莊嚴承諾。特別是近兩年中央作出的「依法治國，建設社會主義法治國家」的重大決策，已引起全國的普遍關注和擁護。1996年2月8日，江澤民同志在中共中央法制講座上發表了《堅持實行依法治國，保證國家長治久安》的重要講話。同年3月八屆人大四次會議的一系列文件，包括《國民經濟和社會發展「九五」計劃和2010年遠景目標綱要》，已經鄭重地將「依法治國」作為一項根本方針和奮鬥目標確定下來。尤其是1997年9月黨的十五大報告，對依法治國方針的科學含義、重大意義和戰略地位，作了全面的深刻的闡述；第一次提出「法治國家」的概念，並將其作為建設有中國特色的社會主義政治的重要內容；對建設社會主義法治國家今後一個時期內突出需要解決的一系列重大問題，作了全面的規定；並鄭重地將這一治國方略和奮鬥目標記載在黨的綱領性文件中。這次修改憲法，又將這一治國方略和奮鬥目標通過國家的根本大法予以認可和保障，成為全國人民的共同意志和行動準則。這是以江澤民同志為首的黨中央對鄧小平理論的運用、豐富和發展。它標誌着中國實行依法治國進入了一個新的發展階段，是建設社會主義法治國家這一歷史性進程中一個非常重要的新的里程碑。

依法治國是國家長治久安的重要保證，這已為古今中外的歷史經驗所證明。在現時代，它還同市場經濟、民主政治和精神文明建設密切相關。

計劃經濟的經濟主體之間具有隸屬關係，其應有的物質利益被忽視，經濟自身的價值規律、競爭規律等不被尊重，維繫這種經濟關係的主要方法是行政手段。在這種體制下，由於經濟權力的高度集中，法律手段的作用是十分有限的。因此計劃經濟內在地要求人治而不是法治。市場經濟是一種以交換為基礎的經濟形式，一切經濟活動和行為都要遵循價值規律，各種生產要素都要作為商品進入市場，通過競爭機制和價格槓桿的作用，實現各主體之間的平等、自由的交易和各類資源的優化配置。它是建立在各經濟主體之間具有自主性和平等性並且承認其各自物質利益的基礎之上。具有自主、平等、誠信、競爭等屬性的這種經濟形態，除了依賴經濟規律來運作，同時又主要依賴法律手段來維繫，它必然從客觀上要求法律的規範、引導、制約、保障和服務。可見，市場經濟內在地要求「法治」而不是「人治」。

現代民主的實現必須依靠法治作保障。在中國，人民是國家的主人，但是 11 億人民不可能人人都去執掌政權，而只能通過民主選舉產生政權機關，代表人民行使權力。為了保證這種權力的行使能符合人民的利益，根本的辦法就是通過制訂和實施體現人民意志和利益、符合社會發展規律的法律，並保證這種法律具有極大的權威，來確保政府為人民服務。在這種情況下，政權機構制訂良好的法律並嚴格依法辦事，就是按人民的利益和意志辦事，就是從根本上體現了並能保障人民當家做主。否則，國家機關及其工作人員就有可能認為自己是可以按個人的認識、願望、意見和主張任意處理各種問題的，自己的權力是無限的，是可以不按民主程序辦事的，就有可能濫用權力，使「公僕」蛻變為「主人」。同時，在國家和社會生活中，公民的各種權利、權力的民主配置、民主程序和民主方法等等，如果沒有完備和良好的具有極大權威的法律予以全面確認和切實保障，是根本靠不住的。十年「文革」的悲劇就充分說明了這一點。當時，人代會有十年之久沒有召開，憲法這一根本大法成了一張廢紙，民主和法制不健全終於成了「文革」浩劫之所以能夠發生和發展的根本原因。在法制健全的條件下，公民權利的行使，可以得到有效的保障；公民的權利如果遭到侵犯，也可以得到有效的救濟。

　　依法治國是社會文明進步的重要標誌，也是精神文明建設的重要保證。在中外歷史上，「法」字一出現就具有正義、公正等含義。法存在的合理性，根源於人類社會生活本身始終存在的三個主要矛盾，即：個人與社會的矛盾、秩序與自由的矛盾、權威與服從的矛盾。如果人類社會沒有法這種調整社會關係的行為準則，社會正義必將難以維護，社會自身的發展和存在都成問題。每一歷史時代，法的內容與形式以及法的精神，都同該時代的物質文明與精神文明息息相關，密不可分，彼此適應，是該時代人類文明發展水平的綜合性標尺。一部由低級狀態向高級狀態演變的法律制度和思想史，是整個人類文明由低級狀態向高級狀態發展歷史的一個縮影。民主與法制是屬制度文明的範疇。在當今的歷史條件下，家長制、一言堂、搞特權、權大於法、政府權力不受法律任何制約，公民權利得不到法律有效保障，當然是不文明的。一個社會如果沒有法律，要麼專制主義盛行，要麼無政府主義猖獗，自然也是不文明的。同時，法律作為一種認識與改造世界的手段，可以保證教育、科學、文化建設能夠迅速、穩定、協調、持久地得到發展。由於法律與道

德的相互滲透與作用，通過立法和執法可以促進社會主義思想與道德觀念的建立、發展與傳播。

依法治國，建設社會主義法治國家，是一個不可分割的整體。從廣義上講，「依法治國」包括「建設法治國家」在內。但從狹義上講，兩者又有一定區別。依法治國是一項治國的戰略方針，建設社會主義法治國家則是一項治國的戰略目標。它不是一個空洞的抽象的概念。社會主義法治國家作為現代社會一種最先進最文明的國家模式和政治法律制度類型，應具有一系列基本的原則和要求。根據人類的共同經驗和中國的具體國情，可以將它們概括為如下十項：

一是法制完備。要求建立一個門類齊全（一張「疏而不漏的法網」）、結構嚴謹（如部門法劃分合理，法的效力等級明晰，實體法與程序法配套）、內部和諧（不能彼此矛盾與相互重複）、體例科學（如概念、邏輯清晰；法的名稱規範；生效日期、公佈方式合理）、協調發展（如法與政策、法與改革協調一致等）的法律體系。有法可依是實行依法治國的前提。黨的十五大提出，我們應在 2010 年建立起社會主義法律體系，任務仍然艱巨。

二是主權在民。要求法律應體現人民的意志和利益；法制應以民主的政治體制為基礎；並實現民主的法制化（民主權利的切實保障、國家政治權力的民主配置、民主程序的公正嚴明、民主方法的科學合理等）和法制的民主化。立法、司法，執法等法制環節要民主。主權在民是主權在君的對立物，是現代民主的核心和基礎，因而也應是現代法治的靈魂。在一個政治不民主的社會裏，不可能建立起現代法治國家，而民主的法制化與法制的民主化則是主權在民原則在現代法律制度中的具體實現與展開。

三是人權保障。人權是人作為人依其自然的和社會的本性所應當享有的權利。其內容包括人身人格權、政治權利與自由以及經濟社會文化權利。人權是人的尊嚴和價值的集中體現，是人的需求和幸福的綜合反映。否認人在社會中應當享有本屬他自己的權利，就是否認他的做人的資格，使人不成其為人。人不是為國家與法律而存在，而是國家與法律為人而存在。法律主要是通過規範所設定的權利與義務來保障和調整各法律主體的利益。權利與義務問題實際上是一個人權問題，法律權利是人權的法律化。全面地、充分地實現和保障人權，是現代法律的根本

目的。黨的十五大報告提出，我們應「尊重和保障人權」，具有非常重要的意義。

　　四是權利制衡。在公法領域，權利和義務主要表現為職權和職責。「衡」指權力平衡，執政黨與國家機構之間、政府與社會組織、企事業組織之間、領導個人與領導集體之間、中央與地方之間，應按分權與權力不可過份集中的原則，對權力推合理配置。「制」指權力制約。其主要內容是以國家法律制約國家權力以公民權利（如公民的參政權，議政權，檢舉、批評、罷免權，新聞、出現自由權等等）制約國家權力；以國家權力制約國家權力（如立法、行政、司法權之間、公檢法之間的權力制約以及檢察、監察、審計等方面的監督）；以及以社會權力（如政黨、社會團體、行業組織的權力）制約國家權力，來達到防止和消除越權與不按程序辦事等權力濫用和權錢交易、假公濟私、徇情枉法等權力腐敗現象。依照黨的十五大報告的要求，建立與健全「民主監督」體系，是一項重要而長遠的任務。

　　五是法律平等。包括分配平等和程序平等。實體法應體現與保障社會共同創造的物質的與精神的財富在全體社會成員中進行公平分配。程序法應體現與保障法律面前人人平等，在民事、刑事、行政籌訴訟活動中，原告與被告雙方訴訟地位平等和適用法律一律平等。適用法律平等包括對任何人無論其受保護或受懲處都適用同一法律規則、不因其性別、民族、財產狀況、社會地位和宗教信仰等的差異而有區別。為此，我們必須堅決反對各種特權思想和特權人物，並消除執法與司法中的腐敗現象。

　　六是法律至上。指法律應具有至高無上的權威。法律至上不是說法律不能修改。它是指憲法和法被制訂出來後，在尚未修改之前，任何組織特別是任何個人都必須切實遵守。法律至上同人民意志和利益至上不僅不矛盾，而且是它的體現和保障。國家沒有體現人民意志和利益的法律，這種法律沒有至高無上的權威，人民意志和利益至上是無從體現和保障的。法律至上原則適用幹所有組織和個人，但其核心思想與基本精神是反對少數領導者個人權威至上、權大於法。在我們這樣一個家長制傳統和習慣根深蒂固的國家，實現法律至上原則的任務是很艱巨的。

　　七是依法行政。為了適應現代經濟、科技、政治與社會生活的日益發展迅速與複雜多變，國家的行政職能有擴大趨勢。它必須迅速決策

與行動，必須實行首長負責制，故而同立法機關相比較，行政部門較易違法。行政機關同行政行為相對人之間是一種管理者與被管理者的關係，這也容易使行政機關遵守法律更為困難。在中國，大約有80%左右的法律法規，需要通過行政機關去具體貫徹實施。因此依法行政是法治國家的一個重要標誌。依法行政要求一切抽象的與具體的行政行為都要遵循法律。它需要通過進一步健全行政法制建設，建立和強化內外監督機制，並採取教育的、行政的各種手段才能逐步實現。

八是司法獨立。它建立在近代分權理論的基礎上，是權力分立與互相制衡的制度安排與設計，其成效已為一百多年來的實踐所充分證明。它本身並非目的，其作用在保證司法機關審理案件做到客觀、公正、廉潔、高效，同時防止國家權力過分集中於某一機構或某一部分人之手而濫用權力，並對行政權起制衡功能，如司法機關對行政機關的司法審查。實現這一體制，需要建立內部與外部的有效監督機制，提高審判人員素質、完善科學的司法組織與程序，杜絕來自外界的任何組織與個人的非法干擾。在由計劃經濟向市場經濟的轉變過程中，在各方面利益配置發生劇變的情況下，諸如權錢交易、地方保護主義等腐敗現象勢必造成司法獨立的衝擊。這些都需要在很長時期裏花大力氣才能解決的問題。

九是程序正當。法律程序是法的生命存在形式。如果法的制訂和法的實施沒有一定過程、規矩、規則，這樣的社會將充滿立法者和執法者的恣意妄為。公正的法律程序體現立法、司法、執法等國家權力的科學配置和程序約束，也體現公民權利在程序申應有的保障。同時，司法機關也需要有科學的辦案程序才能作出正確的判決與裁定。程序正當包括：民主、公開、公正、嚴明。違反立法程序和司法程序的法律、法規或判決、裁定不應具有法律效力。

十是黨要守法。在中國，作為執政黨的中國共產黨應當領導人民制訂和實施法律；在法治建設過程中執政黨要總攬全域，協調各方。這是法治國家建設沿着社會主義方向前進、一切法律能夠體現全體人民的意志與利益的根本保證。但是，黨組織必須在憲法和法律的範圍內活動，不能以黨代政、以黨代法。黨的政策是黨的主張，國家法律是黨的主張與人民意志的統一。執政黨政策只有通過國家權力機關的嚴格的民主程序被採納，才能上升成為國家意志變為法律。由於我們黨是處於執

政黨的地位，過去黨內不少同志長期存在不大重視依法辦事的傳統和習慣，因此強調黨要守法是十分重要的。

　　堅持實行依法治國，建設社會主義法治國家，是我們的國家和人民曾經付出沉重代價而得出的一條基本經驗，是國家繁榮昌盛、人民富裕幸福的必由之路。它的實現涉及一系列觀念的更新和制度的變革，其深度和廣度都是前所未有的，因而是一項艱巨的長期的歷史任務。憲法是治國安邦的總章程，是國家立法的基礎，是一切國家機關和武裝力量、各政黨和各社會團體都必須遵守的根本活動準則。這次修改憲法用國家根本大法將依法治國方略確定下來，必將有力地推進建設社會主義法治國家的歷史性進程。

第十四章

現代法的精神論綱

* 本章是作者為 1995 年 7 月在台北市舉行的「海峽兩岸社會問題研討會」提交的論文，
後刊登在《法學》雜誌 1997 年第 6 期。《新華文摘》1997 年第 10 期全文轉載。「法的
精神」的概念可參見作者〈法的應然與實然〉、〈法的內容與形式〉(《法律科學》1997
年第 3 期)。作為一個法理學上的概念，「法的精神」的提出只是近幾年的事情。1994
年 8 月部分法理學專家 (包括作者在內) 在大連市召開的研討會第一次提出這一命題
並對現代法的精神的內容作了初步探討。但「法的精神」這一概念的基本的內涵是什
麼？它同法的內容與形式是什麼關係？它在法理學體系中如何定位？迄今尚無其他學者
論及。

法的精神的一般特徵

　　法的內容，法的形式和法的精神，是構成法的三個基本要素。如果說，法的內容是法的骨骼和血肉，法的形式是法的結構和外表，那麼，法的精神就是法的神經中樞和靈魂。

　　法的精神似乎看不見，摸不着，但它是客觀存在的。它集中體現在法的內容上，同時在法的形式上也有體現。有時候，人們自覺地運用法的精神去觀察與解釋法律現象，去指導法的制訂與實施；有時候，人們則是不自覺地在法學研究和立法與司法實踐中運用它。

　　法的精神集中反映在立法旨意和法律原則中，無論是封建專制主義的君主「一言立法，一言廢法」，還是寡頭政治的極少數決策者的制訂法律，總會這樣那樣地表現出該國家的立法旨意，反映出該時代的法的精神。現時代，在代議制民主的立法活動中的法律辯論，往往集中在對法的精神的不同理解與處理上，有時候還通過立法者的「法律說明」等方式，用文字的形式表現出該國該時代的法的精神。在以憲法為核心，以民法，刑法，行政法，訴訟法等法律為主體的法的體系中，一系列法律原則則集中體現出一個國家一個時期法的精神。

　　法的精神這一概念的內涵與外延，是十分豐富和寬泛的。人們可以從不同層面和不同角度運用它。但是它的中心思想或主要內容涉及五個方面的問題，並需正確處理這五個方面的關係：(1) 法律與人類的關係；(2) 個人與社會的關係；(3) 利益與正義的關係；(4) 效率與公平的關係；(5) 權利與義務的關係。所謂法的精神，就是法律應和是否在處理上述五個基本的關係上，作出既符合事物的本性和規律，又體現人類一定歷史發展階段的時代精神的正確選擇。

　　正確處理法律與人類的關係，是法的精神應當回答與解決的主要問題。第一，法律的內容與形式要正確反映它所需要調整的各種社會關

係的發展規律和現實要求，也要正確反映法律自身的性質與特點。但是，法是人制訂的，也要人去實施它。因而立法者和執法者能否使法的制訂與實施適合客觀事物的性質與規律，就具有決定性意義。第二，法律應是人類用以認識與改造世界的武器，法律不應成為奴役人、壓迫人的工具。第三，為全人類或人類絕大多數人謀取最大利益和幸福，應是法的終極目的。這就是法律的人本精神。法的人本精神是法的最高層次的法的精神。

　　法是聯結個人與社會的重要紐帶。正確處理個人與社會的關係，是法的精神應當回答與解決的根本問題。個人是組成社會的細胞，謀求與保障社會上每個人的利益是組成社會和國家的終極目的。調動每個人的主動性、積極性和創造性，是整個社會發展的基礎與前提。但是個人不能脫離社會而獨立存在，保障社會的整體利益是個人利益實現的基本條件。因此，在個人與社會的利益與道德衝突中作出合理的兼顧與平衡，得到個人與社會的和諧存在與協調發展，是法的精神的重要內容與原則。正確處理社會秩序與個人自由，社會安全與個人權利的關係，都是屬個人與社會相互關係這一範疇，是它的具體表現和展開。

　　利益與正義是法的最普遍，最深層的本質。法是社會關係的調整器。人們之間錯綜複雜的社會關係，包括個人與個人之間，群體與群體之間，個人、群體與社會之間的關係，本質上是一種利益關係。以權利與義務為形式，以正義為基本道德準則，實現人們的利益需要和合理分配，是全部法存在與活動的軸心。滿足人們的物質生活和精神生活追求，使人們的基本需求 —— 利益與正義能夠彼此兼顧和得到最大限度的實現，並在它們相互矛盾時使其協調發展，是法的重要的基本的使命。

　　效率與公平是法的體系中兩個重要的價值。法以自身的特殊性質和社會功能，通過對人們行為的指引和社會關係的調整，一方面促進社會經濟、政治、文化、科技的發展；另一方面，又保障社會公平的實現。效率與公平在一般情況下是相互作用的，在特殊情況下又是互相制約的。從總體上看，應當是效率優先，兼顧公平。因為，只有全社會創造出更多的物質財富與精神財富，人們彼此之間才能在更高的水平上得到公正的合理的分配。

權利與義務是法的最基本的範疇，是構成法律關係的內容。無論是一般法律關係還是具體法律關係，都是法律關係主體彼此之間一種權利義務關係。在一般情況下，權利與義務是不可分的；在特定條件下，權利與義務又是可分的。在權利與義務的關係中，從價值取向看，應當以權利為本位，即以權利為出發點和歸宿，以權利為重心和主導；權利是目的，義務是手段；義務的設定，目的在保障權利的實現。這是因為，人們生活在相互依存的社會中，建立國家與創制法律的目的在於保障人們的各種利益的需要和滿足，「人們奮鬥所爭取的一切，都同他們的利益有關」；人們對利益的追求，「是一切創造性活動的源泉和動力」。

　　法的精神根源於它所調整的各種關係自身的規律和法律自身的特性，同時又受不同歷史時代和不同國家的經濟、政治、文化的現實條件的決定、影響與制約。因此，它是共性與個性的統一，也是一個動態的概念；不同的時代，有不同時代的法的精神。古代法的精神和現代法的精神是有很大區別的。凡是體現客觀事物的一般規律和法律本性，符合那個時代經濟、政治、文化的現實條件，又促進了那個時代的物質文明、精神文明與制度文明的發展的法的精神，就是正確的和進步的。反之，則不是。

　　法的精神既是客觀的，又是主觀的。其客觀性是指，它有自身的性質、特點和發展規律，也真實地、具體地存在於一定國家和一定歷史時期的法律制度中，而不以人們怎樣認識它和如何評價它為轉移。其主觀性是指，在制訂法律和實施法律過程中，人們的理論、思想和認識能力起着重要的作用。盡量使主觀與客觀相一致，是保證法的精神科學與進步的重要條件，也是法律工作者、政治家和學者們的重要任務。

　　法的精神既是應然的，也是實然的。法的精神的應然性決定於法調整對象的一般規律和法自身的特殊本質。例如法應當以人為中心，應當是為人類謀幸福的工具；個人與社會不應絕對分離與截然對立；利益與道德都是人類不可或缺的需要與追求；效率與公平必須兼顧與協調；權利義務應當以權利為本位。法體現正義，法要求平等，是法之所以為法的必然要求。所有這些都具有超時空的性質。法的精神的實然性則受時空的限定。它受制於一定歷史發展階段和一國具體國情的政治、經濟、文化等客觀條件（其中經濟的發展水平與制度性質具有決定性影響），也受制於人們的倫理觀念與認識能力。在某些條件下與範圍內，

法的精神的應然性與實然性完全背離，這就是法的精神的異化。在古代，奴隸制把人作為工具可以任意買賣；封建制「輕視人，蔑視人，使人不成其為人」；在近代，這種現象在個別國度與某個時期或一定程度上依然殘存，就是例證。

現代法的精神的價值取向

現代法的精神與古代法的精神相區別的根本條件是市場經濟、民主政治與理性文化。東西方之間由於在上述社會條件的三個基本方面有共同點，因而其現代法的精神的價值取向有它們的一致性。同時，由於文化背景、歷史傳統與具體國情不同，東西方之間現代法的精神又具有多樣性，有時會呈現相反而又相成的面貌。

在法與人的關係上，現代法的人本主義（我賦予這一概念以人文主義、人道主義大體相同的含義）精神已經或正在實現中，法的應然與實然的人本精神正由古代法的異化而逐步實現復歸。一切從人出發，把人作為一切觀念、行為與制度的主體，尊重人的價值與尊嚴，實現人的解放和全面發展，保障所有人的平等、自由與人權，提高所有人的物質生活與精神生活水準，已經或正在成為現代法律的終極關懷，成為現代法制文明的主要標誌，成為現代法律創制與實施的重要特徵，成為推動法制改革的巨大動力。法的工具性價值與倫理性價值，已經或正在得到雙重尊重，法由奴役人和壓迫人的工具，已經或正在改變成為全人類謀幸福的手段。這一法的根本價值取向，正在成為愈來愈多的人的共識。世界上絕大多數國家和地區，儘管理性認識有高有低，道路方法有同有異，措施力度有大有小，實際進步有快有慢，但都已走上或正在走向這一現代法制文明的發展大道。

在歷史傳統上，東西方法的精神既有共性，也有特性。西方思想與制度史上，經歷過由神性到人性、由君權到民權、由神權到人權的漫長而曲折的發展過程。文藝復興時期人文主義的興起與傳播，在世界範圍內發生過巨大的影響。但不能因此得出結論或產生誤解，以為中國歷史上沒有人文主義、人道主義傳統。中國古代的「民之所欲，天必從之」、「仁者愛人」、「民貴君輕」、「愛人利人者，天必福之，惡人賊人

者，天必禍之」、「水可載舟，亦可覆舟」、「人為萬物之靈」、「己所不欲，勿施於人」，一直到「法乃天下之公器」，要以「天下之法」取代「桎梏天下人之手足」的「一家之法」等等，源遠流長。中國文化傳統中重人、愛人、以人為本的特點，在中國法的精神中起過重大的積極作用；其內容之豐富，在世界文明發展史上也是不多見的。我們首先要繼承與發揚自己國家歷史上具有民主性與人民性精華的人本主義優良傳統，同時也重視借鑒與吸取其他國家一切具有科學成分與進步因素的人文主義的歷史財富，來為建設中國的現代法制文明服務。

市場經濟是現代法的人本主義精神賴以存在與發展的主要社會基礎和巨大推動力量。發展市場經濟的根本目的和意義在於，它通過對價值規律與競爭機制的運用，以更快地促進經濟、科技與文化的發展，以更好地實現人們的物質生活的滿足與精神生活的充實。現代市場經濟的特性在於，市場主體獨立自主，契約自由，進行等價交換，堅持公平誠信原則，這就可以大大培養與增進人們的主體意識、權利意識、自由思想與平等觀念。市場經濟與計劃經濟相比較，社會關係還將發生各種重大變化，如實現從身份到契約的轉變，改變「大國家、小社會」的狀況，形成利益多元與文化多元的格局。以上所有這些，都將大大有利於促進對人性的認同、對人格的尊重、對人道的肯定、對人權的保障。

在個人與社會的關係上，東西方歷史文化的差異，對現代法制也有重要的影響。西方古代有相對發達的簡單商品經濟，以民營為主要特點；加之城邦國家的分立、交往與融合，對個人地位的肯定，對個人權利的保障，比較重視；公民意識也比較發達。中國古代不同，自給自足的農業自然經濟佔據統治地位，雖有簡單商品經濟的存在，但以官商為主要特點。它重家國，崇宗法。此種情況一直延續了幾千年。這就產生了兩方面的結果：一是重視國家的整體利益，重視民族的團結凝聚，因而運用整體力量的優勢，創造了偉大的文明。一是個人不能獲得自主與自由、個人的地位與權利得不到應有的承認與保護，因而極大地束縛了生產力的發展與社會關係的改革。這正反兩個方面傳統對現代中國法制建設都有影響。揚其所長，棄其所短，有利於個人與社會得到和諧的發展。

在經濟體制轉型過程中，依據市場經濟的客觀要求，我們正在尋求個人與社會更好的和諧存在與協調發展，並為此對政策的側重點作出

重要的調整。過去運用整體力量的優勢，曾經取得了科技、教育、文化及社會權利保障等諸多方面的重大成就；但是由於歷史文化背景的負面影響，執政黨的特殊歷史經歷以及經濟與政治體制中權力的過度集中，也存在重視個人權益保障不夠的弊端，因而已經或正在採取一系列措施來解決這一問題，包括在保障社會秩序的同時，着重加強對個人自由的保護；在保障社會安全的同時，着重加強對個人權利的保護。在建立市場經濟法律法系中，固然是以權利保障為其出發點；在眾多公法領域也如此。以正在醞釀修改的《刑事訴訟法》為例，諸如，收容審查制度的否定、無罪推定原則的肯定、律師的提前介入、庭審方式的改革、類推制度的存廢、非法證據的處理、免予起訴制度是否合理等等，都在研討之中。這些都同加強個人權利保障有關。

利益與正義關係的處理，在中外歷史上都是一個富有爭議的問題。西方法理學三大主流派，特別是自然法學派與社會法學派（受功利主義學說影響很大）的論爭，是同這個問題密切相關的。前者強調正義，後者強調利益。它們的興衰起伏，都有特定的社會歷史條件為其背景。中國古代「利義」之爭中，儒家主張重義輕利，法家則主張重利輕義；但墨子（「兼相愛，交相利」）和荀子（「義與利者，人之所兩有也」）卻傾向兩者並重。實際上，中國歷史上佔據主導地位的是儒家的主張。從孔夫子的「君子喻於義，小人喻於利」，到朱熹的「存天理、減人欲」，不僅支配過古代人們的思想與行為的模式，也影響到現代。這都有其發生作用的社會經濟、政治與文化條件。實行市場經濟以來，人們既感受到了在物質上帶來的重大好處，也看到了在道德領域誘發的種種消極現象，從而引起了廣大公民、官員與學者的普遍關注和意見分歧。在建立市場經濟法律體系及完善司法與執法體制中，如何使利義兩者協調一致與和諧發展，大家的認識是比較一致的，也正在採取措施予以解決。然而對政策側重點的選擇，人們的看法仍然有距離。這同效率與公平的關係問題又是密切相關的。

效率與公平同自由與平等，有一定區別，又有內在聯繫。在全球範圍內，這都是政策與法律論爭的一個焦點。美國是自由主義佔上風的國家，但兩黨政策分歧的重點還是這個老問題。瑞典是福利國家的典型。它的社會學家強調福利政策還要強化，而經濟學家則持批判態度。原因在西方個人自由不缺，而社會平等過少，問題成堆。工業發達國家

日益走向福利國家,這是總趨勢,是人類文明進步的一個重要表現。與此趨勢有所不同,中國大陸執政黨早已把經濟建設作為中心任務,「十四大」又把「效率優先,兼顧公平」,寫進了正式文件。這裏的現實情況是,「平等」過頭,走向了平均主義;自由過少,束縛了各方面的手腳。改革開放一系列政策和措施,用一句話可以概括,就是「鬆綁」,給地方、企業、事業單位和個人以更多的自由,藉以調動各方面的積極性、主動性和創造性,加快物質文明與精神文明建設。這也符合生產力的提高是人類社會各方面進步與發展的最終決定性力量的原理。

權利與義務的關係問題,在西方並非熱點。儘管現今世界是一個權利的時代,對權利的研究分析為學者所普遍關注。但權利與義務的相互關係問題在實踐中並不十分突出。近代西方的工業與政治革命已完成由義務本位向權利本位的轉化,近幾十年又已實現或正在實現由個人權利本位向「個人——社會權利本位」的轉變。中國情況有所不同。近幾年來,大陸學者中主張權利本位論、義務重心論、權利義務並重論的三種觀點進行了熱烈的討論。但是有兩個因素和事態發展強有力地支持了權利本位論。一是市場經濟模式得到了人們廣泛的認同和支持,而市場經濟法律自然要以權利的設定與保障作為出發點和落腳點。二是人權理論與觀念的肯定與深入研究。法律權利實際上就是人權,雖然在某些具體法律關係中的權利義務並不完全屬人權的範疇。人權理論中一系列基本原理,諸如:任何人都應享有人權;人權依其本義是一種基於人的價值與尊嚴所應當享有的權利,不是任何外界所恩賜;權利產生權力,權力作為手段是為保障人權服務的等等,都為權利本位觀提供了堅實的理論依據。在立法與司法實踐中,如何以權利為重心而不是以「管理」「義務」為重點,是一個亟待進一步解決的問題。

我曾給人權下過兩個定義:一是「人權是人作為人依其自然的和社會的屬性所應當享有的權利」。二是「人權是受一定倫理道德所支持和認可的人應當享有的各種權益」。據我個人對人權概念的內涵與外延的理解,本章所涉及的問題都是人權問題,或與人權問題密切相關。人權的實現程度是人類文明進步的綜合性標尺。「享有充分的人權,是長期以來人類追求的理想。」人權是個「偉大的名詞」,是無數仁人志士矢志不渝地為此而努力奮鬥的崇高目標。即將到來的 21 世紀是一個和平與發展的時代,也是一個人權受到空前關注與尊重的時代。促進與保障

人權的充分實現，是各國政府的神聖職責，也是人人都應參與的無上光榮的事業。

　　無論是在自然界、人類社會或人們的思想中，差異、矛盾、衝突與鬥爭是始終存在的。但是，萬事萬物又都處於一個統一體中而彼此一致、相依、共存與和諧。國家與國家之間要和平共處，民族與民族之間要凝聚團結，群體與群體之間要誠信相處，個人與個人之間要友愛相待，我們這個世界才會變得更美好。真善美與假醜惡是對立的，鬥爭不可避免也十分必要。但鬥爭只是手段，並不是目的。況且，矛盾與衝突還可以更多地經過溝通、協商、互諒、互讓等各種形式來解決。相依、和諧、共榮，既是萬事萬物發展的原動力，是它們的理想存在狀態，也是處理本章所涉及的種種問題的總的指導原則。通過人們的共同的長期的努力，建設一個人的全面解放、人的全面自由發展、人的需要全面滿足、人人平等與共同富裕、制度和文化多姿多彩的大同世界這一人類理想，是一定能夠實現的。

第十五章
法的人本主義

馬克思主義哲學應當由辯證唯物論、唯物辯證法、唯物歷史觀和人本價值觀四個主要部分構成。「以人為本」屬價值觀範疇，就像對立統一規律是辯證法的根本規律一樣，以人為本是馬克思主義價值觀的根本原理與原則。

　　西方歷史上有人本主義、人文主義。早在古希臘，普羅泰戈拉就提出了「人是世間萬物的尺度」。[1] 西歐人文主義者倡導人性高於神性，人道高於神道，人權高於神權，民權高於君權，是他們為人類文明作出的最大貢獻。中國歷史上也有人本主義、民本主義。如「民可近，不可下；民惟邦本，本固邦寧」。[2]「民為貴，社稷次之，君為輕。」[3]「君者舟也，庶人者水也，水則載舟，水則覆舟。」[4] 當時它們都具有進步意義。今天我們講以人為本，是人類歷史上人本主義的繼承與發展，是當代人類文明發展中有關這一命題各種進步理念的高度概括和理論昇華，因而具有更為豐富、深刻、文明的科學內涵與時代精神。

　　我們今天講以人為本，也是對馬克思主義的繼承與發展。馬克思、恩格斯曾明確提出，他們理論的「出發點是從事實際活動的人」。[5]「人是人的最高本質」「人的根本就是人本身」[6]；「人就是人的世界，就是國家、社會。」[7] 無產階級不但要解放自己，還要解放全人類。由於

1. 參見周輔成主編：《西方倫理學名著選輯》上卷（北京：商務印書館，1996 年），27 頁。

2.《尚書・五子之歌》。

3.《孟子・盡心下》。

4.《荀子・王制》。

5.《馬克思恩格斯選集》第 1 卷（北京：人民出版社，1995 年），73 頁。

6. 同上註，9 頁。

7. 同上註，1 頁。

過去經濟體制僵化政治體制權力過分集中，以及以階級鬥爭為綱的思想與政治路線，我們曾在一個很長時期裏偏離了原來的理想。

和諧社會與法治國家相互依存與促進，是理想社會的兩個基本特徵。兩者的構建都應當以「以人為本」作為核心的價值觀。因為人類社會的一切主義、政策、法律、制度等等，都應當從人出發，都是為人而存在的，都是為人服務的。

現代以人為本豐富而深刻的科學內涵，具體表現為以下十點。從這些科學內涵可以清楚看出，始終堅持與切實實現「以人為本」的原理和原則，是現代人權保障和法律制度的根基，是實現社會公平正義、建設社會主義法治國家最根本的保證。依據「以人為本」的科學內涵指導社會主義法治建設可以將其概括為「法的人本主義」或「人本法律觀」。

第一，人的價值高於一切。世界上最寶貴的事物就是人自己。世界上萬事萬物都不能和人自身的價值相比。英國著名思想家莫爾說過：「世界上沒有一樣值錢的東西像我們的性命那樣寶貴。」[8]胡錦濤總書記也強調：「人的生命是最寶貴的。中國是社會主義國家，我們的發展不能以犧牲精神文明為代價，不能以犧牲生態環境為代價，更不能以犧牲人的生命為代價。」[9]以人為本同「以物為本」相對立。我們現在說，保險重保命，救災先救人；處理劫機事件，乘客安全要緊；發展經濟科技，生產安全第一。這些都是很有現實意義的。在中國汶川大地震的搶險救災中，對人的生命的高度關愛，就深深地感動了全中國乃至全世界的廣大人民群眾。隨着經濟的迅猛發展，中國近些年來礦難嚴重，事故不斷發生，已經引起各級領導和廣大群眾的高度關注，已到不能再容忍和非扼制不可的地步，並正在採取各種有力措施予以解決。又比如死刑，就和如何看待人的價值有關。在中國，大量減少死刑是學術界的共識。毛主席也一貫主張要「慎殺」、「少殺」。他曾說，韭菜割了長得出來，腦袋掉了就長不出來了。近年來，死刑核准權收歸最高人民法院管轄，死刑案件二審必須開庭，是符合這一進步思想潮流的。還有，最近提出的「寬嚴相濟」的刑事政策，也同以人為本有關。總不能不分對

---

8. 參見〔英〕托馬斯·莫爾著，戴鎦齡譯：《烏托邦》（北京：商務印書館，1982年版）。

9. 參見〈胡錦濤在中共中央政治局第三十次集體學習時的講話〉，《人民日報》2006年3月29日。

象、時間、地點、條件，都一概強調「嚴打」。這不僅是不科學的，也是對人的生命、自由的不尊重。

第二，人是目的，不是手段。國際上，康德提出的這個命題和觀念，影響十分廣泛和深遠。他說：「人，總之一切理性動物，是作為目的的本身而存在的，並不是僅僅作為手段給某個意志任意使用的。」[10]實際上這也是馬克思主義的一個重要觀點。「不是國家制度製造人民，而是人民製造國家制度」，「在民主制中，不是人為法律而存在，而是法律為人而存在。」[11]社會上的一切制度、政策、法律的制訂和實施，都是為了人的需要，都不過是手段，人才是目的。我們不能把它們倒過來。比如說，我們搞群眾運動是合理的，但不能搞運動群眾！這種情況過去是存在的，像「文革」期間的做法，就是把人當作一種手段來使用。又比如說，我們要講意識形態，但不能什麼都意識形態化，不講實際效用。再比如，鄧小平同志提出的社會主義本質的三個內容，從終極的意義上看，發展生產力和以公有制為主體，都只是手段，實現共同富裕才是目的。現在有些地方搞「政績」工程，不能籠統地說不對，但有些人為了搞自己的「政績」、「面子」，連他人的生命、財產和安全都可以不顧了，這是十分錯誤的。

第三，人是發展的中心主體。這是最近一、二十年以來國際上非常流行的一個觀點，特別是聯合國通過的《發展權利宣言》和其他一系列國際人權文書中都有明確表述。這種發展，是經濟、政治、文化的全面發展，而人必須是發展的享有者，也必須是發展的參與者。《發展權利宣言》第1條指出，「發展權利是一項不可剝奪的人權，由於這種權利，每個人和所有各國人民均有權參與促進並享受經濟、社會、文化和政治發展，在這種發展中，所有人權和基本自由都能獲得充分實現」。第2條規定：「人是發展的主體，因此，人應成為發展權利的積極參與者和受益者。」在中國，以人為本是科學發展觀的重要內容，是它的本質和核心。黨的十六屆六中全會又將其概括為「發展為了人民、發展依

---

10. 參見北京大學哲學系外國哲學史教研室編譯：《西方哲學原著選讀》下卷（北京：商務印書館，1982年），317頁。

11. 轉引自武步雲：《馬克思主義法哲學引論序言》（西安：陝西人民出版社，1992年），3頁。

靠人民，發展成果由人民共享，促進人的全面發展」。應當牢固樹立人在發展中的主體地位，不能只見物不見人，不能為發展而發展。發展是手段，滿足人的需要，實現人的幸福才是目的。必須大力加強發展過程由人民共同參與的體制、必須大力加強發展成果由人民共同享有的體制，切實解決貧富差距過大問題。對此，中國的執政黨已經予以高度重視。黨的「十七大」報告提出，必須把解決好「三農」問題「始終作為全黨工作的重中之重」。農業、農村問題歸根到底是個農民問題；三農問題的核心實際上是九億多農民如何平等參與國家的發展和平等享受國家發展成果的問題。

第四，促進人的全面發展。經濟社會發展的最高目的是人的全面發展，這是馬克思主義的一貫立場。馬克思早在《資本論》中就已指出，人類社會發展的最高階段就是「以每一個個人的全面而自由的發展為基本原則的社會形式」。[12]中國執政黨從十六大以來在提出與闡釋「以人為本」這一核心價值觀時，也一再強調要促進人的全面發展。[13]人的德智體美技，即品德高尚、知識豐富、體魄健全、追求美好和技能優良，既是歷史發展與文明進步的力量源泉，又是人類生活幸福、美滿的主要追求。經濟社會發展的核心是人的全面發展，離開了人的發展就談不上社會的發展。應當克服那些重經濟發展輕人自身發展的片面認識。在堅持以經濟建設為中心的同時，應將促進人的全面發展提高到發展的戰略高度；在保證經濟增長速度和國家綜合實力提高的同時，應當認真貫徹落實執政黨十六屆三中全會提出的「構建現代國民教育體系和終身教育體系，建設學習型社會」的任務；應當逐步加大教育、文化、衛生、體育等事業的投入，並將各項政策惠及社會的每一個成員。

第五，崇尚和彰顯人性。為什麼古往今來人人都追求建立理想的法治國家與和諧社會？其理論根據之一就是源自人性。有人說「人權不是抽象的，是具體的」。也有人說，「民主不是抽象的，是具體的」。還有人說，「只有具體的人性，沒有抽象的人性」。這些觀點都是不正確

---

12. 參見馬克思：《資本論》第1卷（北京：人民出版社，2004年），683頁。

13. 例如江澤民同志指出，「我們要在發展社會主義物質文明和精神文明的基礎上，不斷推進人的全面發展」。參見〈在慶祝中國共產黨成立八十周年大會上的講話〉，載《江澤民文選》第3卷（北京：人民出版社，2006年）。

的。世界上的萬事萬物都是抽象和具體、一般和個別、共性和個性的辯證統一。不承認有一般的「人」，不承認有抽象的人性，人將不成其為人，也就不會有「人類」這一崇高的稱謂。正是基於十年「文革」的教訓年憲法在中國制憲史上第一次明確規定：「中華人民共和國的人格尊嚴不受侵犯。」自從執政黨提出「以人為本」的理念以來，在中國的立法、執法與司法中，人的人性、人格、人道和人的尊嚴，愈來愈受到尊重。現在我們翻開報紙，幾乎每天都能看到，各個地方和部門都在搞人性化管理。毛主席說，罪犯也是人，要把犯人當人看待。文革期間劉建章在秦城監獄被關押時，一天只許喝三杯水，他的夫人向周總理寫信，毛主席批示說：「這種法西斯式的審查方式是誰人規定的？」中國是《禁止酷刑和其他殘忍、不人道或有辱人格的待遇或處罰公約》的締約國，但有些地方刑訊逼供屢禁不止，非法證據排除規則的立法困難重重，這種現象的存在雖然原因很多，但同我們有些國家機關工作人員觀念落後肯定是分不開的。中國監獄管理部門近年來制訂和推行的一系列人性化管理措施，將標誌着中國的獄政建設文明水準提高到一個新的水平。

第六，堅持人的獨立自主。自由是人的一種本性，也是人的一種本質。人的思想自由和行為自由是人區別於動物的基本特徵，也是人能動地認識和創造世界的力量源泉。馬克思主義實際上是很重視自由的。西方有個記者曾問恩格斯，你能不能用一句話概括什麼是社會主義，恩格斯說，我願意用《共產黨宣言》裏的一句話來表達：我們理想的那個社會是一個「個人的自由是社會上一切人自由的條件」的聯合體。筆者認為，黨的十一屆三中全會以來我們所有的改革開放政策，可以用兩個字概括：「鬆綁」，即擴大地方、企事業單位和個人的自由度，以調動方方面面的積極性、主動性和創造性，為社會創造更多的物質財富和精神財富。實行市場經濟與對外開放 30 年來，我們在經濟領域所創造的世界奇跡[14]，主要應歸功於「自由」。人們企盼中國的政治文化取得更快更多的進步，也主要寄希望於擴大自由度，更好地營造一個既有民主又有集中，既有自由又有紀律的生動活潑的政治局面。

---

14. 中國改革開放 30 年（1978–2008）國內生產總值平均增長率為 9.8%，城鄉人均收入分別比 1978 年增長 40 倍和 30 倍。國內生產總值佔全球的比重由原來的 1% 上升到 5% 以上，對外貿易總額佔全球比重由不足 1% 上升到 8%。

第七，尊重人的首創精神。人是有理性的動物，能夠能動地認識世界和改造世界，這是人類同其他動物的根本區別所在。「人的類特性恰恰就是自由的自覺的活動。」「有意識的生命活動把人同動物的生命活動區別開來，正是由於這一點，人才是類存在物。」[15] 人類史同自然史的區別在於，它是人自己創造的。[16] 而人民群眾是社會實踐的主體，因而也是人類歷史與文明的創造者。我們並不否認不同時期不同國度英雄人物與社會精英的作用，但廣大人民群眾的積極性、主動性、創造性，是推動社會發展的決定性力量。我們應當堅持歷史唯物主義的基本立場，在一切社會實踐活動中尊重人的首創精神。自新中國建立，特別是進入改革開放新時代以來，從農村的改革到經濟特區的設置，在經濟、政治、文化、社會各個領域都出現無數第一個敢吃螃蟹的人，人民的首創精神，顯示出了巨大的活力和作用。各個領域的管理者，切不可認為自己什麼都比被管理者聰明，一切自以為是。必須善於發現與集中民智。真理面前人人平等。任何領導者切不可把自己說的每句話都當成金科玉律，不允許他人有任何質疑與商榷。

第八，權利優位於義務。在過去一個很長時間裏，我們不少人受封建主義歷史傳統觀念的影響把法律僅僅看成是一種工具。當官的是管老百姓的，用的手段是法律，法律是用來管老百姓的，老百姓只有遵守法律的義務，權利觀念長期以來都非常淡薄。但是在市場經濟條件下，我們必然也必須提倡權利優位於義務。計劃經濟是一種「權力」經濟，而市場經濟則是一種「權利」經濟。況且，人活在這個世界上，理應享受自己的各種權利。人類社會裏的各種主義、政策、法律和制度以及一切其他設施，歸根到底，都是為了實現和滿足人的需要與幸福。然而要享受權利就必須對社會對他人盡相應的義務，否則大家的權利都會享受不到。但義務是伴隨權利而來的，是第二位的東西。也正是在這個意義上，人們才常說，「法學就是權利之學」。正確認識和處理這個問題，在我們的立法和司法裏都是很有現實意義的。

第九，權利優位於權力。我們的法理學過去受西方一位學者的影響，把所有的法律都歸結於「權利和義務」這對基本範疇，把權力看作

15.《馬克思恩格斯全集》第 42 卷（北京：人民出版社，1982 年），96 頁。

16. 馬克思：《資本論》第 1 卷（北京：人民出版社，2004 年），429 頁注釋。

是權利的一部分。實際上，在私法領域，法律主要是調整自然人和法人之間的權利與義務的關係；在公法領域，主要是規範國家機構及其工作人員的職權和職責。

我們的法理學從來沒有這樣一章，專門研究國家的職權和職責這對基本範疇。很多國家工作人員對權力與權利的區別也不甚了解，甚至有些重要文件還多次出現過概念混淆。因此很有必要對此予以深入研究和廣為宣傳。筆者認為，國家權力和公民權利有以下八點區別：(1) 國家的職權與職責相對應在法律上兩者是統一的；公民的權利與義務相對應，兩者是分離的。(2) 國家權力不能轉讓或放棄否則就是違法或失職；公民的權利則可轉讓或放棄。(3) 國家權力伴隨着強制力，有關個人或組織必須服從；公民的權利在法律關係中則彼此處於平等的地位。(4) 國家權力的本質屬社會「權威」這一範疇，不能將其歸結為是一種利益；公民權利的本質則是利益。(5) 職權與職責，職責是本位的法律賦予某一國家工作人員以權力，首先意味着這是一種責任；公民的權利與義務，則應以權利為本位。(6) 對國家，法不授權不得為；對公民，法不禁止即自由。(7) 是公民的權利產生國家的權力而不是國家的權力產生公民的權利。(8) 國家權力是手段，公民權利是目的，國家權力是為實現公民權利服務的。清楚了解與深刻認識以上八點區別，對於正確樹立公民權利觀特別是國家權力觀，正確樹立「執政為民」和「執法為民」的理念和原則，是至關重要的。

第十，尊重和保障人權。尊重人、維護人的尊嚴，首先要尊重人的利益。馬克思曾說，人們通過鬥爭所要爭取的一切都和利益有關。黨的十六屆六中全會決議把必須堅持以人為本作為構建和諧社會六條原則的第一條，提出要「始終把最廣大人民的根本利益作為黨和國家一切工作的出發點和落腳點，實現好，維護好，發展好最廣大人民的根本利益」。以人為本而不尊重、維護與實現人的利益那就是一句空話。當然，這個利益是廣義的，不僅包括經濟、文化和社會的各種利益，還包括人的人身、人格利益和各種思想與行為自由。在現代的民主法治社會裏，人們的各種利益需求，就集中表現為人權。而且，人依據其人性和人的人格、尊嚴和價值所應當享有的權利，必須用法律明確、具體、詳細地加以規定，使之成為法律上的權利，這種應有權利才能得到最有效的保障。前面列舉的以人為本的九個方面的觀念、原則與政策，最終都

應當通過人權保障制度的完善得到體現與落實。而以人為本理念與原則的提出與實施，將成為中國人權保障制度堅實的理論基礎與推動力量。1993 年，筆者在江澤民同志提議撰寫的、由劉國光、汝信教授主編的《有中國特色的社會主義經濟、政治、文化》這本書裏曾寫道：「社會主義者應當是最進步的人道主義者，社會主義者也應當是最徹底的人權主義者」。最近基於筆者對以人為本的理解，還應在這兩句話的後面加一句：「社會主義者還應當是最堅定的人本主義者。」

從「以人為本」的以上十條科學內涵可以清楚看出，它應成為現代法律的最根本的價值準則。早在 1995 年，筆者在〈現代法的精神論綱〉一文中就已提出「現代法的人本主義」概念，指出「一切從人出發，把人作為一切觀念、行為和制度的主體，尊重人的價值與尊嚴，實現人的解放和全面發展，保障所有人的平等、自由與人權，提高所有人的物質生活與精神生活水準，已經或正在成為現代法律的終極關懷，成為現代法制文明的主要標誌，成為現代法律創制與實施的重要特徵，成為推動法制改革的巨大動力。」筆者在該文中也強調，「法的人本精神是法的最高層次的精神」。[17] 自 2003 年黨中央正式提出「以人為本」的科學概念以來，「以人為本」的理念在社會生活和法治建設中所起的巨大指導作用都可以並已經證明，筆者的上述判斷是正確的。

---

17. 參見李步雲：《論法治》（北京：社會科學文獻出版，2008 年），216、218 頁；又可參見李步雲：《憲政與中國》英文版（北京：法律出版社，2006 年），196 頁。

第十六章

法治國家的十條標準

西方所講「法治」，在中國官方文獻中通常被稱作為「依法治國」和「法治國家」。法治國家作為現代一種最進步的政治法律制度的目標模式，其基本標誌與要求是豐富、具體、確定的，而不應是一個模糊不清的概念。一些著名學者對此有各自的概括與表述。如英國憲法學家戴西認為，法治有三條標準，即法律具有至尊性，反對專制與特權，否定政府有廣泛的自由裁量權；法律面前人人平等，首相同郵差一樣要嚴格遵守法律；不是憲法賦予個人權利與自由，而是個人權利產生憲法。[1]美國學者富勒曾提出過法治的八項原則。它們是：法律的一般性、法律要公佈、法律不溯及既往、法律要明確、避免法律中的矛盾、法律不應要求不可能實現的事、法律要有穩定性、官方的行動要與法律一致。[2]1959年在印度新德里召開的國際法學家會議通過的《新德里宣言》則把法治原則歸結為四個方面。[3]

　　中國自 1979 年開始，學者們即已提出要實現現代法治並探討其主要標準。筆者當年發表的〈論以法治國〉一文提出的法治原則是三項：全面加強立法工作，盡快制訂出一套完備的法律，實現有法可依；所有國家機關和黨的各級組織，全體公職人員和公民都嚴格依法辦事；認真搞好黨政機關的分工與制約，切實保障司法機關的獨立性。[4]1996年2月8日，中國社會科學院法學研究所「依法治國」課題組為中共中央

---

1. 參見戴西著，雷賓南譯：《英憲精義》（北京：中國法制出版社，2001 年）。

2. 參見富勒著，鄭戈譯：《法律的道德性》（北京：商務印書館，2003 年）。

3. 那次會議的主要議題是法治，主題報告曾徵詢過 7,5000 名法學家及 30 個國家法學研究機構的意見。法治原則的四項內容主要是：（1）立法機關的職能是創造和維持個人尊嚴得以維護的各種條件，並使「人權宣言」的原則得以落實；（2）既要規範行政權力的濫用，也要有一個有效的政府維持法律秩序；（3）要求有正當的刑事程序，保護被告的辯護、公開審判等權利；（4）司法獨立與律師自由。

4. 參見李步雲、王德祥、陳春龍：〈論以法治國〉，載《法治與人治問題討論集》（北京：群眾出版社，1981 年）。1979 年 12 月 2 日，《光明日報》曾摘要發表該文。

政治局作法制講座，所提法治原則是五個方面。[5]1998 年 8 月 29 日我為全國人民代表大會常務委員會作《依法治國，建設社會主義法治國家》的法制講座，所提法治原則也歸結為五個方面。[6]1999 年 3 月，「依法治國，建設社會主義法治國家」被載入《中華人民共和國憲法》後，《人民日報》約我撰稿並發表了《依法治國的里程碑》一文。在此文中，筆者提出了法治國家的十條標準、原則與要求，[7]並認為，這樣歸納和表述，符合馬克思主義基本原理和中國國情，又比較全面、扼要、簡明，容易為廣大國家工作人員和公民所掌握。下面，簡要闡明這十條標準的科學內涵，以及中國目前尚待解決與完善的問題在哪裏。

法制完備

要求建立一個門類齊全（一張「疏而不漏的法網」）、結構嚴謹（如部門法劃分合理，法的效力等級明晰，實體法與程序法配套）、內部和諧（不能彼此矛盾與相互重複）、體例科學（如概念、邏輯清晰，法的名稱規範，生效日期、公佈方式合理）、協調發展（如法與政策、法與改革協調一致等）的法律體系，實現社會生活各個領域都有內容與形式完備、科學的法律可依。有法可依是實行依法治國的前提。在西方的法治概念中，通常沒有「法制完備」這一條。原因是，現代西方的法治國家的形成是一個長期的自然的發展過程，有法可依是一個不成問題的問題。中國的情況有所不同。我們曾在一個相當長的時期裏存在法律虛無主義傾向，以政策代法律、領導說的話就是法，這樣的觀念和做法曾盛行一時。因此，儘管「法制完備」這一條是實行依法治國最起碼的要求，但卻具有現實性和針對性。況且，所謂「法律體系」有它自身的要求。它表明，一國的法律規則千千萬萬，但並非是雜亂無章地拼湊在一起，而應是一個有機聯繫的統一整體。前面提出的「二十字」就是對法律體系基本特徵的概括。只有具備這五條，才能做到「法制完備」。現

---

5. 王家福、李步雲、劉海年等：〈論依法治國〉，《法學研究》1996 年第 2 期。

6. 參見曹建明：《在中南海和人民大會堂講法制》（北京：商務印書館，1999 年）。

7. 李步雲：〈依法治國的里程碑〉，《人民日報》（理論版），1999 年 4 月 6 日。

在的主要問題是兩個。一是執政黨提出，要在 2010 年建立起社會主義的法律體系。十屆全國人大提出的本屆立法規劃為 67 件（包括制訂與修改）尚未包括新聞法、出版法、結社法等重要法律在內。這些法律同政治體制改革關係十分密切，因而難度很大。二是在立法中如何避免部門保護主義傾向，如何正確處理好中央與地方的權限劃分與利益平衡，也是重要課題。

主權在民

要求法律應體現人民的意志和利益；法制應以民主的政治體制為基礎；並實現民主的法制化（民主權利的切實保障、國家政治權力的民主配置、民主程序的公正嚴明、民主方法的科學合理等）和法制的民主化（立法、司法、執法、護法等法制環節要民主）。主權在民是主權在君的對立物，是現代民主的核心和基礎，因而也應是現代法治的靈魂。在一個政治不民主的社會裏，不可能建立起現代化法治國家。法律的人民性是主權在民原則在現代法律制度中的集中體現，而民主的法制化與法制的民主化則是主權在民原則在現代法律制度中的具體實現與展開。現在的主要問題是，如何進一步提高法制民主化水平，如立法中的信息公開與民眾參與程度；司法中律師的作用以及檢務公開、審判公開、克服行政式管理模式，等等。

人權保障

人權是人作為人依其自然的和社會的本性所應當享有的權利。其內容包括人身人格權、政治權利與自由以及經濟社會文化權利。人權是人的尊嚴和價值的集中體現，是人的需求和幸福的綜合反映。否認人在社會中應當享有本屬他自己的權利，就是否認他的做人的資格，使人不成其為人。人不是為國家與法律而存在，而是國家與法律為人而存在。法律主要是通過規範所設定的權利與義務來保障和調整各法律主體的利益。權利與義務問題實際上是一個人權問題，法律權利是人權的法律化。全面地、充分地實現和保障人權，是現代法律的根本目的。這同

古代法律的作用與目的有原則區別。「專制制度的唯一原則就是輕視人類，使人不成其為人。」[8]2004 年，「國家尊重和保障人權」被規定在憲法中，從而，開闢了中國保障人權的新階段。當前及今後一個時期裏需要解決的主要問題是：提高農民尤其是貧困農民的生活水平；建立與完善社會保障制度；減少死刑；取消勞動教養制度；進一步完善對犯罪嫌疑人的權利保護；提高各級選舉的自由度；制定新聞、出版、結社、信息公開等法律；盡快批准加入《公民權利和政治權利國際公約》。

權力制衡

在公法領域，其核心範疇主要為職權和職責。「衡」指權力平衡，執政黨與國家機構之間，政府與社會組織、企事業組織之間，領導個人與領導集體之間，中央與地方之間，應按分權與權力不可過分集中的原則，對權力做合理配置。「制」指權力制約。其主要內容是以國家法律制約國家權力，以公民權利（如公民的參政權、議政權，檢舉、批評、罷免權，新聞、出版自由權等等）制約國家權力，以國家權力制約國家權力（如立法、行政、司法權之間，公檢法之間的權力制約以及檢察、監察、審計等方面的監督），以及以社會權力（如政黨、社會團體、行業組織的權力）制約國家權力，來達到防止和消除越權與不按程序辦事等權力濫用和權錢交易、假公濟私、徇情枉法等權力腐敗現象。這同封建專制主義政治體制下的古代法治是根本不同的。在古代，立法、行政、司法的權力都集中在君主和地方行政長官之手。在權力監督上中國雖然有禦史一類官職的設置，但在當時的政治體制下不可能充分發揮作用。至於以公民的權利制約國家的權力，則是根本不可能存在的。當前建立權力制約體系仍然需要全面加強。其中，建立以違憲審查為主要內容的憲法監督制度刻不容緩。這是中國憲法制度一大缺失，是未來提高憲法權威、監督政府權力的關鍵所在。

8.《馬克思恩格斯全集》第 1 卷（北京：人民出版社，1956 年），411 頁。

法律平等

　　包括分配平等和程序平等。實體法應體現與保障社會共同創造的物質與精神的財富在全體社會成員中進行公平分配。程序法應體現與保障法律面前人人平等，在民事、刑事、行政等訴訟活動中，原告與被告雙方訴訟地位和適用法律一律平等。適用法律平等包括對任何人無論其受保護或受懲處都適用同一法律規則，不因其性別、民族、財產狀況、社會地位和宗教信仰等等的差異而有區別。這和古代法治也有重大不同。在實體法的權利與義務的配置上，古代法治在經濟上政治上以維護奴隸制、農奴制和等級特權為依歸。程序法雖強調「法不阿貴」，但難以實現適用法律人人平等，「王子犯法，與庶民同罪」只能停留在法律的字面上。中國現在執法與司法中的腐敗現象仍然比較嚴重。辦人情案、關係案、金錢案是現在訴訟當事人難以享有平等權利保護的關鍵所在。

法律至上

　　指法律應具有至高無上的權威。法律至上不是說法律不能修改。這是兩個完全不同的問題。它是指憲法和法律被制定出來後，在尚未修改之前，任何組織特別是任何個人都必須切實遵守。法律至上同人民意志和利益至上不僅不矛盾，而且是它的體現和保障。國家沒有體現人民意志和利益的法律，這種法律沒有至高無上的權威，人民意志和利益至上是無從體現和保障的。法律至上原則適用於所有組織和個人，但其核心思想與基本精神是反對少數領導者個人權威至上、權大於法。在任何社會裏，影響法律權威的主要障礙是掌握國家權力的人往往不願意和不習慣按法律辦事，他們總是不喜歡用法律來束縛自己的手腳，這有人性與權力具有脆弱性和容易異化的深刻根源。中國長期以來影響和妨礙法律權威的主要因素是權大於法，也充分證明了這一點。古代法治的一個基本原則和標誌也是法律應具有極大的權威。管仲說：「君臣上下貴賤皆從法，此之謂大治。」[9] 然而，由於那時政治體制的歷史局限性，只

9.《管子‧經法》。

能是君權至上，法律至上不可能成為現實。當前克服權大於法的現象需要運用政治法律的多種手段方可解決。現在如何對各級國家機關、執政黨各級組織的「一把手」加強權力制約和監督力度，已經引起各方面的重視。

依法行政

有的西方學者認為法治就是指政府依法行政。這種歸納未免有失偏頗，但也足見其重要。為了適應現代經濟、科技、政治與社會生活的日益發展與複雜多變，國家的行政職能有擴大趨勢。它必須迅速決策與行動，必須實行首長負責制，故而同立法機關相比較，行政部門較易違法。司法機關具有中立性，它在訴訟兩者之間做出公正的裁決，不涉及自身的利益。行政機關同行政行為相對人之間是一種管理者與被管理者的關係，這也容易使行政機關遵守法律更為困難，而且國家法律的絕大多數都必須通過行政機關執行。在中國，大約有 80％左右的法律法規，需要通過行政機關去具體貫徹實施。每個公民幾乎天天要同行政機關打交道，其利益同行政措施息息相關。因此依法行政是法治國家的一個重要標誌。依法行政要求一切抽象與具體的行政行為都要遵循法律。古代也有廣義上的行政法，如官制。但以權力約束與權利保障為其特徵的現代行政法，則是近代以來的產物。它的出現反映了依法行政對於現代法治的重要地位與作用。2004 年，國務院做出了推進依法行政，建設法治政府的決定，內容全面，並爭取十年內實現這一目標。現在的關鍵是要下大力氣才能實現決定所提出的具體目標。

司法獨立

它是現代法治概念的基本要素之一，是一個具有普遍性的法治原則。它建立在近代分權理論的基礎上，是權力分立與互相制衡的制度安排與設計，其成效已為 100 多年來的實踐所充分證明。它本身並非目的，其作用在於保證司法機關審理案件做到客觀、公正、廉潔、高效，同時防止國家權力過分集中於某一機構或某一部分人之手而濫用權力，

並對立法權特別是行政權起制衡作用，後者如司法機關對行政機關的司法審查。實現這一體制，除需建立內部與外部的有效監督機制、提高審判人員素質、完善科學的司法組織與程序外，杜絕來自外界的任何組織與個人的非法干擾是決定性條件。在社會主義制度下，由於政黨制度的特殊性質和狀況，防止某些黨組織非法干涉法院的獨立審判成了特殊的難題。在由計劃經濟向市場經濟的轉變過程中，在各方面利益配置發生劇變的情況下，諸如權錢交易、地方保護主義等腐敗現象對司法獨立的衝擊，也是一個需要在很長時期裏花大力氣才能解決的問題。其中，修改現行憲法第 126 條是很必要的。因為「干涉」是個貶義詞。「行政機關」不能干涉，執政黨的各級組織、各級人大也不能「干涉」。為了克服地方保護主義，恢復以前曾經有過的「大區」法院的建制，可能是重要措施之一。

程序正當

　　法律程序是法的生命存在形式。在一種法律制度下，只有實體法而無程序法是不可想像的。如果法的制定和法的實施（適用與執行等）沒有一定過程、規矩、規則，這樣的法律制度將是僵死的，這樣的社會將充滿立法者和執法者的恣意妄為。公正的法律程序體現法律的正義。它既體現立法、執法、司法、護法等國家權力的科學配置和程序約束，也體現公民權利在程序中應有的保障。同時，程序正當也是科學地制定與實施法律的重要條件。就好比工廠需要有科學的生產規程才能生產出好的物質產品，司法機關也需要有科學的辦案程序才能做出正確的判決與裁定。十分重視法律程序的正當性，是西方法治社會一大特點。在中國重實體法、輕程序法的特殊歷史與現實條件下，將其列為法治國家的基本標誌之一是十分必要的。程序正當包括：民主、公開、公正、嚴明。明顯違反立法程序和司法程序的法律、法規或判決、裁定不應具有法律效力。中國現在的刑事、民事、行政三大訴訟法的修改已提上議事日程，通過法學家們的研討，促進決策部門將它們修改好，程序正當原則有望得到進一步落實。

黨要守法

近代以來的世界各國，通常是實行政黨政治。將政黨制度規定在憲法中或者制訂專門的法律來規範政黨的活動，這種情況雖然相對較少，但是政黨（特別是執政黨）的活動要受法律的嚴格約束則已成為習慣，否則選民就不會投票支持這樣的黨。在中國，作為執政黨的中國共產黨應當領導人民制訂和實施法律，在法治建設過程中執政黨要總攬全域，協調各方。但是，黨組織必須在憲法和法律的範圍內活動，不能以黨代政、以黨代法。這是在中國建設社會主義法治國家的關鍵一環。認為黨的優勢是建立在權力上，認為黨掌握的權力愈大愈集中甚至把國家權力機構只當作擺設，執政黨地位就愈鞏固，這種看法是不正確的。執政黨的政治優勢應當建立在群眾擁護上。那種認為執政黨的權力高於一切、執政黨可以凌駕於國家權力之上的看法也是不正確的。執政黨是國家的一部分。執政黨是在國家機構之內掌握領導權，而不是在國家機構之上或之外或完全撇開國家機構實施領導。那種認為執政黨的政策高於國家政策或代替國家法律的看法同樣是不正確的。黨的政策是黨的主張，國家法律是黨的主張與人民意志的統一。執政黨政策只有通過國家權力機關的嚴格的民主程序被採納，才能上升為國家意志並變為法律。現在的中央領導集體已經提出一系列進步的理論和方針，如「立黨為公，執政為民」、「情為民所系，權為民所用，利為民所謀」、「民主執政、科學執政、依法執政」、「以人為本」，建設「和諧社會」等。如果能夠依照這些原則與方針，制訂與落實改革執政方式的各種具體措施，真正做到「黨要守法」是完全可能的。

歸納起來，社會主義法治國家的以上十條標誌和要求中，前五條講的是需要有完備（前一項）而良好（後四項）的法律；後五條講的是法律要有極大的權威，任何組織和個人都要嚴格遵循。它們涉及一系列理論、觀念的更新和體制、制度的變革。要使其全面地切實地得到實現，是很不容易的，尤其是法律的實施。

法治國家需要建立在四個基礎上：一是政治基礎，即民主政治（包括人民代表大會制度、共產黨領導下的多黨合作制度、民族區域自治

制度、基層自治制度、民主監督制度等）；二是經濟基礎，即市場經濟（包括多種形式的公有制為主體的混合經濟、以按勞分配為主體的多種分配形式等）；三是思想基礎，即理性文化（包括先進的政治、法律理論，健全的民主、法律觀念，良好的政治、職業、社會道德，高度的科學、教育、文化水準等）。四是社會基礎，即和諧社會。目前，這四個基礎還不完全具備。而且法治國家的建設還需要有高度發達的經濟文化水平。因此，在中國要完全實現建立法治國家的目標還要經歷一個長久的過程。

但是，在中國建設法治國家這一理想一定會實現。這是因為：首先，民主、法治、人權、自由、平等、博愛是廣大人民群眾的根本利益和願望所在，而現在人民的政治覺悟已經大大提高；其次，市場經濟建設已不可逆轉，它必然帶來兩大社會關係和五大觀念的變化，為現代法治建設提供社會和思想基礎；再次，由國際經濟一體化所決定，中國實行對外開放政策已不可改變，這是建設現代法治的國際環境；又次，現在的執政黨的政治思想路線完全正確，這是實現現代法治的國內政治條件。從主觀上看，建設社會主義法治國家的快慢，將取決於政治家們的遠見卓識和膽略，取決於法律實務工作者的職業操守和良心，也取決於法學家們的獨立品格和勇氣。

第十七章

良法之「真善美」

* 原載於《人民日報》2015 年 5 月 25 日。

法律是治國之重器，良法是善治之前提，制訂良法是依法治國的基礎。全面推進依法治國，總目標是建設中國特色社會主義法治體系，建設社會主義法治國家。法治的最終目標是保護人民自由、平等、安全和權利，維護社會穩定。實現這些目標，基本前提是制訂良好的法律，確保制訂出來的法律符合社會發展規律、反映人民意願。法律良好是現代法治的本質要求，是社會主義法治的基本標誌。判斷一部法律是不是良法有多種標準，可以從真、善、美的角度來考察。

真：反映事物規律，符合時代精神，體現國情特點

　　良法之真首先要求其必須符合客觀規律。法律是社會關係的調節器，各種社會關係都有其自身性質和發展規律。作為人們行為準則的法律規範，如果不符合不尊重這種客觀存在的事物本質和發展規律，就不能發揮正常的法律調節功能，相反會阻礙社會進步。馬克思說，法律是人的行為本身必備的規律，法律只是在自由的無意識的自然規律變成有意識的國家法律時才起到真正法律的作用。例如，權力不受制約必然導致腐敗，這是不以人的意志為轉移的客觀規律。所以，法律要監督制約權力行使，把權力關進制度的籠子裏。一些法律也是基於對社會規律的把握制訂的。比如中國婚姻法之所以規定禁止近親結婚，也是出於尊重客觀規律，以達到優生優育的目的。

　　隨着社會變遷和人們對規律認識的深入，改革不適應生產力發展要求的生產關係和不適應經濟基礎的上層建築是必然的。在現代法治社會，這種改革也需要納入法治軌道，用法律來保障改革、促進改革。中國正處在全面深化改革的關鍵時期，應當注意將改革實踐中的成功經驗和有效做法及時用立法的形式固定下來，同時法治領域的很多問題也需要通過改革來解決。如此，才能保證法律真正體現事物自身性質和發展

規律。2011 年，中國特色社會主義法律體系形成。完善這一體系還需要綜合運用立、改、廢、釋多種立法形式，適應不同的立法需求和立法任務：變更制度，就要改法；規定過時的，就要廢法；有些新的問題需要制訂規範的，就要制訂法律；實踐中有理解偏差的，就要解釋法律。這是提高立法質量的重要方式。

良法之真要求其必須符合時代精神。時代精神反映一個時代人類社會發展變化的基本趨勢，符合人類共同利益和願望。中國的法治建設是同改革開放的時代精神和歷史進程相適應的。法治是現代社會治理的基本方式。推進治理體系和治理能力現代化，關鍵是以創新精神解決法治建設領域與改革發展不相適應、不相符合的問題，充分發揮法治的保障作用。當前，全面建成小康社會進入關鍵階段，改革進入攻堅期和深水區，黨面臨的提高執政能力和執政水平的任務還很艱巨。解決黨和國家事業發展面臨的一系列重大問題，迫切需要全面推進依法治國，從法治上為解決這些問題提供制度化方案，在法治上採取切實措施、邁出堅實步伐。

良法之真要求其必須從本國具體國情出發。法治是現代國家治國理政的基本方式，但由於各個國家的具體國情各異，經濟文化發展水平不同，民族、宗教、歷史情況等存在差異，法治的實現形式和過程會有很大區別。因此，法律的制訂必須符合本國具體國情，充分反映一個國家的實際需要，而絕不能照搬照抄別國模式。中國是擁有 13 多億人口的發展中社會主義大國，有自己的悠久歷史和獨特國情，決不可能指望用別國法律來指導自己發展。中國法治創造了中國特色社會主義法律體系，堅持黨的領導、人民當家作主、依法治國有機統一，強調依法治國、依法執政、依法行政共同推進，法治國家、法治政府、法治社會一體建設等等。這些都是中國法治道路具有獨特秉性的體現，也正是在這些符合中國國情的選擇上體現了良法之真。

善：符合人民利益，實現社會公正，保障促進發展

良法之善要求其必須符合廣大人民群眾根本利益。以民為本、立法為民是社會主義法治的精神追求。良法需要從人出發，尊重人的價值

與尊嚴，實現人的解放和全面發展，保障人的平等、自由與人權，提高人的物質生活與精神生活水準。以民為本成為現代法律的終極關懷和現代文明的主要標誌，成為現代法律創制與實施的重要特徵，成為推動法治改革的巨大動力。立法就需要牢牢把握以民為本，把一心為民作為根本指導方針，切實維護人民群眾合法權益，切實防止和糾正各種侵害群眾利益的現象。

良法之善要求其必須維護社會公平正義。公正是法治的生命線。實體法要切實達到發展成果由人民共享的目的，程序法必須體現法律面前人人平等的原則。無論是普通群眾還是領導幹部，法律面前人人平等，不得有超越於法律之外或者凌駕於法律之上的特權。公平正義的最終實現，要靠制度保障。必須堅持法治建設為了人民、依靠人民、造福人民，保護人民依法享有廣泛權利和自由、承擔應盡義務，維護社會公平正義，促進共同富裕。逐步建立以權利公平、機會公平、規則公平為主要內容的社會公平保障體系，營造公平公正的社會環境。

良法之善要求其必須保障和促進發展。法律具有倫理和工具的雙重價值。法治是社會文明的重要標誌，法律又是認識和改造世界的工具。法律能集中多數人的智慧，又能調動多數人的參與，從而更好推動黨和國家事業的發展。全面推進依法治國，就是要用好法治手段、法治方式，用法保證國家統一、法制統一、政令統一、市場統一，實現經濟發展、政治清明、文化昌盛、社會公正、生態良好。

美：宏觀結構嚴謹和諧，微觀結構要素完備，概念內容清晰無誤

良法之美要求法的宏觀結構嚴謹合理。法律制訂出來以後，其體系必須嚴謹、和諧、協調，各法律部門不能相互矛盾、抵觸和衝突。一國法律會涉及幾十個部門，包含成千上萬的法律規則，各種法律共同構成一個有機聯繫的統一整體，即「體系」。不能平面地、機械地看待法律體系，而應綜合研究國家法律應當有哪些法律部門，它們的劃分標準是什麼。法律體系還是一個立體的動態結構，即它的上下、左右、內外、前後應做到有機統一。下位法不能與上位法相抵觸與衝突。各部門

法之間界限應當清晰，不能相互矛盾，實體法與程序法不能彼此脫節。國內法與國際法在實體內容與程序規則上應銜接好，不能彼此矛盾。新法與舊法之間要做到不脫節，力求立一個新法的同時廢除或修改舊法或其中的有關條款，或者對其作出新的解釋。

良法之美要求法的微觀結構要素完備。每個法律規則、規範或每部法律應具備三個基本要素，即行為主體、行為內容和行為後果。也就是明確法律對什麼人適用，在什麼情況下適用，以及違反了法律有什麼樣的後果。中國在立法實踐中存在一些法律條文可操作性不強的問題，主要原因就是對行為後果的設定包括制裁或獎勵規定不明。應當深入推進科學立法、民主立法，增強法律法規的及時性、系統性、針對性、有效性，努力使法律立得住、行得通。

良法之美要求法律條文準確無誤。也就是法條涉及的概念和內容必須科學嚴謹，避免人們對該規則產生誤解。要使人們準確理解法律的內容和要求，嚴格按照法律辦事，就必須使法律條文的概念明確無誤、表述準確嚴密，否則就會導致人們在適用法律時無所適從。應針對現行法律中存在的規定不明、表述不準確問題進行法律修訂或者解釋，保證法律的權威性、一致性。

第十八章

社會主義民主和法制的里程碑

——評審判林彪、江青反革命集團

* 原載於《人民日報》1980 年 11 月 22 日期，署名「特約評論員」。

最高人民法院特別法庭對林彪、江青反革命集團的公開審判是舉世矚目的，是中國政治生活中的一件大事。它將以人民的公正判決，把林彪、江青一夥醜類永遠釘在歷史的恥辱柱上；它將以對這夥罪犯的依法懲處，打擊敵人，保護人民，伸張正義，顯示國家法律的尊嚴；它將以社會主義民主、法制的勝利檢閱，表明中國社會主義政治制度正在穩步地走向完善，進一步激勵全國各族人民同心同德向四個現代化奮勇進軍。

　　對林彪、江青反革命集團主犯進行公開審判，這是人民的偉大勝利，民主和法制的偉大勝利，社會主義的偉大勝利。民主和法制是國家的根本性問題。民主、法制的狀況如何，直接影響政權的性質、國家的前途。中國作為人民民主專政即無產階級專政的社會主義國家，應當具有高度的民主、完備的法制。但是，由於中國有二千多年封建社會的歷史，封建傳統根深蒂固，由於我們建設社會主義的時間還不長，中間又經過「文化大革命」的嚴重破壞，社會主義民主和法制還很不健全。林彪、江青一夥正是利用中國政治制度上的這一重大缺陷，明目張膽地誣告、陷害黨和國家領導人，肆無忌憚地迫害、鎮壓廣大幹部和群眾，瘋狂地進行推翻中國無產階級專政的國家政權的反革命犯罪活動，把本來就很不健全的民主、法制破壞殆盡。然而，中國的社會主義民主和法制，在前進道路上，儘管充滿艱難險阻，但它的發展終究不是任何反動勢力所能根本扭轉的。在社會主義制度下，生產資料是公有的，即原則上屬全體勞動人民所有，這個事實從根本上決定了我們國家的政治生活和社會生活必須是民主的。所以社會主義民主的發展，並不是人們主觀的善良願望，而是社會歷史發展的必然趨勢。人民從來是而且永遠是歷史的主人，絕非任人宰割的消極力量。在社會主義制度下，人民可以在一個時期內由於種種原因遭到反民主的、反社會主義的、反動力量的迫害，甚至遭受十年動亂期間所受的那樣的迫害，但是歷史表明，人民終究會戰勝種種困難走向自己的勝利。當中國人民一旦從林彪、江青反革

命集團的法西斯暴行中看清了他們的真面目，懂得了社會主義民主和法制的極端重要性，就以大無畏的革命精神，用各種形式，為民族的生存、國家的前途，奮起同他們展開了爭取民主、保衛法制的殊死搏鬥。1976 年 4 月 5 日在全國發生的以天安門廣場事件為中心的億萬人民的偉大民主運動，就是這樣可歌可泣的鬥爭的集中表現和威武雄壯的篇章。這場運動是以廣大共產黨員、共青團員和同他們團結在一起的廣大革命青年為骨幹的，當時大批老幹部由於被打倒，不可能直接參加，而是通過他們的子女、親屬以及同他們有聯繫的群眾來參加的。1975 年，鄧小平同志主持黨中央和國務院工作期間，同「四人幫」進行了針鋒相對的鬥爭，對各條戰線的工作進行了卓有成效的整頓。這對於提高人民群眾的覺悟，認識「四人幫」所作所為的反革命性質，增強人民群眾的鬥爭意志和信心，起了重要的作用。這場運動以創造歷史、推動社會前進的偉大力量，進一步為同年 10 月粉碎「四人幫」準備了思想基礎和群眾基礎，為今年公開審判林彪、江青一夥創造了必要的前提條件。林彪、江青反革命集團的興亡史，中國共產黨領導下的全國各族人民同這個反革命集團的鬥爭史，生動地證明：對林彪、江青反革命集團的審判，是按照全國各族人民的意志進行的，這是十億人民的審判，這個審判在本質上是民主的，它又一次證明人民必勝，民主和法制必勝，社會主義必勝，這是一條鐵的歷史定律。

人們也許要問，在中國大地上橫行十年之久的「四人幫」，被中國人民打倒已經四年多了。為什麼到今天才把林彪、江青一夥押上人民的審判台？這是因為，他們是在「文化大革命」中形成和發展起來的反革命集團，而「文化大革命」是一個十分複雜的社會歷史現象。林彪、江青反革命集團的主犯當時所採取的是反革命兩面派手法，因而能夠鑽進黨和國家的領導核心，並且在相當長的時期裏，是以黨和國家領導人的面貌進行活動的。這就呈現出更加複雜的局面，需要耗費必要的時間和人力，來進行十分繁重而複雜的工作。舉其大者來說，一是大量的問題需要審查、調查、驗證、核實；一是兩類不同性質的社會矛盾即工作性質和其他性質的錯誤同反革命犯罪需要在弄清事實的基礎上嚴格區分。這兩項工作是緊密聯繫在一起的。如果不是對林彪、江青反革命集團的大量活動進行周密的、嚴肅的、精確的、負責的審查、調查、驗證、核實，就不可能對這個案件所牽涉到的人和事，正確地區分不同性質的矛盾，正確地區分犯罪與錯誤。對於林彪、江青反革命集團的主犯，也要

區分違反黨紀和觸犯刑律這兩種不同情況，分別處理。對前一種情況，要根據我們黨的章程，在黨內對他們進行實事求是的審查，並分別作出相應的處理；而對於他們的超出黨紀範圍，屬觸犯國家刑律的問題，則要由國家司法機關依法審理。這次對他們的公開審判，就是審判他們的反革命犯罪問題，追究他們的刑事責任，而不涉及錯誤。

正確地、嚴格地區分和處理犯罪與錯誤這兩種不同性質的問題，是一個原則性的問題。對於任何曾經擔任黨和國家領導職務的人來說，尤其如此。一般說來，工作中的錯誤，是難以避免的，包括一切革命政黨及其擔負領導責任的人，工作中發生錯誤以至發生嚴重錯誤，也都是難以完全避免的。一切無產階級政黨及其領導人，為了實現無產階級所肩負的歷史使命，都必須適時地正確分析革命形勢，估量階級力量變化，作出戰略決策，制訂戰略、戰術、方針、政策，不斷地把革命事業推向前進。然而，各國的情況千差萬別。世界上沒有也不可能有適用於任何國家的革命和建設的通用模式。要把馬克思主義的一般原理同本國具體實踐結合起來，找出適合本國情況的通向勝利的道路，是一項十分艱巨的任務。任何革命政黨和革命領導人，都要受歷史的和認識的局限和其他主觀和客觀條件的制約，都難以避免在工作中產生這樣或那樣的錯誤，直至產生指導方針上的嚴重錯誤。完全不犯錯誤的政黨和領導人是沒有的。在我們黨的歷史上，就曾經出現過多次嚴重錯誤。例如 1924 年到 1927 年出現過陳獨秀右傾錯誤，1931 年到 1934 年出現過王明「左傾」錯誤。儘管前者導致轟轟烈烈的第一次國內革命戰爭的失敗，後者使白區黨的組織幾乎損失殆盡，蘇區損失也極其嚴重，但是，人們只要站在革命的立場，用歷史唯物主義的觀點看問題，就理所當然地把這種指導方針上的錯誤看成是革命隊伍內部、人民內部的是非問題，看成是在爭取民族的、階級的革命利益的漫長的艱難道路上犯的錯誤，看成是由於在認識上離開了客觀實際，也離開了馬克思主義的基本原理而產生的錯誤。這些錯誤的產生甚至與個人作風品質上的某些缺點有關，但是這種錯誤同反革命犯罪在本質上是不同的，因而只能採取包括應有的黨紀處分在內的懲前毖後、治病救人的方法來解決，而絕對不能允許把這種性質的錯誤同反革命犯罪混為一談。這是我們黨長期採取的經過實踐檢驗的正確方針。歷史已經充分地證明，這樣做完全符合革命的利益，符合黨和人民的利益。

毛澤東同志在他的晚年，特別是在他親自發動和領導的「文化大革命」中，也犯了錯誤，給黨和人民帶來了不幸。當然，不只是毛澤東同志犯錯誤，我們黨內其他一些同志在不同程度上也有過錯誤。但是，這種錯誤同林彪、江青反革命集團的陰謀活動，在性質上是根本不同的。當我們在談論犯罪和錯誤的區別這樣的問題的時候，還必須指出，即使是林彪、江青反革命集團中的人，他們的活動，也並非全部都是反革命犯罪，其中也有一部分是屬各種錯誤。正因為「文化大革命」中存在着上述這種錯誤與犯罪並存並且互相交錯在一起的複雜情況，能否正確地和嚴格地區分錯誤與犯罪，就成為一個非常重要、非常突出的問題，成為一個關係到黨和人民根本利益的問題。

　　林彪、江青反革命集團中的人的犯罪，同其他人的錯誤根本的不同在什麼地方呢？我們主要可以從三個方面來看：

　　第一，它們的性質不同。所謂錯誤，從根本上說是指主觀與客觀相分離，違背客觀規律的行為。犯罪是指一切依照法律應當受刑罰懲處的危害社會的行為。而反革命犯罪則是以推翻無產階級專政的政權和社會主義制度為目的的、危害中華人民共和國的行為。因此，錯誤是屬批評教育、吸取教訓、黨紀政紀的範疇，而犯罪則是屬應追究刑事責任、受刑罰懲處的範疇；錯誤是是非問題，屬人民內部的社會政治矛盾，而犯罪中的反革命罪則屬敵我矛盾（並不是一切犯罪都屬敵我矛盾）。根據中國刑法規定，顛覆政府，分裂國家，策動叛亂，以反革命目的殺人、傷人等等，都是按照刑法規定嚴懲不貸的反革命犯罪。林彪反革命集團經過精心策劃，根據 1971 年 9 月 8 日林彪手令，發動武裝政變，妄圖奪取全國政權，或另立中央，分裂國家，同時密謀用火焰噴射器打火車，派飛機轟炸，殺害毛澤東主席；江青反革命集團經過周密準備和策劃，根據張春橋、王洪文 1976 年 9 月底的指令，於同年 10 月 8 日在上海策動武裝叛亂等等，都是罪大惡極的反革命犯罪，而不是什麼錯誤，這是很清楚的。人們對此不會有什麼疑問。像他們的這些犯罪行為在世界上任何國家依據法律，都不可能不構成嚴重犯罪。像謀殺、政變、分裂國家、武裝叛亂這樣的反革命犯罪，同我們上面說到的革命隊伍內部、人民內部的是非問題，在為爭取民族的、人民的利益的道路上犯的錯誤，包括造成嚴重後果的錯誤是不相干的，是性質根本不同的兩回事，這也是容易理解的。

第二，它們的手段不同。實施錯誤行為的手段，一般是符合正常的工作程序和組織原則，為當時的政策、法律所允許。而實施犯罪行為的手段，則是非正當的、為國家刑律所禁止的。林彪、江青一夥為達到篡黨竊國的罪惡目的，是不擇手段，無所不用其極的。除了搞謀殺、政變、叛亂以外，還採用各種陰謀手段陷害黨和國家領導人，鎮壓廣大幹部和群眾。一是蓄意誣告。按照林彪的安排，由葉群口授，雷英夫執筆，林彪批轉江青，無中生有地捏造誣告材料，蓄意致劉少奇同志於死地，就是一例。二是製造偽證。比如，江青一夥對孟用潛、丁覺群進行逼供，製造「叛徒」偽證，並非法扣壓孟、丁多次更正、申辯材料，對上嚴密封鎖，明目張膽地以假亂真，就是蓄意用偽證來達到其陷害國家主席的罪惡目的。三是刑訊逼供。他們為了陷害好人、殺人滅口，按照他們的「棍棒底下出反革命」的法西斯信條，設刑室，興冤獄，實行慘無人道的肉體和精神折磨，使千千萬萬革命者死於他們的酷刑之下。四是大砸搶抄抓。他們用赤裸裸的法西斯暴力鎮壓廣大幹部、群眾的反抗，死傷之多，難以數計。僅 1967 年 8 月由王洪文直接指揮、張春橋親自支持的圍攻「上柴聯司」的武鬥事件，就打傷一千多人，綁架八百多人，關押判刑五人。五是特務活動。張春橋的手下配有武器，撥有活動經費，取有代號的「遊雪濤小組」，就是一個專門從事盯梢、綁架、抄家、監禁、秘密刑訊的特務組織。這一切充分表明，不僅他們陷害黨和國家領導人，鎮壓幹部、群眾是預謀的反革命犯罪活動，而且為此所採取的種種手段也無一不是中國刑法所嚴禁的犯罪行為。顯然，這同人們按照正常的組織系統、工作程序和工作手段所犯的錯誤，包括嚴重錯誤，毫無共同之處。

　　第三，它們的目的不同。犯錯誤，一般說是好心的，要革命的。而犯罪則相反，反革命犯罪則是有明確的反革命的目的。從法學觀點看，一個人的行為是否構成反革命犯罪，是以行為人的主觀有無反革命的直接故意，即反革命的目的為必要條件。根據中國刑法規定，這個目的就是「推翻無產階級專政的政權和社會主義制度」。而林彪、江青一夥所實施的一切犯罪行為正是以此為目的。只要我們全面地分析一下他們所提出的「改朝換代」的反革命綱領；他們所實施的謀害毛澤東主席，發動武裝政變，策劃武裝叛亂；有組織、有預謀地陷害黨和國家領導人，鎮壓、迫害廣大幹部和群眾的全部犯罪事實，就可以清楚看出，他們的目的就是妄圖推翻人民政權，建立封建法西斯「朝代」。這同其

他人從我們黨和國家不變顏色的良好願望出發而犯的工作錯誤和指導方針錯誤是截然不同的。

綜上所述，可以準確無誤地作出判斷，林彪、江青反革命集團不是什麼犯錯誤問題，而是觸犯了《中華人民共和國刑法》，分別犯有顛覆政府、分裂國家，武裝叛亂罪，反革命殺人、傷人罪，反革命誣告陷害罪，組織反革命集團罪，反革命宣傳煽動罪，刑訊逼供罪，非法拘禁罪。依法追究他們的刑事責任，完全是執行「違法必究」的原則。

對林彪、江青反革命集團的審判，嚴格區分了反革命犯罪和錯誤的原則界限，只審他們的反革命罪行，而不涉及錯誤，這完全符合中國社會主義法制的基本要求。這樣做，對於正確地、嚴格地區分敵我矛盾和人民內部矛盾這兩類不同性質的矛盾，分清罪與非罪，準確地制裁反革命罪犯，剝奪林彪、江青反革命集團的一切藉口，充分揭露他們的反革命面目，使他們難逃法網；對於發揚我們黨採取懲前毖後、治病救人，批評和自我批評，以及必要的黨紀政紀處分等方法，處理犯了錯誤包括嚴重錯誤的同志的優良傳統；有利於我們黨和國家的興旺發達。

林彪、江青反革命集團罪惡之大，危害之烈，迫害的人之多，為古今中外所罕見。他們擢髮難數的罪行，給我們的國家、我們的民族、我們的人民，造成的災難是無法估計的。但是，我們是社會主義國家，馬克思主義是指導我們思想的理論基礎，我們對待林彪、江青反革命集團，不是從什麼永恆的正義、不變的道德和義憤出發，而是嚴格根據體現着人民意志的社會主義民主和法制原則，通過法定的司法程序，對他們依法治罪。這次審判就是依照中國現行法律的基本精神和具體規定辦事，經得起歷史的檢驗，經得起子孫後代的檢驗。

這次審判貫徹了司法工作的獨立原則。儘管此案案情特別重大，許多極其複雜的情況在前一階段已經過黨內的審查，但仍然由人民公安機關對他們獨立進行偵查預審，然後才由人民檢察機關獨立進行檢察起訴，由人民法院獨立進行審判。最高人民法院鑒於林彪、江青反革命集團是特別重大案件，根據《法院組織法》第31條第2款關於最高人民法院可以設置「其他需要設的審判庭」的規定，建議成立特別法庭審理此案主犯，人大常委會對此作出了相應決定，並任命特別法庭的庭長和審判員，這是對自己法定權限的行使，而不是對司法事務的干預。對林彪、江青反革命集團主犯的審判，對被告人的定罪、量刑，完全由最高

人民法院特別法庭獨立決定，任何個人和組織均無權非法干涉。最高人民法院特別法庭由 35 位法官組成，除了絕大多數是專職法官之外，還有少數非專職法官，這部分法官還能起陪審的作用，這對保證案件的公正處理是有利的。

這次審判貫徹了司法工作的民主原則。對林彪、江青一夥的審判，完全依照刑事訴訟法規定，公開進行。為了保證參加旁聽的群眾具有更大的普遍性，由各省、自治區、直轄市、各黨派、各人民團體、國家機關、人民解放軍推舉代表參加旁聽，鑒於這次審判涉及國家機密，因此，外國記者不便參加。在審判中，被告人的辯護權將得到充分保障。他們除了自己行使辯護權以外，還可以聘請律師充當自己的辯護人。辯護人完全可以根據事實和法律，提出證明被告人無罪、罪輕、或者減輕、免除其刑事責任的意見和材料，以維護被告人的合法權益。在審判過程中，被告人的其他法定民主權利，也將受到切實的保障。

這次審判貫徹了司法工作的實事求是原則。整個訴訟過程，都將完全以事實為根據，以法律為準繩。是就是，非就非。是他們的罪行，一分不能少；不是他們的罪行，一分也不能多。重證據，不輕信口供。對林彪、江青一夥的訴罪，依據的都是經過驗證的原始書證材料和原始物證，如檔案、信件、日記、筆記、講話記錄和錄音等。真理是在人民手裏。我們決不搞林彪、江青一夥所慣用的「一人供聽、二人供信、三人供定」那一套。中國《刑事訴訟法》規定：「只有被告人供述，沒有其他證據的，不能認定被告人有罪和處以刑罰；沒有被告人供述，證據充分確實的，可以認定被告人有罪和處以刑罰。」這次審判將根據這個原則行事。

這次審判貫徹了司法工作的革命人道主義原則。我們決定對被告人適用新刑法就充分體現了這一點。大家知道，關於「反革命罪」，早在 1952 年《懲治反革命條例》中就有明確規定。它同五屆人大二次會議公佈的《中華人民共和國刑法》的規定，精神是一致的。但是，《懲治反革命條例》是在全國剛剛解放，鎮壓反革命運動正處在高潮中制訂的，對各種反革命罪所規定的刑罰都比現行刑法規定的為重。根據中國《刑法》（1979 年）第 9 條規定，「中華人民共和國成立以後本法施行以前的行為」，「如果當時的法律、法令、政策認為是犯罪……」。但本法「處刑較輕的，適用本法。」對林彪、江青反革命集團主犯的定罪量

刑，我們將根據這一規定適用新的刑法。這不是追溯既往，而是在運用新舊法律上貫徹從輕原則。這樣做有利於被告，充分體現了革命人道主義精神。

這次審判貫徹了法律面前人人平等原則。這一原則，是封建特權的對立物，是社會主義法制原則的核心。它的基本精神是：人人享有依法規定的權利，也應盡法律規定的義務；任何人都沒有凌駕於法律之上、超越於法律之外的特權；不管誰犯法都要依法受到制裁，無論被告人的政治地位、社會成分、職務高低有何不同，適用法律一律平等。這次審判林彪、江青一夥，就堅決貫徹了這一原則。這十名主犯，九名曾是黨的政治局委員，他們曾經是所謂「大人物」，但並未逃脫中國刑律平等地適用到他們身上；這十名主犯，個個罪大惡極，為全國人民所切齒痛恨，但並不會因此而剝奪他們作為被告人在訴訟過程中依法應當享有的一切權利，也並不會因此違背法律規定去加重其刑罰。這次審判將為堅持法律面前人人平等的原則樹立一個典範。社會主義法律是人民意志和利益的體現，是不可侵犯的。一切組織，從黨中央、國務院到每個基層單位；一切個人，從黨的主席、國家的首腦到每一個黨員、每一個公民，都必須受自己同人民一起制訂的憲法和法律的約束。任何人以身試法，違法犯罪，都將毫無例外地受到同樣的制裁。在社會主義的中國絕不容許置身於法律之外的特殊公民逍遙法外。

對林彪、江青反革命集團的審判，是中國民主和法制發展道路上的一個引人注目的里程碑。它充分體現了以法治國的精神，堅決維護了法律的崇高權威，認真貫徹了社會主義民主和法制的各項基本原則，在國內外引起了強烈反響，具有除舊佈新的重大意義。這次審判將以令人信服的事實向全世界宣告：中國人民勝利地清除了歷史的垃圾，正團結一致、滿懷信心地沿着民主和法制的軌道勇往直前，用自己的全部智慧，為把祖國建設成高度民主、高度文明的社會主義現代化強國而努力奮鬥。

後記：《歷史的審判》一書（北京：群眾出版社，1981）收入了本章。這篇文章是應一位中央領導同志的建議與要求而撰寫，目的是為審判林彪、江青反革命集團這一歷史性事件作一總結。當時作者在中共中央書記處研究室工作，具體負責這篇文章的撰寫。鑒於任務重大，特

邀請中國社會科學院法學研究所王家福同志共同執筆。文章在起草過程中，滕文生同志參與過討論，並由林澗青同志最後定稿。本章總結的這次歷史性審判所體現的五項法治原則中，「司法獨立」的提法，可參見葉劍英在《憲法修改委員會第一次會議上的講話》。該講話也是提「司法獨立」。但個別領導人並不同意這一概念和提法，認為只能提「法院獨立行使審判權」、「檢察院獨立行使檢察權」。

第十九章

堅持公民在法律上一律平等

* 原載於《人民日報》1978 年 12 月 6 日期。

1954 年頒佈的《人民法院組織法》第 5 條規定：「人民法院審判案件，對於一切公民，不分民族、種族、性別、職業、社會出身、宗教信仰、教育程度、財產狀況、居住期限，在適用法律上一律平等。」這一規定，是必要的、正確的，但是，在後來的一個相當長的時間裏，卻被一些人說成是錯誤的，是沒有同資產階級的「法律面前人人平等」劃清界限，是「沒有階級觀點」，是主張革命與反革命「一律平等」。這種說法必須予以澄清。

　　「法律面前人人平等」的口號，是資產階級在反對封建主義的鬥爭中提出來的。封建主義的法律是以公開維護等級與特權為特徵的。它不僅確認地主階級可以根據土地多少、官職大小、爵位高低，享有不同的封建特權，而且使地主階級的各級官吏和封建帝王的皇親國戚超越於法律的約束之外。資產階級提出的「法律面前人人平等」，作為資產階級民主制度和法律制度的一個重要原則，在摧毀封建專制主義的鬥爭中，曾起過革命的作用。然而，資產階級的統治是建立在資本主義生產關係上面的，資產階級的法制是以財產不平等為基礎的。它們說一切公民都有平等選舉權，但同時又用居住期限、教育程度以及財產資格來加以限制。這就決定了廣大勞動人民不可能真正享有同資產階級一樣的平等權利。因此，在資產階級專政的條件下，所謂「法律面前人人平等」，實際上是虛偽的。

　　無產階級所要求的平等，歸結為廢除階級。社會主義的法制是建立在生產資料公有制基礎之上的，它規定不勞動者不得食。因而，社會主義法律既不承認任何等級特權，也不允許財產等條件的限制，真正做到公民在法律上一律平等。毛澤東同志在講到中國第一部憲法的時候，曾經說過，「原則基本上是兩個：民主原則和社會主義原則」[1]。在中國

---

1. 毛澤東：〈關於中華人民共和國憲法草案〉，載《毛澤東文集》第六卷（北京：人民出版社，1999 年），326 頁。

社會主義的經濟制度和社會主義民主的政治制度下面，公民在法律上一律平等，是必須做到的，也是能夠做到的。堅持這一原則，不是什麼人喜歡不喜歡的問題，而是歷史發展的必然，是社會進步的客觀要求。根據這一原則，凡屬中國的公民，按照憲法和法律，一律平等地享受他們應該享受的權利，履行他們應該履行的義務。不承認有任何享受特權的公民，也不承認任何免除法律義務的公民。這是對封建專制主義和等級特權觀念的徹底否定。如果我們不是這樣做，而是拋棄這一原則，認為公民在法律面前應該是不平等的，那就是允許一部分人享有特權，默認有人可以置身於法律之外，高居於法律之上，那麼，社會主義法制的民主原則就無從體現，憲法和法律就會遭到破壞，人民的民主權利就沒有保障。

公民和人們，是兩個不同的範疇。在中國，公民是指具有中華人民共和國國籍的人，也就是通常所說的國民。我們講公民在法律上一律平等，着重是從司法方面來說的，主要是指公民在適用法律上一律平等。至於立法，我們並不規定所有公民都平等，人民和階級敵人是必須區別的。在立法上，佔人口95%以上的人民是平等的，憲法規定：「中華人民共和國的一切權利屬人民」，「國家堅持社會主義的民主原則，保障人民參加管理國家，管理各項經濟事業和文化事業」。而對於「一切叛國的和反革命的活動」，對於「一切賣國賊和反革命分子」，則不是講什麼平等，而是要堅決鎮壓的問題。這些規定，反映了無產階級的意志，充分體現了法律的階級性。但在司法上，我們講公民在適用法律上一律平等，這裏的「公民」，既包括人民，也包括敵對階級的分子在內。即使對於還沒有改造好的反革命罪犯和其他犯罪分子，只要他們不再違法，我們就只是依法剝奪他們的政治權利，其餘的權利和義務，例如「人身自由不受侵犯」、「勞動的權利」、「休息的權利」以及「遵守憲法和法律」、「遵守勞動紀律」等，則是同其他公民一律平等的。而人民內部的人，如果觸犯了刑律，也同樣要依法制裁，直至判處極刑。國家機關在執行和適用法律上，必須對一切公民平等，不允許有任何特殊。只有這樣，才能保證憲法和法律的嚴格執行。這樣做，完全符合無產階級的利益。怎麼能夠說主張公民在適用法律上一律平等，就是沒有同資產階級的「法律面前人人平等」劃清界限、就是沒有階級觀點、就是主張革命和反革命「一律平等」呢？

反對「法律面前人人平等」，必然認為法律只能管一部分人，不能管另外一部分人。這樣，就必然使一部分人可以凌駕於法律之上，可以任意破壞民主、踐踏法制。有些人總是喜歡搞一言堂，喜歡獨斷專行，認為別人犯法才算犯法，自己犯法就不算犯法，這哪裏還有什麼法制？由於中國幾千年來到封建主義流毒，以及林彪、「四人幫」反動思想的影響，在我們的隊伍中，至今還有一部分人存在着特權思想和等級觀念，要徹底清除這種病毒，還是一項長期的戰鬥任務。我們不僅要大力宣傳公民在適用法律上一律平等的原則，而且要在實踐上堅決貫徹執行。一個人不管職位多高，功勞多大，如果犯了罪，都要同普通老百姓一樣地被依法懲處，不能有任何特殊。最近，我們的黨組織和司法機關，依法給原來曾是相當高級的領導人以黨紀國法的嚴厲制裁，受到了全國人民的衷心擁護。這一事實充分說明，只要我們真正做到「法不阿貴」，社會主義法制就一定會加強。

　　後記：本章載於 1978 年 12 月 6 日《人民日報》。當時黨的十一屆三中全會尚未召開。本章在國內外曾引起較大反響，被認為是新時期法學界突破以往思想理論禁區的第一篇文章。作者曾收到國內不少讀者來信。其中陝西一讀者來信說：「真擔心你被打成右派。」以五種外國文字對外發行的《北京週報》1978 年第 22 期曾對此文作了報道和介紹。民主德國的閔策爾教授曾將此文譯成德文在德國發表。中國的《參考消息》1978 年 12 月 15 日（上）曾披露美聯社記者、60 年前即開始報道中國革命的約翰·羅德里克曾報道這篇文章。他說：「中國領導主張，所有的公民，包括敵對階級的人在內，在適用法律上一律平等，中國要徹底消除封建特權思想和等級觀念，即使對資本家、地主和富農，也要遵循司法。」「共產黨過去一直把地主、富農和資本家當做敵人對待，剝奪他們的全部權利，不管他們的財產多麼有限。這些人定期成為清洗的對象。如果《人民日報》的承諾得到實現，這些階層的千百萬人的命運會有明顯的好轉。」

第二十章
司法獨立的幾個問題

* 載《法學研究》2002 年第 3 期。

依法治國，建設社會主義法治國家，作為中國人民的一項治國方略和奮鬥目標，已被莊嚴地載入中國憲法。司法獨立是現代法治國家的主要標誌，是現代憲政的重要內容，是中國現行憲法的一項基本原則和制度。1997年黨的十五大報告又進一步強調，要「推進司法改革，從制度上保證司法機關依法獨立公正地行使審判權和檢察權。」現在，中國的司法改革正在廣泛的範圍內深入展開。保證司法獨立是司法改革的一項極為重要的任務。本章擬着重從司法獨立的理論層面談一些個人的看法，以就教於學術界和實務界同仁。

司法獨立的產生與歷史發展

研究問題的科學方法之一，是對某一理論、原則或制度進行歷史的考察，看它在歷史上是怎樣產生的，它經歷過什麼樣的發展階段，這樣才能更好地把握該事物的性質、價值和未來的發展方向。

司法獨立作為國家機構的一項重要原則和制度，是近代民主革命的產物。它是建立在「主權在民」和分權理論的基礎上的。在古代，無論是西方還是中國，國家的立法、行政和司法等各項權力，都是高度集中於君主和地方長官一人之手。這是奴隸制和封建制的專制主義政治的重要特徵。其理論基礎是「主權在君」。既然「普天之下，莫非王土；率土之濱，莫非王臣」、「朕即國家」，為了實現君主一人的統治，國家權力的高度集中就成為很自然的事情。隨着封建主義生產關係的沒落和資本主義生產關係和市場經濟的興起，「主權在民」理論應運而生。但是人民很難直接管理國家，而只能通過選舉產生政府，由政府代表人民管理國家。為了防止被選舉產生的政府權力腐敗與異化，啟蒙思想家們建議未來的政府應當實行權力分立與權力制衡，這就是司法獨立產生的社會條件和歷史背景。這裏，筆者需要順便指出的是，人們通常認為，

司法獨立的理論基礎是「權力分立」理論，這無疑是正確的，但還不夠全面。「權力不受制約必然腐敗」的原理，具有超時空的性質，因此古代就有了朦朧的權力分立與制衡的思想。西方古代權力分立理論的出現和中國古代「三省」制度和「監察」制度的設置就是例證。但那時候不可能產生司法獨立的理論、原則和制度，這是「主權在君」觀念和專制主義政治制度所決定。肯定這一點，對深刻理解「司法獨立」的價值是十分必要的。

通常認為，西方古代的分權思想起源於古希臘思想家亞里士多德。他認為，「一切政體都有三個要素，作為構成的基礎」。這三個要素是：議事機能、行政機能和審判機能。倘使三個要素都有很好的組織，整個政府將是一個健全的機構。[1] 比亞氏晚兩個世紀的古羅馬史學家波里比亞斯繼承與發展了他的這一思想。在《羅馬史》這一著作中，波里比亞斯提出，羅馬的政權分為三部分：第一是執政官，代表君主勢力；第二是元老院，代表貴族勢力；第三是平民會議，代表人民的勢力。任何一部分過重，都會影響政體的平衡。執政官需要元老院通過法律，才能獲得經費；執政官簽訂條約與媾和，也要經平民會議通過；元老院有關死刑的判決需經平民會議批准；而平民會議通過建築執照和雇用稅吏等法案又必須經元老院同意。只有三者相互制衡，才能避免政制衰敗。[2] 古代西方的分權思想比中國發達，是由古希臘存在城邦國家等具體歷史條件所決定。

近代西方的分權理論是由英國的洛克和法國的孟德斯鳩等思想家奠定的。洛克的一生是在英國革命時期度過的，其思想深受這一革命的影響。他認為，每個國家都有三種權力，即立法權、行政權、對外權。每一種權力都要由一個特定的機關來掌握，而不能集中在君主或政府手裏。如果一個機關同時享有立法權和執行權，就會促使他們去獲取權力並濫用權力，在制訂法律時只顧自己的利益，而在執行法律時免受法律的約束。他認為，在國家權力體系中，立法權最高，行政權和財政權應

---

1. 參見西方法律思想史編寫組：《西方法律思想資料選編》（北京：北京大學出版社，1983 年），56 頁以下。

2. 參見張金鑒：《西洋政治思想史》（台北：三民書商印行，1976 年），92 頁。

處於次要的和服從的地位。其目的是提高議會的地位以抑制王權。但他也強調，立法權也要受限制：它應以正式公佈的法律來治理國家，「國家的法律應該是不論貧富、不論權貴和莊稼人都一視同仁」[3]；這些法律應以為人民謀福利作為最終目的，未經人民或其代表同意，不得對其財產課稅；立法機關制定法律的權力不能轉讓。[4]他認為，以上三權應當分立並相互制約。依照現代的觀念和制度來說，洛克實際上是主張兩權分立。他沒有提出「司法獨立」，同英國革命具有妥協性有關。當時貴族院居於最高法院的地位，司法權由英王掌握。在近代，完整的「三權分立」理論是孟德斯鳩提出的。徹底的法國資產階級大革命造就了他的思想觀念。孟德斯鳩說：「一切有權力的人都容易濫用權力，這是萬古不易的一條經驗。」「從事物的性質來說，要防止濫用權力就必須以權力約束權力。」「如果同一個人或是由重要人物、貴族或平民組成的同一個機關行使這三種權力，即制定法律權，執行公共決議權或裁判私人犯罪或爭治權，則一切便都完了。」[5]雖然孟德斯鳩在政治立場上趨於保守，1789年法國大革命否定了他的君主立憲方案，卻採納了盧梭的「人民主權」理論，建立了法蘭西共和國。但是，他是被公認為「三權分立」學說的正式提出者，是系統地論述「司法獨立」的第一人。他的「三權分立」理論被1787年制訂的《美利堅合眾國憲法》和1791年法國憲法所採納。此後，司法獨立的原則和制度被世界上很多國家所沿用。儘管由於歷史背景和文化傳統不同，分權制衡的具體形式各有千秋，例如美國有總統制、英國有內閣制、法國有總統內閣混合制，從而司法獨立各有差異，但其原則精神是完全相同的。

　　值得注意的是，近幾十年以來，司法獨立的原則和制度在全世界得到了更為廣泛的傳播，其基本特點是它已經進入國際法領域，從而開始了一個新的發展階段。有關司法獨立的國際文件主要是：1982年10月22日在印度新德里舉行的國際律師協會第十九屆年會通過的《司法獨立最低標準》、1983年6月10日在加拿大魁北克蒙特利爾舉行的司

---

3. 〔英〕洛克：《政府論》下篇（北京：商務印書館，1982年），88頁。

4. 參見西方法律思想史編寫組：《西方法律思想資料選編》（北京：北京大學出版社，1983年），205頁。

5. 〔法〕孟德斯鳩：《論法的精神》上冊（北京：商務印書館，1961年），154頁以下。

法獨立第一次世界會議通過的《司法獨立世界宣言》、1985 年 8 月至 9 月在意大利米蘭舉行的第七屆聯合預防犯罪和罪犯待遇大會通過的《關於司法機關獨立的基本原則》、1989 年 5 月 24 日聯合國經濟及社會理事會通過的《關於司法獨立的基本原則：實施程序》、1994 年 1 月 20 日在西班牙馬德里舉行的國際法學家委員會通過的《關於新聞媒體與司法獨立關係的基本原則》、1995 年 8 月 19 日在中國北京舉行的第六屆亞太地區首席大法官會議通過的《司法機關獨立基本原則的聲明》等。這些有關司法獨立的國際文件，具有以下特點：1. 這些文件概括了世界上不少學者和政治家的看法和主張，反映了很多國家的意見和政策，體現了全人類的價值追求，表達了各國人民的共同意志，因而具有很高的權威性與影響力。2. 這些文件對司法獨立概念的科學內涵作了深刻揭示，對司法機關與其他國家機關、執政黨及新聞媒體的關係作了準確定位，對法官的資格、任免、培訓、服務條件與任期、權利與義務等作了全面規定，對司法機關內部的關係作了分析。所有這些對世界各國確定與建立司法獨立的原則和制度，具有重要的指導意義與參考價值。3. 這些文件中的一部分對聯合國成員國具有約束力。例如，《關於司法機關獨立的基本原則》曾經過聯合國大會 1985 年第 40/32 號決議和 40/146 號決議認可。《關於司法機關獨立的基本原則：實施程序》由聯合國經濟及社會理事會第 1989/60 號決議通過。這些文件都是聯合國成員國必須遵守的，並自 1988 年起負有「每五年向秘書長通報一次在實施基本原則方面所取得的進展情況，包括基本原則的宣傳，納入國內立法的情況，在國內實施原則時所面臨的問題和困難以及遇到的各種阻礙，同時還包括可能需要的國際社會的援助等」。中國是聯合國安理會五個常任理事國之一，有責任和義務在實施這些原則與制度方面採取行動和作出表率。

司法獨立的價值與現實意義

對於司法獨立的價值與現實意義，我們不應局限於從司法制度自身去思考，而應從更廣闊的視野，即從憲政的角度去考察。司法獨立的原則和制度是憲政十分重要的內容和必不可少的組成部分。憲政又稱憲政主義、立憲主義等。各國學者和政治家對其內涵存在種種不同見解，

其定義不下幾十種，在中國，同樣有各種說法，如「憲政是什麼？就是民主的政治。」[6]「所謂憲政就是合乎憲法規定的國家體制，政權組織以及政府和人民相互之間權利義務關係而使政府和人民都在這些規定之下，享受應享受的權利，負擔應負擔的義務，無論誰都不許違反和超越這種規定而自由行動的這樣一種政治形態。」[7]「按照立憲主義的基本精神，國家的政治、經濟、文化及其社會生活必須依據憲法精神來加以控制和治理，而這種控制與治理的基本要求與手段則是對國家權力的有效控制與人權保障。」[8]有人主張「民主＋憲政＝理想的政制」[9]，也有人提出憲政與憲法是一個概念。[10]我個人認為：「可以給憲政下這樣一個定義：憲政是國家依據一部充分體現現代文明的憲法進行治理，以實現一系列民主原則與制度為主要內容，以屬行法治為基本保證，以充分實現最廣泛的人權為目的的一種政治制度。根據這一定義，憲政這一概念，包含三個基本要素，即民主、法治、人權。」[11]下面我們分別就司法獨立在民主、法治和人權中的地位與作用，作一概要分析。

現代民主這一概念的內涵，大致上包括一個核心和四個方面的內容。一個核心是指「人民主權」原則。它是現代民主的理論基礎和根本原則。中國現行憲法規定：「中華人民共和國的一切權力屬人民」[12]，就是「人民主權」原則在憲法上的體現。四個方面的內容，一是指公民的民主權利，包括選舉權、參政議政權、監督權、知情權等等。二是指政治權力的民主配置，包括執政黨和在野黨、合作黨的關係；執政黨和國家機構的關係；國家機構內部立法機關、行政機關、司法機關的關係；各國家機關內部領導者個人和領導集體的關係等等，都要

---

6. 毛澤東：〈新民主主義憲政〉，載《毛澤東選集》第 2 卷（北京：人民出版社，1952 年），726 頁。

7. 張友漁：《憲政論叢》上冊（北京：群眾出版社，1986 年），97 頁以下。

8. 韓大元：《亞洲立憲主義研究》，中國人民公安大學出版社 1996 年版，第 7 頁。

9. 參見張文顯、信春鷹：〈民主＋憲政＝理想的政制 —— 比較憲政國際討論會熱點述評〉，《比較法研究》1990 年第 1 期。

10. 參見陳雲生：《民主憲政新潮》（北京：人民出版社，1988 年），1 頁。

11. 李步雲：《走向法治》（長沙：湖南人民出版社，1998 年），2 頁。

12. 《中華人民共和國憲法》（1982）第 2 條。

按照分權與制衡的原則作出合理安排。三是民主程序，包括政治決策、立法、執法和司法等都要有民主程序。四是指民主方法，包括民主集中制、群眾路線、批評自我批評、不搞一言堂、讓人講話等等。司法獨立是屬政治權力民主配置這一範疇，但又同民主的其他內容密切相關。為什麼在國家權力的分立與制衡中要強調司法機關的獨立性呢？被尊稱為「美國憲法之父」的約翰・漢密爾頓有一段話講得好：「司法部門既無軍權，又無財權，不能支配社會的力量與財富，不能採取任何主動的行動，故可正確斷言：司法部門既無強制，又無意志，而只有判斷；而且為實施其判斷亦需借助於行政部門的力量。」[13] 由於它在國家機構體系中的這種弱勢地位，它的任務只是搞清案件的事實和正確適用法律，以及它的地位的這種中立性。因而司法機關對社會的危害性也最少。而司法機關又是維護社會正義的最後屏障和防線。因而保證司法的工作不受來自任何外界的干預和影響，以保障和維護法律崇高權威，是十分必要的。司法獨立不僅是一個國家權力結構民主體制的重要一環，而且對保證公民政治權利的實際享有、維護民主程序的正常運行也有關鍵性作用。因為在民主與法治的社會裏政治權利與民主程序一旦遭受侵犯和破壞，應當得到司法機關的救濟。如果一個國家的行政機關和法律真正體現人民的利益和意志，同時又有一個獨立公正的司法機關能夠維護法律的尊嚴，那麼「主權在民」原則的實現就可以得到根本的保證。世界各國的歷史和實踐已經證明，司法獨立是現代民主制度不可或缺的重要一環。

司法獨立是法治國家一個必不可少的主要標誌，已得到國際上的普遍贊同和認可。雖然民主原則、平等原則、程序公正、依法行政、法律至上等都是現代法治的必備要素，但是司法獨立不僅有其自身的獨立價值（國家權力結構的分權與制衡）而且還是實現上述這些原則的重要條件。例如，行政訴訟和對行政抽象行為的司法審查，對保證行政機關依法行政具有重要作用。司法機關獨立行使職權，不受行政機關的抵制和干預，是保證行政訴訟和司法審查依法進行的前提條件。又如，形式平等與實體平等是相互關聯的。如果適用法律不平等，必然導致公民

---

13. 漢密爾頓、傑伊、麥迪遜等著，程逢如、在漢、舒遜譯：《聯邦黨人文集》（北京：商務印書館，1982 年），392 頁。

與法人在權利與義務的享有和履行上的不平等。而對司法的不當干預，正是影響適用法律不平等的重要因素。另一方面，從司法機關內部的體制、程序、審判方法等來看，司法獨立的地位和作用是顯著的。這可以從中國當前司法改革所面臨的形勢和任務看得很清楚。公正與效率是中國司法工作在未來一個時期裏的兩大主題。它們都同司法獨立密切相關。從總體看，現在我們出現錯案的主要原因，除了金錢案、關係案這些腐敗因素之外，一是司法人員的素質不高，一是外部的非法干預，這已是不爭的事實。至於地方保護主義和部門保護主義影響司法公正，更是同司法不能獨立存在體制上的局限和弊端有着直接的聯繫。同時，這個批條子，那個打招呼，使司法人員左右為難，猶豫不決，也成了影響辦案效率的一個重要原因。依據有關司法獨立的國際文件的要求，國際實踐經驗以及中國目前的現實情況，實現司法獨立，需要在法官的任免、遴選、培訓以及保障其權利等方面進行改革，以保證司法官員做到德才兼備、精通業務、公正無私、廉潔自律。這也是司法工作實現客觀、公正、廉潔、高效的重要條件。只有實現真正的司法獨立，才能擺脫地方保護主義的束縛及其他體制方面的障礙，這方面的改革才有可能取得最大的成效。

　　司法獨立同人權保障密切相關是近幾十年以來的事情。人權保護進入國際領域始於 20 世紀中葉。第二次世界大戰後，德意日法西斯踐踏基本人權、滅絕種族的暴行，激起了世界各國人民的極大憤慨，人們普遍提出了保護人權的強烈要求，保障人權開始被確立為一項公認的國際法準則。大批國際人權文書（包括宣言與公約）被通過，其中就包括一些有關司法獨立的國際文書。從人權保障的角度來重視司法獨立的原則和制度，並制訂出國際標準力求在全球範圍得以實現，這是以前未曾有過的。司法獨立與人權保障的密切關係，包括兩層含義：一是司法獨立原則本身就是一項人權。《世界人權宣言》第 10 條規定：「人人完全平等地有權由一個獨立而不偏倚的法庭進行公正的和公開的審訊，以確定的權利和義務並判定對他提出的任何刑事指控。」[14] 換句話説，它

14.《公民權利和政治權利國際公約》第 14 條，《關於司法機關獨立的基本原則》序言第二段和《司法機關獨立基本原則的聲明》（即「北京聲明」）第 2 條都對此作了相同內容的規定。

的意思是：當一個人受指控時，他（或她）享有由一個合法設立的獨立的法庭進行審理的權利。二是司法獨立制度是保障人權的一種重要手段，這在《關於司法機關獨立的基本原則》等文件的序言中講得很清楚：保障人權是制訂這些文件以普及司法獨立的原則和制度的背景和目的。這裏又包括兩類人權。一類是訴訟人權，如辯護權、申請迴避權、公開審判權、上訴權等等。司法獨立、法律平等、無罪推定等原則同這些權利的保障直接有關。一類是各種實體法中公民可以享有的各種權利。司法獨立原則通過公正的審判對它們起着間接的保障作用。保障人權是實行權力分立與制衡體制的根本目的，也是屬行法治的根本目的。

中國司法獨立觀念的反思

1949 年中華人民共和國成立以來，我們在司法獨立的原則和制度問題上，曾走過一條曲折的道路。1978 年黨的十一屆三中全會到現在，隨着民主與法制建設進入一個新的歷史時期，司法獨立在原則的實施與制度的建設方面已經取得一定的進步。但是，從建設社會主義法治國家的目標來看，這一原則和制度還存在不少問題和差距。究其原因，除了政治體制的改革需要有一個發展過程外，某些理論觀念相對陳舊與落後，是其中的一個重要因素。這是需要我們運用鄧小平的理論加以反思的。

新中國成立後中國的第一部憲法即 1954 年《憲法》第 78 條規定：「人民法院獨立進行審判，只服從法律。」這一規定清楚地、準確地表述了人民法院實行司法獨立的原則，即人民法院審判案件是獨立的，它只服從法律，不受任何干涉。但是這一原則後來在很長一個時期裏遭到了批判和否定。一次是 1957 年的反「右派」鬥爭。當時，「法律面前人人平等」、「被告人有權獲得辯護」、「司法獨立」等法制原則和「法律可以繼承」等理論主張，都被批判為「宣揚資產階級法律觀點」，獨立審判被說成是「反對黨的領導」、是「以法抗黨」。不少法官和理論工作者還因此被劃為「右派」。在這種背景下，始於 1950 年代初「鎮壓運動」中的「黨委審批案件制度」得以進一步強化；公檢法相互制約的制

度也被「一長代三長」、「一員頂三員」所代替。[15] 這些都侵犯了憲法賦予人民法院的審判權。到 1960 年代初這些左的錯誤才開始得到糾正。1962 年 5 月，時任中共中央副主席、國家主席的劉少奇在一次重要講話中指出：「有的黨政負責人隨便批准捕人，根本不要公安局、檢察院這一套。甚至有的公社、工廠、工地也隨便捕人。」他說，「這種破壞法制的行為，必須堅決制止」。[16] 針對當時有些地方的黨組織和行政機關非法干涉法院獨立辦案的情況，他還明確指出：「法院獨立審判是對的，是憲法規定了的，黨委和政府不應該干涉他們判案子。」還說：「不要提政法機關絕對服從各級黨委領導。它違法，就不能服從。如果地方黨委的決定同法律、同中央的政策不一致，服從哪一個？在這種情況下，應該服從法律，服從中央的政策。」[17] 後來，最高人民法院在這一思想指導下制訂了《關於人民法院工作若干問題的規定》，情況有很大好轉。

但是好景不長，1966 年開始「文化大革命」並持續十年之久。司法獨立第二次遭受批判和否定。第四屆全國人民代表大會第一次會議通過的 1975 年憲法，取消了「人民法院獨立審判，只服從法律」「公民在法律面前人人平等」、「被告人有權獲得辯護」等法制原則，並撤銷了檢察機關，把所謂「群眾專政」也寫進了法院的審判程序。其結果是公民的權利遭到肆意踐踏，冤獄遍於國中。1976 年 10 月「四人幫」被粉碎後，這一法制原則才再一次得到確立。1978 年 12 月召開的黨的十一屆三中全會，標誌着中國的民主法制建設進入一個新的春天。全會的公報指出：「檢察機關和司法機關要保持應有的獨立性；要忠實於法律和制度，忠實於人民利益，忠實於事實真相，要保證人民在自己的法律

---

15. 「公檢法三機關相互制約」指公安機關、檢察院、法院在辦理刑事案件中「分工負責、互相配合、互相制約」的制度。「一長代三長」、「一員頂三員」指公安局長、檢察長、法院院長實行「分片包幹」，一個地區的案件，由其中一長負責主持辦理，他可以代行其他兩長的職權。偵查員、檢察員、審判員也可以互相代行職權。參見張慜、蔣惠嶺：《法院獨立審判問題研究》（北京：人民法院出版社，1998 年），145 頁。

16. 《劉少奇選集》下卷（北京：人民出版社，1985 年），450 頁。

17. 《劉少奇選集》下卷（北京：人民出版社，1985 年），462 頁。

面前人人平等，不允許任何人有超越於法律之上的特權。」[18] 1979 年 7
月，五屆人大第二次會議通過刑法、刑事訴訟法、人民法院組織法、人
民檢察院組織法等七個法律。其中修正的人民法院組織法，恢復了「人
民法院獨立進行審判，只服從法律」這一原則。1979 年 9 月，中共中央
發佈《關於堅決保證刑法、刑事訴訟法切實實施的指示》(即著名的「六
十四號文件」)。該文件指出，這些法律「能否嚴格執行，是衡量中國
是否實行社會主義法治的重要標誌」。但是，在我們黨內，由於建國以
來對建立和健全社會主義法制長期沒有重視，否定法律，輕視法制，以
黨代政，以言代法，有法不依的做法，在很多同志身上已經成為習慣；
認為法律可有可無，法律束手束腳，政策就是法律，有了政策可以不要
法律等思想，在黨員幹部中相當流行。因此，該文件提出：「加強黨對
司法工作的領導，最重要的一條，就是切實保證法律的實施，充分發揮
司法機關的作用，切實保證人民檢察院獨立行使檢察權，人民法院獨立
行使審判權，使之不受其他行政機關、團體和個人的干涉。國家法律是
黨領導制定的，司法機關是黨領導建立的，任何人不尊重法律和司法機
關的職權，這首先就是損害黨的領導和黨的威信。」同時，這一文件還
作了一個重要的決定，即「取消各級黨委審批案件的制度」。[19] 1982 年 9
月，黨的十二大召開，在這次大會上通過的新黨章明確提出：「黨必須
在憲法和法律的範圍內活動。」黨的十二大報告針對這個規定指出：「這
是一項極其重要的原則。從中央到基層，一切黨組織和黨員的活動都不
能同國家的憲法和法律相抵觸。」[20] 1986 年 6 月，鄧小平同志在中央政
治局常委會上也指出：「屬法律範圍的問題要用法制來解決，由黨直接
管不合適。」「黨干預太多不利於在全體人民中樹立法制觀念」。[21] 他還
說：「不管誰犯了法，都要由公安機關依法偵查，司法機關依法辦理，

---

18. 〈中國共產黨第十一屆中央委員會第三次全體會議公報〉，載中共中央文獻研究室編：
    《三中全會以來重要文獻選編》(北京：人民出版社，1982 年)，12 頁。

19. 參見張憋、蔣惠嶺：《法院獨立審判問題研究》(北京：人民法院出版社，1998 年)，
    133 頁以下。

20. 中共中央文獻研究室編：《十二大以來重要文獻選編》上卷 (北京：人民出版社，1986
    年)，68 頁。

21. 《鄧小平文選》第 3 卷 (北京：人民出版社，1993 年)，163 頁。

任何人都不許干擾法律的實施。」[22] 1992 年 10 月，江澤民同志在黨的十四大報告中又重申：「要嚴格執行憲法和法律，加強執法監督，堅決糾正以言代法、以罰代刑等現象，保障人民法院和檢察機關依法獨立進行審判和檢察。」[23] 所有這些文件和講話，對糾正和克服「反右鬥爭」，特別是「文革」中在司法獨立上的錯誤觀點和立場，對恢復與堅持司法獨立的原則和制度，起了重大作用。

1982 年制訂的現行憲法是一部好憲法。它為中國新的歷史時期民主、法治建設和人權保障奠定了基礎，其中包括在憲法中重新確立了司法獨立原則。但是這部憲法對司法獨立原則的表述是否準確、全面，是可以研究和討論的。這部憲法規定：人民法院依照法律規定獨立行使審判權，人民檢察院獨立行使檢察權，「不受行政機關、社會團體和個人的干涉。」「干涉」是個貶義詞。中國的司法機關要接受黨的領導，接受人大的監督，這些原則在憲法中已經有十分明確和具體的規定。然而，「干涉」和「領導」、「監督」不是同一個概念。各級黨組織及其領導人、各級人大及其領導人，也不能隨意對司法機關獨立行使審判權和檢察權加以干涉。但事實上，這種干涉是客觀存在的。因此，1982 年憲法規定，這種獨立審判權和檢察權，只是不受「行政機關」的干涉是不嚴謹的。在這部憲法制訂過程中，就有一些學者對此提出過意見，並建議還是用 1954 年憲法關於「人民法院獨立進行審判，只服從法律」的規定為好。可是，這一建議未被採納，從而為後來黨中央關於「取消黨委審批案件的制度」的指示不能得到落實[24]，地方黨組織和領導人干涉司法機關對具體案件的審理時有所見；人大監督與司法獨立的關係不能得到正確理解和處理，地方人大及領導人干涉司法機關對具體案件的審理常有出現，留下了憲法原則依據的缺失。

以上問題的出現，同人們包括有些領導同志對「司法獨立」原則存在不同理解與認識有關。例如，1981 年第一次全國政法工作會議上，一

---

22. 《鄧小平文選》第 2 卷（北京：人民出版社，1993 年），292 頁。

23. 《中國共產黨第十四次全國代表大會文件彙編》（北京：人民出版社，1992 年），34 頁。

24. 例如，當時憲法起草委員會秘書處負責人胡喬木同志曾要求中國社會科學院法學研究所對 1982 年憲法草案提修改意見。該所孫亞明、王家福、李步雲、劉海年、張仲林等五位同志提出過這一建議。

位領導同志就曾提出要批判「司法獨立」、「無罪推定」、「有利被告」、「自由心證」這四個原則和制度。這位領導同志的看法是：「司法獨立，還要不要黨的領導？這是一個老問題。有人提出，法院獨立審判，只服從法律，任何機關、團體、個人不得干涉和施加影響。這樣講，還要不要受黨的領導？還要不要對人民代表大會及其常委會負責？公檢法互相制約，也是一種干涉，不允許嗎？工青婦對審判發表一點意見，也是影響，這都不行？甚至審判是個人都要獨立，不受審判委員會、院長、庭長的領導，只能他一個人說了算。那怎麼行呢？」[25] 其實，「司法獨立」不能提，只是這位領導的個人意見，同時他個人的看法也不是一貫的主張。例如葉劍英同志任憲法修改委員會主席代表中共中央在該委員會第一次會議上講話時，就曾提出，堅持司法獨立是這次憲法修改的一項指導原則。又如，撰寫代表黨中央意見的〈社會主義民主和法制的里程碑——評審判林彪、江青反革命集團〉的《人民日報》特約評論員文章[26]，就是這位領導同志提出的建議並審閱定稿。這篇文獻總結的這次世紀審判貫徹了五項法制原則，其中一項就是「司法獨立」。可見認為，「司法獨立」的提法不能用，並不是中央領導集體的意見。當然，問題的關鍵不是提法和用詞問題，而是涉及法的基本理念，是對「司法獨立」這一法治原則的科學內涵的理解與把握。認為執政黨的各級黨組織和領導人員可以「干涉」司法機關獨立辦案，這是無論如何也說不通的。它既同鄧小平的理論主張不符合，也和世界各國通常的理念與制度相背離，還同《關於司法機關獨立的基本原則》這一國際人權文件的精神與規定相抵觸。該文件的第 2 條規定：「司法機關應不偏不倚、以事實為根據並依法律規定來裁決其所受理的案件，而不應有任何約束，也不應為任何直接間接不當影響、慫恿、壓力、威脅或干涉所左右，不論其來自何方或出於何種理由。」[27]

---

25. 《彭真文選》（北京：人民出版社，1991 年），416 頁。

26. 參見《人民日報》1980 年 11 月 22 日；李步雲：《走向法治》（長沙：湖南人民出版社，1988 年），615 頁。

27. 中國社會科學院法學研究所編：《國際人權文件與國際人權機構》（北京：社會科學文獻出版，1993 年），300 頁。

黨對司法工作的領導主要是路線、方針、政策的領導，是監督司法機關嚴格依法行使職權和依法辦案。在一定意義上，法律集中體現了執政黨的方針、政策。司法機關內部也有黨的組織在起領導和監督作用。因此，司法機關嚴格依法辦案，就是體現了黨的領導作用。司法獨立是一項憲法原則，司法機關的權力是憲法賦予的。而像黨委審批案件一類制度[28]是違反憲法的。如果司法機關之上或之外還可以有某個組織或個人對具體案件的定罪量刑作最後裁決，這就剝奪了中國憲法賦予司法機關獨立辦案的權力。我一貫主張在中國建立違憲審查制度。[29]如果這一制度建立起來，而某一案件是司法機關之上或之外的某一機關或個人所最後定奪，那麼當事人就可以提起憲法訴訟，違憲審查機構就必須受理，而違憲審查機構也很難作出這不是違憲的裁決。這也不失為是保障司法獨立的一種有效辦法。

---

28. 參見李步雲：〈黨委審批案件的制度需要改變〉，載前引《走向法治》，326 頁。

29. 參見李步雲：〈建立違憲審查制度刻不容緩〉，《法制日報》2001 年 11 月 2 日。

第二十一章
黨委審判案件的
制度需要改革

* 本章原載於 1979 年 3 月 6 日《人民日報》的《理論宣傳動態》第 62 期。同一天，該報
的《情況彙編》第 1038 期轉載此文，報中央領導同志參閱，受重視。1979 年 9 月 9 日
中共中央《關於堅決保證刑法、刑事訴訟法切實實施的指示》正式決定取消這一制度。
這是中國在司法制度方面實行的一項意義深遠的重大改革。作者曾參與這一文件的起
草。1985 年 2 月 12 日，本章獲中國社會科學院優秀研究報告獎。

黨委審批刑事案件的制度要不要改變，是一個亟需討論解決的問題。我認為，實行這一制度，弊病很多，主要有九個方面：

1. 　黨委審批案件，名義上是黨委集體討論決定，實際上往往是由管政法工作的書記説了算。黨委要管的事情很多，黨委成員不可能仔細審閱案情，他們對法律的各種具體規定也不熟悉。在很多情況下，決定於政法書記或第一書記的個人意見。有時候，有的地方，黨委實際不管，而由書記個人負責審批。這樣，就往往出現那種以個別領導人的「長官意志」定罪量刑的狀況。

2. 　過去公開説，審判人員主要是負責把案件的事實搞清楚；而處理是否恰當，則由黨委負責。這樣的講和做，都是不科學的。「事實是根據，法律是準繩」，兩者密切相關。一個具體案件從提起公訴到最後判決，要經歷一個複雜的調查研究過程，只有親自參加辦案的人最瞭解案情；也只有對案情最了解，才能作出符合法律規定的正確判決。把掌握案情同適用法律割裂開來，就難免要出現或枉或縱的差錯。

3. 　強調運用法律由黨委「把關」，也容易造成審判人員不負責任。如有的審判人員就説：「黨委掌舵我划船。我們把事實搞清楚就行了，適用法律正確不正確是黨委的事。」如果黨委不過問具體業務，認定事實和適用法律都由各級法院和審判人員全部負責，就能大大提高各級法院和具體辦案人員的責任感，更好地調動他們的積極性和主動性。

4. 　黨委審批案件，也往往使某些審判工作的重要環節包括公開審判在內，容易流於形式。實行公開審判的作用，不僅可以把法庭變成一座很好的學校，使審判活動起到宣傳教育作用；更重要的是，它可以把人民法院的審判活動，置於廣大人民群眾監督之下，以進一步提高審判工作的質量。但是，案子如何處理，經過黨委審批後，實際上已經拍板定案。因此，無論是「先批後審」，還是「先審後批」，都往往使開庭審理和宣判，尤其是公開審判，只是走走過場。

5. 黨委審批案件，也不利於切實搞好公檢法三機關的相互制約。搞好三機關的相互制約，對於搞清案件事實真相，正確地適用法律和政策，以提高辦案質量，十分重要。三機關對案件的分歧意見，到了黨委那裏，往往形成最後裁決；並且一經決定，即使具體辦案人員還有不同意見，因為要「絕對服從黨的領導」，也就只好不再堅持，馬虎了事。更重要的是，有些案子是「先批後審」。在同級黨委已事先審批的條件下，三機關相互制約，包括檢察院對法院在審理案件中定罪量刑如持有不同意見可以「抗議」的法律規定，是很難行得通的。

6. 黨委審批案件，還不利於嚴格按照法律的規定定罪量刑，以維護法律的嚴肅性。過去建立審批制度，一個重要理由是，黨委最瞭解全域，最瞭解當時當地的階級鬥爭形勢；案件由黨委審批，就可以使審判工作更好地為中心工作服務。一般說來，黨委比較強調辦案要配合當時當地的鬥爭形勢，要服從中心工作；法院的審判人員則是比較強調辦案是否合乎法律的規定。實踐證明，過去強調辦案要為當時當地的形勢和中心工作服務，是存在不少問題的。如某市有一社員僅僅偷了生產隊五斤糧食，為了所謂「保衛三秋」，竟判了他兩年徒刑。過去有人甚至這樣說：由於時間、地點和階級鬥爭形勢不同，一個案件，在甲地可以判處死刑，在乙地可以無罪釋放。如果這種論點能夠成立，那還要《刑法》幹什麼？！

7. 黨委審批案件，也不利於人民群眾對法制實行監督。比如，在我們的訴訟制度中有「迴避」制度，即當事人如果認為審判人員對本案有利害關係或其他關係不能公平審判，有權請求審判人員迴避。這是保證審判工作公正進行的一項重要制度。但是，黨委審批案子，是一種不公開的內部實行的制度，從來不搞也不可能搞什麼「迴避」，這就難以從法律和制度上有效地避免由於某種原因而出現某些徇情枉法的情況。

8. 由黨委審批案件，實際上是國家的審判權不完全掌握在審判機關手裏，而是在很大程度上掌握在同級黨委手裏。這同《人民法院組織法》關於「人民法院獨立進行審判，只服從法律」，以及新憲法關於「國家的審判權由人民法院行使」的法律規定是相矛盾的。實行這種同憲法與法律的規定相矛盾的、僅僅是內部實行與掌握的制度，就必然使國內和國外的人們認為，我們的國家「法外有法」，各級黨的組織有超於法律制度之上的特殊權力。

9. 有人說，取消黨委審批案件的制度，就是「不服從黨委領導」「向黨鬧獨立」。這是一種奇怪的邏輯。強調「人民法院獨立進行審判，只服從法律」，目的是使審判工作更好地執行法律，怎麼是「向黨鬧獨立」？而且，我們的各級司法機關都有黨組織和大批黨員在其中從事領導和進行工作，難道這就不體現黨的領導嗎？現在的情況是，無論工業、農業、商業、教育、文化、科技還是政法，各條戰線都存在着黨委的權力過於集中、黨委對各方面的具體工作大包大攬的問題。這方面，確實需要來一個很大的變革。

第三部分
保障人權

第二十二章

社會主義人權的基本理論與實踐

* 原載於《法學研究》1992 年第 4 期，後作為「導言」收入《當代人權理論與實踐》（長春：
  吉林大學出版社，1996 年）一書。曾由日本鈴木敬夫教授譯成日文，刊登在北海學園
  大學《法學研究》第 31 卷第 3 號。本章於 1996 年 9 月獲中國社會科學院法學研究所、
  政治學研究所 1992-1994 年度優秀科研成果獎。

保障全人類的人權能得到最充分的實現，是社會主義的一個本質特徵。在國內，逐步建立起卓有成效的人權保障機制、使每個人的人身人格權、政治權利與自由以及經濟、社會、文化權利都能得到全面的切實保障；在國際上，積極廣泛地參與人權的國際保護，堅決支持被壓迫人民和民族爭取人權的鬥爭，是在中國建設有中國特色的社會主義政治的一個重要目標。

　　人權作為一種社會關係，是自有人類社會以來就有的。然而，以自由、平等與人道為主要原則的近代意義上的人權，卻是資產階級革命的產物。資產階級以民主對抗專制，以人權反對神權、王權和等級特權，在歷史上具有重大的進步意義。資產階級共和國及其人權制度的建立，標誌着整個人類社會文明向前邁進了一大步。在民主革命中，資產階級以實現普遍人權為號召，曾極大地動員廣大人民群眾參加鬥爭，並保證革命取得了勝利。但是資產階級的政治法律制度是建立在資本主義生產資料私有制的經濟基礎之上。這就使得廣大勞動人民很難同資產階級一樣平等地享有普遍的人權。

　　從資產階級革命取得勝利到現在，資本主義國家的經濟、政治和文化已經發生重大變化。由於科學技術的迅速發展，社會生產力水平的普遍提高，人類精神文明的巨大進步，資本主義國家的統治者採取和建立了諸如股份制、社會福利保障和工人參加企業管理等一系列新的政策和制度，廣大勞動人民的人權狀況得到了顯著的改善。但是，只要資本主義生產資料私有制不作根本性質的改變，社會就將存在兩極分化和對立；諸如種族歧視、男女不平等、大量無家可歸者的存在就不可避免；第三世界國家的生存權、發展權等集體人權也難以得到保障。

　　社會主義制度是在分析資本主義社會基本矛盾、批判與揚棄資本主義制度種種弊端的基礎上建立和發展起來的。社會主義人權制度是整個社會主義制度的有機組成部分。社會主義人權的內容包含在社會主義的經濟、政治與文化之中。同時，作為一種相對獨立的社會現象，社

會主義人權是以社會主義的生產關係作為自己賴以建立與發展的經濟基礎；它受社會主義法律制度的確認和保障，受社會主義政治與文化的支持與維護。因此，從根本上說，社會主義人權的性質和特點是由整個社會主義制度所決定。同資本主義的人權相比，社會主義人權制度的優越性，突出地表現在如下三個方面：一是它的廣泛性。享受人權的主體是全體公民，它不受民族、種族、性別、職業、家庭出身、宗教信仰、教育程度、居住期限等的限制；人權的客體不僅包括人身人格權、政治權利與自由，而且包括經濟、社會和文化權利；不僅包括個人人權，而且包括集體人權。相對來說資本主義國家對公民經濟社會文化權利的保障和對集體人權的維護是不重視的。二是它的公平性。社會主義消滅了剝削制度和剝削階級，這就不僅實現了公民在經濟地位上的平等，保證了公民在享受社會和文化權利時是平等的，而且公民在享受各種政治權利與自由時不再受金錢和財產狀況的影響。三是它的真實性。由於社會主義制度和意識形態的本質和特點所決定，社會主義國家願意也能夠為公民個人和少數民族、婦女、兒童、殘疾人等各類社會群體實際享受各種人權提供充分的物質保證和其他方面的條件。

要使先進的社會主義人權制度不斷鞏固、發展和完善，需要有正確的人權理論作指導。在制訂和提出社會主義人權的基本理論時，必須遵循以下原則：第一，要以馬克思主義的基本理論為指導。馬克思、恩格斯對人權問題有過不少精闢論述，特別是他們觀察人權問題的立場、觀點和方法，是我們需要學習、掌握和運用的。但是，我們應從馬克思主義的整個學說，特別是科學社會主義理論的總體把握中去深刻理解人權的本質、特點、意義和發展規律。那種以為革命領袖有關人權問題的直接的和系統的論述不多，因而認為馬克思主義不強調人權的重要性；或者以為馬克思主義創始人深刻地批判資本主義社會人權的虛偽性與局限性，就是意味着社會主義可以不講人權；或者僅把馬恩有關人權問題的言論加以編排整理，以為這就是馬克思主義的人權觀；或者以「左」的面貌出現，用片面的形而上學的方法對待馬克思主義，曲解與否認馬克思主義人權觀的全面性與科學性；如此等等。這些看法與做法都是不正確的。第二，要全面地，實事求是地總結社會主義人權制度的實踐經驗。它無疑有成功的一面。它從一個重要側面顯示了社會主義制度的優越性，並有力地調動了廣大人民群眾建設社會主義的積極性。同時，它也有過種種失誤。由於社會主義的經濟制度和政治制度在實踐過程中存

在種種弊端以及指導思想上的嚴重錯誤，社會主義制度的先進性在人權保障上並未充分地表現出來，甚至出現過像蘇聯 1930 年代「肅反擴大化」和中國 1960 年代「文化大革命」那樣的歷史悲劇。社會主義人權保障的正反兩方面經驗都應是制訂社會主義人權理論的重要依據。第三，要從社會主義國家的社會現實和整個世界的現實狀況出發。現在，社會主義的觀念和制度正在經歷一場深刻的變革；世界物質文明與精神文明已發展到一個嶄新階段，國與國之間的經濟、政治與文化的聯繫日益密切；爭取人權的鬥爭已成為全世界人民共同關心的大事，保障人權已成為國際法的一項重要原則。所有這一切都同一百多年前馬克思與恩格斯提出科學社會主義理論時有了很大不同。馬克思主義者應當回答當代國內人權與國際人權面臨的種種重大問題，對人權理論作出新的概括。第四，要敢於和善於吸收和借鑒人類社會創造的人權理論與人權制度的一切文明成果。對以往和當今西方的人權理論和人權制度不應簡單否定，一筆抹殺。對於其中具有科學性、人民性的合理因素與成分要為我所用。

　　根據以上原則，社會主義人權基本理論的主要內容是：

人權是人按其自然屬性和社會本質所應當享有的權利

　　人權的主體，既包括自然人，即世界上所有的人——全人類；也包括人的延伸，即國內的集體如民族、種族、婦女、兒童、殘疾人，和國際的集體如國家、地區。人權的客體，既包括基本人權，也包括非基本人權，即人應享有的一切權利。人權的本原——即人為什麼應當享有各種權利？人權產生的根源是什麼？馬克思主義認為，人權的產生是由人自身的本性或本質所決定。正如恩格斯所指出：「一切人，作為人來說，都有某些共同點，在這些共同點所及的範圍內，他們是平等的，這樣的觀念自然是非常古老的。但是現代的平等要求是與此完全不同的；這種平等要求更應當是，從人的這種共同特性中，從人就他們是人而言的這種平等中，引申出這樣的要求：一切人，或至少是一個國家的一切公民，或一個社會的一切成員，都應當有平等的政治地位和社會

地位」。[1]人的本性或本質，包括人的自然屬性和社會屬性，這兩個方面是統一的不可分割的。人人都要求生存、要求自由、要求過好的物質生活和精神生活，這是由人的生理的和心理的自然屬性所決定，是人的一種本能，人們始終把人權作為自己追求的根本目標，歸根結底是為了滿足自身的各種需要和利益。這是人權發展的永不枯竭的動力。另一方面，人的本質是「一切社會關係的總和」。因為人不是孤立地生活在世界上。人和人之間，群體和群體之間，個人、群體與社會之間，存在著各種錯綜複雜的社會關係。人就是生活在各種各樣的社會關係之中。既然人不是脫離各種社會關係而孤立地存在，就必然存在著人與人之間的各種利益矛盾與衝突，需要有權利與義務這種形式去加以調整，這樣，也就產生了人權問題。所以，社會關係的存在是人權存在的前提。在各種性質不同的社會關係中，以經濟關係、財產關係為主要內容的生產關係是最基本的和主要的關係，它最終影響與決定着政治的文化的和其他性質的社會關係。而人類社會一定歷史階段（如奴隸社會、封建社會、資本主義社會）人們之間各種社會關係的性質與狀況，決定着人權的性質與狀況。同時，人權意識對人權制度具有反作用，一定的人權制度是依據人們一定的人權意識建立的。但人們的不同的人權意識是人們在各種社會關係中所處的不同地位所決定，一定的生產力與生產關係構成一定的社會生產方式。而人類社會一定歷史階段的人與人之間各種社會關係的性質與狀況，以及與之相適應的人權制度的性質與狀況，最終是由該社會的生產方式所決定。這就是馬克思主義關於人權本原問題的完整學說。只有它能全面地深刻地說明人權的產生及其發展規律，並同各種不正確的理論劃清界限。「天賦人權論」將人權看成是上帝或「自然神」所賦予固然不對，從片面的人性論出發，以「自然法」為論據來闡明人權的本質也不正確。因為它只強調了人的自然屬性，而否定了人的社會本質，因而它必然否認人權的社會性和歷史性，把人權看成是永恆不變的。它無法說明，為什麼在人類社會發展的不同歷史階段，人權的性質和狀況會發生根本性變化。把人權看成是「法律所賦予」的理論之所以錯誤，在於人權的本來含義是一種「應有權利」，它的存在並不以法律

---

1. 中共中央馬克思恩格斯列寧斯大林著作編譯局編：《馬克思恩格斯選集》第 3 卷（北京：人民出版社，1972 年），142-143 頁。

是否確認為轉移。如果說，法律是「統治階級意志的體現」，那就等於是承認，資本主義國家裏勞動人民享有一定的權利，也不過是資產階級的一種施捨。把人權視為人作為人依其自身的自然屬性和社會本質所應當享有的權利，否認人權是任何外界的恩賜，這就為一切被壓迫人民和被壓迫民族以及社會上的各種弱者，為爭取和維護人權而鬥爭，提供了一種最強有力的思想武器。

人權是受一定倫理道德所支持與認可的人應當享有的各種權益

這是人權的本質。權利的基礎是利益。人們之間的權利義務關係，本質上是一種利益關係。這裏所說的利益，其內涵是極其廣泛的。它既包括物質利益和精神利益，也包括人身人格利益。無論是國內人權還是國際人權，總是意味着在個人與個人之間，群體與群體之間，個人、群體與社會之間存在的利益互相矛盾與衝突中一定權利主體在利益上的追求、享有和分配。「人們所追求的一切都同他們的利益有關。」離開「利益」講人權是沒有意義的，也不可能正確理解在人權問題上經常存在的種種矛盾與鬥爭的實質。但是，人權又要受人們的一定道德觀念的支持與認可。什麼樣的個人或群體應當享有什麼樣的人權，法律是否和應當如何確認和保護某項人權，由於人們的道德觀念在某些方面存在着差異，因而其看法與做法也往往不一致。支持與認可人權的倫理道德觀念的核心是人道主義，但人們對人道主義的理解也不完全一樣。在存在着階級對抗的社會裏，由於人們所處的階級地位不同，不同階級之間存在着利益上的矛盾與衝突，人們的道德觀念也受其階級地位的決定與影響。因此，在階級社會裏，人權具有階級性。社會主義是絕大多數人所參與並為絕大多數人謀利益的自覺的運動。社會主義消滅剝削，建立以公有制為主體的經濟制度，保證生產力得到更快的提高，其目的是為了更好地保障絕大多數人的人權。這是社會主義人權的一個重要立足點。當然，這並不意味着對極少數敵對分子應當受保護的人權不予保護。社會主義者承認階級對抗社會的人權具有階級性，正是為了消滅人權制度上階級不平等，實現人人自由、平等和共同富裕的共產主義。階級性是階級對抗社會裏人權的重要屬性之一，但它不是人權的本質，而

是人權本質的異化。在人類歷史上，隨着奴隸社會、封建社會、資本主義社會與社會主義社會的更迭，人權的階級屬性在廣度上和深度上都日漸減弱，這是人類文明不斷進步的一個重要標誌。在未來的共產主義社會裏，人權的階級性將徹底消滅，人權將進入一個最理想的境界。

人權是共性與個性的統一

無論是國內人權還是國際人權，既有個性，也有共性。這是我們制訂人權政策的重要理論依據。人權的個性與共性的基礎是，在利益的追求與享有和道德價值的判斷與取向上，全人類有着共同的一致的方面；而在不同的個人、群體、國家或民族彼此之間又存在着差異、矛盾與衝突。在一國範圍內，任何人都享有生命不可剝奪、身體不受傷害、思想自由不受禁錮、人身自由不受拘禁、人格尊嚴不受侮辱等最基本、最起碼的人權，是共性人權的突出表現。（對某些罪犯剝奪其人身自由甚至判處死刑，那是另外一個問題。）在存在階級對立的社會裏，不同階級和階層的人對經濟、政治、文化與社會等方面權利的實際享有存在着不平等；在社會主義制度下，極少數敵對分子不能同廣大人民一樣平等地享有人權，是人權個性的明顯表現。在現今的國際社會裏，不同社會制度的國家普遍承認和尊重《聯合國憲章》提出的保障「全人類之人權及基本自由」的宗旨以及《世界人權宣言》和「國際人權公約」所確認的保障一系列基本人權與自由的原則；共同簽署某些國際人權條約；共同採取行動制裁某些踐踏人權的國際罪行，都是人權共性的反映。在尊重和維護國家主權原則的基礎上，不同國家和民族在人權觀念、人權政策與人權制度上可以採取不同的立場和做法，是人權個性的體現。人權的共性與個性的界限不是絕對的，而是相對的；它們的內容與表現形式都將伴隨着整個人類社會的經濟、政治與文化的發展變化而不斷演變。人權的共性不斷擴大，人權的個性將日益縮小，這是歷史發展的總趨勢，是人類文明進步的重要標誌。社會主義者要站在這一歷史潮流的最前列，為促進與加速這一歷史進程作出自己應有的貢獻。

經濟權利與政治權利的統一性

　　人權的內容是廣泛的，它主要包括三個基本的方面：即人身人格權利，政治權利與自由，經濟、文化和社會權利。社會主義人權觀認為，這些權利具有同等重要意義。在人類文明已經發展到現今的條件下，人應當全面地享有這些權利。從歷史發展看，在前資本主義時期，人們所要爭取的主要是人身人格權，包括生命權、人身安全權、人身自由權、人格尊嚴權等。資本主義革命時期，資產階級所要爭取的主要是政治權利與自由，包括選舉與被選舉權、言論與出版自由、集會與結社權等。在社會主義革命時期，無產階級領導其他勞動人民所要爭取的則主要是經濟、社會與文化權利。這一革命已經不滿足於人的「政治解放」，而是要求人的「社會解放」。它不是要求以一種相對先進的私有制來代替另一種相對落後的私有制，而是要消滅私有制本身，從政治平等提高到經濟平等，並為全人類能夠全面地享有最廣泛的人權創造條件。這一人權的歷史發展軌道表明，它是一個人權由較低層次向較高層次發展、上升與進步的過程。許多西方學者也都公正地承認，社會主義革命的人權要求較之資產階級革命的人權要求高出整整一個時代；社會主義者為推進全人類的人權運動作出了歷史性貢獻。從現今資本主義國家的現實情況來看，由於生產力水平與文化發展水平有了很大提高，社會主義思潮的影響日益廣泛和深入，這些國家的政府被迫從法律上政策上採取了各種措施，使公民在經濟、社會與文化方面的人權狀況有了顯著改善，但他們不願對資本主義的經濟制度作根本性質的改變，勞動人民群眾就不可能享有廣泛的人權。正如列寧所說：「只要剝削還存在，就不會有平等。」與資本主義制度不同，社會主義社會的最大優越性，在於它為公民享有一切權利，提供了一個現實的經濟、社會和文化基礎，開闢了廣闊的發展前景。但是，社會主義在實踐過程中，也出現過種種挫折和失誤。從人權的角度看，問題不是在平等的經濟、社會與文化權利的實際享有，而是在政治權利與自由的充分保障上。這有複雜的原因，除了革命鬥爭的客觀環境和指導思想上存在着失誤外，經濟體制與政治權力的過於高度集中，是其中一個很重要的因素。這是社會主義國家在經濟體制改革特別是政治體制改革中需要着重研究的一個重要課題。

與此密切相關的另一個重要問題，是要正確處理好自由與平等的矛盾與衝突。自由和平等都是現代人權的重要原則。兩者既有相互依存與促進的一面，又有相互矛盾與衝突的一面。社會主義制度在實踐中出現的主要弊端，是「平等」過頭而走向了平均主義，「自由」太少而束縛了各方面的手腳。社會主義制度（首先是經濟制度，同時也包括政治制度和文化制度）的改革所要解決的一個重要問題是，克服平均主義，打破「鐵飯碗」、取消「大鍋飯」；擴大各方面的自由，給地方、企業事業單位和勞動者個人「鬆綁」，藉以調動廣大勞動者的主動性、積極性和創造性，以生產出更多的物質財富和精神財富，使人民擺脫普遍貧困。同時，在高速度發展物質生產與精神生產的前提條件下，採取各種措施，防止兩極分化，實現共同富裕。從保障人權的角度和意義上看，採取這一方針，也就意味着要在平等與自由這兩項主要人權原則的價值取向上，作出向自由傾斜的重要調整。只有這樣做，才能保證社會主義國家的全體公民能切實享有最廣泛的人權。

個人人權與集體人權的一致性

社會主義人權觀強調個人人權與集體人權的統一性和一致性，主張國家和國際社會對兩類人權予以同樣的重視與保護。集體人權有兩類。一類是國內集體人權，如民族種族權利、婦女兒童權利、殘疾人的權利、人犯與罪犯的權利等。另一類是國際集體人權，其主體主要是國家，也包括一些地區和國家集團。這後一類也稱之為民族人權。

一般來說，個人人權與集體人權的相互關係是：個人人權是集體人權的基礎，集體人權是個人人權的保障。一方面，任何集體都是由個人組成的。任何集體從國家或國際社會的人權保護中所獲得的權益，其出發點都是組成這個集體的個人，其落腳點即實際受益者也都是個人。否則，集體人權就成了一個空洞的抽象而失去任何意義和存在價值。同時，任何人權的爭取與獲得也要依靠組成這一集體的個人的共同努力。另一方面，由社會的性質與組織結構的特點所決定，集體人權的出現又是必然的和必要的。它是人類權利追求與實現的一種重要形式，對個人權利的保障具有十分重要的意義。國內集體人權是這樣，國際集體人權就更是這樣。在一個國家內，少數民族與種族需要作為一個整體從國家

那裏得到法律上、政策上的權利保障和物質的與文化的特殊具體幫助，其成員才可能獲得各種實際權益。在國際上，如果一個國家不獨立，這個國家的人民各方面的權利保障就無從談起。

資本主義國家比較重視個人人權而輕視集體人權的保障，是一個不可否認的事實。儘管在國內集體人權的保障方面，資本主義國家近幾十年來採取了一些法律的政策的措施與實際行動，在國際社會也簽署了不少有關保障民族自決權、發展權等方面的國際公約與條約，但它們側重強調保障個人人權的基本立場與態度，並未作根本性質的改變。這有歷史的和制度本身的多種原因。資產階級領導的民主革命本質上是一場政治革命，是以政治上反對三權和等級特權，爭取個人的民主、自由權利為主要目標；在思想上則提倡個性解放，主張個人至上，崇尚個人主義，以反對封建專制主義的思想禁錮。資本主義經濟是一種私有制自由經濟：雇傭自由、買賣自由，強調保護個人權利是必然的。

從政治上的個人解放運動，發展到經濟上政治上的階級解放運動再發展到國際上的民族解放運動；從資產階級人權強調保護個人權利，發展到社會主義人權既重視個人權利的保障，又重視集體權利的保障，進而發展到以保障民族自決權發展權等為主要內容的國際集體人權是人權發展兩次歷史性飛躍。社會主義革命對此都作出了重大貢獻。社會主義人權觀強調個人人權與集體人權的高度統一，是由社會主義的「人的全面解放」學說與理想所決定。正如《共產黨宣言》所指出，共產主義社會將是一個「以每個人自由發展是一切人的自由發展的條件」的聯合體[2]。那種認為社會主義只應重視集體人權，不應強調個人人權；或者認為集體人權高於個人人權的觀點，是不正確的。無庸諱言，在以往社會主義的實踐中，我們在處理個人人權與集體人權的相互關係時，確實存在過有忽視和輕視保障個人人權的傾向。「文化大革命」的出現就是例證。這場災難正是以「反修防修」為藉口而肆意踐踏上至國家主席、下至黎民百姓的個人權利且長達十年之久。正因為如此，黨的十三屆三中全會以後，黨和國家才採取一系列政策和法律措施來全面加強對個人人權的保護。事實上，這個問題在所有社會主義國家中普遍存在。在社

---

2. 中共中央馬克思恩格斯列寧斯大林著作編譯局編：《馬克思恩格斯選集》第 1 卷（北京：人民出版社，1972 年），273 頁。

會主義制度的自我完善過程中，徹底解決好這個問題，對於充分體現與發揮社會主義制度的優越性，在全世界人民的心目中提高社會主義的威望，是至關重要的。

人權具有權利與義務的不可分割性

實現人權在權利與義務上的高度統一，是社會主義人權制度的一個重要特點。馬克思主義認為：「沒有無義務的權利，也沒有無權利的義務。」[3] 這個一般原理，為現代人權觀念所公認。正如《世界人權宣言》所強調的：「人人對社會負有義務，人人在行使他的權利和自由時，只受法律所確定的限制，確定此種限制的唯一目的在於保證對旁人權利和自由給予應有的承認和尊重。」權利與義務的統一性，由人權自身的社會屬性所決定，因為人權只能在人與人的社會關係中存在。在個人與個人，群體與群體，個人、群體與社會的相互關係中，某一主體享有某項權利，就意味着要求其他主體有尊重並不得侵犯這項權利的義務。否則，任何人的人權都無法得到保障。但是，權利與義務又有可分性的一面。因為權利與義務是兩個相對獨立的概念與範疇。就它們的實際行使來說，有的主體可能只享有權利而不盡義務；有的主體則可能只盡義務而不享有權利。

權利與義務相分離，是一切私有制社會所共有的特徵。它反映了階級剝削與階級壓迫的不平等關係。不過，這種分離的性質與程度在奴隸制社會、封建制社會和資本主義社會裏又是有區別的。它隨着人類社會的不斷進步而不斷改變自己的形態。權利與義務由完全分離逐步走向統一，是人類社會文明不斷發展與提高的一個重要標誌。

社會主義社會是權利與義務實現高度統一的社會。在這裏，任何人在法律上既是權利的主體，也是義務的主體；任何人在法律面前，既享有平等的權利，又承擔平等的義務。社會主義公有制的建立，經濟剝削與政治壓迫的廢除，階級對立的消失，使權利與義務的分離失去了社

---

3. 中共中央馬克思恩格斯列寧斯大林著作編譯局編：《馬克思恩格斯選集》第 2 卷（北京：人民出版社，1972 年），137 頁。

會根基。但是，這並不意味着在社會主義制度下不再存在任何權利與義務相分離的情況。社會主義社會的經濟、政治與法律的制度為權利與義務實現高度統一提供了社會條件與法律保障，但有的人並不一定按法律規定行使權利與履行義務。反對只享有權利而不盡義務的特權思想與特權人物，是所有社會主義國家都面臨的一項重要任務。如何從制度上法律上防止與杜絕這類特權人物存在，是社會主義制度自我完善的一項重要課題。在那些缺乏民主與法制傳統的國家裏，情況更是如此。

人權的認可與享有不是絕對的；權利與義務的設定與實現是有界限的。這種界限應由法律作出明確具體的規定。如果國家可以任意剝奪或肆意侵犯人應當享有的權利，那是專制主義；如果允許權利主體可以超越人權的合理界限而濫用權利，那是無政府主義。這兩種傾向都是應當防止和反對的。在那些缺少民主與法制傳統的社會主義國家裏，防止與反對各種形式的專制主義是主要的。此外，還應準確地把握和合理地確定權利與義務的界限。它取決於三個最基本的因素：一是立法者需要洞悉社會的現狀與趨勢，準確把握權利賴以產生與制約的經濟、政治與文化條件；二是立法者需要正確處理個人、群體與國家三者利益的協調，其合理配置應能在保證效率的前提下實現社會公正；三是立法者應具有適應時代精神要求的道德價值判斷和取向。

人權的實現是一個過程：受多種條件的決定與制約

人權的三種基本存在形態是應有權利、法定權利、實有權利。人權的本義是「應有權利」。法定人權是人們運用法律這一工具使人的「應有權利」法律化、制度化，使它的實現能夠得到最有效的保障。實有權利是指人們已經享有和能夠享受到的權利。應有權利存在本身有一個發展過程。最基本的人身人格權，如生命權、人身安全權、人身自由權、人格尊嚴權是人類社會一存在就應當享有的；而政治權利和經濟、文化、社會權利則主要是隨着社會生活日益豐富、社會關係日益複雜、多樣、廣闊以及人類物質文明與精神文明日益進步而不斷豐富和擴展的。這裏所說的「人權的實現」，是指從應有權利轉化為法定權利，從法定

權利轉化為實有權利。保證應有權利能為人們所享受，有各種社會因素和力量，其中法律手段是最基本的和最有效的。一項應有權利為法律所確認和保護，就是表示應有權利的實施邁進了一大步。但是法律確定了某項人權，並不等於人們就已經或實際能夠享受到這一人權。因此，由法定權利轉變為實有權利是人權實現的另一過程，而且是最困難也是最主要的過程。要在法律中對人權的內容作出全面規定，並不十分困難；而要使法定權利為人們所切實享有，則不是很容易能夠做到的。評判一個國家的人權狀況，主要看這後一條。在中國，人權保障存在的問題，固然在立法上有很不完善的地方，但主要的還是法律所確認的權利得不到最有效的保障。

人權的實現，取決於以下四個方面的基本條件：一是商品經濟的發展狀況。人類歷史表明，人權的發展同商品生產的發展是有密切聯繫的。自由與平等的觀念主要來自商品經濟。資本主義人權制度與意識，建立在資本主義商品生產的經濟基礎之上。社會主義商品經濟的發展，將為社會主義人權的實現提供最有利的經濟條件。二是民主政治的發展程度。作為專制政治對立物的民主政治，是現代人權制度賴以建立與發展的政治基礎，公民的民主權利與自由是人權內容的組成部分；同時整個民主制度包括其國家制度、政治制度在內，又是人權實現的可靠保障。法治是現代民主政治的重要內容。法治的基本標誌是要有完備的並能充分保障人權的法律；這種法律又要有極大的權威，以保證它能得到最切實的執行與遵守。三是經濟文化發展水平。社會的物質產品與精神產品愈豐富，人們享有人權的可能性就愈大。它們既是經濟權利、文化權利與部分社會權利的實體內容，又是發展社會經濟政治結構在物質和思想方面的必要條件，對人身人格權利和政治權利的實現有間接的重要作用。四是人權意識的發展水平。人權制度的建立與實施，離不開正確的先進的人權理論作指導。廣大公民要為爭取自己的權利而鬥爭，也需要有科學的進步的人權意識為基礎。以上四個方面的條件對人權實現的決定性作用，適合於不同社會制度的國家，具有普遍意義。中國之所以出現過十年「文革」人權遭受肆意踐踏的歷史悲劇以及現在仍然存在人權問題的原因，今後健全人權制度的途徑，應當從以上這四個方面去尋找。單純強調經濟文化發展水平的作用是錯誤的。

人權的徹底實現以人的全面解放、人的全面自由發展、人的需要的全面滿足為標誌

只有共產主義社會才能實現這一最理想的人權。社會主義社會是通往這一理想境界的一個階段。資本主義社會的人權以資本主義生產資料私有制為基礎，財產權是其一切權利的核心，「平等地剝削勞動力，是資本的首要人權」。這種人權的最大局限性，在於它本質上是資產階級的特權，對無產階級來說，人權有它不真實的一面。社會主義革命要消滅階級、消滅剝削、消滅壓迫，要以比資本主義更快的速度發展生產力並最終實現共產主義。這一理想社會是一個「自由王國」，是全面發展的自由人的聯合體。只有這樣的社會，人權才能徹底實現。實現徹底的真正人權，是共產主義的最終目的，消滅私有制是達到這一目的的根本手段。把消滅私有制當作目的而把人權當作手段的理論觀念是完全錯誤的。人道主義是人權的重要理論基礎。一切為了人的解放，一切為了人的幸福，是馬克思主義的出發點和最後歸宿。從某種意義上可以說，共產主義者應當是最進步的人道主義者，也是最徹底的人權主義者。馬克思主義者應當把「人權」這兩個大字書寫在共產主義旗幟上，並高高舉起它。

以上八點就是社會主義人權理論的主要內容，是馬克思主義者觀察與處理一切人權問題的基本立場，也是在中國建設有中國特色的社會主義人權制度的指導思想。

第二十三章
人權的三種存在形態

· 原載於《法學研究》1991 年第 4 期，後收入《當代人權》（中國社會科學出版社 1992
年版）一書，曾由林來梵教授譯成日文，登載在立命館法學第 230 號（1993 年第 4 號）
上。本章於 1995 年 10 月獲《法學研究》一百期優秀論文獎。

人權是人按其本性應當享有的權利。簡單說，就是「人的權利」。在現代，人權的內容十分廣泛和豐富。它可以從不同角度作多種分類。例如，從人權內容的不同性質看，可以分為人身權利、政治權利、經濟權利、文化教育權利、社會權利等；從人權的不同主體看，可以分為個人權利、集體權利、民族權利；從人權的不同保障方式看，可以分為國內人權與國際人權。這些都是現在人們經常使用的分類方法。此外，我們還可以從人權的實現和存在形態這個角度進行區分，把它分為應有權利、法定權利、實有權利。本章試圖就此問題作一論述。

人權的概念

　　為了說明這個問題，首先需要搞清楚人權這一概念的外延。筆者以為，不少同志對這一概念，包括人權的主體和客體，在理解上偏於狹窄。

　　有的同志說，「什麼是人權？簡而言之，人權就是人民的權利，或者叫公民的基本權利。在資本主義國家裏，人權，一般是公民基本權利的通稱，即公民的基本權利也可以叫做人權。」[1]「人權概念無論是在被發明出來的時候，還是現代的使用中，都不指涉和涵蓋公民的全部權利，而僅指涉那些基本的和普遍的權利」，或者說，「屈指可數的主要的權利」[2]。人權，「指人身自由和其他民主權利」。[3] 筆者認為，把人權的內容僅僅理解為「公民的基本權利」是不妥當的。儘管人權的內容是伴隨着人類社會的物質文明與精神文明發展水平的不斷提高而逐步擴展

1. 喬偉：〈論人權〉，《文史哲》1989 年第 6 期。
2. 張光博：〈堅持馬克思主義的人權觀〉，《中國法學》1990 年第 4 期。
3. 《法學辭典》（上海：上海辭書出版社，1984 年），8 頁。

與豐富的，人權的概念在歷史上是處於不斷發展變化之中，現在人們對人權內容的理解也還有差異，但在現今的國際社會中，認為人權就是指人的「權利」，包括人的一切權利，已經愈來愈成為一種共識。到目前為止，國際上已經制訂了六十多個有關人權保障的文件，其內容十分廣泛，幾乎無所不包，而不僅僅限於基本人權。就一國範圍來說，基本人權一般是通過憲法規定的「公民基本權利」來表現其內容的。基本人權與非基本人權，公民的基本權利與公民的非基本權利，其界限既是絕對的、確定的，又是相對的、不確定的。所謂公民的基本權利，是相對於公民的非基本權利而言的。公民的基本權利主要由憲法規定，而公民的非基本權利則由普通法律來予以確認。從邏輯上說，公民的非基本權利自然也應當是人權的內容。從所涉及的範圍看，基本人權如生存權、自由權、平等權只是人權的一小部分，而非基本人權的內容則要廣闊得多。保護公民的基本權利固然重要，但不能認為公民的非基本權利就不重要，就可以被排除在人權概念之外。殘疾人的某些特殊權利，對健康人不適用；消費者的權利，生產者不能享有；罪犯的某些特殊權利，對一般公民不適用。這些都是公民的非基本權利，但這些無疑都是重要的，都應屬人權的範疇。在民事的、刑事的與行政的法律關係以及訴訟法律關係中，當事人與關係人的各種權利，有的是自由、平等、安全等基本人權的引申、展開與具體化，但有的則不是，如律師的權利、監護人的權利，如此等等，內容十分廣泛，這些也無疑應是屬人權的範疇。如果我們把公民的非基本權利排除在人權概念之外，這在理論上是不正確的，在實踐上是有害的。

當然，把人權區分為基本人權與非基本人權是十分必要的。無論是在一國範圍內還是在國際主義社會裏，我們首先需要強調的並着重予以保障的是基本人權，這是一個問題；而人權這一概念應當包括基本人權與非基本人權在內，則是另一個問題。在許多國際文件與人權約法中，經常使用「基本人權」這一概念，其目的與作用也是為了強調保障基本人權的重大意義，但它並不是意味着人權就僅僅是指「基本人權」。

有的同志提出：人權就是公民權。在中國，持這種觀點的人相當多。筆者認為，這在邏輯上和事實上都是不能成立的。所謂公民，通常是指具有一個國家的國籍、根據該國憲法、法律享受權利、擔負義務的

自然人。國籍的取得，要有一定條件；國籍也可以喪失，包括自願喪失與非自願喪失。因此，幾乎任何國家都可能有非公民生活與工作在那裏。如果「人權就是公民權」，那就意味着這些人與人權無關，不應享有人權。由於各種政治原因，一個國家的公民出逃，作為難民而留居在別一國家，這種情況非常之多。近年來，僅越南、阿富汗、伊拉克的難民，就都以百萬計。現在世界上還有許多並非難民的無國籍人，他們不是任何一個國家的公民。如果「人權就是公民權」，那麼這些難民和無國籍人，就與人權無關；他們的應有權利在居住國就難以受到保護。自1951年以來，有關國際組織已經制訂不少公約，如《關於難民地位的公約》(1951)、《關於無國籍人地位的公約》(1954)、《減少無國籍狀態公約》(1961)、《難民地位協定書》(1967)、《非居住國公民個人人權宣言》(1985) 等，來保障難民與無國籍人的應有權利。國際社會普遍認為，這些都是世界人權約法的重要組成部分。

自馬克思主義出現以來，尤其是蘇聯十月社會主義革命以後，人權概念與人權制度已由重視保障個人人權，發展到重視保障集體人權，如階級的或階層的權利、少數民族的或種族的權利、婦女和兒童的權利、殘疾人的權利、消費者的權利等，這些都是「群體」的權利，不是個體的權利。而公民則是一個個體概念。顯然，「人權就是公民權」的定義，是概括不了這類重要權利的。

再從國際範圍來看。第二次世界大戰以後，一大批新獨立的第三世界國家反對殖民主義掠奪與剝削，要求民族獨立、發展民族經濟的鬥爭日益高漲，因而產生了民族自決權、發展權、和平權、環境權等權利要求。從此，人權的概念與制度由國內法領域進入了國際法領域。這類重要人權已得到國際社會的公認，並制訂有一系列國際公約保障這類權利。今天，社會主義和第三世界國家反殖、反霸的內容已經成為我們這個時代的主流。顯然，公民權這一國內法的具有個體特徵的概念，是包容不了國際範圍內民族與民族之間、國與國之間、地區與地區之間的權利關係的。

大家都知道，人權與公民權這兩個概念，在資本主義國家的經典文獻和馬克思主義經典作家的著作中是有區別的。例如，法國1789年制訂的《人權宣言》，其全名就是《人權與公民權宣言》。馬克思曾指出：「一個人有責任不僅為自己本人，而且為每一個履行自己義務的人

要求人權和公民權。」[4] 馬克思認為，人權的一部分是政治權利，它們屬公民權利的範疇；而人權則是「權利的最一般形式」。

　　上文，我們從兩個方面分析了人權的概念，其權利主體不能局限於「公民」，其權利客體不能局限於「基本權利」。如果採用人權就是「人的權利」這一定義，就能比較恰當地概括出它的全部內容，比較合理地表述這一概念的外延以及它的內涵。這裏的「人」是指一切人，不僅指公民，而且包括非公民；不僅指個人，也包含作為人的群體，即國內的集體與國際的民族集體。這裏的「權利」是指人的一切權利，不僅指基本權利，而且包括非基本權利。人權這一概念在理論上邏輯上必須嚴謹。這樣，在人權保障的實踐中才不致帶來各種消極的影響。同時，人權就是「人的權利」這一定義，原則上不涉及人權的本質、制度與政策，能同國際社會的共同看法相協調，也可以在國際交往中避免不必要的障礙和困難。

什麼是「應有權利」？

　　有一些同志在自己的著作中提出，人權就是「人的權利」，「是人作為人享有或應該享有的權利」；[5]「人權即作為一個人所應該享有的權利」[6]。但是，持這種觀點的同志，有的認為這裏所說的「權利」僅僅是指法定權利；有的則沒有提出和分析、論證「應有權利」這一概念或者有意迴避了它。究竟在現實的社會生活中有沒有「應有權利」？它是一種什麼樣的性質和狀態，它同西方所謂的「自然權利」又有什麼區別？筆者在下面試圖對此作一探究。

　　從本來的意義上講，人權就是指人的這種「應有權利」。法律規定的權利不過是人們運用法律這一工具使人的「應有權利」法律化、制度化，使其實現能得到最有效的保障。因此，法定權利是法制化了的人

---

4. 中共中央馬克思恩格斯列寧斯大林著作編譯局編：《馬克思恩格斯全集》第16卷（北京：人民出版社，1964年），16頁。

5. 董雲虎等主編：《世界人權約法總覽》（成都：四川人民出版社，1990年），75頁。

6. 何華輝：《比較憲法學》（武漢：武漢大學出版社，1988年），60頁。

權。法定權利同「應有權利」相比，雖然是一種更為具體、明確、肯定的規範化的人權，但不能説，它同「應有權利」是一回事；在法定權利之外，不存在「應有權利」。由於受主觀與客觀的種種條件的限制，在任何國家裏，法律的制訂都需要有一個過程。而且由於各種因素的影響與制約，立法者是否願意運用法律手段去確認與規範人的「應有權利」以及這種權利能否得到合理的與充分的保障，也是不確定的。只有存在人的「應有權利」，才能產生應不應當以及如何去保障它的問題。否認「應有權利」的存在，法定權利就會成為「無源之水」和「無本之木」。

事實上，「應有權利」的存在，並不以也不應當以法定權利的存在與否為轉移。舉兩個例子就能充分説明這一點。世界上第一部成文憲法──美國憲法頒佈於 1787 年。當時由於存在不同意見，憲法中沒有任何保障人權的具體條款。只是到 1791 年，經過傑弗遜等民主主義者竭力爭取，才通過第二修正案即人權法案，明確規定公民可以享有的一些基本人權。能不能説，美國人民在 1791 年之前，不應享有該修正案所列舉並予以保障的那些基本人權嗎？當然不能。中國現行憲法頒佈於 1982 年。這部《憲法》的第 38 條規定：「中華人民共和國公民的人格尊嚴不受侵犯。禁止用任何方法對公民進行侮辱、誹謗和誣告陷害。」這在中國是第一次。能不能説，中國人民在這部憲法頒佈之前不應當享有人格尊嚴不受侵犯的權利呢？當然不能。運用法律這一社會關係調整器來確認與保障人的「應有權利」要有一個過程，這在任何國家都是必然的。不過，有的過程是合理的，而有的過程則是不合理的。如果認為人權僅僅是指法律規定的權利，不存在人的應有權利問題，那不等於是承認那些專制主義國家蔑視人權、拒絕運用法律手段去確認與保障人權是正常的、合理的嗎？！

一人的「應有權利」在法律沒有予以確認和保障之前，它們在現實社會生活中是客觀存在的。權利義務關係實質上是一種社會關係。法律上的權利義務存在於法律關係（包括抽象法律關係與具體法律關係）之中。法律關係以法律的存在為前提，是一種具有自身特點的特殊的社會關係。人的「應有權利」以及與之相伴隨的義務，一部分或大部分被法律化、制度化以後，轉變成了法定的權利與義務。而另一部分則存在於現實生活的各種社會關係之中。它們是不難看出與理解的。例如，

中國自 1949 年 3 月中共中央發佈《關於廢除國民黨的六法全書與確定解放區的司法原則的指示》以後，舊的法統就在中國大陸中斷了。1950年 4 月制訂與頒佈了新中國的第一部婚姻法。儘管這部法律制訂得十分迅速，但仍然在上個短時期內，中國的婚姻家庭關係中的權利與義務沒有法律給予確認與保障。然而，在那時的婚姻家庭關係中，夫妻之間與父母子女之間，還是存在着某種權利與義務的關係。在千千萬萬個家庭中，父母在這樣那樣地行使教育子女和監護未成年子女的權利；而子女則在這樣那樣地履行贍養父母等義務。

人的「應有權利」在法律沒有給予確認和保障的情況下，它們受着以下一些社會力量與因素的不同形式與不同程度的承認與保護：一是各種社會組織，包括政黨與社會團體的綱領與章程；二是各種形式的鄉規民約；三是社會的習俗、習慣與傳統；四是人們思想中的倫理道德觀念和社會政治意識。所有這些社會力量與社會因素對人的「應有權利」的承認與保護，雖然不如國家的法律對「應有權利」的確認與保障那樣具體、明確，那樣具有普遍性和規範化的特點，沒有國家強制力予以支持，但這種承認與保護是人們看得見與感覺得到的，它證明人的「應有權利」在社會現實生活中，在現實的社會關係和社會交往中客觀存在，並不是什麼虛無飄渺的東西。

有人認為，權利是個法律概念，也僅僅適用於法律領域，並由此而否定或懷疑人的「應有權利」這個概念的科學性。這種看法是不正確的。權利與義務是一個內容極為廣泛的概念。其種類不僅包括國家法律上的權利與義務，也包括政黨、社會團體、企事業組織等規章上的權利與義務，還包括道德、宗教規範中的義務。法律上的權利與義務同各種社會組織規章中的權利與義務的區別，僅僅是具體內容、適用範圍、實施方式的不同而已。它們都具有權利與義務共同的形式特徵。人的「應有權利」以及伴隨而存在的義務，一部分通過法律原則和條文以及社會組織規章的原則與條款得到具體反映；一部分則通過人們的倫理道德、社會政治觀念以及傳統、習慣、習俗等的認可與支持而在現實生活中的社會關係和社會交往中表現出來。例如，在某個國家的某個歷史時期，在法律和社會組織規章上沒有規定人的人格尊嚴不受侵犯，但人格權，包括人的人身不受凌辱、名譽不受詆毀、榮譽不受玷污、姓名不受褻

瀆、肖像不受侮辱等，雖然會經常遭受破壞與踐踏，但在現實的社會關係與社會交往中還是能夠多少有所反映和表現，能夠多少受到社會上一部分人的承認和尊重。

我們所講人的「應有權利」同西方天賦人權論所講的「自然權利」，雖然在形式上有些類似，但是在一系列根本問題上存在着原則區別。天賦人權論以人權反對神權和君權，具有重大的歷史進步意義；它的理論基礎之一——「自然權利」說也包含有某些合理的因素，即提出了「應然」與「實然」的概念，猜想到了在法定權利之先，有某種人應當享有的權利的存在。但是，整個天賦人權論連同它的理論基礎「自然權利」說，是建立在歷史唯心論的基礎上。具體分析，其區別主要表現在以下四個原則問題上。

一是關於權利的本源。「自然權利」說認為，在國家出現之前，人是處於一種「自然狀態」中，那時人與人的關係，由「自然法」調整，「自然權利」是自然法所賦予和固有的。隨着國家的產生而出現了人定法，它必須受「自然法」的支配。自然法與自然權利是人與生俱來的。它的本源是「自然」，是人的「理性」，是人性。他們所講的人性，即人的本性，是一種脫離社會的抽象的人性，實際上是只講人的自然屬性，而不講人的社會屬性。這種理論雖然包含有某些合理的成份在內，但從總體上講是唯心的，而其歷史觀則完全是唯心的。

與此種理論截然不同，我們所講的「應有權利」，其產生與本源有兩個方面，即一內因與外因。內因是指人的本性或本質，它包含人的自然屬性與社會屬性。人的本性和本質是人的自然屬性與社會屬性的統一。這是人的「應有權利」產生與發展的內在根據。外因則是指人類社會物質文明與精神文明的發展水平。它是人的「應有權利」由低級向高級發展的外部條件。馬克思曾經指出，人的本質「是一切社會關係的總和」。他的這一論斷是對人的本質學說的歷史性貢獻。這一觀點的提出使人的本質的理論開始建立在真正科學的基礎上。人人都要求生存、要求發展、要求理性，要求過幸福的生活，這是由人的生理的和心理的自然屬性所決定，是人的一種本能。馬克思主義經典作家也曾深刻地論證過，自由與平等都是基於人的本性。權利的基礎是利益。人們之間的權利義務關係，本質上是一種利益關係。馬克思說：「人們所追求的一切都同他們的利益有關。」人始終把人權作為自己追求的根本目標，歸根

結底是為了滿足自身的各種需要和利益。這是人權發展的永不枯竭的動力。但是，單純的利益與願望構不成權利。因為人不是孤立地生活在世界上。人與人之間，群體與群體之間，個人、群體與社會之間，存在着各種性質不同的錯綜複雜的社會關係。其中財產關係與經濟關係是主要的、基本的關係。整個人類社會是在生產力與生產關係、生產關係與上層建築的矛盾運動中向前發展的。一定的生產力與生產關係構成一定的社會生產方式。而人類社會一定歷史階段的人與人之間各種社會關係的性質與狀況，是由該社會的生產方式所決定。人與人之間社會關係作為人的「應有權利」的本源，即人權產生與發展的內在根據，具體表現在三個方面。(1) 社會關係的存在是人權存在的前提。如果人是完全孤立存在的，那就不需要有權利與義務這種形式去調整人與人之間的各種利益矛盾與衝突。(2) 人類社會一定歷史階段（如奴隸社會、封建社會、資本主義社會）人們之間各種社會關係的性質與狀況，決定着人權的性質與狀況。(3) 人權與人權意識是相互依存和相互作用的。人們在各種社會關係中所處的不同地位，決定着人們的人權意識。而這種人權意識又反作用於人權與人權制度。由此可見，馬克思主義關於人的本質的學說與整個歷史唯物主義原理，使關於人權本源的理論真正建立在科學的基礎上。只有它能夠正確地全面地完整地說明人權的產生及其發展規律。

二是關於權利的狀態。在「天賦人權論」看來，自然法與自然權利存在於人們的思想意識中。康德就把這種自然權利叫做道德權利。他們認為在現實社會生活中存在的只是人定法與法定權利。因此，對於人們來說，這種自然權利始終具有一種很神秘的性質。我們所講人的「應有權利」與此截然不同，它存在於現實的社會關係與社會交往中。在這裏，我們必須把「人權」同人權意識嚴格區別開來。人的「應有權利」在沒有法律化制度化之前，雖然有時處於某種不確定的狀態，雖然它的存在與狀況受一定的道德觀念的影響與制約，但它們是存在於現實社會生活中，這種「權利」同人權意識相對而言，它是屬「社會存在」這個範疇，它們的存在並不以人們的意志為轉移。

三是關於權利的性質。在天賦人權論看來，自然權利是一種純抽象的東西。它對一切人都有效，對任何人都一視同仁。因此，它也就沒有什麼階級性。即使有的人承認在階級社會中，階級劃分及其矛盾衝突

是一個客觀存在（如資產階級的某些學者），但由於自然權利具有抽象的性質，因此它也仍然超脫於這種階級矛盾和對立之上而不具有階級性。我們所講的人的「應有權利」，在現實生活中是具體的，是存在於各種經濟關係、政治關係、文化關係以及其他社會關係中的一個個具體的權利。「應有權利」這個概念，是許多具體權利的抽象，但假若不存在現實生活中各種各樣的具體的「權利」，這種抽象也就成了沒有內容的抽象，本身就失去了根據和意義。在階級社會裏，權利的具體性必然導致權利的階級性。應有權利在被法律確認後變為法定權利，固然具有階級性（因為「法是統治階級意志的體現」），而這種應有權利在沒有被法律予以確認和保障的情況下，它也仍然具有階級性。因為，一個人能夠實際享有多少權利，是由他在各種社會關係中所處的不同地位決定的；同時，應有權利的享有又受人們觀念的影響與制約。由於人們所處的階級地位不同，對於某項權利，有的人認為「應當」享有，而另一些人則可能認為「不應當」享有。

四是關於權利的演變。在天賦人權論看來，自然權利是不變的，過去是什麼樣子，現在和今後仍然是什麼樣子。既然自然權利產生於人的「自然屬性」，是「理性」的體現，它又是純抽象的東西，因此認為自然權利具有不變性是合乎邏輯的。我們所講的「應有權利」與此不同。它是永遠不斷發展變化的。一方面，它的性質與狀況，是由一定歷史時期的社會關係的性質與狀況所決定；另一方面，它的實現程度又受整個社會的物質文明與精神文明（包括文化教育設施、科學文化藝術成果以及人們的道德水準等）的發展水平所影響和制約。

應有權利、法定權利與實有權利

人權得到最全面最切實的保障，是現代法治社會的一個根本目標，也是基本標誌之一。現在，法律日益成為人類社會中最普遍、最權威、也是最富有成效的社會調整手段。法網幾乎已經延及到了社會生活的一切方面；人們行為的選擇，無不處在法律的調節和支配之下。在資本主義國家裏，資產階級歷來十分重視運用法律手段來保障資產階級人權。馬克思主義經典作家同樣重視運用法律來確認與保障人的應有權

利。馬克思説過:「法典就是人民自由的聖經。」[7] 列寧也曾指出:「憲法就是一張寫着人民權利的紙。」[8]

為什麼人們會如此重視運用法律手段來保障人權,即把人的「應有權利」轉化為「法定權利」呢?基本的原因是,法律既具有重大的工具性價值,同時又具有獨特的倫理性價值。作為一種工具,法律具有國家意志性、行為規範性、普遍有效性和強制執行性等基本特性。法律的社會功能就是來源於這些基本特徵。人的「應有權利」被法律確認而成為「法定權利」以後,這種權利就會變得十分明確而具體,它就被上升為國家意志,就對一個國家的全體居民具有普遍約束力,國家就將運用強制力量來保障其實現。法律對人權的這種保障作用,是所有社會組織規章、鄉規民約以及倫理道德等手段所無法比擬的。不僅如此,法律本身就是公平與正義的體現,它的本性就要求所有人在它面前一律平等。儘管在階級對立的社會裏法律事實上做不到這一點,但它的這種獨特的倫理價值,在千百年的中外歷史上為維護人的基本價值和尊嚴發揮了並將繼續發揮着巨大的作用。正是基於這兩個方面的原因,在人類文明的發展已經達到如此高度的現時代,我們甚至可以説,哪裏沒有法律,哪裏就沒有人權;哪裏的法律遭到踐踏,哪裏的人權就會化為烏有。

當然,我們不應主張法律萬能。事實上,人權問題並不單純是一個法律問題。儘管把「應有權利」轉化成法定權利意義十分重大,但終究不能把法律看成是保障人權的唯一手段。我們之所以提出並論證「應有權利」這一概念,目的之一,就在於闡明除了法律這個手段,還有其他一些社會力量和社會因素對保障人的應有權利也有一定作用。如果否認應有權利這一概念,在「法定權利」與「人權」之間劃等號,勢必把人權問題看成僅僅是一個法律問題。

提出「實有權利」這一概念也不是沒有意義的。所謂「實有權利」,是指人們實際能夠享有的權利。在一個國家裏,法律對人的應有權利作出完備規定,並不等於説這個國家的人權狀況就很好了。在法定權利與

---

7. 中共中央馬克思恩格斯列寧斯大林著作編譯局編:《馬克思恩格斯全集》第 1 卷(北京:人民出版社,1972 年),71 頁。

8. 中共中央馬克思恩格斯列寧斯大林著作編譯局編:《列寧全集》第 9 卷(北京:人民出版社,1987 年),448 頁。

實有權利之間，往往有一個很大的距離。現時代，在法律中對人權的內容作出全面的規定，並不怎麼困難；但要使法定權利得到全面的切實的實現，就不是一件很容易的事情。一個國家的人權狀況如何，在很大程度上是取決於這一點。

一般說來，在一個國家裏，妨礙法定權利變為實有權利的因素主要是：

1.　制觀念與人權意識。這主要是指國家的各級領導人員的法制觀念與人權意識的狀況如何。在那些歷史上缺乏民主與法制傳統的國家，這一點往往成為主要障礙。

2.　國家政治民主化的發展程度。一個國家制訂有比較完備的法律，不等於就是實行法治。法治的基本標誌是法律具有至高無上的權威。而法治國家只能建立在民主政治的基礎上。

3.　商品經濟的發展狀況。馬克思曾經精闢地分析與論證過，自由與平等的觀念同商品經濟有着不可分離的聯繫。在社會主義制度下，有計劃的商品經濟的發展，將為人權意識的普及與提高奠定可靠的經濟基礎。

4.　社會經濟與文化的發展水平。像諸如勞動權、休息權、受教育權等的充分享有，都直接同這方面的條件有關。

從應有權利轉化為法定權利，再從法定權利轉化為實有權利，這是人權在社會生活中得到實現的基本形式。但是，這並非唯一形式。因為在人權的實現過程中還有其他社會因素在起作用。這三者之間不是平行關係，而是層次關係，三者的內容有很大一部分是重疊的。隨着人類文明的繼續向前發展，它們之間在外延上將一步步接近，彼此重疊的部分將日益擴大，但永遠存在着矛盾，應有權利永遠大於法定權利，法定權利永遠大於實有權利。正是這種矛盾，推動着人權不斷地得到實現。

第二十四章
論人權的本原

* 原載於《政法論壇》2004 年第 2 期。本章首次提出新「性三品」説，即人性包括天性、
  德性、理性。人權的人性基礎是需要予以特別關注的永恆主題。

人權的本原是指人權的根源是什麼，即人為什麼應當享有人權？
國家為什麼應當保障人權？人權是人作為人自身所應當享有的，還是國
家和法律所賦予，抑或是基於別的什麼條件或原因？這關係到人應當享
有人權的正當性，是必須認真探究和回答的人權的一個基本理論問題。

西方學者的人權本原論

廣義上的人權在國家和法律出現之前就有了。但以自由、平等、
人道為其重要內容與特徵的狹義上的人權，是近代商品經濟和民主革
命的產物。近代以來，西方的人權本原理論存在着三種基本觀點，即
「天賦人權」論、「法律權利」說與「社會權利」說。其中天賦人權論始
終佔據着主導的地位，影響極為廣泛與深遠，因此我們必須重點加以
討論。

古代的「自然權利」說

天賦人權論源自西方二千年前即已開始產生與存在的「自然權利」
說，有時人們甚至把它們看成是一回事。最早，自然法學說誕生於古希
臘城邦國家的沒落時期。隨着亞歷山大皇帝建立起龐大的帝國，人們開
始不再生活在自給自足的城邦國家裏，要求重新認識世界和自己，斯多
葛派由此興起。這派認為，人人都是上帝的兒子，因而彼此之間都是兄
弟。人有共同的人性，它同自然規律是基本一致的。上帝有理性，因而
人也具有理性，理性也就是自然法則。它「教給人們必須做什麼和迴避
什麼，……它是到處適用的公正和正確的標準，它的各項原則是不可
改變的，無論統治者還是居民都必須遵守，因而它就是上帝的法律」。
他們認為，自然法具有更大的權威，是條例與習俗的準則。古羅馬的西
賽羅繼承與發展了斯多葛主義。他提出，自然法先於國家和法律而存

在。它有兩個來源：上帝的旨意和人類的本性──理性，它是永恆不變的。依據自然法，每個人都享有一定的尊嚴，一切人都是平等的。人們如果不尊重彼此的權利，社會就無法長期存在下去。自然法體現正義，任何與其相違背的法律都是不道德的、不合理的。西塞羅的觀念對羅馬法起過很大影響。古羅馬衰落時代的賽涅卡對自然法思想引入宗教起過重要作用。他認為，每個人都是兩個共和國的成員：在公民的國家裏，他是一個居民；同時，他又因其人性而屬一切有理性的人所組成的更大的國家──它不是法律的和政治的，而是以道德與宗教為紐帶。在這個國家裏，一切人都是平等的，憐憫、同情、慈善、寬容、仁愛等人道主義精神有着崇高的地位。這些思想後來成了基督教倫理觀念的中心內容。

近代的「天賦人權」說

在近代，隨着商品經濟的發達和人文主義的興起，自然法學說得到廣泛的發展，荷蘭的格老秀斯作出了重要貢獻。他也認為自然法的淵源是上帝的意志和人類的理性。但是他開始將自然法引入對市民社會特性與原則的分析中，包括對個人財產的天賦權利與社會契約關係的論證。例如，他說：「有約必踐，有言必償，有罪必罰等等，都是自然法。」他認為自然法的一系列原則是不證自明的公理，並由此推演出國內成文法和國際法的一系列原則。繼格老秀斯之後的另一位著名自然法倡導者是英國的霍布斯。他的突出貢獻是開始拋棄籠罩在自然法之上的宗教的神秘面紗，力圖將自然法學說建立在科學的推理和實證的基礎上。他提出，人類天性中包含着求利、求安全和進行侵犯這樣三種基本的要素。在自然狀態中，人人享有自然權利，但由於人的天性中存在猜疑、爭奪等非理性的東西，因此人們又是處於一種戰爭狀態中，其生存與安全得不到保障。因而自然法的第一條原則是尋求與信守和平；第二條原則是每個人都放棄自己的一部分自然權利而組成社會，以實現人類自我保護的目的，社會是契約的產物。由這一觀點出發，他又引申出一系列自然法原則，如：遵守信約、寬恕、平等、公道、公平分配、相互尊重等。他認為，自然法是理性的誡條，只在內心具有約束力，需要有成文法加以保護。成文法不應是主權者主觀意志的產物，而應當源自理性，以自然法為其基礎和準則。

英國的約翰・洛克是近代自然法理論的集大成者，對後世影響最大。同霍布斯相反，他是性善論者。他認為，在自然狀態下，人們的行為受自然法的支配。「人們在自然法的範圍內，按照他們認為合適的辦法，決定他們的行動和處理他們的財產和人身，而無須得到任何人的許可或聽命於任何人的意志。」[1] 然而，他認為，這種自然狀態也有很大缺陷，主要是：沒有成文法作為判斷是非和處理利益衝突的明確而具體的標準；缺少一些有權來執行成文法以處理各種爭議與糾紛的裁決者；也沒有一種政治權威與力量來保證執法者所作裁決的執行與遵守。這樣，人們就同意通過訂立契約來建立政治社會，成立國家。而國家的目的和宗旨是保障公民的生命、安全、自由、平等、財產和追求幸福的權利。公民的這些權利不是外界的恩賜，而是公民應當享有的一種自然權利和天賦權利。人們在政治國家裏所放棄的，只是權利不能無限制地行使，也不能自己去處理各種違法行為。如果政府制定嚴重違背自然法精神的法律，變成侵犯人民權利和壓迫人民的工具，人民就有權推翻這個政府。洛克在《政府論》中對自然狀態、自然法、自然權利十分嚴密的分析與論證，使自然法、自然權利思想的發展達到了高峰，並成為後來寫入一些具有里程碑意義的權利宣言和憲法的「天賦人權」觀念的直接思想淵源。1774 年 10 月 14 日第一次大陸會議通過的《權利宣言》就認為「自古不變的自然法則」是殖民地獲得自身權利的主要依據。1776 年夏通過的美國《獨立宣言》指出：「我們認為這些真理是不言而喻的：人生而平等，他們都從造物主那裏被賦予了某些不可轉讓的權利，其中包括生命權、自由權和追求幸福的權利。」1789 年 8 月通過的法國《人權和公民權宣言》指出：「所有政治結合的目的都在於保存人的自然的和不可動搖的人權。這些權利就是：自由、財產、安全和反抗壓迫。」「為了保障這些權利，所以才在人們中間成立政府。而政府的正當權力，則系得自被統治者的同意，如有任何一種形式的政府變成損害這些目的的，那麼人民就有權來改變或廢除它。」

---

1. 〔英〕洛克：《政府論》下篇（北京：商務印書館，1964 年），5 頁。

近代中國學者的「天賦人權」觀

　　「天賦人權」觀是清末民初分別經由英美和日本兩個渠道傳入中國的。有意思的是，儘管當時中國的經濟、政治、文化同西方有很大的區別，中國學者闡釋「天賦人權」也並非鸚鵡學舌，但我們可以發現，關於這一理論的一些論據，他們之間是如此相同。例如，康有為說，「凡人皆天生。不論男女，人人皆有天與之體，即有自立之權，上隸於天，人盡平等，無形體之異也」。[2] 康有為所說人的自立（即自由）與平等是一種「天權」，並非是指人權為上天所賦予，而是指人應當生而平等、生而自由。梁啟超說，「人權者出於天授者也，故人人皆有自主權，人人皆平等」。[3]「人也者生而有平等之權，即生而當享自由之福，此天之所以與我，無貴賤一也」；[4]「自由者，天下之公理，人生之要具，無往而不適用者也」。[5]「自由者，權利之表徵也。凡人所以為人者有二大要件，一曰生命，二曰權利。二者缺一，時乃非人。故自由者，亦精神界之生命也。」梁啟超所說「天授」當然也不是指人權是上帝或神明所賜予，而是指自由與平等是生命的一部分，是與生俱來的，這乃是「公理」。[6] 陳獨秀認為，人的平等與自由屬人的人格的範疇，它應當是每個人所「固有」。他說：「社會之所嚮往，國家之所祈求，擁護個人之自由權利與幸福而已」[7]「解放雲者，脫離夫奴隸之羈絆，以完其自主自由之人格之謂也。我有手足，自謀溫飽；我有口舌，自陳好惡；我有心思，自崇所信；絕不認他人之越　，亦不應主我而奴他人；蓋自認為獨立自主之人格以上，一切操行，一切權利，一切信仰，唯有聽命各自固有之智能，斷無盲從隸屬他人之理。」「法律上之平等人權，倫理上之獨立人格，學術上之破除迷信，思想自由」，「此三者為歐美文明進化

---

2. 錢鍾書主編：《康有為大同論二種》（北京：三聯書店，1998 年），93、183、188 頁。

3. 同上註。

4. 梁啟超：〈國家思想變遷異同論〉，載《時論選集》第 1 卷上（北京：三聯書店，1960 年），30 頁。

5. 梁啟超：〈論學術之勢力左右世界〉，載《梁啟超選集》（上海：上海人民出版社，1984 年），271 頁。

6. 梁啟超：〈新民說〉，載《時論選集》第 1 卷上（北京：三聯書店，1960 年），136 頁。

7. 梁啟超：〈十種德性相反相同義〉，載《梁啟超選集》，（上海：上海人民出版社，1984 年），158 頁。

之根本原因」。[8] 胡適是着重從人的個性和人格來看待這個問題。他説，「社會最大的罪惡莫過於摧折個人的個性，不使他們自由發展。」「社會國家沒有自由獨立的人格，如同酒裏少了酒麴，麵包裏少了酵母，人身上少了腦筋；那種社會國家決沒有改良進步的希望。」[9] 李大釗卻從人的價值來闡釋這個問題，他説，「自由為人類生存必需之要求，無自由則無生存之價值」。[10] 羅隆基則是從滿足人的需要和幸福來解釋人權的本原。他説，「人權，簡單地説，就是一些做人的權，人權是做人的那些必要的條件。」[11]「説徹底些，人權的意義，完全以功用二字為根據。凡對於下列之點有必要功用的，都是做人的必要的條件，都是人權：（一）維持生命；（二）發展個性，培養人格；（三）達到人群最大多數的最大幸福的目的」。[12] 中國一些先進思想家有關人權本原問題的上述論斷，我們大致上可以用一句話加以概括，就是：人權是人作為人所應當享有的權利，不是任何外界的恩賜；否認人權就是否認做人的權利，沒有人權就失去了做人的資格。這些同西方「天賦人權」論所內含的各種道理是相通的。

西方的「法律權利」説和「社會權利」觀

在西方人權思想發展史上，同「天賦人權」論相對立的有「法律權利」説，或曰「法賦人權」論。這一派的代表人物有邊沁、戴西、密爾等人，法學史上屬法律規範主義這一流派。它強調人權不是生而有之的，而是法律賦予的。它否認法律與人權的倫理性，認為倫理屬主觀的範疇，每個人都有自己的倫理觀，其好壞是非難以作出客觀的確切的判斷，並批評「天賦人權」論的「自然狀態」具有虛構性，其「自然法」具有神秘性，其「自然權利」具有虛假性，因而都是不科學的。如邊沁説，「權利是法律的產物；沒有法律也就沒有權利——不存在與法律相

---

8. 陳獨秀：〈袁世凱復活〉，《陳獨秀著作選》第 1 卷（上海：上海人民出版社，1984年），240 頁。

9. 胡適：〈易蔔生主義〉，《胡適文萃》（北京：作家出版社，1991年），741–744 頁。

10. 李大釗：〈憲法與思想自由〉，《李大釗文集》（北京：人民出版社，1984年），244 頁。

11. 羅隆基：〈論人權〉，《新月》第 2 卷第 58 期。

12. 同上註。

抗衡的權利——也不存在先於法律的權利」。[13]「權利是法之子，自然權利是無父之子」;「在一個多少算得上文明的社會裏，一個人所以能夠擁有一切權利，他之所以能抱有各種期望來享受各種認為屬他的東西，其唯一的由來是法。」[14] 從人權的本原這個意義上，這種理論是不正確的，但它也包含有一定的合理因素。人權有三種存在形態，即應有權利、法律權利與實有權利。[15] 人權本來的含義是一種依照人的本性和他（她）們的人格和尊嚴所應當享有的權利。這裏順便指出，我們之所以不用西方學者常用的「道德權利」這一稱謂，是因為我們認為「道德」屬主觀的領域，而應有權利是人與人之間的一種社會關係，是社會生活中客觀存在的現象。法律上的權利只是對人所應當享有的權利的一種認可。美國第一部憲法即 1776 年憲法開始制訂與通過之時，並未規定有關人權保障方面的內容，只是後來才有《權利法案》作為修正案予以補充。我們不能說美國人民在此之前不應當享有他們應當享有的人權。中國 1982 年憲法第一次規定中國公民的人格尊嚴不受侵犯，我們也不能說，中國公民在此之前不應當享有人格尊嚴權。憲法和法律是人制訂的。立法者可以也可以不在法律中對公民權利保障作出規定，他們甚至還可以運用憲法與法律的形式與手段，來剝奪公民所應當享有的權利。前南非種族主義政權就曾經這樣做過。而且，法律對人權保障作出明確規定，公民也不一定能夠享受得到；相反，法律對權利保障不作規定，公民也不一定一點權利都享受不到，因為人應當享有的各種權利，在某種程度上和某些方面能夠得到其他社會組織的章程、鄉規民約與習俗、宗教與文化傳統觀念的認可、支持與保護。這就是我們所說「實有權利」這個概念。同時，各種倫理道德觀念和各種價值準則，儘管具有相對性，具有理性的人類是完全可以認識與把握的。況且，倫理與其它價值標準在不同的人群那裏，既有特殊性，也有共同性，人們對它們也是可以達成共識的。人類的文明發展史已充分證明了這一點。因此，主張在法學研究中將價值與道德性的東西排除出去，認為人性、正義、理性這些東西人們無法把握與求得共識的觀點是不正確的。這些是人權本原

---

13. H. L. A. Hart, *Essays on Bentham* (New York: Oxford University Press, 1982), p. 82.

14. 轉引自張文顯：《當代西方法學思潮》（瀋陽：遼寧人民出版社，1988 年），357 頁。

15. 參見李步雲：〈論人權的三種存在形態〉一文。

問題上「法律權利」論的根本錯誤所在。然而，在現代社會裏，用法律的形式與手段將人應當享有的權利明確規定下來，是人權形態中的一種具體的、明確的，並最能得到實現的人權。在這個意義上，「法律權利」說包含有某種合理的與積極的因素與成分在內。

另一種同「天賦人權」論相對立的觀點是「社會權利」說。這派觀點認為，人是一種「政治動物」、「社會動物」。人不能脫離社會而獨立存在，人們是生活在各種社會關係之中，他們彼此之間存在着一種聯帶關係。因而每個人的利益都有可能受到他人或社會組織的侵犯，每個人也可能去侵犯他人或各種社會組織的整體利益，這就需要法律予以調整，這就產生了人權問題。應當說這些看法有其正確的一面。但是，這派觀點由此進而否定「天賦人權論」的合理內核，不承認人「生而平等」、「生而自由」；不承認人權來源於「人的本性」、來源於「人的人格與尊嚴」，則是根本錯誤的。其實，人權有其歷史性、時空性，又有其超歷史性、超時空性；有些人權如生命、安全、自由、平等是人生而有之的；有些人權如選舉權、罷工權是在一定歷史條件下才產生的。還是盧梭說得對：「人生而自由，但無往不在枷鎖之中。」前者指的是人權的應然性，後者指的是人權的實然性。我們必須善於將應然與實然區別開來，又必須善於將兩者統一起來。

西方流行的三種人權本原理論，都有其合理的方面，但也各有其局限性。相比而言，「天賦人權」論包括有更多的科學成分在內，因為它相當深刻地闡明了人權產生的內在根據，十分明確地指出人權存在的根本價值。因而它始終處於主流的地位，為愈來愈多的人民和政府所認可與接受，並被寫進各種各樣的國際人權文書，從《世界人權宣言》到人權「兩公約」，以及各種地區性人權公約，在人權本原問題上，其所表達的無一不是「天賦人權」的理念。

但是，長期以來，中國不少學者對「天賦人權」論採取了完全否定的態度，或者否定了那些不該否定的具有合理的科學的內容與成分。例如，有學者認為：「資產階級人權理論把上帝、人性、理性作為權利的本源，並把權利看成是抽象的、永恆不變的、普遍適用的，抹殺了人權的歷史性和階級性，因而是唯心主義的和形而上學的。所謂天賦人權理論只是一種抽象的假說，只是在觀念上和理論上進行論證，而沒有科

學的根據……」[16]「這種所謂的天賦人權論的實質是什麼呢？它是否符合人的本質呢？馬克思指出，人的本質在於他是一種社會存在物。」[17]「天賦人權」論的確有它片面的和不正確的地方，就是它否認了人的社會屬性這一面，因而是並不完全科學的，但是它肯定了人的自然屬性的一面，則是正確的和含有很大科學成分在內的。

當代中國學者的若干觀點

近二十年來，人權的本原是不少中國學者苦苦思索的一個重要理論問題，曾提出過各種各樣的不同見解。

「鬥爭得來」說

例如，有學者認為，「人民掌握了國家主權，才能獲得人權，人權是經過革命、經過奪取政權爭來的」。[18]這種看法在 1950 年代以後的一些憲法教科書中比較常見，即中華人民共和國公民的基本權利是「鬥爭得來」的。當時這種看法比較流行，也同毛澤東講過的一句話有關，即「自由不是恩賜的，是鬥爭得來的。」從人權本原角度看，這種觀點是不正確的，因為這是兩個不同性質的問題。鬥爭與革命是人權實現的一種形式和方法，同人權產生的根源是兩個不同範疇的問題。在人權實現的各種方式中，通過鬥爭與革命來實現人權是十分重要的，但這裏必須有一個前提，即人權是應當屬你、屬我、屬他，否則人們通過鬥爭去獲取不該屬他們的東西，那是既不合理又不合法的。

「商賦人權」說

持這種看法的人認為，「人權是資本主義商品經濟的產物」。在中國 1980 年代中期，這種觀點相當流行。在這些學者看來，「商賦人權」

---

16. 孫國華主編：《人權：走向自由的標尺》（濟南：山東人民出版社，1993 年），220、229 頁。

17. 同上註。

18. 參見張光博：〈關於憲法學的幾個理論問題〉，《人民之友》，2000 年 12 期。

論是馬克思主義的、是對抗「天賦人權論」的一種科學理論。的確，近代與現代意義上的人權，是同資本主義商品經濟聯繫在一起的，資本主義商品經濟是近代人權產生的經濟基礎。恩格斯指出，近代「大規模的貿易，特別是國際貿易，尤其是世界貿易，要求有自己的、在行動上不受限制的商品所有者，他們作為商品所有者來說是有平等權利的，他們根據對他們來說全部是平等的（至少在當地是平等的）權利進行交換。從手工業到工場手工業的轉變，要求有一定數量的自由工人……他們可以和廠主訂立契約出租勞動力，因而作為契約的一方是和廠長權利平等的。」「由於人們……生活在那些相互平等地交往並處於差不多相同的資產階級的獨立國家組成的體系中」，因而，資產階級反對封建等級和特權的要求，「就很自然地獲得了普遍的，超出國家範圍的性質，而自由和平等也很自然地被宣佈為人權」。[19] 因此，這種觀點包含有一定合理因素，但是從人權本原問題的角度看，它在總體上是不科學的。這是因為：狹義的即近代意義上的人權是近代資本主義經濟與政治制度出現以後才有的，但廣義的人權卻同人類社會共始終。因為人權是人作為人依其本性所應當享有的權利。我們不能說在近代經濟與政治出現以前，人不應當也絕不可能享有任何權利。事實上，朦朧的人權意識古已有之。如前文所述，自然權利思想在西方源遠流長；即使在古老的中國，人權思想與精神所內含的人本主義思想與人文主義精神，也是十分豐富的，如「仁者愛人」、「天地間，人為貴」、「民貴君輕」、「己所不欲，勿施於人」、「天下為公」、「天下一家」、「均貧富，等貴賤」等。從制度層面而言，不僅東西方封建專制主義國家所保護的臣民的生命、安全與財產是屬廣義人權的範疇，而且在國家與成文法律出現之前的原始社會，氏族成員就已享有不少權利。例如，恩格斯曾引述摩爾根的發現，北美印弟安人的易洛魁氏族的權利與義務有：（1）選舉和罷免酋長和酋帥的權利：（2）不在氏族內通婚的義務：（3）相互繼承已故氏族成員遺產的權利：（4）互相援助和代償損害的義務，包括血族復仇的義務；（5）給氏族成員命名的權利；（6）參加宗教節日和宗教儀式的權利；（7）有共同的墓地；（8）有議事會，它是氏族一切成年男女享有平

---

19. 中共中央馬克思恩格斯列寧斯大林著作編譯局編：《馬克思恩格斯選集》第3卷，（北京：人民出版社，1972年），144-145頁。

等表決權的民主集會。這些既是群體權利，也包含個人權利。「大家都是平等、自由的，包括婦女在內。」[20] 其次，「人權是資本主義商品經濟的產物」之所以不正確，是由於這種觀點只是看到了近代人權產生的經濟條件這一點，而沒有看到和否定了人權產生的內在根據，即它是人性的要求。中國在很長一段時期裏曾實行高度集中的計劃經濟。如果依照上述看法，中國人民是享受不到任何人權的，但實際情況並非如此。

「國賦人權」說

例如，有學者認為，「不是天賦人權，也不是商賦人權，而是國賦人權。」[21] 近代先進的思想家們幾乎一致認為，人權是國家權力的基礎和源泉，國家權力的目的和價值應當是保障人權。前者如：但丁說，「教會的根基就是基督；…… 而帝國的基石則是人權。『帝國』不能做任何違反人權的事。」[22] 彌爾頓認為，「民權是一切君主權力的源泉」，[23]「人民的權力高於國王的權力」，[24]「國王只是為了人民才能成為國王，人民則不必為了國王才能成為人民。」[25] 後者彌爾頓說，「人民的權利從自然秩序上來講便是至高無上的」。[26]「人們組成政體的目的是：『過安全和自由的生活，不受摧殘和侵害』。」[27] 洛克說，「政府的目的是為人民謀福利」。[28] 霍爾巴赫說：「君主是人民的生命、財產和自由的捍衛者與保護者，只有在這個條件下人民才同意服從。」[29] 這些啟蒙思想家

---

20. 同上註，93 頁。

21. 參見張光博：〈關於憲法學涉及的幾個理論問題〉，《法學雜誌》2000 年第 4 期。

22. 〔意大利〕但丁著，朱虹譯：《論世界帝國》（北京：商務印書館，1985 年），75-76 頁。

23. 〔英〕彌爾頓著，何寧譯：《為英國人民聲辯》（北京：商務印書館，1982 年），76 頁。

24. 同上註，93 頁。

25. 同上註，49 頁。

26. 同上註，109 頁。

27. 同上註，16 頁。

28. 〔英〕洛克著，葉信芳、瞿菊農譯：《政府論》下篇（北京：商務印書館，1964 年），139 頁。

29. 〔法〕霍爾巴赫著，管士濱譯：《自然的體系》上卷（北京：商務印書館，1964 年），291 頁。

講的道理淺顯而又深刻地闡明了國家與人權的關係。他們講「君主」、「國王」應當如何如何，是一種對君主專制主義的批判，從而為民主共和奠定理論基礎。「國家應保障人權」同「人權是國家所賦予」完全是兩件事。國家不能保障人作為人依其本性所應當享有的權利，國家的存在就失去了意義。國家權力真掌握在人民手裏，國家可以保障人權。如果國家權力掌握在獨裁者、專制者手裏，它就不能保障人權。希特拉運用國家權力踐踏那時的德國人民和世界人民，就是明證。如果「國賦人權論」可以成立，那末國家不保障人權甚至剝奪或侵犯人權，就成了合理合法的事情，因為人權本來就不是人作為人所應當享有的。既然人權「國賦」，因而國家可以給人民以人權，也可不給人民以人權。顯然這是荒謬的。

「生賦人權」說

　　這種觀點也可稱之為是「生產方式」說。持這種看法的人認為：「人權不是天賦的，而是社會歷史的產物，是社會一定方式的產物，是社會一定經濟關係在制度上、政治上和法律上的表現。馬克思說：權利永遠不能夠超出社會的經濟結構以及由經濟結構所制約的社會的文化發展。」[30]「也可以說，人權是社會一定生產方式或經濟關係賦予的，可簡稱為『生賦人權』。」這種看法正確地肯定了存在「原始人權」，人權並不是資本主義商品經濟出現以後才有的。以生產、分配、交換、消費等為主要內容的社會經濟結構，在人類歷史發展的不同階段，對人權的不同狀況有着重要影響，但這只是人權存在與發展的外在條件而不是它的內在根據。人權的存在是一個由低級向高級發展的過程。除了生命、安全、自由、平等、財產、人格尊嚴、最低生活保障、追求幸福等是人生而有之的權利，不少人權是歷史條件形成的，但其內在根據仍是人的自然屬性即人性。這裏存在兩種不同情況。一是有些人權並非人生而有之。如選舉權、罷工權。沒有一定的經濟條件，就不會出現現代的民主代議制度，就不會出現選舉權與被選舉權。但是選舉權與被選舉權存在的內在根據，它的合理性及其價值，仍決定於人性即人的天性、德性和理性。「朕即國家」的「主權在君」是不正義的，國家的一切權力

---

30. 葉立煊、李似珍：《人權論》（福州：福建人民出版社，1991 年），4、225 頁。

屬人民的「主權在民」則是正義的。選舉權與被選舉權表現了人的意志自由，反映著公民與政府官員、公民與公民之間的利益關係，體現了人類的理性。國家的大事只有人民說了算，才能更好地認識和改造這個世界。二是有些人權是人生而有之，但其具體內容則隨人類物質的精神的制度的文明的發展而不斷擴大其範圍與豐富其內容。如自由與平等。人身自由、思想自由應是與生俱來，而言論、出版、結社、集會遊行等自由，則是歷史地形成的。平等也是這樣。男女平等、種族平等應是與生俱來，而選舉平等、法律平等這樣一些方面的內容，則是歷史地形成的。人們對「自由是人的一種天性」比較容易理解，但平等也應當是人生而有之的，則需作更多的闡述。其實這一點恩格斯已說得很明白。他指出：「一切人，作為人來說，都有某些共同點，在這些共同點所及的範圍內，他們是平等的，這樣的觀念自然是十分古老的。但是現代的平等要求是與此完全不同的；這種平等要求更應當是，從人的這種共同特性中，從人就他們是人而言的這種平等中，引申出這樣的要求：一切人，或至少是一個國家的一切公民，或一個社會的一切成員，都應當有平等的政治地位和社會地位，要從這種相對平等的原始觀念中得出國家和社會中的平等權利的結論，要使這個結論甚至能夠成為某種自然而然的、不言而喻的東西，那就必然要經過而且確實已經經過了幾千年。」[31] 在這裏，恩格斯明確肯定了平等源於人與人有「共同特性」，而現代政治地位與社會地位的平等權利是它的必然「引申」，而今天它已成為「不言而喻」的東西，儘管它經歷了幾千年的發展歷史。

人權源自人的本性

中國 1991 年以來，經過一批學者的共同努力研究，多數人已傾向於一種看法，即人權的本原，應從人的自身即人的本質中去尋找，它不可能是任何外界的恩賜。現在的主要分歧是，究竟什麼是人的本質？一

---

31. 中共中央馬克思恩格斯列寧斯大林著作編譯局編：《馬克思恩格斯選集》第 3 卷（北京：人民出版社，1972 年），142-143 頁。

種觀點認為，它包括社會屬性與自然屬性兩個方面；另一種觀點認為，它僅是指社會屬性，人權僅來源於人的社會屬性。[32]

人的社會屬性

筆者認為，人權源於人的本性。這種本性包括兩個方面，即人的社會屬性和人的自然屬性。所謂社會屬性是指，人是生活在各種人與人之間的社會關係中。人的利益與道德，他們的思想與行為都不可能不受各種社會關係的性質與特點的影響和制約。這就是亞里士多德所說，人是一種「社會動物」、「政治動物」。馬克思主義也認為，「人是最名副其實的社會動物，不僅是一種合群的動物，而且是只有在社會中才能獨立的動物」。[33] 人權是一種社會關係，是社會關係中人與人之間的利益關係與道德關係，是社會生活中受以正義為核心的一套倫理觀念所支持與認可的一種人的利益分配、追求與享有。從人權的本原問題上看，人的社會屬性對人權的意義有兩點：一是，社會關係是人權存在的一個前提條件，如果是一個人生活在這個世界上，即人不是生活在人與人之間的社會關係中，就不會存在人權與人權問題。二是人權、人權制度和人權思想都受一定歷史時期的社會經濟、政治、文化制度的影響與制約，人權的內容及其實際能夠享有的程度，是伴隨着人類的物質文明、制度文明與精神文明的日益發展而不斷進步和提高的。

國際人權文書的觀點

關於人權的本原，在各種主要國際人權文書中，都有非常明確的規定，而且將其作為人權需要保障的主要理論根據及其正義性和正當性的根本原因所在。例如，《聯合國憲章》（1945 年）指出：「對人類家庭所有成員的固有尊嚴及其平等的和不移的權利的承認，乃是世界自由、

---

32. 孫國華主編：《人權：走向自由的標尺》（濟南：山東人民出版，1993 年），5、9、10 頁。

33. 中共中央馬克思恩格斯列寧斯大林著作編譯局編：《馬克思恩格斯選集》第 2 卷（北京：人民出版社，1972 年），87 頁。

正義與和平的基礎。」它肯定了人的尊嚴與平等是人類所「固有」的，並非外界恩賜。《世界人權宣言》（1948 年）指出：「人人生而自由，在尊嚴和權利上一律平等。他們富有理性和良心，並應以兄弟關係的精神相對待。」（第一條）它肯定了人人在「尊嚴」與「權利」上一律平等以及「理性與良心」在人權本原問題上的意義。《公民和政治權利公約》和《經社文公約》（1968 年）也明確指出，人的「權利是源於人身的固有尊嚴」。第二次世界人權會議於 1993 年 6 月 25 日通過的《維也納宣言和行動綱領》（以下簡稱《維也納宣言》）又重申：「人權和基本自由是全人類與生俱來的權利」，「一切人權都源於人與生俱來的尊嚴和價值。」同時，各種地區性人權公約也對「天賦人權」理論持贊同態度。例如，《美洲人權公約附加議定書》（1988 年）序言指出：「人的基本權利並非源於某人是某國的國民，而是源於人類本性。」《非洲人權和民族權憲章》（1981 年）也持完全相同的態度。它說：「基本人權源於人類本性，此乃國際保護的法律依據。」在這些規定中，使用了許多重要的概念，如人所固有尊嚴、價值、理性、良心、平等，這些都可歸結為是人類的「本性」。但是，這些「與生俱來」的本性，都是指人的自然屬性。這顯然是受「天賦人權」論的影響，其缺陷是忽視了人權本原的人的社會屬性這一面。中國是聯合國的成員國，一貫尊重與遵守《聯合國憲章》和《世界人權宣言》的宗旨和原則，已加入《經社文權利公約》和簽署《公民與政治權利國際公約》，對它們所確立的人權本原的理念與原則，從沒有也不會作出根本性保留，而只會通過中國學者的深入研究使其科學內涵更為豐富和完善。

人性：天性、德性、理性

所謂人的自然屬性，也就是人們通常所說的「人性」。它包括天性、德性與理性這三個基本的要素：

一、天性

它的具體內容，主要是安全、自由、幸福。人的生命不受肆意剝奪，人身安全不受任意傷害；人的人身自由不受侵犯，思想自由不受禁

錮;人的最低生活得到保障,人有追求幸福的願望,這些都是人類「與生俱來」的天性和本能。盧梭說:「人性的首要法則就是要維護自身的生存,人性的首要關懷就是對於自身的關懷。」[34] 在他看來,這種生存欲念甚至是生於和重於理性和道德的。他說:「人最初的感情是對於自己的存在的感情;人最初的關懷就是對於自己的生存的關懷。」[35] 生命權作為一項首要的人權,道理很簡單,如果一個人失去了生命,也就失去了一切。其實,這是無需任何證明的,因為只要我們提出這樣的問題:你想活嗎?任何人都會回答,「我想」。如果某人說「不」,那他一定是瘋子或由於某種特殊原因而失去了生存欲望的人。空想社會主義者莫爾說:「世界上沒有一樣值錢的東西像我們的性命那樣寶貴。」[36]

人類天性和本能的第二個主要內容是福利。洛克說,「一切含靈之物,本性都有追求幸福的趨向。」[37] 物質生活的需要是人的第一需求。這也是人們都可以自覺地認識到的一條簡單的道理。但是,馬克思卻正是從這一最簡單的道理出發,作出了一個偉大的歷史發現。恩格斯《在馬克思墓前的講話》中指出,馬克思一生有兩個最重要的發現,一是唯物史觀,一是剩餘價值論。他說:「正像達爾文發現有機界的發展規律一樣,馬克思發現了人類歷史的發展規律,即歷來為繁茂蕪雜的意識形態所掩蓋着的一個簡單事實:人們首先必須吃、喝、住、穿,然後才能從事政治、科學、藝術、宗教等;所以,直接的物質的生活資料的生產,因而一個民族或一個時代的一定的經濟發展階段,便構成基礎,人們的國家制度、法的觀點、藝術以至宗教觀念,就是從這個基礎上發展起來的,因而,也必須由這個基礎來解釋,而不是像過去那樣做得相反。」[38] 我們從「人們首先必須吃、喝、住、穿」的人類天性和本能的

---

34. 〔法〕盧梭著,何兆武譯:《社會契約論》(北京:商務印書館,1963 年),7 頁。

35. 北京大學哲學系外國哲學史教研室編譯:《十八世紀法國哲學》(北京:商務印書館,1979 年),154 頁。

36. 〔英〕莫爾著,戴鎦齡譯:《烏托邦》(北京:商務印書館,1982 年),40 頁。

37. 〔英〕洛克著,關文運譯:《人類理解論》(北京:商務印書館,1959 年),236 頁。

38. 中共中央馬克思恩格斯列寧斯大林著作編譯局編:《馬克思恩格斯選集》第 3 卷(北京:人民出版社,1972 年),574 頁。

這樣一個「簡單事實」中，領悟到人的經濟權利在整個人權體系中的基礎性地位。

　　人類天性與本能的第三個主要內容是自由。任何動物都不情願有人把它關在籠子裏而希望能在大自然裏自由自在地活動。在這一點上，人與動物是沒有什麼區別的。但是，人又是有思想有理性的高級動物。人的思想自由是任何他人所無法干預與剝奪的。受思想自由支配的人的行為自由，僅僅受法律與道德的約束。說法律是限制自由，毋寧說它是保障自由。這種思想自由與行為自由，不僅是人類的天性與本能，而且人的自由與自覺的活動，是人類認識與改造世界的力量源泉。空想社會主義者馬布利說，「自然界賦予我們的理性，自然界在我們初生時給予我們的自由，以及自然界在我們心中播下的不可過止的追求幸福的願望，是每個人有權反對統治我們的不公正政府的侵犯的三種本能」。[39]他還說，自由對於人類來說，「它的重要性與理性相等，它甚至與理性不可分離。自然界賦予我們以思考和判斷的能力，而如果沒有自由，我們就不能利用自己的理性。」[40]有人認為，馬克思主義重視平等，忽視自由。這是一種誤解。馬克思和恩格斯在世時所處的時代是一個「無產階級革命時代」，其中心任務是反對資本的剝削與壓迫。因此這兩位馬克思主義創始人在人權本原問題上，只強調了人的社會屬性，強調人權的階級性和歷史性而忽視了人的自然屬性這一面。他們雖然集中力量抨擊資本主義的人權制度及與其相適應的人權觀的「虛偽性」和局限性，但是馬克思主義十分重視自由的價值。他們認為，在共產主義制度下，社會「不再有任何階級差別，不再有任何對個人生活資料的憂慮，在這種制度下第一次能夠談到真正的人的自由，談到那種同已被認識的自然規律相協調的生活」。[41]「這是人類從必然王國進入自由王國的飛躍。」[42]

---

39. 〔法〕馬布利著，何清新譯：《馬布利選集》（北京：商務印書館，1983 年），113 頁。

40. 北京大學哲學系外國哲學史教研室編譯：《十八世紀法國哲學》（北京：商務印書館，1963 年），771 頁。

41. 中共中央馬克思恩格斯列寧斯大林著作編譯局編：《馬克思恩格斯選集》第 3 卷（北京：人民出版社，1972 年），154 頁。

42. 同上註，441 頁。

這時，「人終於成為自己的社會結合的主人，從而也就成為自然界的主人，成為自己本身的主人──自由的人。」[43]

二、德性

人性的第二個基本要素是德性，其主要內容有平等、博愛、正義。人是一種有倫理道德及其無限追求的高級動物，這是人區別於一般動物的一個根本點。人生性就有「仁愛心」、「同情心」、「憐憫心」、「惻隱心」，並在人與人之間相互依存、相互影響的關係和交往中逐漸養成平等、博愛、正義等為核心的一套倫理道德觀念。當我們說人權的本來含義是一種「應有權利」時，它就已經包含有道德的意蘊。當我們依人道主義原則救助弱勢群體、依現代民主理念既要服從多數又要保護少數時，人權的倫理性也是顯而易見的。平等、博愛、正義作為道德基本準則源自人性和人所固有的價值與尊嚴，在各種重要國際人權文書中都有明確肯定。如《聯合國憲章》指出：「對人類家庭所有成員的固有尊嚴及其平等的和不移的權利的承認，乃是世界自由、正義與和平的基礎。」《世界人權宣言》規定：「人人生而自由，在尊嚴和權利上一律平等。他們賦予理性和良心，並應以兄弟關係的精神相對待。」這些規定清楚表明，平等、博愛與正義源自於人的本性所決定的人的尊嚴。而這也是中外歷史上的進步思想家們所反覆闡明的。

古今中外的學者從倫理道德的視角對人性所作的分析，其觀點可歸結為如下四種，即性善論、性惡論、性善性惡兼有論、性善性惡皆無論。這四種學說都各有其道理，其中性善論對後世的倫理道德建設起了非常重要的作用而成為主流的理論。因為平等、博愛、正義、人道、寬容這些人類道德的共同的和基本的價值，不是任何外界的恩賜，而只能從「人性善」得到合理的解釋。凡嚴重違背與破壞這些基本價值的惡行，都被人們譴責為喪失「人性」，即是證明。

在古代中國，「性善論」始終佔據主導地位，其中儒家思想的影響最為深遠，而以孟子的觀點最具代表性，他說：「惻隱之心，人皆有

---

43. 中共中央馬克思恩格斯列寧斯大林著作編譯局編：《馬克思恩格斯選集》第 3 卷（北京：人民出版社，1972 年），443 頁。

之；羞惡之心，人皆有之；恭敬之心，人皆有之；是非之心，人皆有之。惻隱之心，仁也；善惡之心，義也；恭敬之心，禮也；是非之心，智也。仁義禮智，非由外鑠我也，我固有之也，弗思耳矣。」（《告子上》）他舉例說，當一個人見到一小孩將掉進一口井裏時，就會產生「惻隱之心」而去相救。他之所以會這樣做，不是因為他同孩子的父母有什麼交情，不是因為他想得到「鄉黨朋友」的讚譽，也不是怕別人說他壞話，而僅僅是人皆有「不忍人之心」。（《公孫醜上》）正是在儒家「性善論」的基礎上，形成了中國歷史悠久的人文主義傳統。諸如，「仁者愛人」、「己所不欲，勿施於人」、「天地間，人為貴」、「君輕民貴」、「天下為公」、「世界大同」、「均貧富、等貴賤」、「四海之內皆兄弟」、「無處不均勻、無處不飽暖」，這些格言甚至都已為很多普通老百姓所知曉。這些進步的觀念，在今天也仍然可以成為我們建立現代人權理論的重要思想淵源。

雖然中國的人文主義歷史傳統可以同西方相媲美，但由於古希臘、羅馬存在比較發達的簡單商品經濟以及「城邦國家」這種特殊歷史現象，西方的自由、平等、博愛的人文主義傳統，對社會政治制度的影響要更為廣泛和深刻。而其主要的理論也同樣是「性善論」。在古希臘的人性理論中，有三個主要派別：一是以普羅泰戈拉為代表的人性在於人的感性欲望的人性解放論；二是以德謨克里特為代表的理性人性論，即通過理性認識世界以指導自己的行動。三是以柏拉圖為代表的理性為人的本性，主張以理智來克制自己的欲望以達到絕對的和普遍的善。例如，普羅泰戈拉提出過「人是萬物的尺度」這一著名命題。他認為，神性是人性的一部分，神性是善的，所以人性也是善的。人人都具有公正、誠實、尊敬等政治德行。但他又說，「至於神，我既不知道他們是否存在，也不知道他們像什麼東西。」[44] 後來的亞里士多德則是以前三派思想的集大成者。他是人類歷史上第一個從現實生活的實際出發闡釋人性的觀點，第一次提出人與動物相區別是由於人有「善惡」、「正義」

44. 北京大學哲學系外國哲學史教研室編譯：《古希臘羅馬哲學》（北京：商務印書館，1957 年），137-138 頁。

等倫理道德觀念。他說，「人類所不同於其他動物的特性就在他對善惡和是否合乎正義以及其他的類似的觀念的辨認」。[45]

中世紀的經院哲學，以神性否定人性，使希臘與羅馬的人性論傳統中斷了很長一個歷史時期。在宗教神學的思想禁錮下，人喪失了自己的本性。神不僅創造了人和萬物，而且神性的存在決定人性的存在，於是神性代替了人性。但是同時，它也為人文主義的產生提供了對立面，也為15、16世紀文藝復興中近代人文主義的興起提供了土壤。

在近代啟蒙思想家的觀念中，以平等、博愛與正義等為主要內容的德性，在人性的概念裏佔有重要位置。如培根說：「我所採取的關於『善』的意義，就是旨在利人者。愛人的習慣我叫做『善』，其天然的傾向則叫做『性善』。這在一切德性及精神的品格中是最偉大的。」[46]盧梭把人的愛己自利作為人的第一天性和道德基礎，但他同時又認為，人不僅有自愛之心，而且還有憐憫之心。他說：「把愛己推及他人，就成了美德，一種根源於我們各人心中的美德。」[47]

馬克思主義創始人曾描繪與讚美過原始社會自由、平等、博愛的美景，也無情地批判過在階級對抗社會裏這些人類基本價值被異化後的局限性和虛偽性。他們還借用摩爾根的話預言過未來社會的美好前景：「管理上的民主，社會中的博愛，權利的平等，普及的教育，將揭開社會的下一個更高的階段，經驗、理智和科學正在不斷向這個階段努力。這將是古代氏族的自由、平等和博愛的復活，但卻是在更高級形式上的復活。」[48]

---

45. 〔古希臘〕亞里士多德著，吳壽彭譯：《政治學》第 1 卷第 1 章（北京：商務印書館，1965 年）。

46. 培根著，水天同譯：《培根論說文集》（上海：商務印書館，1958 年），38 頁。

47. 〔法〕盧梭著，李平漚譯：《愛彌爾》第 4 卷，（北京：商務印書館，1978 年）。

48. 中共中央馬克思恩格斯列寧斯大林著作編譯局編：《馬克思恩格斯選集》第 4 卷（北京：人民出版社，1972 年），175 頁。

三、理性

人性的第三個基本要素是理性。它的主要內容，一是理性（狹義的）即理性認識能力。人可以通過這種能力去認識和改造世界。二是理念，即人類通過理性認識能力所共同創造與享有「精神文明」成果，人類正是運用這些「理論」、「理念」去進一步認識與改造世界。三是理智，即人的克制自己的能力。人可以通過理智，克制自己不去做那些不合情和不合理的事情，不去謀取那些不正當和不合法的利益。西文學者談論人性時，用得最普遍的就是這個詞，並認為這是人性的重要內容。在人性的意義上使用的理性這個詞，是在近代才引入中國的。

在西方，用理性闡述人性，歷史很早。例如，蘇格拉底說：人的具體德行，如「節制、正義、勇敢、敏悟、強化、豪爽」等，如果不以知識為指導，就會變得有害無益。如「勇敢而不謹慎，豈不是一種莽撞？一個人若是沒有理性，勇敢對他是有害的，但他若是有理性，這對他豈不就有益了。」[49]柏拉圖提出的感覺世界相對應的「理念世界」、「善的理念」，也是屬理性的範疇。亞里士多德認為，人的本性在於理性，人能用理性支配自己的行為，控制自己的欲望，使行為合乎道德，這就是幸福和快樂。「理性的沉思的活動」是「人的最完滿的幸福」。他說：「對於人，符合於理性的生活就是最好的和最愉快的，因為理性比任何其他的東西更加是人。因此這種生活也是最幸福的。」[50]伊壁鳩魯認為，「使生活愉快的乃是清醒的理性，理性找出了一切我們的取捨的理由，清除了那些在靈魂中造成最大的紛擾的空洞意見。」[51]馬克思、恩格斯對伊壁鳩魯評價很高，稱「他是古代真正激進的啟蒙者，他公開攻擊古代的宗教，如果說羅馬人有過無神論，那麼這種無神論就是由伊壁鳩魯奠定的」。[52]

---

49. 北京大學哲學系外國哲學史教研室編譯：《古希臘羅馬哲學》（北京：商務印書館，1957 年），161 頁。

50. 同上註，328 頁。

51. 伊壁鳩魯：〈致美諾寇的信〉，載周輔成主編：《西方倫理學名著選輯》（北京：商務印書館，1987 年），105–111 頁。

52. 中共中央馬克思恩格斯列寧斯大林著作編譯局編：《馬克思恩格斯全集》第 3 卷（北京：人民出版社，1972 年），147 頁。

歐洲自文藝復興開始，傑出的人文主義者和後來的啟蒙思想家們，高舉理性的旗幟，以人性反對神性，以人權反對特權，以民權反對君權，為近代民主革命鳴鑼開道。恩格斯曾讚歎，「這是一次人類從來沒有經歷過的最偉大的、進步的變革，是一個需要巨人而且產生了巨人──在思維能力、熱情和性格方面，在多才多藝和學識淵博方面的巨人的時代」。[53] 但丁說：「人的高貴，就其許許多多的成果而言，超過了天使的高貴。」「我們必須這樣來理解：自由的第一個原則就是意志的自由。」「這種自由，或者這一個關於我們所有人的自由的原則，乃是上帝賜給人類的最偉大的恩惠；只要依靠它，我們就享受到人間的快樂；只要依靠它，我們就享受到像天堂那樣的快樂。」[54] 斯賓諾莎說：「人們唯有遵循理性的指導而生活，才可以做出有益於人性並有益於別人的事情來，換言之才可以做出符合每人本性的事情來。」[55] 他還說，民主政治「是最好的政治制度，最不容易受人攻擊，因為這最符合人類的天性。……我們離人類的天性愈遠，因此政府愈變得暴虐」。[56] 孟德斯鳩說：「是有一個根本理性存在着的。法就是這個根本理性和各種存在物之間的關係，同時也是存在物彼此之間的關係。」[57] 在他看來，「理性」是指事物的規律，法在調整社會關係時必須反映與體現事物的規律。狄德羅說，「我感到有一件事情，好像不管是好人壞人都承認的，那就是一切應當講道理。因為人不僅是一個動物，而且是一個有理性的動物。因此，……哪個人拒絕追求真理，他就自絕於人類，他就應當被大家看作是一個野獸」。[58] 費爾巴哈也強調把理性看作人的本質，是人類的人性。他說，「人自己意識到的人的本質究竟是什麼呢？就是理性、意志、心力。一個完善的人，必定具備思維力、意志和心力。思維力是認識之光，意志力是品性之能量，心力是愛。理性、愛、意志力，

---

53. 同上註，444-445 頁。

54. 〔意大利〕但丁：《飨宴篇》、《君道論》。轉引自姜柱國、朱葵菊：《論人‧人性》（河北：海洋出版社，1988 年），435 頁。

55. 〔荷〕斯賓諾莎：《倫理學》（北京：商務印書館，1958 年），179-180 頁。

56. 同上註，276 頁。

57. 〔法〕孟德斯鳩著，張雁深譯：《論法的精神》（北京：商務印書館，1961 年），1 頁。

58. 《百科全書》，轉引自姜國柱、朱葵菊《論人‧人性》（河北：海洋出版社，1988 年），470 頁。

這就是完善性，這就是最高的力，這就是作為人的人底絕對本質，就是人生存的目的」。[59]

總之，上面引證的西方思想家關於「理性」的科學內涵的闡釋，從人的自然屬性的角度看是正確的。但是，我們還應當將它們聯同人的社會屬性作為一個統一體來觀察與定位。這樣，人的本質的概念才是全面的，人權的本原問題才可能得到比較準確的、科學的回答。

幾個理論誤區

關於人的本質，如果只看到或只承認人的社會屬性這一面，就不可能正確認識人權存在的目的與價值，也不可能正確把握其發展規律。自由不僅是人的天性，自由自覺的活動又是人們認識與改造世界的力量源泉。只有提高社會的經濟與文化發展，人們才有可能享受更多的人權；但發展經濟與文化本身不是目的，而是實現人類幸福的手段。制度的好壞對人權的實際享有起著重要的影響與制約，但這並非人們創造世界的終極目標，而只是人類實現自身利益與社會正義的工具。你想享有人權，就不要去侵犯他人的人權，你想受人尊重，就必須善於尊重別人，如此等等。這些都是人們的理性所能把握的。《世界人權宣言》等國際人權文書中提到的人的人格、尊嚴與價值，同人權源於人的本性是完全相通的。如果一個人的生命、自由、安全、財產等最基本的人權都得不到承認和保障，那麼他（或她）就失去了做人的資格，就將不成其為「人」。在世界上的萬事萬物中，人應當是最受尊敬和尊重的。人不應該被當做手段而是目的；人世間的一切美好的東西，都應當為人而存在。地球村的一切創造性活動，都應當「以人為本」。如果一個人的基本人權都得不到承認和保障，人將失去自己應有的尊嚴。人是宇宙中一切有意識的創造性活動的中心主體。人是一切社會文明的創造者，也應當是一切社會文明成果的享有者。這是人的價值。如果一個人的基本權利都得不到承認和保障，人將失去其自身的價值。將人的本質僅僅歸結為是人的社會屬性，這種觀點之所以不正確，主要是在理論上陷入了以下一些認識上的誤區：

---

59. 〔德〕費爾巴哈：《費爾巴哈哲學著作選集》下卷（北京：商務印書館，1984年），27–28頁。

首先，世界上的萬事萬物的產生，都有它的內因與外因。人權的產生也有內因與外因兩個方面，否認人的自然屬性，就必然否定人權產生的內在根據。人活在這個世界上，他（或她）都想活着並且活得好，人人都有過好的物質生活、精神生活和社會公共生活的願望和需要。歸根到底，所謂人權就是要滿足人的這種需要。這是人的一種自然本性，是人權產生與存在的根本目的和價值。人的這種需求永不滿足，這是推動人權向前發展的永不枯竭的動力。有社會、有人與人之間的各種關係，才會產生權利問題。社會的政治、經濟與文化發展水平與各種社會關係的性質與狀況，對人權的存在與發展有重要的影響與制約。但終究只是人權存在與發展的外在條件。人不是為各種制度而存在，各種制度倒是為人而存在。只承認人的社會屬性，不承認人的自然屬性，人人都是沒有欲望、沒有德性的木頭人，人權怎麼會存在？人權又有什麼意義？

其次，世界上的任何事物，都是共性與個性、抽象與具體的對立統一。人性也是這樣。有人說，沒有抽象的人性，只有具體的人性。這種看法是不正確的。儘管人與人之間的天性、德性與理性有差異，但人類共同的人性是存在的，也是可以為人們所認識和把握的。有人問，你怎麼證明這種共同的、抽象的人性是存在的呢？我們的回答是：正如美國獨立宣言所說，這是「不言而喻」、「不證自明」的。人要活，要活得好，這是任何人憑自己的感覺與本性都能回答的。與此同理，說「人權不是抽象的，是具體的，」同樣違背辯證法。人權就是人身人格權利、政治權利與自由、經濟社會文化權利等各種具體權利的一個抽象。否認這一點，我們今天就「人權」問題所開展的討論就根本無法進行。如果否認人、人性、人格、人道、人權等既是抽象的，又是具體的，整個人文社會科學的存在與發展都將不可思議。

再次，人的自然屬性與社會屬性是一個統一的整體。這也是馬克思主義的基本觀點。馬克思與恩格斯對人的自然屬性及其意義曾有許多論述。例如，馬克思恩格斯曾指出：「我們首先應當確立一切人類生存的第一個前提也就是一切歷史的第一個前提，這個前提就是，人們為了能夠『創造歷史』，必須能夠生活，但是為了生活，首先就要衣、食、住以及其他東西。因此，第一個歷史活動就是生產滿足這些需要的資

料，即生產物質生活本身。」^{〔60〕}但為什麼中國學術界長期以來只抓住馬克思的一句話：人的本質是「一切社會關係的總和」，而將它歸結為是人的「本質」的全部內容？這同中國共產黨長時期的鬥爭歷史有關，同「以階級鬥爭為綱」的路線有關。強調人的階級性，「人的思想無不打上階級的烙印」就是一例。很多人過去對人性、人格、人道、人權等概念本身是否科學持完全否定的態度，也是出於這一原因。今天，人們已經很清楚，這種理論觀念會給實踐帶來多麼大的危害。

---

60. 中共中央馬克思恩格斯列寧斯大林著作編譯局編：《馬克思恩格斯全集》第 3 卷（北京：人民出版社，1972 年），31 頁。

第二十五章
論人權的主體

人權的主體是指什麼人可以和應當享有人權。西方傳統的觀點是，人權主體僅僅是指個人。但是，隨着時代的發展和人權實踐的演進，這一傳統觀念正在發生變化。社會群體以至民族，一國人民和全人類都已成為人權的主體，已經成為客觀事實，一系列國際人權文書也已肯定這一事實。

個人

　　人權一詞，在英語裏為 "human rights"，英語 "human" 最基本的，首要的語義是「人的或關於人的」。這裏的人，主要是指單個的「人」。人權的主體即人權的具體「享有者」和行使者，主要是指個人，即有生命的自然人。只要他（或她）是人，就是人權的主體，就應當享有人權。《世界人權宣言》指出：「人人有資格享受本宣言所載的一切權利和自由，不分種族、膚色、性別、語言、宗教、政治或其他見解、國籍或社會出身、財產、出生或其他身分等任何區別。」並且「不得因一人所屬的國家或領土的、政治的、行政的、託管領土、非自治領土或者處於其他任何主權受限制的情況之下。」（第 2 條）人權概念經歷過古代人權的朦朧意識，到近代的人權思想，再到現代的人權理論，人權的主體主要是個人，而且只要他（或她）是人，就是人權的享有者。儘管人權的主體在實踐中經過很大的發展變化，現代人權主體已存在多元化趨勢，但人人都應當享有人權，個人是人權的基本主體，這一理念是不變的。顯然，這同自然權利理論和「人人平等」觀念是密切聯繫在一起的。

　　在古代西方，「自然權利」說是「天賦人權」論的早期形態。換句話說，那時候的所謂「人權」或朦朧的人權意識，就是指的「自然權利」。而這種權利的主體，純粹是個人。自然法學說最早產生於古希臘城邦國家的部落時期。在亞歷山大皇帝建立起龐大的帝國、人們不再生

活在以往那種自給自足的經濟生活中，斯多葛派主張，把倫理、政治、法律思想的研究重點，從過去的國家至上，轉移到個人、人性與人的幸福。該學說認為，人人都有共同的人性，人人都是上帝的兒子，因而彼此之間都是兄弟。古羅馬的西塞羅及後來的賽涅卡等人繼承與發展了自然法理論，但其基本論點，仍然是每個人都享有某種程度的人格尊嚴，一切人都是平等的。他們所說「自然權利」的享有者，都是指個人。

在近代西方，從荷蘭的格老秀斯，到英國的霍布斯，繼承與發展了自然法學說。特別是英國的洛克使自然法理論更臻系統與完善，倡導以人權反對神權、君權與特權，使其成為資產階級革命的主要武器。他們所說的自然權利的享有者，也仍然是指個人。洛克對自然狀態、自然法、自然權利的周密論證，成了美國《獨立宣言》和法國《人權與公民權利宣言》的直接的主要思想淵源及理論基礎。而標誌着近代人權產生的這兩個文件，其所指人權的享有者，也是個人。如《獨立宣言》說，「我們認為這些真理是不言而喻的：人生而平等，他們都從他們的造物主那邊被賦予了某些不可轉讓的權利，其中包括生命權、自由權和追求幸福的權利。為了保障這些權利，所以才在人們中間成立政府」。《人權和公民權宣言》指出：「在權利方面，人們生來是而且始終是自由平等的，只有在公共利用上面才顯出社會上的差別。」（第一條）「任何政治結合的目的，都在於保存人的自然的和不可動搖的權利。這些權利就是自由、財產、安全和反抗壓迫」。（第二條）

近代西方人權及與此相適應的人權觀念，同資本主義社會重視個性解放、個人權利、個人自由有關。有人據此認為，以集體主義為基本價值取向的社會主義，不應強調人權的主體主要是個人。所謂強調個人權利必然導致個人主義，損害集體利益和公共利益。這是不符合馬克思主義基本立場與觀念的。集體、社會、人類只能在普遍的個人之中存在。離開了個人，集體、社會、人類卻不過一種空洞的抽象。正如馬克思所說：「任何人類歷史的第一個前提無疑是有生命的個人的存在。」[1]

---

1. 中共中央馬克思恩格斯列寧斯大林著作編譯局編：《馬克思恩格斯全集》第3卷（北京：人民出版社，1972年），23頁

「人類的歷史始終是他們的個體發展歷史」。[2]這裏所說的「個人」、「個體」，也就是馬克思所講，是「有感覺的、人個性的、直接存在的人」，是「從事實際活動的人」，是「可以通過經驗觀察到的、在一定條件下進行的發展過程中的人」。[3]

人權同公民權或「公民的基本權利」不是一個概念，不能混為一談。中國在 1980 年代中期，曾有不少學者曾混淆過這兩個不同的概念。如有的同志說：「什麼是人權？簡言之，人權就是人民的權利，或者叫公民的基本權利。在資本主義國家裏，人權，一般是公民基本權利的通稱，即公民的基本權利也可以叫做人權。」[4]不少學者曾以此為理由，反對在中國講人權，或認為沒有必要在中國講人權。這在邏輯上和事實上都是不能成立的。所謂公民，通常是指具有一個國家的國籍、根據該國憲法和法律，享有權利和承擔義務的自然人。國籍的取得，要具有一定的條件，國籍也可以喪失，包括自願喪失與非自願喪失。所以，幾乎世界上的任何一個國家都可能有非公民生活或工作在那裏。居住在某一國家裏的「外國人」出應當享有他（或她）們所應當享有的人權，因災害或戰爭而流落異國的難民，也應當享有居住國或國際社會給予的救助以及這些人應當享有的權利。世界上還有「無國籍人」生活或工作在某些國家，聯合國還專門為以上這些人制訂了一些人權文書，以保障其權利，如《關於難民地位的公約》（1951）、《關於無國籍人地位公約》（1954）、《減少無國籍狀態公約》（1961）、《難民地位議定書》（1967）、《非居住國公民個人人權宣言》（1986）等。如果「人權就是公民權」，那麼這些人就與人權無關，就不應當享有人權。這顯然是不正確的。

---

2. 中共中央馬克思恩格斯列寧斯大林著作編譯局編：《馬克思恩格斯全集》第 1 卷（北京：人民出版社，1972 年），321 頁。

3. 同上註，73 頁。

4. 喬偉：〈論人權〉，載《文史哲》1989 年第 6 期。

社會群體

人權的主體主要指個人，但也包括某些社會群體。這是「人」作為人權主體的延伸。這些群體包括：婦女、兒童、殘疾人、少數種族或民族、消費者、失業者的權利，甚至還包括犯罪嫌疑人以及罪犯的權利在內。這些社會群體權利的出現，在歷史上有一個發展過程。在上個世紀中後期，這些群體權利逐步由國內進入國際，現已得到不少國際人權文書的認可，如《消除對婦女一切形式歧視公約》(1979)、《兒童權利公約》(1989)、《清除一切形式種族歧視國際公約》(1965)、《關於促進就業和失業保護公約》(1988)、《囚犯待遇最低限度標準規則》(1955)等。

在一國範圍內，群體權利也可稱為集體人權。國際上和國內的學者中有人否認上述這些群體權利是集體人權，認為它們同個人人權沒有什麼區別，仍應屬個人人權的範疇。這種觀點是不正確的。我們認為，兩者的區別主要表現在如下三個方面：一是這類人權同個人人權相比，在人權的主體和內容上都有不同。個人人權的主體是任何一個個人，而國內特殊群體權利的享有者是其中的某一部分人群（如婦女、兒童、少數民族等）；在內容上，後者不僅享有個人應享有的個人權利，而且享有自己作為特殊群體的一員應享有的特殊權利。二是特殊群體通常會通過法律從國家得到整體上的特殊權利保障。如中國對少數民族通過民族區域自治法在經濟、政治、文化等各方面給予他們以各種特殊權利；屬這些特殊群體的個人，也主要是通過國家對這類群體的特殊權利保障得到某些特殊利益。三是代表特殊群體利益的一些民間組織或半官方組織，如婦女組織、工會組織、殘疾人組織，可以在法律上代表該群體向國家提出一定的權利要求，或在政治上施加這方面的影響；某些特殊群體組織甚至可以為尋求權利救濟而能夠代表該群體訴諸法律。

上述特殊群體的一個共同特點是屬社會弱勢群體的範疇。其權利保障的理論基礎是正義理念與人道原則。儘管婦女同男人在人口比例上相差無幾，但由於自身生理的以及歷史的文化的（包括民族的、宗教的）種種原因，她們是社會上的「弱者」。「罪犯」這一群體情況更為特殊。儘管「罪犯」對社會實施過種種危害，但他們已經得到應有的懲罰。因此在服刑期間，他們的應有權利仍然須得到應有保障。犯罪嫌疑人被指控後，人身自由受到限制，但這類人群也不一定就實施犯罪，由

於其應有權利易受侵犯，故也應受到「無罪推定」原則及其他措施的特別保護。隨着人類物質文明、精神文明、制度文明的不斷發展和進一步提高，社會特殊群體的權利保障將日益加強。

民族、一國人民、全人類

同個人人權相對應的集體人權，分國內集體人權與國際集體人權兩類。後者主要包括：人民自決權、自由處置天然財產和資源權、發展權、和平與安全權、環境權、食物權、人道主義援助權等。這類國際集體人權的主體，分別是某些民族，一國人民或全人類。民族人民自決權首先由《給予殖民地國家和人民獨立宣言》（1960）所確立，後在國際人權兩公約的第一條共同予以肯定，使這項人權由沒有強制約束力的宣言轉變為有強制約束力的公約所確立。這項人權是在 1960 年代非殖民地運動中被提出來的，但在上述宣言與公約中均未對「人民」和「民族」下定義，因此對此項權利的內容及其權利主體的理解一直存在分歧。這種分歧在非殖民地運動結束後爭論更為激烈。一些學者與國家則認為，這項權利僅僅限於殖民地人民和被外國壓迫的民族；另一些學者和國家為權利持有者包括主權國家裏少數者或土著人團體。本書作者的解釋傾向前者。

一國人民作為國際集體人權的主體，主要反映在「發展權」中。《發展權利宣言》（1986）規定：「確認發展權利是一項不可剝奪的人權，發展機會均等是國家和組成國家的個人一項特有權利。」（序言）「發展權利是一項不可剝奪的人權，由於這種權利，每個人和所有各國人民均有權參與、促進並享受經濟、社會、文明和政治發展……」廣義上以發展權，是「各國人民」都應當享有的權利。狹義的發展權，是一種各國人民都有「發展機會均等」的權利，是發展中國家的一項「特有權利」。因為它是發展中國家提出並主力其實現的權利，是針對不合理的國際經濟與政治舊秩序而提出的，而在後來逐步形成的狹義發展權的具體內容，在諸如世貿組織中的「普惠制」，減免窮國債務，發達國家與國際組織對發展中國家的各種援助等中，可以肯定這一點。《發展權利宣言》序言中所說「國家」、應理解為是第一條中所說「各國人民」，因為「國家」、「政府」都不能成為人權的主體。就人權而言，「國家」

李步雲**中國法治之路**

與「政府」都是義務主體。所謂「國家」、「政府」的權利，那是另一個範疇的問題。

「全人類」或「各國人民」作為國際集體人權的主體，主要反映在環境權以及和平與安全權中。《人類環境宣言》規定：「人類有權在一種能夠過尊嚴和福利的環境中，享有自由，平等和充足的生活條件的基本權利⋯⋯」《非洲人權和民族權憲章》規定：「一切民族均有權享有一個有利於其發展的普遍良好的環境。」（第24條）環境問題直接涉及全人類所有人的共同利益，如大規模污染空氣與海洋，其受害者將是全人類。又如，《人民享有和平權利宣言》（1984）指出：「全球人民均享有和平的神聖權利」。在一些國家擁有核武器的現今時代，局部戰爭特別是引發全面戰爭的時候，全人類的人身與財產等安全勢必遭受嚴重損害。二次大戰給人類帶來的災難，絕不能允許再度發生，這是全世界人民的根本利益。全人類作為國際集體人權的主體，其義務主體最為廣泛，包括各國政府、聯合國系統的所有機構以及其他國際組織。

人權主體的歷史性

人權由人與權利兩個基本要素構成。人權的主體與人權的內容，是人權的兩大組成部分。而兩者都有其歷史性，在現實存在和思想理論上，它們都是一種發展的社會現象與觀念形態。這是因為，什麼人可以享有權利和每個人可以享有多少權利，都要受到當時當地經濟、政治、文化條件的影響與制約，都要由一定歷史時代物質文明、精神文明與制度文明的發展程度所決定。在這個問題上，我們應當將應然與實然、理想與現實統一起來予以認識和把握。例如，只要是「人」，不論其性別、種族出身、財產狀況、教育程度、思想信仰等有何差異，都應當平等地享有各種權利，這是一種應然的理想的狀態。但是現實情況並非完全如此。這裏有兩個問題需要加以分析；一是人們不能超越一定的歷史條件去評價或要求那些不可能實現的人權狀況；二是人們又必須去否定和批判那些本來可以實現，但又沒能實現的人權狀況。人權的徹底實現，有一個合乎規律的發展過程；同時它又需要無數仁人志士為其實現而不懈奮鬥。

人權主體的歷史演變，主要有兩個發展過程。其一是，從古代的單純以個人為人權主體的狀況，發展到近代的人權主體以個人為主，同時又出現了國內集體人權；再發展到二戰後人權保護進入國際領域，出現了國際集體人權。其二是，個人作為人權的基本主體，經歷了一個從非普遍性到普遍性的發展過程。而後一個過程比前者更顯艱難。

公元前 5 世紀，自然正義觀已在古希臘自然哲學的基礎上發展起來，並開始了人權意識的歷史傳統。最早使用人權字眼的希臘悲劇作家歐里庇得斯認為，根據自然的法則，奴隸和自由民應該是一樣的，奴隸之所以成為奴隸，不是因為他們愚笨，而是社會制度和城邦法律所造成的。[5]當時的雄辯家阿爾西瑪達也說，「神使人生而平等，自然並未使任何人成為奴隸」。但是，現實生活中，古希臘與羅馬都普遍實行奴隸制，而且這種把人視為工具，可以隨意買賣的奴隸制，還得到一些著名思想家的肯定，如亞里士多德就認為，「世上有些人天賦有自然的本性，另一些人則自然地成為奴隸，對於後者，奴隸既屬有益，而且也是正當的」。[6]這種平等思想與人權意識同主流的不平等思想和生活現實的不平等鬥爭了近一、二千年，直到近代資本主義商品經濟產生與發展起來，社會發展根本轉型，個人作為人權的主體，從非普遍性向普遍性的轉變，才得以完成。然而，在近代這一根本性轉變的過程中，理想與現實、應然與實然的衝突，仍表現得十分激烈。以英國為例。它是最早實現近代民主、法治、人權的國家。然而，澳大利亞被英國以無主地的方式佔有之後，其土著人在種族滅絕、奴役和壓迫的惡夢中還生活了 200 多年，直到 1967 年，公民投票同意在人口普查中將土著人計算在內，才給予土著人公民身份。在這之前，他們是被視若無物的。[7]又如美國，1776 年的《獨立宣言》曾被馬克思視為世界上「第一個人權宣言」，但它所說「人人生而平等」，並不包括奴隸在內。其起草者傑斐遜本人就是奴隸主。1791 年的馬里蘭州的法律甚至宣佈：「如果一個受監護的

---

5. 張宏生、谷春德：《西方法律思想史》（北京：北京大學出版社，1990 年），4 頁。

6. 〔古希臘〕亞里士多德：《政治學》第 1 卷。轉引自〔法〕皮埃爾·勒魯著，王允道譯：《論平等》（北京：商務印書館，1988 年），78 頁。

7. 參見〔瑞士〕勝雅律著，王長斌譯：〈從有限的人權概念到普遍的人權概念 —— 人權的兩個階段〉，載沈宗靈、黃楠森主編：《西方人權學說》下（成都：四川人民出版社，1994 年）。

未成年人的動產由諸如奴隸、能夠幹活的牲畜、所有種類的動物、木製家具，藏書等組成，法院……可於任何時候通過命令予以出賣。」[8]《獨立宣言》所稱「人」，也被解釋為不包括婦女在內，直到 1920 年第 19 憲法修正案被通過後，婦女才獲得普遍的平等選舉權。再如法國，其《人權與公民權宣言》也被推崇為是人權產生的標誌，但它所稱「人們生來是而且始終是自由和平等的」中所用的「人」也把婦女排除在外。當時被排除在「人」之外的還有「革命的敵人」。在法國大革命中還大規模地用被斬首者的皮膚來製作皮革。根據 1794 年 9 月 20 日的一份報告，默東的一個製造商專門從事這項工作。國民公會以 4,5000 法郎作為對該項工業的支持。[9] 這些事實說明，傑斐遜等人的人權思想與業績是偉大的，但人權現實則不可能不受歷史條件的局限。

後記：作者在人權教學中還經常遇到學生提出這樣的問題：死人、克隆人有沒有人權？對前者，我的回答是有；對後者，我的回答是，現在沒有哪個國家允許克隆人，因此，現在不好回答。人權主體問題的複雜性還表現在生命權的討論中，如何界定「胎兒」，學者看法和各國政策都不一致。

8.《西方人權學説》下（成都：四川人民出版社，1994 年），250–278 頁。

9. 同上註。

第二十六章

人權的內容

作者曾給人權下過這樣的定義：人權是人依據其自然屬性和社會本質所應當享有的權利。那麼，這裏的「權利」究竟是指什麼？這一概念的內涵與外延到底應當怎樣界定？這是人權理論必須回答的根本問題之一，而人們對此又存在很大爭議。搞清楚這個問題，無論是在理論層面還是實踐層面都有重要意義。

人權內容的含義

　　人權的內容也可稱其為人權的客體，是指人可以和應當享有的權利。那麼，什麼是權利？它的基本構成要素是什麼？中外學者存在各種意見和主張。我們認為，所謂權利，其最主要的構成要素是三個：即權威、利益、自由。權利就是指由特定權威所認可、支持與保護的權利主體能夠自由支配的各種利益。首先，權利的基礎是利益。這裏的利益含義很廣，不僅指物質利益，還包括精神利益、人身利益以及行為自由等。離開利益這一最本質的東西，權利這個概念就會變得毫無意義。其次，不是所有利益都是權利，某種利益必須得到一定的社會上的權威所認可、支持與保障才能成為權利。由國家法律所認可與保障的公民或法人享有的利益就是法律權利。由政黨組織的權威所認可與保障的黨員所能享有利益，就是某一政黨黨員的權利。由工會組織的權威所認可與保障的工會會員的利益，就是該工會會員的權利。再次，權利主體所享有的這種利益自己還可以通過作為或不作為予以自由支配和處置。否則，某種權利主體可以享有的利益也不能夠實現。至於這種利益遭到侵害，是否一定要達到可以通過司法機關得到保護方可稱之為權利，我們在「積極權利與消極權利」一節中將會論述。由此可見，不是所有的權利都是人權。人權中的「權利」有其特定的含義。這從本書所給人權下的一般性定義中可以清楚看出。第一，權利的主體，它不是某種社會組織的成員，甚至也不是指某一國

家的公民，而是泛指一般的「人」，即只要他（或她）是「人」就可以享有人權。當然這裏的人除了「個人」，還包括國內或國際範圍某些特定的群體（或集體）。第二，人權是一種人「應當」享有的權利，而應不應當是個道德問題。因此人權的另一特點是，人所享有的利益是由以正義為核心的人類所共同持有的一整套倫理道德準則所認可、支持和保障的。第三，權利的內容也具有一般性，它的內容不是某些人或某個組織彼此之間的任意相互「約定」。

在國內外學者中，對人權內容的理解，存有過於狹窄和過於寬泛的兩種傾向。例如，有人認為，「人權概念無論是在被發明出來的時候，還是現代的使用中，都不指涉和涵蓋公民的全部權利，而僅指涉哪些基本的和普遍的權利」，或者說，「屈指可數的主要的權利」。[1]人權，「指人身自由和其他民主權利。」[2]但是，將人權的內容局限於「公民的基本權利」是不對的。憲法規定了「公民的基本權利」，各種法律還會規定各種「非」基本權利。公民基本權利與非基本權利是一個相對概念，其界限有其不確定的一面。現在聯合國系統制訂的七十多個主要人權文書所確認的人權內容，遠遠不止各國憲法所規定的「基本」權利。殘疾人的某些特殊權利，對健康人不適用；消費者的權利，生產者不能享有；罪犯的某些特殊權利，對一般公民不適用；犯罪嫌疑人的某些權利，對未受刑事指控的人不適用。這些可以視為公民的非基本權利，但都無疑是屬人權的範疇。

在人權內容的界定上，需要防止的另一種傾向，是對它理解得過於寬泛，即對「人權的泛化」。我們固然不能把某些社會團體或組織中的成員在其所在組織中的權利與義務中「權利」視為人權，也不能將國家機構中某些人民代表（或議員）或工作人員的某些特定權利稱之為人權。例如中國的各級人民代表享有「言論免責權」和「人身特殊保護權」就不是人權。法官檢察官及政府行政工作人員都有某些在其特定行業與崗位上所享的特定權利，那也不是人權。在法律權利（或法定權利）中，哪些是人權，哪些不是，就更要注意區分。人權主要存在於憲法與法律的一般性規定中，而在某些具體法律關係中，雙方當事人的權

---

1. 張光博：〈堅持馬克思主義的人權觀〉，《中國法學》，1990 年第 4 期。

2. 《法學辭典》（上海：上海辭書出版社），8 頁。

利就不是人權。比如，在一個買賣合同中，締約雙方所自主約定的「權利」，就不是人權。又如，在中國實行的農村聯產承包責任制中，農民同政府簽定的合同，農民一方所享有的一些權利，一般說來也不能被理解為是人權，最多只能說是「財產權」的延伸，因為其中的有些權利的內容是自主約定的，是可以這樣也可以那樣約定與改變的。

人權內容的本質

為了概括與揭示人權的本質，我們可以給人權下這樣一個定義：人權是受一定的倫理道德所認可、支持與保障的人應當享有的各種權益。這是就人權的內容而言。人權的這種「權利」，最為本質的東西，一是利益，二是道德。任何「權利」的基礎都是「利益」。不過人權所內含的利益極為多樣與廣泛。它不僅包括經濟的、文化的、政治的和社會生活中的各種利益，也包括人身人格的各種利益，還包括思想與行為的各種自由。利益既可能是個人的，也可能是群體的；既可能是權利主體自身的，也可能是與主體相關的他人的。從國際人權文書所列舉的人權清單中，各種具體人權所反映和體現出來的利益非常豐富與寬泛。可以說，任何一種具體人權，而人類生活在這個星球上，其利益需求將日益豐富、多樣。這種需求、幸福，在未來都有可能表現為人權。人權另一最為本質的要素是道德。人們說「人權是人所應當享有的權利」。這裏的「應當」就是一個倫理的和道德的概念。當然，這裏的道德是指進步的道德，而且為人類所公認。過去曾有人認為，只有階級的道德，沒有所謂人類的共同道德。這種看法顯然是不對的。儘管人們對倫理道德的認可會有差異，在人類歷史上道德也是一個不斷發展的概念，但以正義和人道為核心的包括平等、公平、公正、公道、正直、寬容、同情、憐憫、友愛、奉獻、禮讓等，都是建立在人性的基礎上，一直是人類所共同尊崇的。人應當享有各種權利，是同這種人類道德分不開的。西方許多人權學者都把人權看作是一種「道德權利」。例如美國政論家克蘭斯頓（M. Cranston）認為：「這裏的問題是：自然權利和人權或人的權利，是什麼意義的權利？回答是：自然權利是一種道德權利而且僅僅是一種道德權利，除非它由法

律強制執行。」[3] 英國倫敦大學哲學教授拉斐爾（D. D. Raphael）認為，《獨立宣言》和洛克所講的那些權利「之所以稱為自然權利，就因為人們認為它們引自『自然法』或上帝的法律。但現在不必再在這些權利觀念中包含形而上學或神學的預言了，『自然法』不過是說明道德的原則方式。它們就像實在法一樣，關係到權利和義務。自然這個形容詞是用來區別道德原則和權利同非自然的或人造的法律和權利」。[4] 中外學者強調人權是「道德權利」，一是將它同法律權利區別；二是強調人權是受道德認可與支持的人應享有的一種權利。「義」與「利」是全人類所共同追求的兩件最寶貴的東西。如何使兩者協調一致，是中外歷代思想家與政治家所始終注意探討的。而「人權」，正是兩者共同擁有並使其協調一致的一個偉大的名詞。

為了更深入了解人權的本質，必須將公民的權利與國家的權力嚴格地和清楚地加以區分。而中國的不少公眾，包括有些學者，常常將權利與權力混為一談，或分不清楚。有的法理學教科書，將權力視為權利的組成部分。其實，權力與權利是必須嚴格任分的。就國家權力與公民權利而言，主要有如下八點區別：一、國家的職權與職責相對應，公民的權利與義務相對應。前者往往是統一的，表現在同一規則中，即授予某一機關或個人以一定的職權，亦表示它們應承擔一定的職責。後者往往是分離的，即權利就是權利、義務就是義務。一部分學者認為「勞動權」與「教育權」，既是權利也是義務，即使此論點成立，那也只是某種個別例外。二、職權不可以轉讓或放棄，否則就是違法與失職，故有所謂瀆職罪；權利則有的可以轉讓或放棄，如財產贈予或放棄投票，但有的是不可以轉讓的，如各種自由。三、國家職權伴隨着強制力，有關個人和組織必須服從；而權利在法律關係中彼此是處於平等地位。四、職權的本質是權威，這是維繫任何一種群體生活所必須的組織手段；權利的本質則是利益，當然其含義十分寬泛。五、職權在某種特定意義上

3. 參見克蘭斯頓：《人權》（1995 年），21 頁。轉引自沈宗靈：〈人權是什麼意義上的權利？〉，載《當代人權》（北京：中國社會科學院出版社，1992 年），19 頁。

4. D. D. Raphael, *Problems of Political Philosophy*, rev.ed. (London: Macmillan, 1976), p.103.

可以反映與體現公共利益，但不能代表個人利益；權利則既可體現個人利益，也可體現國家的或集體的利益。六、在職權與職責的對立關係中，職責是本位，所謂「責任政府」的概念由此而生；在權利與義務的對應關係中則權利是本位，這從人權的意義可以說明。七、公民的權利產生國家的權力，如公民行使選舉權產生政府；而不是國家的權力產生公民的權利，權利（人權）是人所應當享有的，不取決於法律是否規定，不是任何國家或政黨所恩賜。八、國家權力是手段，它存在的意義就是為全體人民謀利益；公民權利是目的，它體現人類的人格、價值與尊嚴，任何社會組織及行為規範的存在，都是以實現人類的幸福為依歸。[5] 總之，搞清楚這些問題，對深刻認識人權的本質及其意義是十分重要的。

權利的社會文化制約性

如果說人權的主體受社會、經濟、文化條件的影響和制約，那麼人權的客體即人權的內容，情況就更是如此。恩格斯說過，「權利永遠不能超出社會的經濟結構以及由經濟結構所制約的社會的文化發展」。這也就是說，人權的主體和客體都具有歷史性。人權的主體從「有限的人權概念到普遍的人權概念」，其根本性轉變始於近代。到現在這一轉變已經完成，即在理論與實踐上，人權主體的普遍性已得到普遍的承認與尊重。但是人權的內容——權利，人們的認識，特別是在實現上，在不同的國家和不同的地區、思想、宗教、政治信仰的人群之間，差距是很大的。現在與未來，情況都會如此。下面，從幾個主要的方面作概要的具體的分析。

經濟的發展

人活着，首先要吃飯穿衣，然後才能從事政治和文化藝術等活動。物質生活的基本保障及其不斷提高，是人的第一需要。同時，經濟的發

---

5. 參見李步雲：〈關於信息公開的幾個理論問題〉，載李步雲主編：《信息公開制度研究》（長沙：湖南大學出版社，2002 年），2 頁。

展又是教育、文化、衛生、體育等事業發展的基礎。發展中國家強調生存權和發展權是首要人權，認為「經濟社會文化權利」比「公民權利和政治權利」更重要，這同那些國家的經濟文化發展的相對落後有關，在基本原理上也是站得住的。這方面的權利保障日益受到整個國際社會的重視，而且其發展也會持續下去，這是人類三大文明日益提高的必然。

制度的因素

近二百多年來，資本主義（又稱由自由主義與個人主義）與社會主義的兩大思潮及其相對應的制度模式，深刻地推動與制約着人權的發展。資本主義重自由，社會主義重平等，這正是人權的兩大支柱。現在，兩大思潮與制度有彼此吸收與融合的趨勢。其集中表現是西方的「福利國家」和東方的「市場經濟」的出現與發展。

文化的差異

與其它社會現象相比，無論過去、現在與未來，人與人之間、群體彼此之間，其差異始終將是最為多元化的。現在，對同性戀、墮胎、安樂死等存在廣泛的爭議，就是明證。宗教信仰的不同，對各種權利的認同，其差異也是非常顯著的。歷史傳統的作用亦不可忽視。例如，在東亞的國家文化中有社會和諧的哲學與社會倫理傳統：在西方，主要是希臘羅馬的人文傳統中，有重個人自主性與個體利益的特點。即使在今天，這些都是建立現代人權觀念及制度可供繼承與利用的積極因素。

權利的社會文化制約性，是人權特殊性的理論基礎，是各國制訂人權政策的重要依據，也是國際社會應當彼此尊重各自人權主張的重要原因。但是，也要首先肯定人權自身的特點與價值；肯定人權的普遍性及共同標準；肯定對人權的尊重與追求，是經濟、政治、文化和社會制度存在的意義；肯定人權的發展是人類文明進步的綜合性標尺；肯定人權觀念與制度的發展，是社會各種制度設施與規範安排以至政治法律思想不斷進步的推動力量。

後記：作者在以往的各種演講中，在談到人權的社會文化制約性時，常舉的一個例子是新加坡的「鞭刑」。作者在 1992 年訪問該國時，

曾前往監獄觀看行刑人員執行鞭刑的示範表演。其殘酷和可怕，令我們代表團的一位女團員當場掉淚。這也使我想起了我的一貫主張，國與國之間，民族與民族之間，不同政治集團之間應倡導「政治寬容」。

第二十七章
人權與權利的異同

* 本章第二作者為陳佑武副教授，載李步雲、龔向和等：《人權法的若干理論問題》（長沙：湖南人民出版社，2007）。

目前大多數學者對人權界定與國際人權法的邏輯路徑基本一致，即沒有脫離權利去理解人權。通過權利去理解人權無疑反映了人類對事物認識的一般規律，有利於加深人們對人權深刻內涵的進一步理解，因為現代人權理論的構建正是以權利為依託而得以不斷完善起來的。從歷史的角度看，權利與人權在理論上是既有聯繫又有區別，只談人權不講權利或拋開人權談權利都是毫無意義的。人權是一種權利，但是並非所有的權利都是人權。至今有的學者仍然未能將人權與權利的異同在理論上予以準確分析和定位，將人權概念泛化或過於狹窄地定義人權，這兩種現象都還存在。如果不能從理論上搞清楚這個問題，將會對正在進行的法治建設產生種種誤導。

人權與其他權利之間存在如下差異：

本原不同

人作為「能思想的存在物」與禽獸不同之處在於人有人性，或者說人具有自然屬性和社會屬性。人權口號的提出，就是因為有人不把他人當作人對待的社會現實存在，尤其是擁有權力者對人們權利的侵犯。關於這一點，馬克思在 1843 年 5 月《致盧格》的信中就曾指出：「專制君主總把人看得很下賤。他看着這些人為了他而淹在庸碌生活的泥沼中，而且還像癩蛤蟆那樣，不時從泥沼中露出頭來。」「君主政體的原則總的說來就是輕視人、蔑視人、使人不成其為人。」他還說：「哪裏君主制的原則佔優勢，哪裏的人就佔少數；哪裏君主制的原則是天經地義的，哪裏就根本沒有人了。」[1] 為什麼有些人不把自己同類的其他人看

---

1. 中共中央馬克思恩格斯列寧斯大林著作編譯局編：《馬克思恩格斯全集》第 1 卷（北京：人民出版社，1956 年），411 頁。

作人呢？馬克思認為，這主要是社會制度造成的：「專制制度必然具有獸性，並且和人性是不相容的。獸的關係只能靠獸性來維持。」[2] 然而依據人的自然屬性，人有被當作人看待的天性，有不但要活下去，而且要活得好的追求。人權就是源於人的這種需求與利益，這是人權的目的和根本價值所在。從人權的社會屬性維度而言，人是生活在人與人之間的社會關係中，而不是一個人生活在世界上。權利對權利的侵犯、特別是權力對權利的侵犯時有發生，這是人權問題出現的外在條件。

基於人的自然屬性與社會屬性，在一個社會上，人是一切社會活動的中心主體，有不同於其他動物的人的人格、尊嚴與價值。如果一個人的生命、安全與自由得不到保障，他將失去做人的資格，失去做人的尊嚴與價值。一切社會制度的設置及法律與政策的制訂和實施，都是為了滿足人類的需要與幸福，因而也可以說，都是為了充分實現人權。而權利則按其不同的性質有不同的本原，如道德權利，是源於道德原理或者倫理說教；習俗權利源於習慣與民俗；政黨黨員的權利來源於該黨的綱領與章程；工會會員的權利來源於該工會組織的規章；社會自治組織成員的權利來源於鄉規民約等。但是，人權與此不同，它是人作為人基於其本性以及人格與尊嚴而應當享有的權利。

在人權與權利的本原問題上，對人權、權利與國家、法律的關係要有正確認識。人權是先於國家與法律而存在，所以研究人權問題，不能僅僅着眼於國家與法律，而應以社會為立足點，應從歷史學、社會學、哲學以及法學等多角度、跨學科的立場來分析。尤其是有些權利，包括道德權利、習俗權利、宗教權利、政黨權利等，更是如此。法定權利應着重從國家與法律的角度來研究，但同樣離不開多學科研究。

人權是源於人的本性、人格、尊嚴與價值，而其他不同性質的權利本原則呈多樣性。人權的本義是一種應有權利。它要受法律的認可與保護，因而有法律權利。人權在不少情況下，也受道德、習俗、宗教、政黨章程以及其他社會組織章程和鄉規民約的認可與保護。但人權的本原同人權要受什麼社會規範的認可與保護，這是兩個不同性質的問題，應當區分開來。所以要對「人權是鬥爭得來的」、「商賦人權論」及「國

---

2. 同上註，414頁。

賦人權論」等本原觀點要予以警惕。不能將人權的實現方式、途經及條件與人權的本原問題相混同。

主體不同

　　主體問題是人權的關鍵性問題之一。自 1990 年代初期以來，法理學界許多學者加入了對人權主體問題的論證，但學者們並未達成共識。分歧主要集中在兩個方面：一是人權主體指個人還是集體，抑或兩者兼有；二是人權主體指人，還是指公民或人民。無論哪個方面來看，人權主體與權利主體都不是同一的而是存在差異。客觀而論，人權的實質是指權利對權力的對抗，所以政府首先就應被排除在人權的主體之外。那麼人權的主體是否就是古典人權主體理論所描述的那樣僅僅限定為無差別的所有的個人？正如有學者所言的「人是人權的唯一主體」[3] 或「人權的主體主要是個體，即馬克思所說的『有感覺的、有個性的、直接存在的人』，『從事實際活動的人』，『可以通過經驗觀察到的發展過程中的人』」。[4] 這些都值得商榷，因為從目前世界人權發展的角度而言，它已由個體人權發展到集體人權，即「從生命的主體發展到人格的主體」。[5] 所以大多數中國學者都主張人權主體並非僅僅限於個人，一些特殊的社會群體，主要是一些弱勢群體的人權主體地位應受到重視。如婦女、兒童、老人、殘廢人、消費者，犯罪嫌疑人和罪犯，少數民族或種族等。此外，民族、一國人民自 1960 年代以來也成為重要的人權主體。

　　這裏有兩個問題值得注意：一是有些學者認為「人權就是公民權」，既然法律已規定公民權，因而主張不必再講人權。這是不正確的，因為公民權是一個法律概念，主要是人的政治權利和自由在法律上的表現，而人權問題首先不是發生在法律上，而是發生在社會生活中。而且，在一個國家裏，除了公民，還有無國籍人、難民和外國人，他們

---

3. 信春鷹：〈人權的概念與國際社會的人權觀〉，載中國科學院法學研究所編：《當代人權》（北京：中國社會科學出版社，1992 年），78 頁。

4. 張文顯：〈論人權的主體與主體的人權〉，《中國法學》1991 年第 5 期。

5. 徐顯明：〈人權主體之爭引出的幾個問題〉，《中國法學》1992 年第 5 期。

也應享有人權。從語義角度分析，似乎享有人權就是享有公民權，這是「人權就是公民權」的應有之義。其實這也是錯誤的。從歷史維度來看，人權是人類社會特有現象，在原始社會、奴隸社會有人權，但那時人們並不必然享有公民權，如奴隸、農奴以至封建專制下的農民。人權演進為公民權是一個歷史過程，須有一定的社會、經濟、文化條件。公民權是一個近代才出現的概念。我們不能說，前資本主義時期，人們根本不能享有人權，或那時候，人們一點人權也不享有。

二是人權主體受保障的歷史局限性。例如，在奴隸制條件下，奴隸作為人是應享有人權，應是人權的主體，但奴隸就不被當作權利的主體，所以其人權主體無相應的權利保障。但是否就可以得出奴隸及封建社會的農民就不是人權的主體呢？顯然奴隸也有人的本性、人格、尊嚴與價值，不能因為在當時現實條件下他們不被當作權利主體就否認這些人應當享有其人權主體的地位。

客體不同

人權的客體是什麼？人權的客體應當就是指人權主體所擁有的權利，包括對物、行為、精神產品、信息等享有的權利，這已得到目前人權理論界很多人的認同。問題在於究竟什麼樣的權利是人權的客體？這在中國法理學界仍存在爭議，有學者認為「人權的原意是指某種價值觀念或道德觀念，因而它是一種道德意義上的權利和義務⋯⋯人權就是從這些價值、道德觀念出發而認為作為個人或群體的人在社會關係中應當有的權利或應當履行的義務」。[6] 這種受西方人權學說影響而將人權理解為道德意義上的權利在當代中國具有代表性，也具有一定的合理性。但將人權僅僅解釋成為道德權利就值得商榷！在當代西方的人權學說當中，認為人權是一種道德權利的觀點是相當普遍的，比較典型的是英國學者、達勒姆大學教授米爾恩先生（A. J. M. Milne）的觀點。他認為人權是一種道德權利，而不是政治權利，包括生命權、公平對待的公正權、獲得幫助權、在不受專橫干涉這一消極意義上的自由權、誠實對

---

6. 沈宗靈：〈人權是什麼意義上的權利〉，《中國法學》1991 年第 5 期。

待權、禮貌權以及兒童受照顧權。[7] 我們認為米爾恩這種觀點是過於狹窄地理解和定義了權利的內容，其原因是他把人權僅僅理解為一種道德權利。西方的人權學說在某種層面上是張揚了人的道德內涵，但對人的社會內涵的漠視就十分明顯和突出。經過對西方人權學說本質的深刻分析，大多數學者主張人權的客體是一個多層次、內涵豐富與廣泛的概念，包括人身人格權、政治權利、經濟、社會、文化權利及民族自決權、發展權、自然資源永久主權等。所以，人權的客體不但是道德權利，還應包括公民權利、政治權利及社會、經濟、文化等更為廣泛的權利。

必須指出，並非所有的法律權利都是人權。一般說來，人權存在於各種抽象法律關係中，如憲法以及民法、刑法、訴訟法中所規定的公民應當享有的各種權利。而具體法律關係中，當事人雙方所享有的權利不是人權。其具體的權利和義務由雙方當事人任意規定（以不違背法律的要求為限度），在這樣具體法律關係中的權利，就不屬人權的範疇。而其他類型的權利，如政黨黨員的權利、工會會員的權利，大多數是社會組織約定，並不是人權。但它們的章程中有時也包含有人權保障的內容。

存在形式不同

由於權利是一個內容極為廣泛的概念，它們不但包括國家法律上的權利，也包括政黨、社會團體、企事業組織等規章上的權利，還包括道德、習俗權利等。因而其存在形態也呈現多樣性，其或以法律規範形態存在，或以政黨規範形態存在，或以團體、道德、習俗規範等形態存在。

雖然人權的客體是權利，但不可認為權利的存在形態就是人權的存在形態。因為權利的存在形態實際上以權利的載體為依據，可以表現為上述各種存在形式。有學者主張人權存在形態主要有四種，即應有權

---

7. 〔英〕A・J・M・米爾恩：《人的權利與人的多樣性 —— 人權哲學》（北京：中國大百科全書出版社，1995年），171頁。

利、法規權利、習慣權利及現實權利。[8] 認為應有權利是人權的最初形態，它是特定社會的人們基於一定的社會物資條件和文化傳統而產生出來的權利需要和權利要求；習慣權利是人們在長期的社會生活過程中形成的或從先前的社會承傳下來的，表現為群體性、重複性自由行動一種權利；法規權利是通過實證法律明確規定或通過立法綱領、法律原則加以宣佈的、依規範與觀念形態存在的權利；現實權利是主體實際享有與行使的權利。其對人權存在形態的描述基本上反映了人權的外在形式。有學者認為人權是一種道德權利「僅存在於人們的內心信念和社會輿論中」[9]，前述四種存在形態的觀點與之相比，應當更能反映客觀真實。然而可惜的是該理論沒有能揭示出這四種形態的內在聯繫。

我們認為，人權存在三種形態，即應有權利、法定權利、實有權利。這一理論不僅反映了人權三種存在形態的客觀現實，同時揭示了三種形態運動的內在規律。三者之間不是平行關係，而是層次關係，三者的內容在很大一部分上是重疊的。隨着人類文明的繼續向前發展，它們之間的外延將進一步接近，彼此重疊的部分將日益擴大，但永遠存在矛盾，應有權利將永遠大於法定權利；法定權利將永遠大於實有權利。正是這種矛盾，推動人權不斷得到實現。[10]

要正確對待人權與其他各種權利之間的關係，必須正確認識二者之間的聯繫，又不能對二者不加區別。只有對人權和權利在本原、主體、客體及存在形態等方面的關係上有比較準確與清晰的了解，方能正確把握人權這一概念的內涵與外延，為充分保障和實現人權提供理論前提。

---

8. 張文顯：〈論人權的主體與主體的人權〉，《中國法學》1991 年第 5 期。

9. 沈宗靈：〈人權是什麼意義上的權利〉，《中國法學》1991 年第 5 期。

10. 李步雲：〈論人權的三種存在形態〉，《法學研究》1991 年第 4 期。

第二十八章

論集體人權與
個人人權

本章對個人人權和集體人權的含義、國際集體人權的理論根據、個人人權與集體人權間的關係進行了探討和論述,對東西方之間、南北方之間在個人人權與集體人權對立與衝突的背景和原因進行了分析。筆者指出,應強調個人人權與集體人權的統一性和一致性;集體人權是人類權利追求與實現的一種重要形式,國際集體人權概念的出現,是人權發展史上的一個重要里程碑,已逐步為世界上絕大多數國家所承認和接受;中國在過去一個時期曾存在過忽視個人人權的偏向,但現已走上既重視保障集體人權、又重視保障個人人權的正確發展道路。

什麼是個人人權與集體人權?「集體人權」是不是屬人權的範疇?這兩類人權是一種怎樣的關係?這些問題無論是在中國國內還是在國際上,對此都存在意見分歧。本章試圖就這些問題談一些筆者的看法。

個人人權與集體人權的含義

個人人權與集體人權是依照人權主體的不同而對人權所作的一種分類。個人人權是基於個人基礎上的,每一個人都應享有的人權,其權利主體是個人。集體人權是相對於個人人權而言的某一類人所應享有的人權,其權利主體是某一類特殊社會群體,或某一民族與某一國家。

個人人權是傳統意義與傳統觀念上的人權。即使是現當代,個人人權仍然是人權的主要形式。從歷史發展看,個人人權的內容是在不斷擴展與豐富的。在人類文明已發展到今天的條件下,個人人權的內容已包含如下三個基本的方面:一是人身人格權利,如生命權、健康權、人身自由權、思想自由權、人格尊嚴權、通訊自由權、住宅不受侵犯權、私生活秘密權等;二是政治權利與自由,如選舉權、被選舉權、言論自由權、出版自由權、集體自由權、結社自由權、遊行示威自由權、信息權、知情權、監督權等;三是經濟、文化和社會權利,如財產權、就業

權、享受勞保福利權、同工同酬權、休息權、受教育權、家庭權、參加工會權、享受社會福利權等。

集體人權包括國內集體人權與國際集體人權兩類。國內集體人權，又稱特殊群體權利。這主要是指：少數民族的權利、兒童的權利、婦女的權利、老年人的權利、殘疾人的權利、罪犯的權利、外國僑民與難民的權利等。國際集體人權，又稱民族人權，按照現今國際社會通常的理解與承認，它主要是指民族自決權、發展權，此外還有和平與安全權、環境權、自由處置自然財富和資源權，人道主義援助權等。

在中國，有的學者主張「把人權主體主要限定於個人」，「並把人權界定為個人權利」，反對把集體人權概念引進國內法領域。[1]也有的學者認為，少數民族與兒童、婦女等特殊群體的權利，不是集體人權而是屬個人人權的範疇。國際上，也有不少學者只承認國際上有集體人權，即民族人權，而否認國內某些特殊群體權利是集體人權。[2]筆者之認為一國之內某些特殊群體的權利是屬集體人權的範疇，主要是基於以下理由：一是這類人權同個人人權相比，在人權的主體和內容上都有不同。個人人權的主體是任何一個個人，而國內特殊群體權利的享有者是某一部分人群（如少數民族、婦女、兒童等）；在內容上，後者不僅享有個人所應享有的個人權利，而且享有自己作為特殊群體的一員所應享有的特殊權利。二是特殊群體通常會通過法律手段從國家得到整體上的特殊權利保障，如中國對少數民族通過民族區域自治法在經濟、政治、文化等各方面給予他們以各種特殊權利，屬這些特殊群體的個人，也主要是通過國家的這類群體特殊權利保障得到益處。三是代表特殊群體利益的一些民間組織或半官方組織，如工會組織、婦女組織、殘疾人組織，可以在法律上代表該群體向國家提出一定的權利要求，或在政治上施加這方面的影響；某些特殊群體組織甚至可以為尋求權利救濟而能夠代表該特殊群體訴諸法律。從長遠看，這種發展趨勢必將日益加強。因此。筆者認為，把一些特殊社會群體的人權納入集體人權的範疇，在理論上是可取的，在實踐上有利於加強對一類人權的保障。

---

1. 張文顯：〈論人權的主體與主體的人權〉，載中國社會科學院法學研究所《當代人權》（北京：中國社會科學出版社，1992 年），36 頁。

2. 參見孫哲：《新人權論》（鄭州：河南人民出版社，1992 年），55 頁。

在國際上，集體人權概念的出現，是第二次世界大戰後的事情。這次大戰給人類帶來的巨大災難，極大地促進了全世界人民人權意識的覺醒與提高，從而開始了人權保護進入國際領域的歷史性進程。1960 和 1970 年代，許多被壓迫民族在反殖民主義的鬥爭中成為獨立國家。這些新獨立國家曾為爭取民族獨立和主權平等作了不懈努力，獨立後又因面臨的種種困難與困境，產生了改善自己處境的強烈願望。這對國際人權的發展產生了重大而深遠的影響。於是，民族自決權、發展權、和平權、環境權等集體人權分別以各種不同形式，通過國際組織的宣言或決議及一些國際公約被確立下來，並對傳統的人權概念（即個人人權）提出了嚴峻挑戰。這些集體人權現在已被國際上許多人士稱之為「新一代人權」或「第三代人權」。這類國際集體人權不同於個人人權的的主要特點是：(1) 這類人權的主體主要是民族、社會、國家、國家集團等集體。其中國家是基本的人權主體，因為現今國際社會的基本組成單位是國家。這同個人人權的主體為個人是有區別的。(2) 國際集體人權的權利訴求對象主要是整個國際社會，它要求國際社會採取協調步驟與國際合作來保障這類人權的實現。而個人人權要求各個國家的政府採取不作為或作為，來保障每個人的人身權利、政治權利以及經濟、文化、社會權利的實現。(3) 國際集體人權還是正在發展與完善過程中的人權。一方面，它主要是通過國際組織的一些不具法律約束力的宣言與決議所認可，還缺少具有約束力的公約來保障，或批准加入的國家還不夠普遍；另一方面，權利救濟措施與機制還很不健全不完備。總之，這一代新的人權打破了只有個人才是人權的主體，只有個人才能享有人權的傳統概念，是人權發展史上一個重要的里程碑。

　　集體人權與個人人權的界限，並不是絕對的，而是相對的。這主要是指集體人權從某一角度上看，同時也可以是個人人權。無論是國內集體人權、還是國際集體人權都是如此。如在中國，《婦女權益保障法》(1992 年) 對婦女享有的各項政治權利、財產權益、人身權利、婚姻家庭權益作了全面的規定，對法律責任也有詳細的條款。其中第 48 條第 1 款規定：「婦女的合法權益受到侵害時，被侵害人有權要求有關主管部門處理，或者依法向人民法院提起訴訟。」又如《民族區域自治法》第 47 條規定，「民族自治地方的人民法院和人民檢查院應當用當地通用的語言檢查和審理案件，保障各民族公民都有使用本民族語言文字進行訴訟的權利。」如果訴訟當事人的這種權利受到侵害，他（他或她）就

有權得到救濟。由此可見，一國內某些特殊社會群體的人權，同時也可以是一種個人人權。當然這一點並不能否認特殊社會群體的人權所具有的集體人權的性質。

國際集體人權在某種意義上同時也是個人人權，這可以從國際人權文書對發展權所作的明確表述看出。例如，1979 年 1 月聯合國人權委員會通過的第 5（XXXV）號決議，重申發展權是一項人權，指出：「發展機會均等，既是國家的權利，也是國家內個人的權利。」聯合國大會 1986 年 12 月通過的《發展權利宣言》也指出：「確認發展權利是一項不可剝奪的人權，發展機會均等是國家和組成國家的個人一項特有權利」，「發展權利是一項不可剝奪的人權，由於這種權利，每個人和所有各國人民均有權參與、促進並享受經濟、社會、文化和政治發展，在這種發展中，所有人權和基本自由都能獲得充分實現。」發展權作為一項「國家權利」即集體人權，其基本含義是，世界上的任何一個國家，首先是那些發展中國家（即第三世界國家）享有同其他國家「發展機會均等」的權利，它要求整個國際社會及所有國家，首先是那些發達國家，應在國際一級採取政策的、立法的、行政的及其他措施來保障這一權利的實現。發展權作為一項個人人權，其基本含義是，「各國應在國家一級採取一切必要措施實現發展權利，並確保除其他事項外所有人獲得基本資源、教育、保健服務、糧食、住房、就業、收入公平分配等方面機會均等。」因為「人是發展的主體」，在一國內應保障人人「成為發展權利的積極參與者和受益者」。

國際集體人權的理論根據

長期以來，國際上一些學者、政府官員甚至有的政府只承認個人人權是人權，不承認國際集體人權也是一種人權。他們的一個主要理由是，國際上的集體人權，並不是一種權利，而是一些人或一些國家的一種利益上的要求、願望、主張；它抽象而不具體，難以得到法律的保護，無法在權利受到侵害時得到法律的救濟。從這樣的理由出發，否認集體人權是人權的學者也往往否認一國內人們應當享有的經濟、文化、社會權利也是人權。然而，這種理由不能成立。

首先，權利有兩種，一是所謂「消極」的權利，即要求國家與社會「不作為」，以保障人的人身人格權利及政治權利與自由諸如生命權、人身自由權、言論自由權、選舉與被舉權等不被剝奪或受侵害。二是所謂「積極」的權利，即要求國家和社會的「作為」，以使人們的經濟、文化、社會權利諸如就業權、休息權、社會福利權等得以實現。理論上、概念上從「消極權利」到「積極權利」的發展變化，是同實踐上「三代人權」的發展變化相適應的。第一代人權受法國資產階級革命和美國革命的影響，主要在歐美 18 世紀人權運動中產生。其內容主要是言論、信仰、出版、結社、通訊、宗教等自由以及免受非法逮捕、公正審判等權利，性質主要是屬公民權利與政治權利的範疇。它的誕生是以美國的「獨立宣言」和法國的「人權與公民權利宣言」為標誌。第二代人權受 19 世紀末 20 世紀初的社會主義運動和革命的影響，主要內容是經濟、社會和文化方面的權利。它在憲法上的反映，在東方是以前蘇聯的「被剝削勞動人民權利宣言」為代表，在西方是以德國「魏瑪憲法」為標誌。第三代人權主要是從第二次世界大戰以後的民族解放運動中產生並發展起來的，其內容就是現在我們正在討論的國際集體人權，包括自決權、發展權等。

　　第二，現今的國際集體人權就其性質而言，大致有以下兩類：一類是以經濟內容為主，如發展權、環境權；另一類是以政治內容為主，如民族自決權、和平權。發展權的內容是全面的，正如《發展權宣言》的導言中所講，「發展是經濟、社會、文化和政治的全面進程」。但在上述諸多因素中，經濟的因素具有根本的性質。這從現今發展權的具體權利訴求中看得很清楚。正因為如此，發展權的實現，在現階段主要是依靠整個國際社會以及世界各國特別是發達國家協調步驟與開展國際合作，首先和主要是在經濟領域，提供與創造各種條件。環境權的情況也是這樣。1972 年通過的《人類環境宣言》指出：「人類有權在一種能夠過尊嚴和福利的生活環境中，享有自由、平等和充足的生活條件的基本權利，並且負有保護和改善這一代和將來的世世代代的環境的莊嚴責任。」實現環境權的措施，主要是經濟方面的；實現環境權的方式，主要也是依靠國際社會的協調與合作（大規模污染大氣和海洋，要為強行法所制止，但這只是局部情況）。

民族自決權與和平權的性質與特點則和發展權、環境權有所不同。實現自決權與和平權的措施，主要是政治方面的；實現自決權與和平權的方式，主要依靠國際社會的強制手段。《公民權利與政治權利國際公約》、《經濟、社會及文化權利國際公約》的第1條都規定，所有人民都享有自決權。在所有國際集體人權中，只有民族自決權在聯合國人權公約中作了規定。根據《聯合國憲章》及其他有關國際法文獻，早期的民族自決權主要是指：「被外國奴役和殖民統治下的被壓迫民族有自由決定自己命運、擺脫殖民統治，建立民族獨立國家的權利。」在民族自決原則的影響與推動下，大批處於殖民主義統治下的第三世界國家曾經紛紛起來鬥爭，爭取民族獨立。到現在為止，先後獲得獨立的國家已有一百多個，尚未獲得獨立的民族已經極少。隨着形勢的發展，民族自決權的中心思想與側重點，已經是實施《給予殖民地國家和人民獨立宣言》的下述有關條款：「所有的人民都有自決權；依據這個權利，他們自由地決定他們的政治地位，自由地發展他們的經濟、社會和文化。」「一切國家應在平等、不干涉一切國家的內政和尊重所有國家人民的主權及其領土完整的基礎上忠實地、嚴格地遵守聯合國憲章、世界人權宣言和本宣言的規定」。「任何旨在部分地或全面地分裂一個國家的團結和破壞其領土完整的企圖都是與聯合國憲章的目的和原則相違背的。」所謂「自決」，本身就是一個政治概念。《給予殖民地國家和人民獨立宣言》主張的民族自決權作為習慣國際法確立下來，已為國際社會所普遍認可。阻礙與鎮壓殖民地人民的獨立運動，或阻礙與破壞獨立國家實現自決權，要受到國際社會的嚴屬制裁，這已成為人權國際保護的重要實踐。

　　和平權也如此。《聯合國憲章》序言強調指出：「欲免後世遭今代人類兩度身歷慘不堪言之戰禍，重申基本人權，人格尊嚴與價值……並為達到此目的力行容恕，彼如以善鄰之道，和睦相處，集中力量，以維持國際和平及安全。」1978年聯合國大會通過的《為各社會共享和平生活做好準備的宣言》，在國際上第一次將和平作為一項權利加以規定。該宣言「重申個人、國家和全人類享有和平生活的權利」。宣言還規定：「每一個國家和每一個人，不分種族、良心、語言或性別，均享有過和平生活的固有權利。尊重此項權利，正如尊重其他人權一樣，是全人類的共同利益所在和一切國家（不論大國還是小國）在一切領域獲得進展的必要條件。」1981年非洲統一組織通過《非洲人權和民族權憲章》

也明確地將和平作為一項人權加以肯定。該憲章規定：「一切民族均有權享受國內和國際的和平與安全。」1984 年聯合國大會又專門通過了《人民享有和平權利宣言》。該宣言再一次莊嚴宣佈：「全球人民均有享受和平的神聖權利。」放棄在國際關係中使用武力，以和平方式解決國際爭端，已成為公認的國際法基本原則；保障人類享有和平權，已成為國際社會所普遍接受的一項集體人權並受習慣國際法的保護。任何破壞這一原則和侵害這一人權的行為，諸如侵略與非法佔領他國領土、武裝干涉他國內政、發動侵略戰爭，都要受國際社會的嚴厲制裁。聯合國對伊拉克武裝侵略科威特的制裁就是一個典型例證。

上述分析表明，民族自決權與和平權的性質和特點同發展權是有區別的。它們的實現方式，需要、也能夠通過國際社會的強制手段來達到。由此可以證明，籠統地講國際集體人權難以運用法律的強制手段來保證其實現，因而它們不是屬人權的範疇的觀點是不正確的。

第三，即使是發展權、環境權這一類國際集體人權，它們的權利訴求和實現途徑，也並不是抽象的，而是具體的。以發展權為例，要加速實現發展權，一方面，自然需要各主權國家的政府和人民的共同努力；另一方面，整個國際社會對此也有極其重要的責任與義務（這一點應更為突出）。正如《發展權利宣言》所強調：「各國對創造有利於實現發展權利的國家和國際條件負有主要責任」，「各國有義務在確保發展和消除發展的障礙方面相互合作」，以「促進基於主權平等、相互依賴、各國互利與合作的新的國際經濟秩序」。事情很清楚，建立新的國際經濟秩序需要國際社會各國的共同努力，但發達國家負有主要責任，聯合國國際組織對此也負有重要義務。它們應當採取各種措施，諸如穩定與提高初級產品價格、改進技術轉讓條件、在不附加任何不合理的政治條件下增加資金和技術援助、拋棄貿易保護主義、減輕發展中國家的債務負擔、改善和擴大給發展中國家的普惠制待遇等。這些具體權利訴求已為過去的一些國際文件如 1974 年聯合國大會通過的《建立新的國際經濟秩序宣言》[3] 和《建立新的國際經濟秩序行動綱領》所載明與認可，同時也為最近的一些重要國際人權文書所進一步肯定。例如，1993 年 6 月第二次世界人權大會通過的《維也納宣言與行動綱領》的序言

---

3. 參見該宣言的第 4、10、11、14、15、16 等款。

第 5 段不僅全面闡明與確認了發展權的基本原則與主要內容，而且在序言的第 6 段中對發展權的某些重要的具體權利訴求作了規定，如重申要「盡一切努力減輕發展中國家的債務負擔」。

　　保障國際集體人權得以實行與實現的機制已經建立，並將在今後繼續加強與完善。破壞與侵害民族自決權、和平權的行為，固然要受到聯合國大會、安理會、經社理事會以及人權委員會等機構的審議、譴責及制裁；對發展權這一類國際人權的保障，其機制也正在進一步完善中。例如，《維也納宣言與行動綱領》在其第三部分中強調：「世界會議歡迎人權委員會設立關於發展權的專題工作組，並促請該工作組與聯合國其他部門和機構協商與合作，為消除執行和實現《發展權利宣言》的障礙立即擬訂全面和有效的措施，並提出各國實現發展權的方式方法，以便聯合國大會能早日審議。」新設立的聯合國人權事務高級專員，其任務是：「促進和保護一切人權」。當然，全面保護國際集體人權得以實現，是其根本任務。

　　從上述分析可清楚看出，國際集體人權並非如某些西方學者所主張的那樣，它們不是「權利」而只是一種「要求」、「條件」、「機會」，只有個人人權才是人權。實際情況是，現在國際集體人權的概念已逐步為世界上絕大多數國家所承認與接受。《維也納宣言與行動綱領》對發展權作了充分肯定，而過去某些不承認發展權是人權的國家，也投票贊成這一宣言，就是證明。

個人人權與集體人權的相互關係

　　個人人權與集體人權的相互關係，無論是在中國國內，還是在國際上，都是一個普遍存在有意見分歧的問題。筆者一貫主張要強調兩者的統一性和一致性，各個國家與國際社會應當對這兩類人權予以同樣的重視與保護，不宜講它們之中哪種權利更重要，也不宜強調它們之中哪種權利層次與地位更高。[4]

---

4. 參見李步雲：〈社會主義人權的基本理論與實踐〉，《法學研究》1992 年第 4 期。

一般説來，個人人權與集體人權的相互關係是：個人人權是集體人權的基礎，集體人權是個人人權的保障。為什麼説個人人權是集體人權的基礎呢？這是因為，首先，任何集體都是由個人組成的。任何集體從國家或國際社會的人權保護中所獲得的權益，其出發點即最初目的，都是組成這個集體的個人，其落腳點即最終的實際受益者也都是個人。不承認這一點，集體人權就成了一個空洞的抽象而失去了任何實際的意義和存在價值。其次，我們雖不能説，個人人權同時也是集體人權，但可以説，集體人權從一定意義上看，或從一定角度上看，同時也是個人人權。本章在前面曾引用一些國際人權文書證明，像發展權這樣的國際集體人權，同時也是個人人權。一國內某些社會群體權利如少數民族權利、婦女權利，在其遭受侵害時個人可以提起訴訟以得到救濟。第三，任何集體人權的爭取與獲得主要依靠組成這一集體的個人作出積極努力和共同奮鬥。要做到這一點，只有充分尊重個人權利以最大限度地發揮每個人的改造世界、建設國家與服務社會的主動性、積極性、創造性方有可能。

　　為什麼説，集體人權是個人人權的保障呢？這是因為，首先由社會自身的性質與組織結構所決定，集體人權的出現是必然的，也是必要的。集體人權是人類權利追求與實現的一種重要形式。在一國內，它要求國家與整個社會為保障某一處於弱者地位的社會群體的特殊權利，而在經濟、政治、文化等方面創造權利實現的各種條件和提供各種特殊保護，以使該群體的所有個人受益。在國際上，它要求整個國際社會採取協調步驟和進行國際合作，提供各種社會條件與法律保障，通過保護國際集體人權而使千千萬萬的個人得到好處。其次，集體人權也是促進和保障個人人權的基本條件。以民族自決權為例，如果一個國家是處於外國侵略、佔領和奴役之下，國家的獨立與主權遭受踐踏，這一國家的人民的個人人權與基本自由就根本得不到保障。發展權也是這樣。如果不改變舊的不平等的、不公正的國際經濟秩序，建立新的國際經濟秩序，廣大的第三世界國家的經濟、社會、文化和政治的發展，就會受到極大的阻礙；這些國家的人民的人權與基本自由就不可能充分實現。第三，把民族、國家和國家集團（如第三世界國家）作為集體人權的主體，也有助於運用其地位與作用，以更好地保障這種權利的實現。例如，1960年代洶湧澎湃的反對殖民主義的民族獨立運動以及為爭取與實現發展權

而努力奮鬥的現今廣大的第三世界國家，都對國際人權的實現與保障起了重大作用。

中國國內的學者中，有一種觀點強調，集體人權應當高於個人人權。他們認為，「社會主義人權始終強調民族、社會、國家等集體人權高於個人權利」，「個人權利固然重要，應該受到法律保護，但是，社會的、國家的、民族的、集體的權利更應該受到尊重和保障」，「強調個人權利必然導致個人主義，損害集體利益和公共利益」。筆者認為，這種觀點是不正確的。首先，它並不符合馬克思主義唯物史觀的原理與社會主義原則。馬克思曾經說過：「任何人類歷史的第一個前提無疑是有生命的個人的存在」，人類的歷史「始終是他們的個體發展的歷史。」[5] 因為，個人的存在不僅是集體、社會存在的前提，而且個人的活動與發展也是整個社會的活動與發展的基礎。馬克思主義在論述自己的理想社會時，曾有過一個十分著名的論斷，即《共產黨宣言》所指出的，共產主義社會將是一個「每個人的自由發展是一切人的自由發展的條件」的聯合體。

第二，從概念上看，強調集體人權高於個人人權，也是有問題的。所謂「人權」、「個人人權」與「集體人權」，都有其特定的含義。我們所講的「人權」，其「權利」當然包含著利益的要求、分配與享有這一基本的要素。但是，並非所有的「利益」都可以歸結為人權。這就是說，不能簡單地在個人利益與個人人權、集體利益與集體人權之間劃等號。在一個法治國家裏，作為應有權利，個人人權必然外化（轉化）為法律上的個人權利，但法律上的個人權利並不都是「人權」。人權存在於抽象的一般的法律關係中。只有當這種抽象的法律關係中的人權受到侵害或出現爭議而轉變為具體的（即特殊的）法律關係，這時候的權利才是屬人權的範疇。例如，某人與某人或某單位訂立一個合同，其具體的權利與義務由雙方當事人任意規定（以不違背法律的要求為限度），在這樣的具體法律關係中的權利，就不是屬人權的範疇。又如，在國際範圍內，一個國家的主權，它的安全與榮譽，它的獨立權，是屬民族自決權、發展權等國際集體人權的概念與範疇；但在一國範圍內，

---

5. 中共中央馬克思恩格斯列寧斯大林著作編譯局編：《馬克思恩格斯全集》第 1 卷（北京：人民出版社，1972 年），24、321 頁。

它就不屬人權的範疇。任何個人都需要生活在一定的社會與國家裏，個人人權的實現離不開它所生活的集體、社會與國家，個人人權的行使不能損害集體、社會與國家的利益，在不少情況下，個人利益要服從國家利益，但這是另外一個問題。當這種情況出現的時候，國家主權、國家的安全與榮譽等，都不是作為「人權」來看待。國際上，通常都是這樣理解的。從經濟方面看，似乎「國家」的財產不得被侵害，這是屬國內集體人權的範疇，其實不是。我們只宜說它是屬國家利益的範疇。從法律角度看，國家所有權是屬「權利」的範疇。這種「權利」也並不是人們通常所講的人權。退一步說，我們把它看作是一國範圍內的一種集體人權，一種同個人人權相對應的集體人權，那我們也不宜說集體人權就比個人人權「更高」。因為，我們在法律上不可以按照權利主體的大小高低來確立保護的等級，否則，我們就不能保證不同法律主體在法律面前一律平等。而這正是市場經濟所要求的。

第三，從實踐經驗看，個人人權與個人主義是兩個完全不同、互相排斥的概念。倫理意義上的個人主義以追求個人利益而不惜損害他人的、集體的、國家的利益為其特點，這同合理合法的個人利益、個人人權是根本不同的。強調個人人權同產生個人主義之間並沒有什麼必然的聯繫。在很長一個時期，中國的實際情況，並不是強調個人人權過了頭。而是過份強調了集體權利高於個人權利，加上各種主觀與客觀方面的原因，中國過去確實存在過有忽視保障個人人權的偏向。在中國，「文化大革命」的出現就是一個例證。這場災難就是以「反對修正主義」、「防止資本主義復辟」為藉口，肆意踐踏上至國家主席、下至千百萬公民的個人權利。鑒於這一教訓，中國共產黨和中國政府才決心採取一系列政策和法律措施，如制定刑法、刑事訴訟法、行政訴訟法等各種重要法律，來全面加強對個人人權的保護。特別是，現在中國已經走上了建立市場經濟的道路，而市場經濟的實行更為重視、保障個人人權創造了現實的經濟基礎與社會條件。與建立市場經濟相適應，中國的民主政治建設也在穩步地向前發展。從此，中國已經走上既重視保障集體人權，又重視保障個人人權的正確發展道路。

如何認識與處理個人人權與集體人權的關係，是同如何認識與處理個人與社會的關係密切聯繫在一起的。幾十年來，中國在自己的革命與建設過程中，由於十分強調與重視社會的整體利益，因而在消除階級

對立，提高廣大勞動者的地位；在增進民族團結、增進社會福利、保障婦女兒童權益、提高社會道德水準；在維護社會的正義與公正、維繫社會的和諧與穩定、促進社會的發展與進步等方面，已經取得了舉世公認的成就。同舊中國相比，在發展經濟、科技與文化教育方面，也取得了令人信服的成就。另外也要承認，雖然執政黨和政府十分強調國家、集體與個人利益三者之間的統一、協調與兼顧，但實際上，在一個很長時期裏，曾經存在有忽視保障個人利益的偏向，因而在很大程度上妨礙與束縛了個人主動性、積極性與創造性的發揮，也延緩了社會的進步。這有三個方面的原因。一是文化背景。中國古代社會曾經有過燦爛的文化，它的人本主義、大同思想、重視社會和諧、崇尚倫理道德，都曾對當代中國社會產生過正面影響。但是，古代中國封建主義的專制思想、家長制思想、特權思想、等級觀念、輕視個人地位、缺少權利意識等，又給當代中國社會帶來了負面影響。二是歷史原因。今天中國的執政黨在取得政權以前，曾經長期處於地下和武裝鬥爭中，在當時嚴酷的鬥爭環境下，十分強調整體利益是很自然的。三是制度因素。中國長期實行的高度集中的計劃經濟，權力高度集中的政治體制，為重視社會整體利益，忽視個人利益，提供了客觀條件。近十多年來，執政黨和政府一直很重視對這個問題的解決。正在穩步地進行的經濟與政治體制的改革，目的之一就是要在個人與社會的關係上，作出重視、保障個人權益的重要調整，以求得個人與社會的和諧與協調發展。

在個人人權與集體人權的相互關係上，長期以來，西方一些發達國家過分強調保護個人利益、個人自由、個人人權，相對忽視集體人權與社會和諧，這有多方面原因。在歷史上，17、18世紀的資產階級革命曾以提倡個性解放、保障個人自由為主要思想武器反對專制主義。在制度上，以私有制為主體的自由經濟，其思想基礎與價值觀念必然以個人為本位。但到了現代，情況已經發生並正在繼續發生變化。由於物質文明與精神文明的進步，社會不平等與社會衝突的存在，導致了國家干預經濟與社會福利政策的出現，價值取向開始由自由向平等一方傾斜，以求得個人與社會的相對和諧。在這樣的歷史條件下，西方有的學者在理論上對片面強調個人人權，否認或忽視集體人權的觀念提出了懷疑與挑戰。如荷爾曼就指出：「當西方人把焦點集中在個人權利而忘記社會權利和個人對社會的責任時，他們過於狹隘地定義了人權，當西方人把焦點集中在諸如言論自由、宗教自由而忘記如衣、住、保健等基本的人類

需要時，他們也過於狹隘地定義了人權。只有當西方人把他們的見解擴大到不僅包括個人的精神的，而且也包括公共的和物質的人類和人權觀的時候，一種真正普遍的人權觀才是可能的。」[6]

　　在世界範疇內與國際舞台上，長期以來東西方之間與南北方之間在個人人權與集體人權對立與衝突，是由文化的歷史的背景和經濟的政治的現實條件的差異所決定，同時也有政治和意識形態方面的原因。現在，世界兩極對立與東西方冷戰已經結束，世界一體化趨勢已經形成，理論觀念上個人人權與集體人權的對立與衝突，已經趨向緩和並正在求得共識，最明顯和突出的表現，就是《維也納宣言和行動綱領》。這一文件的第二部分第三段指出：「所有人權都是普遍、不可分割、相互依存和相互聯繫的。國際社會必須站在同樣的地位上，用同樣重視的眼光，以公平、平等的方式全面看待人權。固然，民族特性和地域特徵的意義，以及不同的歷史、文化和宗教背景都必須要考慮，但是各個國家，不論其政治、經濟和文化體系如何，都有義務促進和保護所有人權和其基本自由。」這一共識的達成，既是世界新的格局的必然產物，也是人類理性的重大勝利。

---

6. 荷爾曼：《人權運動》，紐約 1987 年版，6 頁。轉引自徐崇溫：〈人民的生存權是首要的人權〉，黃枬森、陳志尚、董雲虎主編：《當代中國人權論》（北京：當代中國出版社，1993 年），148 頁。

第二十九章

論人權的
普遍性和特殊性

人權的普遍性和特殊性問題，國際上長期以來，政府之間存在意見分歧，學者之間也有不同看法。深入探討這個問題，是很有意義的。

　　1993 年 6 月 14 日至 25 日，聯合國在維也納召開了第二次世界人權大會。這次會議是繼德黑蘭人權會議 25 年後，《世界人權宣言》公佈於世 45 年之後舉行的。這次會議通過的《維也納宣言和行動綱領》（以下簡稱維也納宣言），已被世界上許多人視為現代人類為加強人權保障而奮鬥的歷史進程中一個新的里程碑。這一文件取得的重大成果之一，就是強調了人權具有普遍性，也肯定了人權的普遍性同特殊性是統一的、不可分割的。維也納宣言規定：「世界人權會議重申所有國家莊嚴承諾依照《聯合國憲章》、有關人權的其他國際文書和國際法履行其促進普遍尊重、遵守和保護所有人的一切人權和基本自由的義務。這些權利和自由的普遍性是不容質疑的。」[1]「在國家級和國際級促進和保護人權和基本自由應當是普遍性的……」[2] 儘管在維也納宣言中，人權的普遍性被着重強調，人權的特殊性是以較弱的語句表達；儘管這一文件是在會議最後一天才達成協商一致並獲得通過，各國政府能夠在人權的這下長期爭論不休以至尖銳對立的問題上，達成這樣一個基本的共識，終究是人們的理智和寬容的勝利。

　　中國政府代表團在維也納會議上雖然着重強調不應忽視人權的特殊性，但對人權的普遍性並未否定。會議期間中國政府代表團成員田進先生曾對記者發表談話，明確地肯定了人權的普遍性。他說：「人權有共性，即普遍性，聯合國通過了幾十個關於人權的國際文書，就是普遍性的一種體現。但人權問題也有特性。這種特性是由各國不同的歷史、文化和觀念以及不同的社會攻治和經濟條件造成的。發展中國家認為，

1.《維也納宣言和行動綱領》第二部分，第一段。

2.《維也納宣言和行動綱領》第二部分，第五段。

談論人權問題，要兼顧共性與特性這兩個方面。而一些發達國家只講共性，卻不願講特性。」[3] 維也納宣言通過後，中國政府代表團副團長金永健指出：「宣言」在承認人權具有普遍性的同時，也要求考慮不同國家的歷史文化和宗教背景，具有積極意義。[4] 在此以前，在中國政府領導人的講話和政府文件中，雖然沒有（或很少）使用過「人權具有普遍性」這樣的概念和語言，但卻表達過這樣的思想和精神。例如，周恩來總理於 1954 年在《亞非會議全體會議上的發言》中說：「各族人民不分種族和膚色都應該享有基本人權，而不應該受到任何虐待和歧視。」「反對種族歧視，要求基本人權……已經是覺醒了的亞非國家和人民的共同要求。」[5]《中國的人權狀況》（白皮書）指出：「享有充分的人權，是長期以來人類追求的理想。」「聯合國通過的有關人權的宣言和一些公約，受到許多國家的擁護和尊重。中國政府對《世界人權宣言》也給予了高度的評價，認為它作為第一個人權問題的國際文件，為國際人權領域的實踐奠定了基礎。」[6]

在中國學術界，1980 年代初期和中期，一些學者曾主張「人權是資產階級的口號」，似乎人權同社會主義無關。一個時期裏，人權理論研究受到窒息，無人敢於問津。1990 年起，由於各種內外因素的作用，人權理論研究才又開始活躍並蓬勃發展起來，人權的普遍性和特殊性問題也開始被提出來並受到學者、廣大官員和公眾的普遍關注。作者曾於 1992 年發表〈社會主義人權的理論與實踐〉一文，提出了人權是共性和個性的統一，並對人權的普遍性和特殊性的含義及其理論依據作了分析。其他一些學者也曾在自己的著述中就此問題發表看法，但彼此的認識還很不一致。總的說來，中國學術界對這一重要問題的研究亟待展開和深入。

我認為，人權的普遍性和特殊性的基本意義是：人，作為人，不論其種族、膚色、性別、語言、宗教、政見、財產、教育等狀況如何，都應當享有他應當享有的權利；在一個國家裏，在這個國家的任何歷史

3.《人民日報》，1993 年 6 月 21 日。

4.《人民日報》，1993 年 6 月 27 日。

5.《周恩來選集》下卷（北京：人民出版社，1984 年），150 頁。

6.《中國的人權狀況》（白皮書）由國務院新聞辦公室於 1991 年 11 月 1 日發表。

時期，人人都毫無例外地應當享有生命權、人身安全權、人身自由權、思想自由權、人格尊嚴權、最低生活保障權等與生俱來的最基本的人權，這是人權普遍性的突出表現。一個國家的不同時期裏（如古代、中世紀、近代與現代），人權制度的變化呈現出各自的特點，不同的人實際能夠享有的權利在量與質上是有差別的。這是人權特殊性的一種表現。在現今的國際社會裏，不同社會制度的國家，普遍承認和尊重《聯合國憲章》提出的保障人權的宗旨以及《世界人權宣言》和「國際人權公約」所確認的保障一系列基本人權與自由的原則；共同簽署某些國際人權條約；共同採取行動制裁某些踐踏人權的國際罪行，都是人權普遍性的反映。在尊重與維護人權共同標準的前提下，在尊重與維護國家主權原則的基礎上，不同國家在人權觀念、人權政策、人權制度上，可以採取一些符合自己國家具體國情的立場和做法，是人權特殊性的體現。概括地講，在人權主體、人權客體、人權立法和人權保障機制上，既有普遍性（共性），又有特殊性（個性）。

那麼，什麼是人權的普遍性與特殊性賴以存在和發展的基礎呢？

首先，人權的普遍性是基於人的尊嚴和價值。人，僅僅因為他們是人，他們就應當享有他們所應當享有的基本權利。否則，他們就將失去做人的資格，就將不成其為人。人是有理性、有道德、能認識和改造世界的已經脫離了動物界的高級動物古人們生活在這個世界上，共同組成人類社會，依照他們的共同本性，人們彼此之間就應當是平等的、自由的，都應當有生存的權利和過好的物質生活和精神生活的權利。這是人作為人所應當享有的尊嚴。人不是為社會和國家而存在，而是社會和國家為人而存在。人是目的，社會和國家是手段，而不是相反。這是人作為人所應當具有的價值。正如維也納宣言所指出：「一切人權都源於人類固有的尊嚴和價值，人是人權和基本自由的中心主體，因而應是實現這些權利和自由的主要受益者，並應積極參與其中」。[7] 這一思想也是《聯合國憲章》以及《世界人權宣言》等基本的國際人權文件的指導原則。[8]

---

7. 參見該宣言序言段2。

8. 《世界人權宣言》開宗明義指出：「人類一家，對於從固有尊嚴及其平等不移權利之承認確系世界自由、正義與和平之基礎。」

其次，人權的普遍性是基於人類有着共同的利益和共同的道德。人權是受一定倫理道德所支持與認可的、人依其自然屬性和社會本質所應當享有的權利。權利的基礎是利益。人們之間的權利義務關係，本質上是一種利益關係。無論是國內人權還是國際人權，總是意味着個人與個人之間，群體與群體之間，個人、群體與社會之間存在的利益相互矛盾與衝突中一定權利主體在利益上的追求、享有和分配。但是，人權又要受人們的一定道德倫理觀念的支持與認可。什麼樣的個人或群體應當享有什麼樣的人權？國內法律或有關國際人權公約是否和應當如何確認和保護某項人權，是受人們一定的道德觀念所支配的。人作為人，共同生活在這個世界上，他們之間不僅有着共同的本性；在很多領域他們之間也存在着共同的利益，面臨着共同的危險；同時，在很多方面，全人類也存在着共同的理想與道德觀念。例如，保障安全、嚮往自由、追求幸福，這是世界上任何人都有的願望和要求，是出自人的本性。這就產生了生命權、自由權等基本人權。人人都要求有一個好的生活環境，嚴重污染大氣和海洋必然給全人類都帶來危害；人人都要求過和平的生活，戰爭只會給全人類帶來災難。這就產生了國際上的環境權、和平權。人道主義是人權的重要理論基礎，而人道主義正是全人類的一種共同的道德價值取向與追求。廢除與禁絕奴隸制度與奴隸買賣；廢除與禁止種族歧視、種族隔離與種族滅絕；對殘疾人、難民的權利予以保障；對戰俘、罪犯給予人道主義的待遇，如此等等，都已成為當代全人類在倫理觀念上的共識。

　　另一方面，人權除了有普遍性，還有特殊性。人權特殊性的基礎和依據，包括如下兩個方面的因素：一是全人類除了在利益與道德上存在着一致外，同時也存在着矛盾和差異。二是人權不是一種孤立現象，它存在於各種社會關係之中。它的實現要受經濟、政治、文化等種種條件的制約；它的內容與形式也受一個國家的歷史傳統及宗教和民族特點等因素的影響。因而，國與國之間，在人權制度的具體模式以及人權實現的具體過程上，又存在着不一致性和差異。

　　從哲學上說，世界上的萬事萬物，既有共性，也有個性。兩者相互聯繫、相互依存，不可分割。共性與個性是相對而言的。無個性，無所謂共性；無共性，也無所謂個性。人權的普遍性和特殊性問題也是這樣。只承認和強調人權有普遍性，或者只承認和強調人權有特殊性，都

是片面地觀察和處理問題，因而是不正確的。其結果，在理論上勢必引起個人與個人之間、國家與國家之間不必要的爭論；在實踐上勢必導致國家和國際人權保障的偏差和失誤。例如，西方有的學者提出「人權無國界」，這一理論無疑有它正確的一面，但卻存在片面性。同樣，我們也不能籠統地説「人權有國界」，這樣講也是不全面的。正確的提法應當是：人權是有國界的，又是沒有國界的，在多數情況下人權是有國界的。當人權問題是屬一國管轄的時候，人權是有國界的；當人權問題涉及國際管轄，即國際社會應當予以干預時，人權是沒有國界的。凡在國際法上已經構成國際罪行的那些危害人類和嚴重侵犯基本人權的行為，諸如種族歧視、種族隔離和種族滅絕，奴隸制和奴隸買賣，侵略和侵略戰爭，非法侵佔他國領土，採取極不人道的手段大規模製造、驅趕和迫害難民，國際劫機和扣押人質、國際恐怖主義、國際販毒等，國際社會是可以和應當干預的。[9] 國際社會（包括中國在內）曾對執行種族隔離政策的前南非政權實行制裁達數十年之久，前南非政權既無理由也無權利為自己辯解。《聯合國憲章》第 2 條第 7 款規定：「本憲章不得認為授權聯合國干涉在本質上屬任何國家國內管轄之事件……」就人權保護而言，這裏所説的「本質上」，可以解釋為「在多數情況下」，因為，這樣解釋比較符合實際，也可以避免或減少對這一條款的爭論。又如，現在人們對人權問題的「文化相對主義」爭議頗多，有人支持，有人反對。實際上，人權有其相對性，但不能歸結為相對主義。人權保障既有其絕對性，也有其相對性。這不過是人權的普遍性和特殊性的另一種理論概括和表述而已。

要承認人權在國際上有共同標準，也要承認人權在各國還可以有自己的特殊標準。人權的共同標準體現在《世界人權宣言》和國際人權兩公約為核心的整個國際人權條約體系和習慣規則中。它是實現國際人權保護的依據與準則，也是各國應當從政治上、經濟上、文化上作出努力並採取立法和司法的措施以求其實現的目標。理論上不承認、實踐上不尊重，或者不是採取具體措施以促進這些標準在實際生活中的實現，是完全錯誤的。但是，這一共同標準，應當由國際社會共同制訂，應當體現全人類的共同意志，應當為各國所普遍接受。它必須具有公正性、

---

9. 作者在這裏僅是列舉，而不是探討人權的國內管轄與國際管轄的具體界限。

客觀性和不可選擇性。因此，任何國家在國際人權領域不尊重上述原則而推行雙重標準，也是不正確的和有害的。應允許各國在人權的某些方面還可以有自己的特殊標準，這是由各國在歷史、政治、經濟、社會、宗教與文化等方面存在着差異所決定的。它具體是指：由於某些條件的限制，如經濟文化發展水平不高，因而人權共同標準在某些方面的具體實現要有一個過程；由於宗教文化傳統的特點，某些人權標準的具體模式有所不同；由於認識上的差距，對某些人權共同標準的具體解釋會有差異等。這些都是合理的，各國之間彼此應當予以尊重。

人權有政治性與意識形態的一面，也有超政治與超意識形態（這裏主要是特指政治意識形態）的一面。這同人權的普遍性和特殊性密切相關。就國內人權而言，有的人權，如選舉權、知情權、言論自由等政治權利與自由，是同政治與意識形態分不開的；它們的內容與形式及其實現的方式與程度，同一個國家的國家制度、政黨制度及其政治意識形態有密切的聯繫。有的人權，如生命權、人格權等基本人權，殘疾人權利、婦女兒童權利，等等，就不應受不同黨派、不同政見的影響而得到普遍的與同樣的尊重。就國際人權而言，有的人權問題是屬國內管轄事項，應當按照國家主權原則由一個國家自主處理；有的人權問題則是屬國際管轄事項，如侵略與侵略戰爭、種族滅絕與種族歧視等嚴重危害國際和平與安全的國際罪行，國際社會的所有成員，包括社會制度不同的國家，都應當予以反對。許多屬人道主義性質的人權，如對難民與無國籍人的保護，禁止酷刑和其他殘忍、不人道或有辱人格的待遇或處罰，也應當是超政治和超意識形態的。如果不承認人權有超政治意識形態的一面，把任何人權問題都同政治和政治意識形態聯繫在一起，就是「人權的政治化」和「人權的意識形態化」。這是一種不正確的和有害的理論與實踐。

承認人權既有普遍性又有特殊性，強調人權應是普遍性與特殊性的統一，應當成為世界各國（當然也包括中國在內）制訂人權政策的重要理論依據。

毋庸諱言，現在發達國家同發展中國家之間，在人權理論與人權政策的某些方面，存在着一定的矛盾和衝突。要解決好它，一個重要問題，就是要正確認識和恰當地處理好人權的普遍性與特殊性的關係。一般說來，由於這兩類國家在經濟、政治、文化等方面處於不同的發展階

段（如發達國家，人民的溫飽問題已基本得到解決）；它們之間在歷史條件與文化背景上存着差異（如不少發展中國家曾長期遭受殖民主義的壓迫與剝削）；它們之間各自在人權上所面臨的主要問題和主要困難有所不同。因而，一些發達國家比較重視和強調人權的普遍性，某些發展中國家比較重視和強調人權的特殊性。這種現象的出現和存在，有它一定的合理因素。但是，真理再往前走一步就成了謬誤。如果人們只承認或過份強調人權的普遍性，而完全否認或極力貶低人權的特殊性；或者相反，只承認或片面強調人權的特殊性，而完全否認或片面貶低人權的普遍性，都是不正確的。一般説來，有的發達國家應當注意承認發展中國家的具體國情，尊重發展中國家在人權政策與人權制度上所採取的合理的具體模式與道路；有的發展中國家則不應當強調經濟文化的發展水平與其他原因，而不去做那些應當做出也完全可以做出的改善人權狀況的努力。如果世界各國都能在人權的普遍性和特殊性問題上採取公正的和實事求是的態度，就能夠減少一些相互之間的矛盾與磨擦，有利於彼此之間在人權領域進行合作與對話，也有利於各個國家自己國內人權狀況的改善。

在認識上和實踐上，人權的普遍性和特殊性的具體界限不是凝固不變的，而是發展變化的。總的發展趨勢是，人權特殊性的適用範圍將逐步縮小，人權普遍性的適用範圍將逐步擴大。無論是國內人權保護還是國際人權保護，情況都是如此。這是人類物質文明與精神文明發展水平不斷提高的必然結果，也是國際經濟走向一體化、各國在政治和文化等領域的相互交往日益密切，人們在觀念上將達成更多共識的必然產物。[10] 人權保障的全部發展歷史充分證明了這一點。當然，只要人權問題還存在，它就勢必是普遍性和特殊性的統一，不同國家之間人權保障的發展水平，人權保障的具體方式，總會存在差異。1978 年以來，中國人權建設發展過程的重要特點之一，就是它的人權保障在廣度和深度上都在逐步向公認的國際人權標準靠攏。1994 年制訂的國家賠償法、1996 年通過修訂的刑事訴訟法和新制訂的行政處罰法，就是新的有力證據。現在已經有 127 個國家批准加入《公民權利和政治權利國際公約》，有 129 個國家批准加入《經濟、社會和文化權利國際公約》。一些中國學

---

10. 參見李步雲：〈社會主義人權的基本理論和實踐〉，載《法學研究》1992 年第 4 期。

者正在深入研究這個問題，中國政府也正在認真考慮這個問題。我主張，在對條款盡量少作保留並盡快批准加入這兩個公約，是可行的也是可取的。它將有利於促進中國人權制度的建設，進一步改善中國的人權狀況，提高中國在人權領域的國際聲譽。中國是聯合國安理會五個常任理事國之一。批准加入兩個人權公約已是大勢所趨。因此，這不是一個中國應不應當批准加入兩公約的問題，而是一個什麼時候和怎樣批准加入的問題。我對此問題的早日解決態度是樂觀的。

後記：本章是我為 1996 年 10 月 10 日至 12 日在東京召開的題為「變化中世界的法律：亞洲的抉擇」亞洲專題討論會以中英兩種文字提交的論文。會議組織者已決定將本章發表於即將出版的《法學及社會哲學文獻》第 72 期。本章在國內系首次發表。在第二次世界人權大會上，東西方和南北方之間爭議異常激烈，《維也納宣言和行動綱領》是彼此妥協的產物。以中國為首的部分發展中國家所作最大讓步，就是承認了人權的普遍性，同意該宣言以五處文字着重強調了人權的普遍性。以美國為首的部分發達國家所作最大讓步，就是承認了「發展權」是一項基本人權，並把一些重要措施如減免窮國債務寫進了該宣言。作者最早提出人權是共性和個性的統一，是 1992 年發表的《社會主義人權的基本理論和實踐》。

第三十章

人權的政治性與超政治性

人權的政治性

什麼是政治？人們的看法是很不一致的。在中國古代，有所謂「政者，事也」、「治者，理也」、「在君為政，在民為事」。有統治者如何治理國家的意思。[1] 孫中山先生說：「政治兩字的意思，淺而言之，政就是眾人的事，治就是管理，管理眾人的事便是政治。」[2] 列寧說：「如何理解政治呢？要是用舊觀點來理解政治，就可能犯很大的嚴重的錯誤。政治就是各階級之間的鬥爭，政治就是反對世界資產階級而爭取解放的無產階級的關係。」[3] 中國《辭海》一書將政治定義為：「在有階級的社會裏，政治就是各階級之間的鬥爭。」「包括階級內部的關係、階級間的關係、民族關係和國際關係。其表現形式為階級、政黨社會勢力和社會集團關於國家生活的活動。」人們對「什麼是政治」這個問題在觀念上巨大差異，使得我們在分析與認識人權與政治（包括「階級」）的關係上會遇到很大的困難。

人權的政治性是指人權這種社會關係和社會現象同政治存在着某種必然聯繫，它的存在及其實現必然受政治的決定和影響的那種一種性質。為了說明這個問題，有一種分析方法是必須運用的，它就是應然與實然這一對哲學範疇。當我們講人權是有還是沒有政治性的時候，主要是從應然這個角度來說的，但也要聯繫它的實然狀態來觀察。同時，還有一種分析方法也是需要注意的，就是政治性同階級性的關係。一般

---

1. 參見皮純協等主編：《政治學教程》（鄭州：河南人民出版社，1983 年），1、19-20 頁。

2. 孫中山：《孫中山選集》下冊（北京：人民出版社，1956 年），661 頁。

3. 中共中央馬克思恩格斯列寧斯大林著作編譯局編：《列寧選集》第 4 卷（北京：人民出版社，1995），370 頁。

説來前者的含義要寬泛一些，並不是任何政治性都一定具有階級性。此外，具體情況應當具體分析。人權的內容十分廣泛。不作具體的和歷史的分析，簡單地、籠統地說人權是有還是沒有政治性階級性，是不科學的。

從應然與實然的角度看，人權的歷史發展，是一個人權理想與人權現象的矛盾運動。人的自由得到全面發展，人的需要得到全面滿足，人人都享有平等的人權，這是人權的理想。但是，人權理想的實現都受到政治、經濟、社會、文化、宗教、民族等客觀環境與條件的影響和制約。在階級對抗社會裏，在經濟上和政治上佔統治或優勢的階級、階層、利益集團有可能通過立法與執法來影響人權的確認以及人權的實際享有。按照人權的理想，人權不應存在階級差異；然而，在階級對抗社會裏，很多人權又具有階級性。但是，政治性同階級性同人權並非有普遍的或必然的聯繫。人權從本質上排斥任何國家、國家集團、階級階層、政黨、社會群體或個人利用它作為政治私利的手段。這種理想與現實的矛盾正在並將繼續伴隨着整個人類社會物質文明、精神文明和制度文明發展水平的日益提高而逐步得到解決，最後達到人權的理想境界。這雖然是一個長久的歷史過程，但這理想境界的最終實現是毋庸置疑的。就每個人都應當和可以享有的普遍性人權而言，它們大致可以分為三類：即人身人格權、政治權利與自由，還有經濟、社會和文化權利。其中以第二類同政治有密切聯繫。如選舉權和被選舉權，言論、出版、集會、結社等自由，其實現方式和實現程度，在一國內的不同政治派別、不同政治見解的社會群體之間，分歧往往很大，因為這些政治權利與自由直接關係到這些不同政黨和政見的人群的政治利益。而國際上，在具有不同政治制度與意識形態的國家之間，爭執也往往最多。面這些分歧的後面，涉及不同階級、階層與利益集團之間的不同利益，有時還涉及不同國家之間的不同利益。後者在「冷戰」時期表現得非常突出。即使是冷戰結束後的現代，這種情況沒有也不可能發生根本性變化。相對而言，另外兩類人權同政治與意識形態之間關係並不直接與密切，它們主要受社會三大文明的發展程度所影響和制約。

人權的超政治性

所謂人權的超政治性，首先是人權主體的超政治性。人權是人作為人所應當享有的權利，而不論其性別、種族、出身、信仰……有何區別。為什麼應當如此？恩格斯作過深刻説明：「一切人，作為人來説，都有某些共同點，在這些共同點所及的範圍內，他們是平等的」，這一關於人權的「非常古老」的觀念，發展到現代，其平等要求則是，「一切人，或至少是一個國家的一切公民，或一個社會的一切成員，都應當有平等的政治地位和社會地位。」[4]《聯合國憲章》、《世界人權宣言》及其重要國際人權文書所反覆載明。而且，每個人都是人權的主體這一原則與理念已在全世界公認，而不論其國家的政治制度與意識形態有何不同，也不論其政黨的綱領和政策有何差異。

人權的超政治性還表現在某些人權的內容上。最不應具有政治性的人權，一類是在社會緊急狀態、國家危難和戰爭等局勢下，也不可以「克減」的權利。《公民和政治權利公約》中規定的不得克減的權利包括：生命權（第6條），禁止酷刑（第7條），禁止奴役和強迫勞役（第8條），禁止因欠債而被監禁（第15條），禁止有溯及力的刑法（第15條），被承認在法律前的人格（第16條），思想、良心和宗教自由（第18條）。另一類是被國際人權習慣法所確認的一些權利。儘管對《世界人權宣言》是否是國際習慣法尚未完全定論，但它包括禁止奴隸買賣和奴隸制，種族歧視、種族隔離、種族滅絕、國際恐怖、國際販毒、國際劫機等所涉及到的權利，這也為各國政府和學者所公認。再有一類關涉國際人道主義法。以海牙公約為代表的對作戰手段和方法的限制和以四個《日內瓦公約》及其附加議定書並沒有規定可克減的權利，未解除當事國尊重國際法的義務。這些國際人道主義法所涉及的人的權利，是屬廣義人權法的內容。還有一類是國內由自然等災害而造成的災民，享有國家一級及國際一級的救助的權利，這也是屬人道主義性質的一種權利。以上這些權利的承認與保障，不應當受各國政治制度和主流意識形態的差異或一國內不同政黨間的政治主張的不同而受影響。

---

4. 中共中央馬克思恩格斯列寧斯大林著作編譯局編：《馬克思恩格斯選集》第3卷（北京：人民出版社，1972年），142頁。

一國內，公民的人身人格權以及經濟、社會文化權利，一般說來不應具有政治性和意識形態性。即使有，也應當盡量弱化。因為生命權、人身安全權、人格尊嚴權，它們所涉及的每個人的利益是相同的。一國內不論什麼政黨執政，其主張大致相同，而且也不直接涉及不同階級、階層和利益集團彼此之間的利益衝突。經社文權利的認可與實現可能受到政治的影響會比人身人格權多一點，其主要制約因素是一國內經濟與文化的發展水平。

　　國際集體人權，如自決權、發展權、和平安全權、環境權、人道主義援助權等，是否具有超政治性，學者的看法可能會有很多分歧，但本書作者傾向於沒有，或者說有一定程度的政治性，即不同國家之間會有某些政策上的分歧甚至對立，但它們會擺脫政治與意識形態的支配與影響則是必然的。例如，人民（或民族）自決權，已為國際人權憲章的各項文書所一致確認，各國政府與學者幾乎一致認為這項權利是絕對不可否定的。發展權是否是人權，「南北」和「東西」不同國家之間一直存在分歧與對立，但1993年的《維也納宣言》經過爭論後已將它明確規定下來而達成廣泛的共識。該文件規定：「世界人權會議重申，《發展權利宣言》所闡明的發展權利是一項普遍的、不可分割的權利，也是基本人權的一個組成部分。」像環境權與和平安全權都關係到全人類的共同利益，自然應當擺脫狹隘的國家利益與政黨利益的影響與支配。

人權的「政治化」與「意識形態化」

　　近代多年來，中國政府的代表在國際政治舞台的各種會議上，多次批評某些國家在人權問題上搞「雙重標準」，其理論根據是，在人權問題上不應將人權「政治化」和「意識形態化」。這種立場和觀點，符合全人類的共同利益，符合人權的根本價值，也符合人權自身的本質與發展規律。所謂「化」，就是絕對化，人權的「政治化」和「意識形態化」，就是將人權的政治性和意識形態性視為一種絕對的和普遍的現象，否認很多人權應當是超政治或非政治性的，人權應擺脫不同國家和不同政黨之間意識形態分歧與對立的羈絆，真正把人權看作是全人類偉大的共同事業和共同價值。將人權「政治化」「意識形態化」在理論上必然導致的一個惡果，就是在國際人權問題上搞「雙重標準」。

在國際人權上搞雙重標準的主要表現是：對他國，人權調門很高，以人權衛士自居；而本國批准與加入的國際公約人權公約卻很少，保留條款也多。在制定與實施國際人權公約時，力圖用自己的立場和觀點強加於他國。對自己國家的人權問題遮遮掩掩，對他國的人權問題卻喜歡指手劃腳。在經濟技術援助與合作中，以對自己國家的「國家利益」為準則劃線，即使是某些人權記錄很糟糕的國家，只要對自己國家友好就予以大力援助。基於意識形態與政治制度的不同，而經常干涉他國內政，如此等等。任何國家在人權問題上搞「雙重標準」，在國際上都是不得人心的。因為這違背人權自身的精神，也不符合國際法的準則，是與歷史潮流背道而馳的。

在人權同政治、意識形態的關係這一問題上，國內學者存在着兩種截然不同的觀點。多數學者傾向於本書所持立場，而少數學者認為，任何人權問題都同政治密不可分，任何一種人權及其相關的制度都具有政治性和階級性。這同在法律本質問題上存在兩種截然對立的觀點是相對應的。少數學者認為，社會主義法還仍然是「統治階級意志的體現」，任何法律都有階級性，即使是交通法規，包括「紅燈停，綠燈走」，也不例外。作為法律的基本內容與主要價值的人權，自然也不例外。不過持這種觀點的學者在中國已愈來愈少。

後記：長期以來，國內部分學者堅持認為，任何人權都是具有政治性，不承認人權還具有超政治性的一面。一位主管人權事務的處長曾對我說，「這是幫倒忙」。因為我們經常批評美國在人權問題上搞雙重標準，其理論依據就是，他們將人權「政治化」和「意識形態化」。

第三十一章

國際人權保護與
國家主權

*　載《法學研究》1995 年第 4 期。

為了很好地理解國際人權規範及保護機制，以便正確而有效地開展這方面的工作，必須對人權國際保護的科學概念及相關理論進行闡釋。其中有些理論，如人權國際保護與國家主權的關係問題，自 1980 年代以來，已為各國政府與許多學者所普遍關注。

人權國際保護

人權國際保護的歷史發展

　　人權保護進入國際領域主要是本世紀的事情，它標誌着人權的發展進入了一個全新的階段。從根本上説，人權國際保護的出現，是人類物質文明、精神文明與制度文明發展水平極大提高和國與國之間在經濟、政治、文化方面相互交往日益密切的產物，它是一種不依人的主觀意志為轉移、不依某些偶發事件為依據的必然現象和歷史的進步過程。

　　20 世紀以前，人權保護幾乎完全是一國的內政，一國政府如何對待它的國民，純屬該國的內部事務。後來，隨着國家、民族，地區之間人們的交往日益增多，各國在人權領域相互隔絕的狀態漸漸地被打破。首先是，一國如何對待外國人，受到了外國的關注；後來是，一國如何對待本國人，也開始受到外國的關注。這是人權走向國際領域最初的情形。最早出現的「外交保護」，就意味着一國如何對待其境內的外國人，已不再純粹是其內部事務，即如果受害者得不到當地的救濟，其所屬國家就會行使外交保護權。但是，這種保護主要是出於維護自己國家的尊嚴，而不是出於對該受害者，或一般「人」的權利的保護。

　　17、18 世紀時沒有人權國際保護的概念與理論，但已有了事實方面的萌芽，即出現了少數幾個國家之間簽訂的為數極少的涉及人權國際保護的條約和條款。例如，1606 年匈牙利國王與特蘭西瓦尼亞君主之間

的維也納條約，1648 年的《威斯特伐利亞和約》，1660 年《奧利瓦》條約，1789 年奧匈帝國與土耳其的《君士坦丁堡條約》等。均認可不同宗教派別之間享有平等權利；1785 年美國和普魯士簽訂的友好條約，載有對戰俘應給予正當待遇的條款。

19 世紀，因為奧斯曼土耳其帝國殘暴地對待其統治下的少數民族和基督教徒，因而引起歐洲列強的干預。1821 年希臘人民掀起的爭取希臘獨立的起義遭到奧斯曼帝國的鎮壓，激起西歐各國的憤怒，導致 1827 年俄英法三國在倫敦簽署「希臘綏靖」公約，被奧斯曼的蘇丹拒絕後，三國聯合出兵干預，迫使其簽訂 1829 年的和約，承認希臘獨立。同時，和約把尊重該國境內穆斯林宗教自由也肯定了下來。1856 年巴黎條約要求土耳其蘇丹承諾給予其臣民不分種族或宗教的平等待遇。1876 年在保加利亞爆發的反抗奧斯曼帝國的起義遭到鎮壓與屠殺，又一次引發歐洲國家的干預。1891 年和 1895 年沙皇俄國對其領土內猶太人實行大屠殺，西歐列強也曾出兵進行干預。這就導致了一種新的國際政治理論的出現，稱為「人道主義干預」。它的基本含義是，如果一國政府對其本國國民實行殘暴統治，剝奪他們的基本人權，其嚴重程度足以「震撼人類的良心」，其他國家就有權干預，包括使用武力。但是，這種「干預」仍帶有「外交保護」的痕跡，因為其出發點與目的依然主要是關注被干預國境內受害居民同本國居民在民族或宗教上的特殊親緣關係。而且這種「干預」常常出現強國出於私利而欺凌弱國。然而，「人道主義干預」終究突破了在主權的庇護下任意對待其國民的情形，表現出人權問題已經不再單純是一國的內部事務，而要考慮國際社會的反應。因此，它對人權保護走向國際的積極推動作用是應該充分肯定的。

從 19 世紀到 20 世紀中葉，國際上出現的廢奴運動和勞工保護以及第一次世界大戰，對人權保護進入國際領域，起了重要的推動作用。1890 年各國簽訂《布魯塞爾公約》，正式禁止奴隸制度和奴隸貿易，並建立了兩個協調反對奴隸販運的國際機構。1926 年制訂的《禁奴公約》重申禁止一切形式的奴隸制度。至此，奴隸制度問題被公認為已屬國際社會有權干預的事項。世界勞工組織成立於 1919 年。到「二戰」前夕，它一共通過了 67 個有關勞動保護的公約。它們標誌着勞工保護已進入國際人權保護領域，並為人權國際保護的發展起了重要推動作用。1864 年的《改善戰地陸軍傷者境遇日內瓦公約》和 1899 年《陸戰法規慣例

公約》為國際人道主義法奠定了基礎。國際聯盟於 1919 年通過的《國際聯盟盟約》、1929 年國際法協會通過的《國際人權公約》以及《國際人權宣言》、都是這一時期的重要國際人權文書。

第二次世界大戰以後，人權國際保護進入一個全面發展時期，保障人權開始被確立為一項公認的國際法準則。這次大戰後，德意日法西斯踐踏基本人權、滅絕種族的暴行，激起了世界各國人民的極大憤慨，人們普遍提出了保護人權的強烈要求和願望。1945 年，聯合國成立並通過了《聯合國憲章》，在人類歷史上第一次將人權規定在一個具有很大權威的國際組織的綱領性文件中。它莊嚴宣佈：決心免除「後世再遭今代人類兩度身歷慘不堪言的戰禍，重申基本人權、人類尊嚴和價值，以及男女大小各國平等權利的信念」，並規定聯合國的宗旨之一是「促成國際合作，⋯⋯ 不分種族、性別、語言或宗教，增進並激勵對於全體人類和人權及基本自由之尊重。」根據該憲章的要求，聯合國於 1946 年成立了人權委員會並於 1948 年通過了《世界人權宣言》，1966 年制訂了《公民和政治權利公約》和《經社文公約》。在戰後 40 多年裏，聯合國還制訂和通過了 71 個有關的宣言、公約和協議書，其內容涉及社會生活各個領域。從此，國際人權保障體系初步建立起來。儘管有關人權保障的國際文件是各種政治力量鬥爭和妥協的產物，但從總體上看，它們反映了全世界人民渴望充分保障人權的共同意願，是各國人民為爭取人權而不懈努力奮鬥所取得的重大成就。

人權國際保護的科學含義

人權國際保護有它自身特定的含義，是指各國應當按照國際社會公認的國際法原則、國際人權宣言與公約，承擔普遍的或特定的國際義務，對基本人權的某些方面進行合作與保證，並對侵犯人權的行為加以防止與懲治。所謂特定的國際義務，是指國際人權公約的締約國必須承擔貫徹實施這些公約的義務，即締約國應當在其國內採取相應的立法、司法、行政措施，保證公約條款的實現並按公約的規定進行國際合作。換句話說，這種特殊義務對那些非締約國來說，是不適用的。所謂普遍的國際義務，是指作為國際組織（包括普遍性國際組織和區域性國際組織）的成員，必須依照該組織的章程承擔保護人權的義務。如《聯合國憲章》中涉及人權保障的 7 個條款，所有聯合國的會員國都有義務為

促進其實現而努力。普遍性的國際義務的另一內容是指，國際社會的所有成員都要承擔由國際人權宣言、原則、規章、規則等組成的國際人權習慣法所確認的保護人權的義務。國際習慣法是國家自願同意的行為規範，它們對所有國家都有約束力。

　　與此相適應，人權國際保護有兩種基本的方式。一是強制性的監督和制裁方式。這類方式包括如下兩種情況：某些國際人權公約的締約國，不履行自己承擔的義務，公約的其他締約國和國際社會可以對這些國家實施強制性的監督與制裁；或者國際社會的某個成員惡意違反國際法基本原則和強行法規則，如在政策上、法律上和實踐上實行、鼓勵或縱容諸如種族滅絕、種族隔離和種族歧視、奴隸買賣和奴隸制、侵略與侵略戰爭、國際恐怖、國際販毒等國際犯罪行為，國際社會可以對其實行強制性的國際監督與制裁，如以前對南非的種族隔離、對伊拉克侵犯科威特所實施的制裁。二是非強制性的指導和協助方式。除上述兩種情況外，都採用這類方式。如就實現發展權、環境權實行國際合作，對由於戰爭或內亂造成的難民進行人道主義援助，對某些侵犯人權的事件與行為進行批評或譴責。

人權保護的國際共同標準

　　人權的共同標準或稱人權的國際標準，是實施人權國際保護的準繩。如果沒有一種人權共同標準，人權國際保護就將無所遵循。究竟國際人權有沒有「共同標準」？我們的回答是肯定的。這種「共同標準」是人權的共性在國際人權領域的基本表現，它的基礎是全人類在人權領域存在著的共同的利害關係與利益追求，是全人類在人權問題上存在的共同的道德的價值判斷和價值取向。這種共同標準具體體現在以世界人權宣言與國際人權公約為核心的整個國際人權文書裏，體現在國際人權公約的許多具體規範中。很多國家都宣佈尊重聯合國憲章維護人權的根本宗旨，都擁護《世界人權宣言》的基本原則，共同制定或簽署不少國際人權約法，在國際人權的保護中採取共同立場和行動，就充分證明國際上存在一種適用於所有國家的普遍性準則，否則，上述一切就會不可思議。事實上，《世界人權宣言》就明確確認了這種「共同標準」的存在，而制訂這一宣言的目的正是為世界各國制定一個共同遵守的準則。《世界人權宣言》指出：「發佈這一世界人權宣言，作為所有人民和所有

國家努力實現的共同標準⋯⋯」隨着全人類物質文明的不斷發展與進步，國際人權的「共同標準」的內涵將日益豐富，其外延將日益擴大。同時，我們也要承認，各個國家與民族還應有各自不同的人權標準。這由不同國家與民族的不同經濟、政治制度及歷史文化傳統和其他的具體國情所決定，由不同國家與民族的不同利益和不同認識所決定。這是人權個性在國際人權領域的具體體現。

　　承認與尊重這種國際人權的共同標準，是各國在國際人權領域進行合作的前提和基礎。這種共同標準，不僅應由各國人民共同制定，要體現各國人民的共同利益和協調意志，任何國家都不能把自己的主張強加於人，而且在人權的實施上，任何國家都不能採取實用主義態度，對這種共同標準任意歪曲。不能對自己是一套標準，對別人是另一套標準；對一個國家是一套標準，對另一個國家是又一套標準。只有這樣，才能堅持國際人權共同標準的統一性、客觀性與公正性，才能建立起國與國之間的和諧友好與合作的關係。同時，我們又不能否認目前世界各國的情況存在着重大差異。應允許各個國家採取某些具體的不同做法，如是否簽署某些公約，或在簽署某些人權約法時，保留其中某些具體條款。各國在制訂本國的法律和人權政策時，盡量使本國的法律規定與人權政策同國際上普遍接受的原則相一致，另一方面又有權在不違反國際上普遍接受的原則的前提下，根據本國的具體情況作出不同規定，實施自己的具體人權模式。

國家主權

國家的概念

　　在國際法的觀點看來，國家是定居在特定的領土之上，並結合在一個獨立自主的權力之下的人的集合體。《奧本海國際法》認為：「當人民在他們自己的主權政府下定居在一塊土地之上時，一個正當意義的國家就存在了」[1] 1933 年在蒙得維的亞簽訂的《美洲國家間關於國家權利

---

1. 詹寧斯、瓦茨修訂：《奧本海國際法》（中譯本）第 1 卷第 1 分冊，92 頁。

和義務的公約》第 1 條規定:「國家作為一個國際人格者必須具備下列條件:(1) 固定的居民;(2) 確定的領土;(3) 政府;(4) 與他國交往的能力。」[2]

現今國際上絕大多數學者認為,構成國際法上的國家應當具備如下四個要素:(1) 固定的居民。國家必須由一定的固定居民即在國家領土上長久定居的人所組成,否則將不成其為國家。一個國家裏可能存在定居在那裏的外國人或無國籍人,但國家必須有依法確定的即享有這一國家國籍的固定居民 —— 本國國民(或稱公民、臣民)。至於它是否有多個民族或種族,它的人口有多少,並不影響它作為一個國家而存在。(2) 確定的領土。領土是國家存在與發展的前提,是國家行使排他性權力的空間,是確立國家屬地管轄權的基礎。至於它的領土面積大小,並不影響作為一個國家而存在。同時,有的國家邊界沒有完全劃定,或者大片領土被外國佔領,也不影響它是一個國家。(3) 政府。政府的存在也是構成國家的必備要素。這裏所謂「政府」是廣義的,不單指行政機關,也包括立法機關和司法機關,亦即指構成國家在政治與法律方面公共權力組織的整體。只有在一個政府的有效統治與管理下,這個國家的居民才能有序地生活。在國際關係中,政府能代表國家進行國際交往,享有國際法上的權利和承擔國際法上的義務。由於內戰或國與國的戰爭而導致政府無法在全部領土上行使全部權力或政府流亡海外,但國家依然存在。(4) 主權。主權是指國家所具有的對內的最高權力與對外的獨立權力。沒有主權就不成其為獨立的國家,就不是或不完全是國際法的主體,就不能與他國或其它國際法主體獨立地交往,就不能獨立地承擔國際法律義務。主權的對內最高權包括對其境內的人與物的屬地優越權,以及對其國民(或公民、臣民)的屬人優越權。主權的對外獨立權表現為該國家在國際社會的獨立地位,不受任何他國的管轄與支配。

國家的基本權利和義務

在國際社會裏,任何一個國家都應享有它應當享有的權利,也應盡一定的義務,這種主張與原則,最早出現於 18、19 九世紀。到了 20

---

2. 轉引自邵律主編:《國際法》(北京:北京大學出版社、高等教育出版社,2000 年),35 頁。

世紀，這種主張與原則已得到學者們的廣泛認可，並在一些國際文件中得到確認。雖然各種國際文件或國際法著作關於國家基本權利和義務的看法與主張不盡相同，但都承認國家有基本權利與義務。而 1949 年聯合國大會通過的《國家權利和義務宣言草案》是一重要的國際文件依據。

一、國家的基本權利

它既是國家作為國際人格者所應當享有的，也是由國家主權必然引申出來的，是國際法所確認的，不可侵犯的和不可剝奪的權利。否認一國的基本權利，就是否認一國在國際上的獨立地位與國際人權，「就等於否認它的主權」[3] 正如 1933 年美洲國家《關於國家權利和義務的公約》第 5 條所指出：「國家的基本權利不得以任何方式加以侵犯。」[4] 根據有關國際文書規定，國家的基本權利主要包括如下四項：

(1) 獨立權。它是國家主權在國際關係中的體現。其具體內容是，國家可以按照自己的意志處理其對內與對外事務而不受任何外來干涉，可獨立自主選擇其經濟的、政治的、社會的制度，可以採取立法的、司法的、行政的措施，決定它的對內對外政策，處理各種國際事務。

(2) 平等權。它是指每個國家在國際法上和各種國際事務中都享有平等的地位，國家無論大小或強弱，無論其實行何種經濟、政治與社會制度，也無論其社會發展水平如何，它們在國際社會裏，可以平等地交往，平等地共同處理國際事務，在法律上地位都平等。如《聯合國憲章》第 1 條規定：應「發展以尊重人民平等權利及自決原則為根據之友好關係」；第 2 條規定：「本組織系基於各會員國主權平等之原則」。

(3) 自衛權。它是指當一國遭到外來武力攻擊時，有權實施單獨的或集體的武裝自衛以保衛國家。如《聯合國憲章》第 51 條規定：「聯合國會員國受到武力攻擊時……本憲章不得認為禁止行使單獨或集體自衛之自然權利。」但該條又同時要求：「(1) 自衛只能在安理會採取維持國際和平與安全的措

---

3. 周鯁生：《國際法》上冊（北京：商務印書館，1976 年），77 頁。

4.《國際條約集》(1924–1933)（北京：世界知識出版社，1961 年），545 頁。

施之前進行；（2）將採取的自衛措施立即向安理會報告，並且不得影響安理會採取必要行動。」

(4) 管轄權。它通常是指對立法、司法與執法行使管轄權。根據國際條約和國際習慣，國家行使管轄權的原則主要有下列四種：一是屬地管轄——國家對其領土內的一切人和物，包括對領土本身有統治權。一切境內的人，無論是本國國民，還是外國國民和無國籍人，都必須服從該國的屬地管轄，依國際法享有豁免權者除外。二是屬人管轄——國家對具有本國國籍的人的管轄，而不論其行為發生在哪裏。三是保護性管轄——國家為了保護本國的獨立、安全或其他重大利益，包括本國國民的生命、財產，而對外國人在該國領域之外對該國國家或其國民的極為嚴重的犯罪行為實行管轄。四是普遍管轄——對國際法上規定的嚴重危害國際社會共同利益的犯罪行為，如海盜罪、戰爭罪、反人道罪，任何國家均有管轄權，而不論罪行發生在哪裏。

二、國家的基本義務

國家依據國際法必須承擔一些基本的國際義務，是同它們享有一些基本權利相關聯的。這種義務主要涉及國際社會的和平與安全、民主與發展的根本利益，各國必須遵守。依據《聯合國憲章》、《國家權利和義務宣言草案》（1949）、《國際法原則宣言》（1970）等國際文件的規定，國家基本義務的主要內容是尊重別國主權和由此引申出來的各項基本權利。它們是：（1）不得使用武力或武力威脅，或以同聯合國宗旨不符的任何其他方式侵犯別國的領土完整和政治獨立；（2）不得以任何理由和方式直接地或間接地干涉別國的內政；（3）用和平的方式解決本國與他國的爭端；（4）善意履行依公認的國際法原則與規則以及有效的國際條約所承擔的義務。

國家主權概念

一、主權概念的基本內涵

主權這個概念最早是由 16 世紀中葉法國哲學家讓・博丹提出來的。他在其名著《論共和國》（1577 年）指出，主權是國家內的最高權

力，除了受上帝的誡條和自然法的限制外，不受任何限制。他的觀點顯然受當時很流行的自然法觀念的影響。19世紀以後，實在法觀念流行時期，主權的性質是絕對的還是相對的，就開始出現爭論。在國際關係中，主權的概念是伴隨國際法的出現而必然出現與發展的。因為國際法是規範主權國家的關係的，它自身又是根據各主權國家的明示或默示的同意或接受而形成的。既然主權是國家存在的要素之一，因而也是國家作為國際法主體所固有的和不可缺少的屬性；而國際法效力的根據就在於各國的主權的意志。正是由於這一根本理由，尊重國家主權的原則，得到了《聯合國憲章》的確認和保障。憲章的序言莊嚴宣佈：「大小各國平等權利之信念」；第2條明確肯定：「本組織系基於各會員國主權平等之原則」，並且鄭重聲明：「不干涉在本質上屬任何國家國內管轄之事件」。中華人民共和國政府在1954年倡導的，作為國際關係指導原則的「和平共處五項原則「（即互相尊重主權和領土完整、互不侵犯、互不干涉內政、平等互利、和平共處），就是從貫徹與實施國家主權原則為出發點，切實實施這些原則，對維護國家主權原則具有重大意義。中國政府一直信守這五項原則，也為現代國際法基本原則和豐富與發展作出了重要貢獻。

國家主權原則作為國際法最重要的基本原則，其重要的理論與現實意義已為國際關係的歷史經驗所證實。每個國家應當根據自己的主權行事，不接受任何其他權威的命令與強制。歷史上曾經有過的不少所謂「保護國」、「附庸國」就是因違反這一原則而紛紛解體。在一個主權國家內不得有任何外來權威行使部分主權，即主權具有排他性。因此像過去那些強加於人的不平等條約，在別國領土內行使領事裁判權，是對主權原則的破壞而逐步成了歷史陳跡。在通常情況下，國家只有自願，其主權的行使才受限制。如一國永久中立，意味着其國家締約權受到限制，這就必須出於國家自願。主權國家也不能被強制把它的國際爭端提交仲裁或司法解決，如此等等。[5]

---

5. 參見周鯁生：《國際法》上冊（北京：商務印書館，1976年），176頁。

二、主權概念的絕對性與相對性

自 19 世紀末葉以來，國家主權與國際法的關係已成為國際法學一個爭論十分激烈的問題。既然國家主權是對內的最高權和對外的獨立權而國際法對各國有約束力，這兩者之間是不是有矛盾？是不是絕對對立，如何解決這個矛盾？圍繞這一問題，學者之間存在着各種不同見解，而不同的觀念有時受不同國家的政治立場與外交政策的影響；不同的觀念反過來又對不同國家的政治立場與對外政策發揮作用。筆者認為，國家主權同國際法的約束力之間的矛盾是客觀存在，從理論上說清楚這個問題，必須承認國家主權是絕對性與相對性的統一。必須肯定兩者既對立又統一，必須合理平衡與具體問題具體分析和處理好兩者的關係。為此，必須反對兩種極端傾向：其一是主張徹底否定主權概念，其二是把主權概念絕對化。

波利蒂斯是西方國際法學者中第一個主張徹底否定主權觀念的人。他說：主權的觀念多年支配了國際法理論，它意味着國家的一種絕對的而無問題的權力，使得國家可以按照自己的意思在對外關係上採取行動，除自願外不受任何限制。但是事實是，隨着國際法的發展，國家的行動繼續受到限制。這個現象說明，如果國家的意志真是主權的，它就不能為強制性的規則所限制。他認為，承認主權可以削減，就是承認它不存在，有限制的獨立就已經不是獨立。於是他提出，在國家主權與國際法兩者之間必擇其一：要麼，主權觀念必須放棄；要麼，國際法的約束性必須否定。規範法學派的創始者凱爾遜也持同樣的觀點。他認為，國家是不是主權的這一問題是與國際法是不是高於國內法的問題一致的。主權如果意味着一個無限制的權力，它是肯定地同國際法不相容的。國際法既然課國家以義務，那就限制了國家的權力。為了避免誤解，最好關於國家完全不使用這一模糊的名詞「主權」。現代國際法學家絕對地反對主權概念的，尚有社會連帶主義學派的塞爾和法國巴黎大學的盧梭。[6] 這種觀點之所以不正確，從哲學上看，任何事物都是絕對與相對的統一。即使像「獨立」這樣的概念，也同「自由」、「平等」一樣，都有其相對性的一面，不能認為有一點「限制」，獨立、自由與平等就

---

6. 參見周鯁生：《國際法》上冊（北京：商務印書館，1976 年），178-180 頁。

不存在和不應當存在了。從國際法自身的原理看，國家主權應當同國際法是並行不悖的。因為一方面國際法對主權國家有約束力，另一方面國家也就是國際法的制訂參與者。主權國家遵守國際法就是履行它自願同意承擔的國際義務。雖然兩者有時有衝突，但並不存在理論與實踐不可解決的矛盾。再從實踐看，國際法是由各國的主權的意志所形成，國家主權是國際法的基石，否定國家主權就勢必動搖國際法的基礎。即使未來國際法的運用與權威有擴大的趨勢，但國家主權概念永遠不會消失，否則國際法自身也就失去其基礎而變質。作為維護國際法律秩序根本條件的國家主權原則一旦遭到全面否定，那將會出現世界無寧日。

另一種極端的觀點，也是從否定國家主權概念具有一定的相對性出發，得出國家主權絕對不容限制的相反結論。持這種觀點的學者雖然不多，但國內外都有。其實，把國家主權解釋成為是沒有相對性的絕對，也就否定了國際法。堅持國家主權原則，並不意味着一個國家可以在對外關係上為所欲為。國家主權所受限制，可以歸結為兩種不同情況：一是自願性限制。例如，任何國家都有尊重他國主權的義務；參加了聯合國，就要受《聯合國憲章》的約束；自願批准加入某些國際公約或簽定某些雙邊與多邊條約，就有遵守那些公約或條約的義務；要受到國際法院判決的限制；在區域性國際組織中，參加國的主權也要受制於有關的章程和協議；依國際法與國際慣例，某類人員在他國領土內享有一定的特權與豁免，所在國管轄權的行使就受限制，等等。二是強制性限制。如果一國嚴重違背了國際法準則而構成國際犯罪的行為，如種族歧視、種族滅絕、發動侵略戰爭、實行國際恐怖等，不論其是否是聯合國成員國，或者是否已批准加入某些國際公約，其他國家或國際組織都可對其採取制裁措施。

人權國際保護與尊重國家主權

不干涉內政原則與人權國際保護的關係

要在人權問題上正確開展國際合作和正確實施國際保護，一個極為重要的問題，是必須在理論與實踐上處理好促進人權國際保護與尊重

國家主權的關係。西方的一些理論家和政治家宣揚「人權高於主權」「人權無國界」，是錯誤的和有害的。這種理論和觀念，違背了聯合國憲章和一系列國際人權約法的宗旨和原則，違背了國際法的公認準則。我們反對將人權的國際保護與國家主權對立起來，主張兩者的協調一致和高度統一。

國家主權原則是一項公認的國際法準則。《聯合國憲章》第 2 條第 7 款明確規定：「本憲章不得認為授權聯合國干涉在本質上屬任何國內管轄之事件，且不要求會員國將該事件依本憲章提請解決。」1965 年通過的《關於各國內政不容干涉及其獨立與主權之保護宣言》也鄭重宣告，任何國家不得以任何理由直接或間接干涉任何其他國家的內政、外交。1970 年通過的《關於各國依據聯合國憲章建立友好關係及合作之國際法原則宣言》又重申上述原則。國際上，對於人權是否屬「內政」範疇，是否屬《聯合國憲章》第 2 條第 7 款所說的「本質上屬國內管轄事項」一直存在着意見分歧。其中有三種主要的見解。第一種意見是絕對的肯定認為是屬內政；第二種意見是絕對的否定，認為人權已完全不屬內政問題；第三種意見認為，《聯合國憲章》第 2 條第 7 款在起草時不包括內政，後來人權國際保護在實踐中發展後，人權已不屬內政的範疇。我們認為，在一般情況下，人權屬於內政範疇，屬國內管轄事項，國際社會不應也不能干涉；但在某些情況下，它又不屬內政範疇，不屬國內管轄事項，國際社會可以干預。「在本質上」應被解釋為「在一般情況下」、「在多數情況下」。這樣解釋比較符合實際，也易為國際社會所普遍接受。現今的國際社會由一百多個平等的主權國家所組成。尊重國家的主權，是在國際範圍內進行政治、經濟與文化合作的基礎，也是有效地實現人權的國內保護與國際保護的根本條件。

人權問題在一般情況下，屬國內管轄事項，應由各個國家自主處理。人權的促進和保障，主要依靠主權國家通過在法律、政治、經濟、文化與社會等各個領域創造條件予以實現；在人權遭受侵犯的情況下，也主要依靠主權國家通過國內立法、司法、行政措施加以救濟。國際人權文件承認主權國家有權根據本國安全的需要，通過法律對某些人權加以合理限制；國際人權公約規定的國際監督程序，未經一個國家的明示同意，對它不發生拘束力；在一國為某項國際人權公約當事國的情況下，也只有在用盡國內救濟辦法以後，有關國際人權機構才能處理有關

該國侵犯人權申訴的程序。因此，人權的國際保護應當也只能以充分尊重國家主權為基礎。從國內範圍看，國家主權是實現人權的手段和保證；但從國際範圍看，國家主權又是該國人民人權的實際內容和集中體現。某些國家或國際組織超出國際人權保障的合理界限而侵犯某些國家的主權，就是侵犯了該國人民的根本利益，就是對該國人民的人權的侵犯。

同國家主權原則一樣，人權國際保護也是一項重要的國際法準則。按照《聯合國憲章》和國際人權公約的規定以及聯合國組織的有關決定，在某些特定情況下，聯合國及其會員國對某些國家侵犯人權的行為，諸如侵略戰爭、種族滅絕、販賣奴隸等有權進行干預；對國際人權公約的締約國故意違反公約的規定，不履行公約義務，其他締約國可按公約規定的程序加以追究。所有這些，都不構成對一國國家主權的侵犯和對他國內政的干涉。

因此，我們既反對籠統地講「人權高於主權」，也反對籠統地講「主權高於人權」，因為這兩種理論觀念都不符合客觀現實。我們強調，維護國家主權和加強人權國際保護，都是國際法的重要原則，兩者是統一的，並不相互矛盾。如果一定要講誰高誰低，那就應作具體分析。當人權問題是屬一國國內管轄事項，國際社會與其他國家不應干預時，主權高於人權；當人權問題超出了一國管轄範圍，國際社會或其他國家可以進行干預時，人權就高於主權。我們反對所謂「人權無國界」，也不泛泛地講「人權有國界」。因為實際情況是，在一般情況下，人權是屬國內的管轄事項，它應當是有國界的；在特殊情況下，國際社會對某些國家嚴重侵犯人權的行為可以實行各種形式的制裁和干預，人權又是沒有國界的。片面強調國家主權原則或片面強調人權的國際保護，都不符合世界人民的根本利益和共同願望。

國際社會可以干預的人權問題

中國政府在理論上明確承認，有些人權問題國際社會是可以干預的。例如，國務院新聞辦公室 1991 年發表的《中國的人權狀況》白皮書就指出：「對於危及世界和平與安全的行為，諸如由殖民主義、種族主義和外國侵略、佔領造成的粗暴侵犯人權的行為，以及種族隔離、種族歧視、滅絕種族、販賣奴隸、國際恐怖組織侵犯人權的嚴重事件，國

際社會都應進行干預和制止，實行人權的國際保護。」在實踐上，新中國成立以來，中國政府已盡力參與了國際上各種人權的國際保護。

按照有關國際人權法的規定，國際社會可以和應當進行干預和制止的，並受到普遍關注和比較突出的人權問題有以下各類：

一、殖民主義

根據 1960 年制訂的《給予殖民地國家和人民獨立宣言》，被壓迫民族有反對殖民主義的民族自決權。該宣言第四項尤其具有重要意義，即要求制止對解放運動採取一切武裝行動和鎮壓措施。在該實證主義指導下，聯合國曾有力地推動了殖民地解放運動。中國是這一運動的堅強後盾。

二、種族歧視與種族隔離

根據 1963 年通過的《聯合國消除一切形式種族歧視宣言》及以後制訂的《消除一切形式種族歧視國際公約》、《禁止並懲治隔離罪行國際公約》等國際人權文書，聯合國採取了各種有力措施包括制裁措施，維護了種族與民族的平等權。其典型是對前南非種族主義政權的制裁。從聯合國安理會自 1960 年 3 至 4 月首次介入南非問題起，後來它的幾乎所有機構，包括大會、經社理事會及下屬的人權委員會、安理會、國際法院等，都參加了這一實踐。中國不僅批准了上述反種族歧視與隔離的兩公約，也積極參與了對前南非種族主義政權的制裁。

三、外國侵略與佔領

這首先是嚴重地直接地違背了聯合國維護人類和平與安全的根本宗旨和原則；同時也是對各國人民享有各平與安全權的嚴重侵害。《聯合國憲章》第 2 條第 4 款規定：各會員國在其國際關係上不得使用威脅或武力，或以與聯合國宗旨不符之任何其他方法侵害任何會員國或國家之領土完整或政治獨立。《國際法原則宣言》重申了這項原則，並對其具體內容作了詳細規定。《非洲人權與民權憲章》是明確將和平與安全權作為各國民族與人民應當享有的一項人權的第一個國際文件。該憲章第 23 條規定：「一切民族有權享受國內和國際的和平與安全。」之後，

聯合國又專門通過了《各國人民享有和平權利宣言》，它「莊嚴宣佈全球人民均在享受和平的神聖權利」，並明確規定「維護各國人民享有和平的權利和促進實現這種權利是每個國家的根本義務。」前伊拉克政權侵略科威特，構成了嚴重侵犯他國人民的和平與安全權，因而遭到聯合國的制裁。中國政府對其絕大多數制裁措施都投了贊成票。

四、國際恐怖

《國際法原則宣言》規定，各國有義務避免組織或鼓勵組織非正規軍或武裝團隊侵入他國領土，或在他國發動、煽動、協助或參加內爭或恐怖活動，或默許在其本國境內從事此種活動。這方面最新最典型的事例，就是聯合國對前阿富汗塔里班政權的制裁，中國政府對其中的大多數制裁措施也投了贊成票。

五、人道主義災難

由於內戰或自然災害等原因，而出現大規模逃離或大批難民或類似事件，不提供援助就會造成大批人死亡，這些人群就有權享有國際一級的人道主義援助權。這種人道主義救援早已出現，而近些年來出現的「維和」行動也與此密切相關。中國已積極參與了諸如東帝汶、柬埔寨等國家的維和行動。

六、大規模污染空氣與海洋

全人類都有在一個良好自然環境下生活以保護其心身健康的權利。國際環境法作為國際法的一部分，一系列宣言和公約都肯定了這一權利。1972 年《人類環境宣言》規定：「依照聯合國憲章和國際法原則，各國有按照其環境政策開發其資源的主權權利，同時亦負有責任，確保在它管轄或控制範圍內的活動，不致對其他國家的環境或其本國管轄範圍以外地區的環境引起損害。」1992 年《里約環境與發展宣言》重申了這項原則。這一原則也得到了不少國際公約的確認，如《生物多樣性公約》、《氣候變化框架公約》。由於大規模污染大氣與海洋，其後果嚴重，而且受害者無國界之分，因而國際社會可以強行干預和制止。目前，國際上尚無此類先例。但國際環境法歷史上第一起著名的越境環境

污染責任案件——特雷爾冶煉廠案在 1930 年代即已發生並經國際仲裁法庭審理。

　　這裏有兩點必須注意。第一，國際集體人權中還有發展權，食物權等。但它們主要是屬需要通過各國合作以及國際組織採取「積極」的措施予以逐步實現的人權。第二，依據「武裝衝突法」的有關規定，可以也應當懲罰戰爭罪犯和對犯有嚴重違反國際人道主義法行為的人追究他們個人的刑事責任。這同追究主權國家的責任是有區別的。這是國際法特別是武裝衝突法的重大發展。

　　後記：本章原載《法學研究》1995 第 4 期，後收入《當代中國人權理論與實踐》（吉林大學出版社 1996 年版）和《論人權與主權》（中國人權研究會編，當代世界出版社出版）。後經修改與展開，作為我主編的《人權法學》的一章。該書由高等教育出版社於 2005 年出版。前文曾作為會議論文提交於 1995 年在波恩召開的「中德人權理論研討會」。當時中國另一位學者論文的觀點與此文相反，認為在任何條件下，國家主權都高於國際人權保護。出國前，外交部和司法部有關領導對這兩篇論文未要求作任何改動。結果反應良好。德國一些專家評論說，像這樣政治非常敏感的問題，中國學者的不同主張都可以在國際會議上自由發表，看來中國是有學術自由的。會後我為代表團起草工作彙報時，還專門提到這個例子。

第三十二章

人權實現的義務主體

所謂人權實現的義務主體，是指什麼樣的組織和個人有責任與義務為人所應當享有的權利的實現作為或不作為，採取什麼樣的行為或措施，創造什麼樣的社會條件。在這個問題上，人們之間存在種種不同認識和意見分歧。人權實現的義務主體是多種多樣的，每一種義務主體的性質、特點與實現方式又有很大差別。而從總體上看，它們都各有自身的發展過程和趨勢。

國家

　　這裏所説國家，主要是指一個國家的政府。而「政府」取其廣義，即國家的立法、行政與司法等機關都包含在內。國家是人權實現的最主要的義務主體，其作用與責任遠遠超出其他義務主體如國際組織，非政府組織和個人之上。究其原因，主要有以下幾點：第一，這是由國家與公民的相互關係所決定。國家為什麼會產生，它的職能是什麼，儘管學者之間有不同看法，例如存在「社會契約論」與「階級鬥爭說」的區別，而且分歧很大。但是，從現代通行的觀點看，一般人都會認可：國家存在的意義，是為所在國家的公民謀福利。現代的國家機構是公民通過行使選舉權而產生的，國家的權力是手段，而公民的權利是目的。國家的根本任務就在於保障公民這樣或那樣的權利，否則國家就將失去其存在的價值。國家機構及其工作人員要「全心全意為人民服務」，但這是一個總的原則，很容易同一個個公民的種種權利的保障相脫離，也很容易只顧「國家利益」、「民族利益」而忽視個人權利，甚至打着集體利益的名義而侵犯公民個人的權益。第二，這是由國家權力與公民權利的不同性質與特點所決定。公民權利的內容是非常廣泛的。一類權利如公民的人身人格權和政治權利與自由，國家不得侵犯與剝奪，即要求國家必須消極的不作為。其他社會組織也可能侵犯公民個人的權利，個人權利也可能在相互之間受損害，但是最容易侵犯個人權利的還是國家。而

且，社會其他組織侵犯公民個人權利，也只能依靠國家予以救濟。另一類權利如經濟、社會、文化權利，其實現主要依靠國家積極創造條件，即要求國家積極作為。其他社會組織在這方面雖然可以起一定作用，但最主要的是要依靠強大的有組織的國家力量才能實現。第三，從國家權力看，它是容易腐敗的。公民權利很容易遭受權力異化後「權力濫用」、「權錢交易」等腐敗現象的侵害。近代以來各國憲法通常都將規範國家權力，保障公民的基本權利詳盡地規定下來，作為憲法的兩大主要內容，就是基於這一考慮。很多學者認為人權在本質上是一種「對抗權」，即對抗政府的權利，也主要是從這個意義上說的。而古今中外的人權發展史也充分證明了這一點。第四，這是由國際間政治權力配置的現實狀況所決定。現在聯合國有關機構及其他國際組織在維護人權方面的作用及責任愈來愈加強，因此有人以為各主權國家在維護人權方面的作用與職責已退居次要地位。其實這是一種誤解。人權保護進入國際領域，只是近幾十年以來的事情。現在主權國家在國際社會中仍然奉行主權獨立的原則，並得到《聯合國憲章》及其他許多重要國際條約與宣言的認可與保障。建立以世界政府與世界法律為主導的世界，還是一件非常遙遠的事情，保障人權的主要責任只能也必須由主權國家來承擔。

主權國家承擔人權保障最主要的責任，在各種國際人權文書中都有明確的規定。國際組織保障人權的主要法律淵源是條約。這些國際人權條約是主權國家彼此之間簽定的，其責任承擔者或義務主體，就是主權國家。各種國際人權公約中的幾乎絕大多數條文都作過如下類似規定：「本盟約締結國各國承擔，……」「本盟約締結各國承認，……」國際上的各種人權宣言和行動綱領，對此也都有明確規定，例如，《德黑蘭宣言》的第一條就很明確：「一、國際社會各成員履行其增進激勵對於全體人類人權及基本自由的尊重的神聖義務，不分種族、膚色、性別、語言、宗教、政見或其他主張，乃當務之急。」該宣言在結束語鄭重要求，國際人權會議「促進所有民族及政府致力信奉世界人權宣言所崇奉的原則，加倍努力，使全體人類克享合乎自由與尊嚴、有裨身心、社會及精神福利的生活。」《維也納宣言和行動綱領》也十分強調國家在促進與保障人權方面的作用與責任：「世界人權會議重申，所有國家莊嚴承諾依照《聯合國憲章》和有關人權的其他國際文書和國際法履行其促進和普遍尊嚴，遵守和保護所有人的一切人權和基本自由的義務。」「保護和促進人權和基本自由是各國政府的首要責任」（見該宣

言序一、第一部分、第一項）「世界人權會議重申國家機構在促進和保護人權方面的重要和建設性作用，特別向主管當局提供諮詢意見的作用，以及他們在糾正侵犯人權行為、傳播人權信息和進行人權教育的作用。」（序一、第一部分、第 36 項）這兩次世界人權大會都是主權國家派代表出席，整個宣言的各項要求首先是要求各國政府承擔促進和保障人權的責任。

國際組織

　　這裏所說國際組織，主要是聯合國及其下屬的各種與人權相關的組織，包括聯合國大會、安全理事會、經濟及社會理事會、託管理事會、聯合國人權高級專員、國際法院等，同時也包括國際勞工組織、世界衛生組織、聯合國教育及科學、文化組織、聯合糧食及農業組織等。聯合國宣告成立於 1945 年 10 月 25，亦即《聯合國憲章》由當時參加會議 51 個國家的大多數國家批准生效之日。聯合國主要是為了避免「二戰」這一人類浩劫的悲劇重演而成立，其宗旨是：維護國際和平與安全；發展國際間以尊重人民平等權利及自決原則為根據的友好關係；促成國際合作，以解決國際間屬經濟、社會、文化及人類福利性質的國際問題；增進並激勵對於所有人的人權及基本自由的尊重。聯合國憲章有七處提到人權。廣義上聯合國的一切活動都同人權有關。例如，「維護和平與安全」，實際上就是保障人類所應當享有的和平與安全權。聯合國在人權領域的活動主要有：(1) 通過制訂公約、宣言等國際人權文書的形式以確立人權國際標準，監督各國遵守人權公約。(2) 發動促進普遍尊重人權的活動，如 1973 年制訂反種族歧視十年行動方案，1975 年贊同婦女十年建議，1968 年與 1993 年先後兩次召開國際人權會議，制訂《德黑蘭宣言》與《維也納宣言》。(3) 同大規模粗暴侵犯人權的行為作鬥爭。如對前南非白人政權的種族歧視政策、伊拉克侵略科威特，以色列在被佔領土侵犯人權的行為進行制裁或譴責。(4) 組織各種維和行動，組織救助難民、災民。(5) 進行人權問題的調查研究，開展人權宣傳與教育等。聯合國系統的人權保障活動愈來愈卓有成效。各種地區性人權保障機制日益顯示出其重要性，歐洲、美洲、非洲的這類機制中，歐洲的尤為顯著。當然這同歐盟在政治上、經濟上日益一體化分不

開。《維也納宣言》指出：「區域安排在促進和保護人權方面起着根本性作用。」同時又強調「需要探討在尚無促進和保護人權的區域或分區域安排的地方設立這類安排的可能性」。亞洲就是屬這類地區。雖然由於各種原因，這類機構的設立與公約的制訂會更需時日，但其實現是不可阻擋的。

各種非聯合國系統的國際組織，其保障人權的活動日益擴大與加強。例如，1919年成立國際勞工組織，幾十年來堅持為勞動者就業及改善勞動條件與生活標準，促進經濟發展與社會穩定，作出了重大努力。國際勞工大會已通過近300種國際勞工標準，成員國交存的公約批准書已達5,000多件。由於其工作卓有成效，1969年國際勞工組織榮獲諾貝爾和平獎。

目前雖然各主權國家保障人權的責任還是處於主要的地位，聯合國及其他國際組織在人權保障領域更多地表現為「監督」性質的作用。但是隨着人類物質文明、制度文明和精神文明這三大文明發展水平的迅速提高以及國際經濟一體化的出現，信息時代的到來，國際組織在人權保障方面的重要地位與作用的提高，是一個於全人類大為有益的發展趨勢，也是一個不可阻擋的歷史潮流。

非政府組織

非政府組織分國際一級與國內一級。根據聯合國經濟及社會理事會1950年2月27日的第288號決議中對其所下的定義是：「一切不是根據政府間協議建立的國際組織即被認為是非政府國際組織。」國內非政府組織大體上同這一定義相適應，即非國家批准成立、非國家機構一部分而具有很大獨立性的組織，就是國家一級非政府組織。國際非政府組織出現在19世紀上半葉，早期活動主要集中在人道主義和宗教事業。現在它們愈來愈多，活動領域愈來愈廣，作用愈來愈大。以「國際紅十字」為例。它正式成立於1864年，現由紅十字國際委員會、紅十字會和紅新月協會組成，分會遍佈全世界。1912年1月15日，中國紅十字會得到紅十字國際委員會的承認，成為國際紅十字的正式成員。國際紅十字大會為其最高講壇，重點任務是討論通過由國際紅十字委員會

起草的日內瓦草案，提交各國政府修改簽訂，正式成為國際法。1949 年通過的日內瓦四公約及其前期制訂一些公約，被稱為國際人道主義法。又如「大赦國際」。它有來自 30 多個國家的 150 多名工作人員在秘書處工作，在 60 多個國家設有 4,000 多個分支機構，其活動是為「良心犯」尋求釋放，為政治犯爭取公平迅速審判，反對死刑與酷刑等。它同聯合國經社理事會、科教文組織、歐洲理事會、非統組織、美洲國家組織有正式關係。各分支機構只能為被拘捕在本國以外的囚犯工作、任何分支機構成員無需有關本國的資料，以保其工作的客觀公正。在紀念《世界人權宣言》30 周年時，大赦國際獲聯合國人權獎，1977 年獲諾貝爾和平獎。

在國際人權文書中，國際非政府組織的性質、地位和作用日益得到加強。《聯合國憲章》第 71 條規定，「經濟及社會理事會得採取適當辦法俾與各種非政府組織會商有關本理事會職權範圍內之事件」。1946 年第 2 屆經社理事會通過關於非政府組織諮商問題的決議，成立了該理事會的非政府組織委員會。1950 年該理事會通 288 號決議作出了一些具體規定，包括國際非政府組織符合若干條件時，可在聯合國各機構中取得「諮商地位」，共分三類：(1) 一般諮商地位，授予那些同經社理事會大部分活動有根本利益關係的組織，如國際自由工會聯合會，各國議會聯盟等；(2) 特別諮商地位，授予那些與經社理事會少數活動有關的組織，如國際律師協會、殘疾人國際；(3) 列入名冊。凡獲得批准取得一、二類諮商地位的組織可派觀察員出席經社理事會及下屬各機構的公開會議。《維也納宣言》又對非政府組織的地位與作用作出了進一步強調：「世界人權會議承認非政府組織在國家、區域和國際各級促進人權和人道主義活動中的重要作用。世界人權會議讚賞非政府組織對提高公眾對人權問題的認識。對開展這一領域的教育、培訓和研究及對促進和保護人權和基本自由而作的貢獻。在承認制訂標準的主要責任在於國家的同時，世界人權會議還讚賞非政府組織對這一進程的貢獻。」「在這方面，世界人權會議強調政府和非政府組織繼續對話和合作的重要性。真正從事人權領域的工作的非政府組織及其成員應當享有世界人權宣言承認的權利和自由，並受到國內法的保護。這些權利和自由的行使不得有違於聯合國的宗旨和原則。非政府組織應可在國家法律和《世界人權宣言》的框架內不受干涉地自由進行其人權活動。」需要注意，這裏所指非政府組織包括國際一級與國家一級。它強調了非政府組織應可獨立

地開展工作，其組織與成員的權利與自由應得到保障。這方面的權利及活動的獨立性，應受到國內法律的保護。

個人

　　長期以來，個人是人權的主要享有者。一般說來，人們普遍地未將個人看作是義務主體。但近年來這種情況發生了變化。其標誌是聯合國大會 1999 年 3 月 8 日第 53 屆會議第 144 號決議所通過的《關於個人、群體和社會機構在促進和保護普遍公認的人權和基本自由方面的權利和義務宣言》。該宣言在「強調各國負有首要責任和義務促進和保護人權和基本自由」的前提下，明確提出個人、群體和社團有權利和義務在國家一級和國際一級促進對人權和基本自由的尊重，增進對人權和基本自由的認識。該宣言在具體條文中對這種權利和義務作了詳細規定。例如，「人人有權單獨地和他人一起在國家一級和國際一級：(a) 和平聚會或集會；(b) 成立、加入或參加非政府組織、社團或團體；(c) 同非政府組織或政府間機構進行聯繫。」(第 5 條)「人人有權單獨地和與他人一起：(a) 了解、索取、獲得、投資並保存一切有關人權和基本自由的資料，包括取得有關國內立法、司法或行政系統如何實施這些權利和自由的資料；(b) 根據人權和其他適用的國際文書，自由向他人發表，傳授或傳播一切有關人權和基本自由的觀點、資料和知識；(c) 就所有人權和基本自由在法律和實踐中是否得到遵守進行研究、討論、形成並提出自己的見解，借此和通過其他適當手段，促請公眾注意這些問題。」(第 6 條)「人人有權單獨地或與他人一起發展和討論新的人權思想和原則，有權鼓吹這些思想和原則。」(第 7 條)「1. 人人有權單獨地和與他人一起參加反對侵犯人權和基本自由的和平活動。2.……」(第 12 條) 同時，該宣言的第 8、9、10、11、13 等條款具體與詳細列舉了其他一些個人或與他人一起的為促進與保障人權與基本自由的活動的權利與義務。此外，該宣言還用多個條文規定，國家有責任採取立法、司法、行政或其他適當措施，來保障這裏所列舉的個人或群體的種種權利與義務得到實現。該宣言是聯合國大會通過的一個新的重要國際人權文書，其重要的意義是在於，它首次全面地系統地提出個人與群體也是人權實現的義務主體，即人人都有義務為自己與他人，為全人類的人權與

基本自由的實現而努力奮鬥。這對調動各國人民參與人權保障這一偉大事業的積極性、主動性和創造性有十分重要的作用。

在列舉了國家、國際組織、非政府組織與個人都是人權的義務主體之後，有兩個理論問題需要釋闡與理解。首先，依據法學的一般原理，權利主體與義務主體是分開的，不能合而為一。但是，在這裏卻出現了個人既是權利主體（即權利享有者）同時又是義務主體（為人權的實現而承擔義務）。這種情況有一定的特殊性，有些類似於公民的勞動權與受教育權，同時公民又有勞動和受教育的義務。正是因為個人的這種義務的特點，所以 1999 年聯合國大會所通過的前引國際人權文書被稱之為「個人、群體……的權利和義務宣言」，意即個人有義務為自己或他人、為全人類的人權的實現而努力，同時這也是每個人的一種權利，國家與國際組織都有責任尊重與保障個人的這種權利。其次，促進與保障全人類人權與基本自由上的個人義務，同國家和國際組織在這方面的義務在性質和特點上是有很大區別的。國家的義務具有剛性，即它必須那樣做，否則就是失職。個人的義務具有柔性，即每個人不是非得那樣做不可。與此相對應，國家享有為保障人權而作為或不作為的「權力」，包括立法、司法與採取行政措施。公民在人權領域的作為與不作為與義務相對應的則是「權利」。

後記：1993 年第二次世界人權大會之前，中國政府一般說不承認中國存在「非政府組織」。這次會議上，我們派了代表團參加了其「非政府組織」的會議。1998 年 7 月 31 日中國人權研究會取得了聯合國的特別諮商地位，同時取得此一地位的還有中國殘聯。2003 年 10 月，中國人權研究會還按規定向聯合國經社理事會提交了首份工作報告。這對未來中國 NGO 的發展，將起重大推動作用。

第三十三章

人權保障的司法體制

在現今及未來很長一個歷史時期裏，國家將是最主要的人權的義務主體。因此，促進和保障人權與基本自由的實現，最根本的是取決於國家一級的人權保障機制是否完善和有效。而其中司法保護相比立法的和行政的措施更為關鍵和更為困難。因為，司法是人權保護的最後一道屏障。所以，在很多重要的國際文書裏對此都有明確的要求，以此作為各國建立人權的司法保障機制的共同標準與指導原則。其主要內容有如下四方面：

司法獨立

《世界人權宣言》指出：「人人完全平等地有權由一個獨立而無偏倚的法庭進行公正的和公開的審訊，以確定他的權利和義務並判定對他提出的任何刑事指控。」（第10條）公民和政治權利公約的第14條也作了與此內容相同的規定。司法獨立是近代民主革命的產物。作為一項民主原則，它是建立在權力分立與制衡的原理（尤其是「三權分立」理論）的基礎上。作為一項法治原則，它是法律得到切實實施的重要保證。從人權保障的角度看，它既是權利受損害者得到救濟和被告人權利得到保障的一種有效的制度設計；又是人人都應享有的一項人權，即當有人受到刑事指控時有權得到一個獨立公正的司法機關審理的權利。

在理論上，早在古希臘時，亞里士多德就已提出，政府權力應分為討論、執行、司法三要素。到了近代，針對君主專制主義，啟蒙思想家們進一步系統地提出了分權制衡理論。如洛克主張，國家權力應分為立法、執法、外交三權，認為立法權應優越於其他權力。孟德斯鳩是近代三權分立的首倡者。他認為，一切擁有權力的人都容易濫用權力，要防止這種現象發生，就必須以權力制約權力。他說：「如果司法權不同立法和行政權分立，自由也就不存在了。如果司法權同立法權合而為

一，則將對公民的生命和自由施行專斷的權力，因為法官就是立法者。如果司法權同行政權合而為一，法官便將握有壓迫者的力量。」「如果同一個人或是由重要人物、類族或平民組成的同一機關行使這三種權力，即制定法律權、執行公共決議權和裁判私人犯罪或爭訟權，則一切便都完了。」

司法獨立原則在法律與制度上最先是在英國的近代革命進程中逐步建立和發展起來的。1641年英國國會頒佈法令，廢除星座法院，取消國王及其樞密院的審判權，要求案件通過普通法院依照法律程序審理。1649年國會決定賦予法官審判權，禁止教會法院判處刑罰。1689年頒佈的權利法案，明確廢除特別法院、宗教法院，實行審判獨立與法官常任制。歷史上第一次將司法獨立明確規定在憲法中，是美國1776年的《弗吉尼亞憲法》，它規定：「立法、行政、司法各部門應都不會行使另一個部門的專有權力。任何一個也不會同時行使一個以上部門的權力。」此後，司法獨立原則相繼為世界上絕大多數國家所接受，並被記載各國憲法中。如1787年的美國憲法第3條規定：「合眾國的司法權屬於最高法院和國會隨時制定和設立的低級法院。」法國1789年《人權與公民權宣言》明確提出：「分權未確立的社會就沒有憲法。」

在中國，古代有權力制衡的理論與實踐，如禦史制度。但司法獨立卻是近代民主革命的產物。1912年《中華民國臨時約法》規定：「法官獨立審判，不受上級官廳之干涉。」1924年《建國大綱》規定：「在憲政開始時期，中央政府當完成設立五院，以試行五權之治，其序列如下：曰行政院；曰立法院；曰司法院；曰考試院；曰監察院。」中國共產黨領導的新民主主義時期，革命根據地的不少憲法性文件都有司法獨立的規定。如1946年《陝甘寧邊區憲法原則》規定：「各級司法機關獨立行使職權，除服從法律外，不受任何干涉。」中華人民共和國成立後，司法獨立原則的實現發展到一個新階段。1954年憲法第78條規定：「人民法院獨立進行審判，只服從法律。」文革期間，在1975年憲法中這一原則曾被取消。在1982年憲法中，這一原則才又重新確立。這部憲法的第126條規定：「人民法院依照法律規定獨立行使審判權，不受行政機關、社會團體和個人的干涉。」該憲法對人民檢察院獨立行使檢察權也作了內容相同的規定。但是，1982年憲法的這條規定是有重大缺陷的，因為只規定「行政機關」不能「干涉」是不夠的，立法機關

和行政機關也不應「干涉」。干涉是個貶義詞，這同執政黨可「領導」，立法機關可「監督」，是完全不同的概念。實際生活中，地方上某些黨的組織或立法機關用各種形式干涉司法獨立的行為時有發生。因此，作者自這部憲法制訂以來，一直主張修改這一條，最好回復到 1954 年憲法的表述。[1]

鑒於司法獨立對於保障人權的極端重要性，國際社會曾多次制訂有關文書予以確認並詳細地予以規範。《關於司法機關獨立的基本原則》，是這些文書中最基本的一件。該文書是 1985 年在米蘭舉行的第七屆聯合國預防犯罪和罪犯待遇大會通過，並經聯大 1985 年 11 月 29 日第 40/32 號決議以及 1985 年 12 月 13 日第 40/146 號決議的核可。該文書給「司法獨立」所下定義是：「司法機關應不偏不倚，以事實為根據並依法律規定來裁決其所受理的案件，而不應有任何約束，也不應為任何直接間接不當影響、懲恿、壓力、威脅或干涉所左右，不論其來自何方或出於任何理由。」（第 2 條）這一定義是十分全面、嚴謹和清晰的。這一文書還明確要求，「各國應保證司法機關的獨立，並將此項原則正式載入其本國的憲法或法律之中，尊重並遵守司法機關的獨立，是各國政府機構及其他機構的職責。」（第 1 條）這一文件還對司法人員的言論自由和結社自由、資格、甄選和培訓，服務條件和任期等作了具體規定，以期作為各國實施司法獨立原則的共同標準和參考意見。除了這個文件，還有 1982 年在新德里舉行的國際律師協會第 19 屆年會通過的《司法獨立最低標準》、1983 年在加拿大魁北克蒙特利舉行的司法獨立第一次世界會議通過的《司法獨立世界宣言》、1995 年在北京舉行的第 6 屆亞太地區首席大法官會議通過的《司法機關獨立基本原則的聲明》（又稱「北京聲明」）等。這些文書在很多基本問題上有着高度一致的看法，表明它們充分反映了人類的共同利益和事物的發展規律，是人權保障最有效的機制之一。

---

1. 筆者在 1999 年和 2004 年兩次修改憲法時，在李鵬和吳邦國兩位委員長先後召開的專家座談會上，都曾提出過這一修改建議。

無罪推定

　　無罪推定的基本含義是，刑事被告人在未經一個獨立、公正的司法機關依法判決有罪之前應被視為無罪。這是針對封建專制主義的有罪推定而提出來的一項近代的人權保障原則。最早明確提出無罪推定原則的是意大利法學家貝卡利亞。他在《論犯罪與刑罰》（1764 年）一書中提出，在沒有作出有罪判決之前，任何人都不能被稱為罪犯，即他的罪行還沒有得到證明的時候應被看作是無罪的人。在法律上最早規定這一原則的是法國的《人權與公民權宣言》。該宣言規定：「任何人在未被宣告為罪犯以前應被推定為無罪。」（第 9 條）此後，不少國家的憲法或法律相繼將此原則確認下來。在國際人權文書中，《世界人權宣言》最先肯定了這一原則。該宣言規定：「凡受刑事控告者，在未經獲得辯護所需的一切保證公開審判而依法證實有罪前，有權被視為無罪。」（第 11 條）公民和政治權利公約也作出了相同的規定：「凡受刑事控告者，在未被依法證實有罪之前，應有權被視為無罪。」（第 14 條）無罪推定原則的哲學依據是，當一個人受到刑事指控後，法官或有關機關（如公安機關、檢察機關）的工作人員就容易「先入為主」，認為他就是有罪的人，而導致無罪的人受到刑事追究。實行無罪推定原則，並不妨礙司法機關對其採取必要的限制其人身自由的措施。但從邏輯上說，當他還沒有被判定為有罪之前，就應當將他視為無罪的人。當然，這一原則的提出及其合理性，也同「有利被告」的原則及重視人權保障的潮流相關。因為，當一個人被指控為犯罪並被剝奪自由後，他就處在了一種對其不利的地位，為了避免其受到不應有的錯誤追究及判決，並保障其在被羈押期間的各種應有權利，提出無罪推定原則，是合理的與進步的。它既是人權的一項具體內容，也是刑事訴訟中保護被告人權利的一項重要原則。從這一原則出發，還可以引申出或推導出刑事被告人的若干權利。首先，其未被限制與剝奪的人身人格權與財產權等應予保障。其次，被告人有沉默權，不得強迫被告人自證其罪。再次，舉證責任在原告，被告人沒有解釋其行為或申辯自己無罪的責任。又次，如果起訴方提不出確鑿的證據與證明，就不能認定被告人為有罪，就應作「疑罪從無」處理，不許超期羈押等。這些權利在一些重要的國際人權文書中都有規定。例如，公民和政治權利公約規定：「所有被剝奪自由的人應給予人道及尊重其固有的人格尊嚴的待遇。」刑事被告人有權「迅速以

一種他懂得的語言詳細地告知對他提出的指控的性質和原因」;「有相當時間和便利準備他的辯護並與他自己選擇的律師聯絡」;「受審時間不被無故拖延」;「不被強迫作不利於他自己的證言或強迫承認犯罪」。(第14條)

在中國,「無罪推定」是否是「資產階級」的原則,理論上是否科學,學術界與立法部門一直存在爭議。立法上發生變化是在1993年批准《兒童權利公約》時,要不要對該公約的第40條作保留,經過爭論後,決定不予保留。該條規定:「在依法判定有罪之前應視為無罪。」這個公約對中國政府是有約束力的。在此之前,1990年4月4日全國人大通過的《中華人民共和國香港特別行政區基本法》第87條第2款規定,任何人在合法拘捕後,「未經司法機關判罪之前均假定無罪」。當然,這只能認為這一原則僅在香港特別行政區有效。發生根本性變化的是1996年經過較大修訂的中國的刑事訴訟法。該法第12條規定:「未經人民法院依法判決,對任何人都不得確定有罪。」部分學者認為,這一規定就是無罪推定原則在中國法律中的具體表述,或體現了無罪推定原則的精神。另一部分學者則認為,這一規定並非已經明確肯定了無罪推定原則,包括全國人大某些工作人員的解釋,也持這種觀點。但可以肯定的是,這一規定是在承認無罪推定原則的立場上前進了一步。同時,刑訴法對同無罪推定原則相關的一些制度和要求也作了明確規定。如它強調以事實為根據,以法律為準繩,保護刑事被告人的合法權利,把保障無罪的人不受刑事追究,作為刑訴法的重要任務。第15條規定,對於情節較輕微,危害不大,不認為是犯罪的,不追究刑事責任。第141條規定,凡是依法應當追究刑事責任的,必須做到犯罪事實清楚,證據確實充分。證明責任主要由執行控訴職能的檢察官承擔。被告享有辯護權,有權作無罪辯護,但不負證明有罪的義務。第162條規定,證據不足,不能認定被告人有罪的,應當作出無罪判決。法律嚴禁刑訊逼供和以威脅、引誘、欺騙以及其他非法的方法收集證據。第46條規定,對一切案件的判處都要重證據,重調查研究,不輕信口供。只有被告人供述、沒有其他證據的,不能認定被告人有罪和處以刑罰。

法律平等

在古代，雖然立法上是以等級特權為其基本特徵，但在司法上，即在「法律面前」提倡平等，則歷史悠久。因為，「王子犯法，與庶民同罪」「法不阿貴」，這是法律自身的一種固有特性，否則法律就不會有權威而失去其基本價值與社會功能。當然，在古代要真正做到這一點是很難的。在近現代，以商品經濟和民主政治作為其經濟與政治基礎，以人權保障作為其基本目標與根本價值，「法律面前人人平等」自然地迅速地成了全人類的共識，並被規定在各國憲法中。最早也是最有影響的以憲法性原則而作出規定的是美國的《獨立宣言》。它指出：「我們認為這些真理是不言而喻的：人人生而平等……。」法國《人權與公民權宣言》在其第 1 條宣佈：「在權利方面，人們生來是而且始終是自由平等的」。1793 年的《法國憲法》第 3 條規定：「所有人按其本性都是平等的，在法律面前都是平等的。」此後，各國憲法幾乎都有關於法律面前人人平等的規定。

在國際人權文書中，首先由《聯合國憲章》確立了法律平等理念的基礎。它宣稱：「對人類家庭所有成員的固有尊嚴及其平等的和不移的權利的承認，乃是世界自由、正義與和平的基礎。」《世界人權宣言》規定：「法律之前人人平等，並有權享受法律的平等保護，不受任何歧視。人人有權享受平等保護，以免受違反本宣言的任何歧視行為以及煽動這種歧視的任何行為之害。」（第 7 條）《公民權利和政治權利國際公約》規定：「所有的人在法律面前平等，並有權受法律的平等保護，無所歧視。」（第 26 條）

新中國成立以來法律面前人人平等原則，在理論和實踐上都曾經歷一個曲折的發展過程。1954 年《憲法》第 85 條規定：「中華人民共和國公民在法律上一律平等。」但是在 1957 年「反右」時，這一重要原則曾遭批判。一些宣傳這一原則的學者甚至被錯劃為「右派」。他們的觀點被指摘為是不講階級性，是提倡在革命與反革命之間講平等。「文化大革命」期間，這一原則在 1975 年憲法中曾被取消。在 1978 年憲

法中，這一原則並未恢復。在 1982 年憲法中，這一原則才得到重新確認。這部《憲法》的第 33 條第 2 款規定：「中華人民共和國公民在法律面前一律平等。」

根據國際人權文書有關規定的精神和中國立法與司法實踐經驗，「法律面前人人平等」原則的科學內涵的要點如下：第一，平等是基於人類的本性，是與生俱來的，這種從人的「類本質」而產生出來的平等，正是馬克思主義所肯定的。第二，法律平等是社會平等的重要內容，後者的內容比前者要廣泛。第三，立法平等和司法平等是有區別的，例如，立法上人民同敵對勢力之間是不平等的；司法上，任何人都是平等的，即在司法中只有一個法律標準，不能因人而異。第四，法律平等既反對特權，即不論其職位高低或功勞大小，都按法律辦事；又反對歧視，正如公民和政治權利公約所詳加列舉和十分強調的，不允許「基於種族、膚色、性別、語言、宗教、政治或其他見解、國籍或社會出身，財產、出生或其他身份等任何理由的歧視。」（第 26 條）第五，訴訟兩造的法律地位平等。如檢察機關代表國家對刑事犯罪嫌疑人提起公訴，兩者在訴訟中，在法庭上，地位是平等的，因為法官是中立的，他的任務是準確認定事實，正確適用法律。法官不應該也不可能對公訴方作法律規定之外的這樣或那樣的偏袒或「照顧」。

程序正當

法律程序是法律的生命存在形態。對此，馬克思曾有過精闢的見解。他說，「如果審判程序只歸結為一種毫無內容的形式，那麼這樣空洞的形式就沒有任何獨立的價值了。在這種觀點看來，只要把中國法套上一個法國訴訟程序的形式，它就變成法國的了。但是，實體法卻具有本身特有的必要的訴訟形式。例如中國法裏面一定有笞杖，和中世紀刑律的內容連在一起的訴訟形式一定是拷問——以此類推，自由的公開審判程序，是那種本質上公開的、受自由支配而不受私人利益支配的內容所具有的必然性。審判程序和法二者之間的聯繫如此密切，就像植物的外形和植物的聯繫，動物的外形和血肉的聯繫一樣。審判程序和法律應該具有同樣的精神，因為審判程序只是法律的生命形式，因而也是法

律的內部生命的表現」。[2] 概括地說，法律程序的基本價值主要是兩個：一為工具性價值。這是保證實體法得以正確適用的一種手段，正如工廠需要有一套科學的生產工藝與流程，才能生產出合格的產品一樣。二為倫理性價值。它從多方面反映與體現出民主參與和監督，權力制約、人權保障和法治原則。

近代以來，程序正當的憲法化與法律化，影響最大的當首推美國憲法的「程序正當」原則。1789 年該憲法修正案的第 5 條規定：「未經正當法律手續不得剝奪任何人的生命，自由或財產。」1789 年的法國《人權和公民權宣言》的第 7 條規定：「除非在法律所規定的情況下並依照法律規定的手續，不得控告、逮捕或拘留任何人。」以後，各國憲法紛紛效仿。即使沒有作出類似的文字表述，但程序正當原則已成法治國家與人權保障的一個重要原則。「二戰」結束後的一系列主要國際人權文書，都對此作出了明確規定。在這些國際人權文書中，程序正當原則，可歸結為如下三項主要內容：一是法定原則。其主要內涵是，凡憲法和法律規定應由司法機關（廣義的司法機關包括審判機關，檢察機關、刑事偵察機關，刑罰執行機關等，）行使的職權，任何政黨或其他社會組織或團體都不允許行使這種權力；非經法定程序，不得剝奪人身自由與財產等人所應當享有的各種權利。如《世界人權宣言》第 9 條規定：「任何人不得加以任意逮捕、拘禁或放逐。」《公民權利和政治權利國際公約》第 9 條第 1 款也作了相同的規定。這裏所說「任意」是指由非法定機關或非依法定程序而行使這種權力。二是公開原則。《公民權利和政治權利國際公約》第 14 條規定，任何受刑事指控的人有資格由法庭進行公開審判，只是由於「道德的，公共秩序的或國家安全的理由」或涉及「當事人私生活」才「可以不使記者和公眾出席全部或部分審判；但對刑事案件或法律訴訟的任何判決應公宣佈，除非少年的利益另有要求或者訴訟系有關兒童監護權的婚姻爭端。」根據這一規定，審判公開是原則，不公開的是受嚴格限制的例外。三是公正原則。刑事被告人應享有辯護權，申請回避權、律師幫助權、上訴權、申訴權、法律援助權、及時受審權、不受追訴權（即法不溯及既往）、冤案賠償權等。這在公

---

2. 中共中央馬克思格斯列寧斯大林著作編譯局編：《馬克思恩格斯全集》第 1 卷（北京：人民出版社，1956 年），178 頁。

民和政治權利公約的有關條款中都有明確規定。四是人道原則。前引公約第 10 條規定:「一、所有被剝奪自由的人應給予人道及尊重其固有的人格尊嚴的待遇。」該條第 23 款規定,犯罪嫌疑人與罪犯、被控告的少年與成年人,被判處刑罰的少年犯與成年犯,都應隔離開,並保證其應有的各種權利與待遇。

中國現行憲法和各種法律,如刑事訴訟法、國家賠償法,等等,對國內人權司法保護的程序公正原則作了詳細的規定,其中絕大部分內容是同國際接軌的。如中國憲法規定,「中華人民共和國人民法院是國家的審判機關」;「人民法院審理案件,除法律規定的特別情況外,一律公開進行。被告人有權獲得辯護」;「任何公民,非經人民檢察院批准或者決定或者人民法院決定,並由公安機關執行,不受逮捕」;「禁止非法拘禁和以其他方法非法剝奪或者限制公民的人身自由,禁止非法搜查公民的身體。」中國面臨的主要問題,還是如何切實執行這些規定。

後記:在國內的人權保障機制中,私法保障是處於最後一道防線,因此,聯合國的一系列國際人權文書。對此做了很多要求和規定。但是,這並不是說立法的、行政的、政治的等其他手段就不重要了。

第三十四章

發展權的科學內涵
與重大意義

* 原載於《人民日報》2016 年 6 月 8 日。

生存權和發展權是首要人權，這是中國人權觀的基本觀點。國外很多學者不認為發展權是一種人權，國內也有學者對發展權的含義存在不同看法。搞清楚發展權的確切含義及其重大意義是一個重要的人權理論問題。

發展權作為一種權利，必須具有三個基本要素：一是權利主體，即什麼人享有權利；二是權利內容，即法律主體的權利訴求；三是義務主體，即什麼人、什麼組織對這項訴求負有義務和責任。要搞清這個問題，必須對發展權做狹義和廣義的理解。

狹義發展權是一項集體人權。其國際法依據是《發展權利宣言》序言第十六自然段：「確認發展權利是一項不可剝奪的人權，發展機會均等是國家和組成國家的個人的一項特有權利。」狹義發展權是當時發展中國家極力推動制訂《發展權利宣言》的主要成果，反映發展中國家的權利訴求，即發展中國家有「發展機會均等」的權利。

狹義發展權的理論依據有三點。第一，在國際上長期存在不良的經濟政治舊秩序，嚴重制約着發展中國家的發展。第二，享有平等權和平等發展機會的權利是全人類的共同願望和價值追求。第三，不同發展階段的國家是相互依存的，如果發展中國家長期落後，也影響發達國家的進一步發展。

根據各類國際文書，狹義發展權的內容，主要是要求各種國際組織和所有發達國家採取措施，促進不發達國家的發展。

廣義發展權是一項個人人權。國際法依據是《發展權利宣言》「序言」第十三自然段。該段指出：「承認人是發展進程的主體，因此，發展政策應使人成為發展的主要參與者和受益者」，其內容對發達國家和發展中國家都是適用的。任何國家的任何個人都有參與發展的權利和平等享有發展成果的權利，這一權利對百萬富翁和無家可歸者都是適用的，但是實際受益者是社會的底層。

廣義發展權即個人人權，其內涵和意義適用於每個國家。發展權利在中國適用和表現的依據主要是科學發展觀。該理論認為以人為本是科學發展觀的核心，主要內容是發展為了人民，發展依靠人民，發展成果由人民共享。這一表述主要是從個人人權的角度提出。

　　中國對發展權的理解和立場是狹義和廣義的結合。這樣才能準確把握發展權的科學內涵及其重大意義，以便正確實現這一權利。中國自 1978 年進入改革開放的偉大新時代以來，曾連續十餘年 GDP 保持在10% 左右的增速，人民的生活水平得到了極大的提高，創造了人類經濟發展的世界奇跡，一躍成為國際第二大經濟體。這與我們堅持「發展為了人民，發展依靠人民，發展成果由人民共享」，對西部地區、少數民族地區實行特殊援助政策是緊密聯繫在一起的。今天，中國仍然是最大的發展中國家，面臨可持續發展的嚴峻形勢和任務。黨的十八大以來，中央協調推進「四個全面」戰略佈局，大力加強社會保障制度，不斷加強對少數民族和西部地區的支持力度。這一切都是為了保障發展權，以調動廣大人民群眾參與發展的主動性、積極性和創造性，保障國家富強、人民幸福的發展趨勢。黨的十八屆五中全會又提出了「創新、協調、綠色、開放、共享」新發展理念，其實現也需要切實保障全國人民的發展參與權和成果共享權以及堅持對西部地區的支持。

　　全面理解發展權的科學內涵和重大意義還需認識到發展權與生存權是首要人權。發展權和生存權是密切聯繫在一起的。儘管人們對生存權的認識有很大分歧，但有一點是一致的，即它是一項「綜合性」權利。我認為，顧名思義，生存權的基本內涵應當是指人人都有能夠生存下去，並過着體面的、有尊嚴的生活的權利。

　　生存權、發展權是首要人權，中國政府這一觀點有其特定含義。第一，它並未否定各類人權都重要。但從各類人權的相互聯繫和相互影響看，必有一方在這種相互影響中起更重要的作用。這同歷史唯物主義的世界觀是聯繫在一起的。因為「人們首先必須吃喝住穿，然後才能從事政治、科學、藝術、宗教，等等」，恩格斯在馬克思墓前的演說中曾說到，「馬克思正是從這一最最簡單的事實，悟出了一條歷史發展的基本規律：生產力的發展是人類社會發展進步最終的決定性的力量。」這是由全部人類文明發展史所充分證明了的一條規律。換句話說，一個國家經濟發展很落後，人們生活很貧困，要想民主、科學、文化發達還是

很困難的。這也可以從一個最簡單的道理來說明：當一個人還處於忍饑挨餓的時候，他最需要的不是一張選票，而是一袋麵粉。第二，由於各國具體國情不同，人權發展戰略的優先事項會有很大差異。發達國家人們的生活水平高了，受教育程度高了，人們自然會更有興趣和能力關心競選；而發展中國家為了提高保障人權的整體水平，自然會把發展經濟、提高人們的生活標準放在優先位置。這兩點並不妨礙政府應對各類人權都予以重視。

第三十五章
建立和健全中國的律師制度

* 載《人民日報》1979 年 6 月 19 日期。

建立和健全律師制度，對於進一步健全社會主義法制，充分保障人民民主，維護國家、集體和公民的合法權益，以促進四個現代化的實現，具有重要的意義。

　　中國的律師制度，是在徹底廢除舊律師制度的基礎上建立起來的。1954年9月公佈施行的《中華人民共和國憲法》第76條明確規定：「……被告人有權獲得辯護。」1978年3月公民施行的《中華人民共和國憲法》第41條也作了同樣的規定。這就把被告人享有辯護權提到了憲法原則的高度。為了有效地實現辯護權，就需要建立律師制度。因此，《中華人民共和國人民法院組織法》第7條第2款規定：「被告人除自己行使辯護權外，可以委託律師為他辯護」。這就從法律上具體肯定了律師制度。根據憲法和有關法律的精神，1954年開始在部分大城市開展律師工作，到1957年，中國律師機構和律師隊伍已經初具規模。當時，廣大律師根據憲法的精神，為保障人民民主和維護法制，做了不少工作，受到了群眾的歡迎。但是，一些人不懂得新舊律師制度有本質的不同，因而鄙棄舊的律師制度，也不重視我們社會主義法制中的律師制度。特別是1950年代末期以來，受了「左」傾思想的影響，把律師為刑事被告人辯護，說成是「喪失立場」、「為罪犯開脫」、「為反革命分子服務」等，因而根本否定律師制度，或者認為是「形式主義的東西，可有可無」。已經建立起來的律師制度因而變得有名無實。直至今日，這種情況還沒有完全改變。當前要建立和健全律師制度，首先需要弄清楚中國律師制度的性質、任務和作用。

　　根據中國的實踐經驗，律師的具體任務和作用主要是：

(1) 接受機關、企業、事業單位、團體的委託，擔任法律顧問。隨着中國社會主義現代化建設的發展和經濟立法、經濟司法工作的全面開展，我們將愈來愈多地運用經濟手段和法律手段來調整與解決國家、集體和個人相互之間的各種經濟糾

紛；同時，在行政管理、生產管理、財務管理以及各類合同方面，也會涉及許多法律問題，所有這些，都需要有律師擔任法律顧問（常年的或臨時的），以提供各種法律上的幫助。

(2) 接受當事人的委託或者人民法院的指定，擔任辯護人或者代理人參加訴訟。就國內來説，律師擔任刑事被告人的辯護人，是他的一項重要任務。民事案件涉及的範圍十分廣泛，律師作為民事案件的代理人參加訴訟，既可以協助法院處理好各種民事案件，又可調解民事糾紛，以增強人民內部的團結。此外，隨着中國對外貿易和遠洋運輸事業的發展，外貿、保險、海事等涉外案件必然不斷增多，這就迫切需要有我們自己的律師參與涉外案件的訴訟活動，這對於維護中國的主權和經濟利益，保障中國公民與華僑的合法權益，增進國際友好交往，都有重要作用。

(3) 解答法律方面的詢問，提供解決有關法律問題的意見；代寫訴訟文件或者其他法律行為的文件。在這個過程中，律師可以及時告訴當事人什麼是合法的，什麼是非法的。一方面，支持他們正當的合法的要求，使他們的權利和合法利益得到保護；另一方面，又可以説服某些人放棄武力的或違法的要求，這對於解紛息訟，促進安定團結，都有好處。

(4) 律師還可以通過自己的全部活動，宣傳社會主義法制。

從上述律師的主要任務中，可以清楚地看出，律師制度是社會主義司法制度不可缺少的組成部分，它同國家與人民的利益，都是息息相關的。否定律師制度是錯誤的，有害的。律師的工作，絕不是什麼「形式主義的東西」，或「可有可無」的。

律師的一項重要工作，是在刑事案件中充當被告人的辯護人。不少人把根據事實和法律進行的辯護誤解為是強詞奪理的狡辯；有的刑事被告人，也不了解辯護是國家賦予他的一項民主權利，生怕一辯護給人造成自己不老實的印象，反而對自己不利，不敢行使這種權利，特別是不敢委託律師辯護；充當律師的人，也常受到非議和責難。因此，在這裏着重談一下辯護究竟是怎麼回事，律師作為刑事被告人的辯護人參加訴訟究竟有什麼重要作用，這對於正確認識律師工作是十分必要的。

「被告人有權獲得辯護」，其目的是為了保證審判人員全面查清案情，防止主觀片面，以作出公正的判決。辯護權是公民的一項民主權利。如果事關一個人是有罪還是無罪，是罪輕還是罪重，公民沒有為自己辯護的權利，那還有什麼民主？還有什麼法制？為了充分地保證和實現這種權利，律師制度是很有效的工具之一。律師由於比較熟悉法律，具有一定的辦案經驗，他們在訴訟活動中享有比較廣泛的權利，如有權查閱全部案卷材料，有權與在押的被告人會見和通信，有權向有關方面進行調查訪問，有權在法庭上與公訴人展開平等的辯論等。律師以事實為根據，以法律為準繩，替刑事被告人作辯護，提出證明被告人無罪、罪輕或者減輕、免除其刑事責任的材料和意見，可以協助法院全面瞭解案情，正確適用法律。在刑事訴訟中，律師和公訴人從不同的角度，以不同的方式，實現維護社會主義法制的共同任務。就公訴人控訴犯罪和律師為被告人辯護這一點來說，公訴人和律師在審判庭上的地位是平等的，審判人員對於雙方的發言，都應給予同樣的重視，對於律師的辯護發言，絕不可以採取「你辯你的，我判我的」的態度。律師作為刑事被告人的辯護人，是站在維護國家法制的立場上，誠實而客觀地保護被告人的合法權益。律師較多地考慮對被告人有利的方面，是為了從一個側面揭示案情，定準性質，以保護無辜，懲處罪犯，絕不是為了讓真正的罪犯免受揭露和懲罰。這怎麼能說律師為刑事被告人辯護是「喪失立場」呢？

一般地說，律師在法庭判決之前為被告人辯護，被告人是否犯罪還沒有確定。而律師為被告人辯護，首先就是要協助法庭正確地判斷罪與非罪的界限，這是保證正確判決的前提。範式提起公訴的刑事案件，並不一定是所有的被告人都是有罪的，通過律師參加訴訟，弄清有的被告人無罪，或者是屬不應追究法律責任的某種過失，或者是屬無須提起公訴而應由有關單位給予行政處分就可以解決的問題，這樣，通過律師的活動就保護了人民。這哪裏是什麼「為罪犯開脫」呢？對於證據確鑿的反革命分子和刑事犯罪分子，也還有一個量刑是否適當的問題。假如量刑不當，律師為他辯護，也完全是從維護法制的嚴肅性出發，怎麼能說是「為反革命分子服務」呢？在第一審法院作出判決後，被告人有上訴權，在第二審法院作出終審判決後，如果被告人確有事實和理由認為自己受了冤屈，他還有申訴的權利。這些都是中國訴訟制度的民主原則

的重要內容。至於在上訴案件中律師參加訴訟,在申訴案件中律師給申訴人以法律上的幫助,同樣也完全是為了維護社會主義法制。因此,過去有些人對律師工作的非議和責難是沒有道理的。

實踐是檢驗真理的唯一標準。律師作為刑事被告人的辯護人參加訴訟,可以大大提高辦案質量,這是中國實行律師制度的事實已經證明了的。1957年6月,據北京、上海、浙江、貴州等十個省市自治區的59個法律顧問處的不完全統計,在律師出庭辯護的一、二兩審的1,204件刑事案件中,改變案件起訴性質和變更起訴主要事實或全部事實的有500件,其中宣告無罪的63件,免予刑事處分的49件。根據有的地區複查案件的情況來看,凡經律師參與訴訟活動的,在定性、量刑上,錯誤較少。這個數字和情況充分說明,律師作為被告人的辯護人參加訴訟,能有力地促進刑事偵查、公訴和審判質量的提高,對防止冤假錯案和量刑畸輕畸重等,有着不容忽視的作用。

有人認為,「律師制度是資產階級的發明」,因此,我們不能用。這種看法也是完全錯誤的。的確,律師制度是資產階級革命的產物,是資產階級針對封建專制主義的司法專橫而創建的。無產階級的革命導師,對於資產階級的律師制度,既肯定它在歷史上的進步作用,又揭露它的階級本質。我們決不能因為律師制度是資產階級的發明,就否定無產階級應該建立自己的律師制度。正如毛澤東同志所說:「講到憲法,資產階級是先行的。」我們能夠因為憲法是資產階級的發明就不搞自己的憲法嗎?當然,資產階級的律師制度和我們的律師制度有本質的不同,我們決不能照搬照抄,只能吸收它的有用的東西。

要建立和健全中國的律師制度,任務十分艱巨。我們必須在實踐中不斷總結律師工作的經驗,同時也注意吸取外國律師工作中有用的東西,盡快地制訂出一個比較好的律師條例,使律師工作制度化、法律化,使整個律師工作的建設和開展,有法可依,有章可循。此外,還需要採取一些具體措施,培養和擴大律師隊伍,健全律師協會和律師顧問處。

社會主義的律師制度,國家需要它,人民需要它。正如董必武同志早在1957年所指出的:「律師工作是一定有前途的,有發展的。」

後記：本章原載 1979 年 6 月 19 日《人民日報》。本章依照彭真同志的建議和要求撰寫的，對當時恢復和重建中國的律師制度起了一定作用。新中國的律師制度始建於 1954 年。1957 年「反左」後名存實亡。有時，外國人旁聽審判時，就臨時找人充當律師「表演」。黨的十一屆三中全會以後，彭真同志復出抓政法，其中重要的一步棋就是重建中國的律師制度。此文發表後，法學研究所常務副所長，也即直接接受彭真交給這一任務的韓幽桐同志，曾半開玩笑地對我說：「步雲，任務完成得不錯，你立了一功！」

第四部分
發展民主

第三十六章
建設高度的
社會主義民主

﹡ 原載《法制、民主、自由》，四川人民出版社 1985 年版。

建國以來，在中國共產黨的領導下，中國人民在前進的道路上，既取得了光輝的成就，也遭受過嚴重的挫折；既積累了豐富的經驗，也有過沉痛的教訓：黨的十一屆六中會一致通過的《關於建國以來黨的若干歷史問題的決議》（以下簡稱《決議》），集中全黨和全國人民的智慧，運用馬克思主義的辯證唯物論和歷史唯物論，對建國以來的歷史經驗教訓進行了深刻的總結。對各次重大歷史事件的是非作出了科學的結論，並充分肯定了十一屆三中全會以來逐步確立的適合中國情況的建設社會主義現代化強國的正確道路，進一步指明了中國社會主義事業繼續前進的方向。《決議》這一偉大的歷史文獻對於統一全黨、全軍、全國各族人民的思想認識，團結一致、同心同德地為實現新的歷史任務而奮鬥，必將產生巨大而深遠的影響。

　　《決議》根據三中全會確立的「解放思想，開動腦筋、實事求是、團結一致向前看」的指導方針，明確指出：「我們總結建國以來三十二年歷史經驗的根本目的，就是要在堅持社會主義道路，堅持人民民主專政即無產階級專政，堅持共產黨的領導，堅持馬克思列寧主義、毛澤東思想這四項基本原則的基礎上，把全黨，全軍和全國各族人民的意志和力量進一步集中到建設社會主義現代化強國這個偉大目標上來。」《決議》在對建國以來的歷史經驗進行正確分析，包括對三中全會以來黨領導我們進行現代化建設的偉大實踐進行科學總結的基礎上，把三十二年來社會主義革命和建設的歷史經驗，具體地歸納為十條。這十條經驗，也就是全國人民在新的歷史時期繼續進行社會主義建設的根本方針，是三中全會以來逐步確立的適合中國國情的社會主義現代化建設正確道路的基本點。只要我們堅持按照這十條方針去做，並在革命和建設的實踐中繼續加以豐富和發展，建設一個現代化的、高度民主‧高度文明的社會主義強國的偉大目標就一定能夠達到。

　　逐步建設高度民主的社會主義政治制度，是《決議》提出的十條基本方針之一，是我們建設現代化的社會主義強國的一個重要目標‧《決

議》指出。「逐步建設高度民主的社會主義政治制度，是社會主義革命的根本任務之一。建國以來沒有重視這一任務，成了『文化大革命』得以發生的一個重要條件，這是一個沉痛教訓。必須根據民主集中制的原則加強各級國家機關的建設，使各級人民代表大會及其常設機構成為有權威的人民權力機關，在基層政權和基層社會生活中逐步實現人民的直接民主，特別要着重努力發展各城鄉企業中勞動群眾對於企業事務的民主管理。必須鞏固人民民主專政，完善國家的憲法和法律並使之成為任何人都必須嚴格遵守的不可侵犯的力量，使社會主義法制成為維護人民權利，保障生產秩序、工作秩序、生活秩序，制裁犯罪行為，打擊階級敵人破壞活動的強大武器。決不能讓類似『文化大革命』的混亂局面在任何範圍內重演。」《決議》提出的上述論斷和要求，是三十二年來建設社會主義政治制度正反兩方面經驗的結晶，為今後相當長的一個歷史時期內建設高度民主的社會主義政治制度指明了前進的方向。

中國共產黨第十二次全國代表大會規定了黨在新的歷史時期的總任務是：團結全國各族人民，自力更生，艱苦奮鬥，逐步實現工業、農業，國防和科學技術現代化，把中國建設成為高度文明，高度民主的社會主義國家。這一總任務已被莊嚴地記載在新的憲法上。將建設高度民主的社會主義政治制度作為新時期總任務的重要組成部分，這在建國以來還是第一次，具有十分重大的意義。它將正確地指引和有力地動員全黨和全國人民為實現這一奮鬥目標而不懈地努力。

1982 年 12 月通過的《中華人民共和國憲法》，根據黨的十一屆三中全會以來已經確定的方針，對建設高度民主的社會主義政治制度，作出了許多具有重大意義的新規定。貫穿在這些新規定中的指導思想，也就是《決議》關於民主與法制建設所得出的結論。這部憲法的頒佈實施，標誌着中國社會主義民主的發展和社會主義法制的建設進入了一個新的階段。

第三十七章

對中國人民代表
大會制度的思考

* 原載於《東方》1999 年第 2 期。《中國時報》曾對本章的內容作詳細報道。

人民代表大會制度是我們國家的根本政治制度。堅持和完善人民代表大會制度是政治體制改革的重要內容。黨的十五大報告指出：「國家的一切權力屬人民。中國實行的人民民主專政的國體和人民代表大會的政體是人民奮鬥的成果和歷史的選擇，必須堅持和完善這個根本政治制度，不照搬西方政治制度的模式，這對於堅持黨的領導和社會主義制度、實現人民民主具有決定意義。」「堅持」是指，不應在這一根本政治制度已以取得的成就和進展上倒退；不應違背憲法和法律有關這一政治制度的基本原則和具體規定。「完善」是指，應當對人民代表大會制度進行適當改革，以求其進一步完善。現就這一問題談幾點個人的認識與建議。

選舉制度有待完善

　　1979 年以來，通過對法律的修改，過去那種「上面定名單，下面劃圈圈」的狀況，已有很大改變。但是，在候選人的提名、對候選人的介紹，以及差額選舉方面，還可以考慮進一步改進。在今後一個相當長的時期裏，政黨和人民團體共同協商推薦候選人，可能仍然要佔主導地位。然而選民或人民代表聯名推薦候選人的方式將會有所加強，這是選舉民主性提高的一種表現，也是必然趨勢。只要程序合法，就不應予以指責和干涉。那種不向選民或人民代表散發他們的簡歷，不作情況介紹的作法，是不正確的。現在少數地方（如北京市、湖南雙峰縣等）已出現正式當選的市人大副主任或縣長不在候選人的推薦名單內，而是「從票箱裏跳出來的」，這些地方的黨和人大的領導機構對此採取了完全認可與支持的態度，無疑是正確的。讓選民或人民代表充分了解候選人的政治立場、工作業績、從政態度、參政議政能力，是民主選舉的重要一環。應採取多種方式介紹、宣傳候選人。如在人民代表的直接選舉中，不但可以公佈名單，利用公報、廣播、黑板報等作間接介紹，也可以由

選舉委員會組織候選人與選民見面，當面回答選民的問題，還可以允許候選人直接走訪選民，宣傳自己的從政態度。增進選民對候選人的了解，有助於選民作出自己的判斷和決定。搞差額選舉是選舉制度一項重大改革。現在法律的規定比較靈活。應根據需要與可能，對差額選舉的適用範圍和差額比例適當放寬。這樣做，可以拓寬選舉人的選擇範圍，為他們提供更大的選擇餘地，以提高選民的積極性和被選舉人的質量。有的人對此憂心忡忡是沒有必要的。在堅持黨管幹部的原則、堅持民主進程中黨的領導作用的前提下，在根本不存在民主黨派、無黨派人士與共產黨爭奪領導權、執政權的現實條件下，適度放寬差額選舉的範圍和比例，不會影響黨的執政地位，卻有利於增強政治活力。競爭是事物發展的動力和規律。事物之間無競爭就會喪失生命力。在人大的選舉制度中適度引進競爭機制，效果肯定會是良好的。

提高人民代表的素質

人民代表是組成人民代表大會制度的細胞。代表素質的提高，是堅持與完善人民代表大會制度的基礎。從總體上說，現在中國人民代表的素質是高的，但仍有繼續不斷進一步提高的必要。例如，有的代表任期五年沒有發過一次言；有的代表在某一專業領域取得過傑出的成就，但參政議政能力並不一定強，有的還缺乏從政的興趣。過去曾長期存在的那種把人民代表當作一種榮譽職務和稱號的習慣看法和作法，現在在少數地方和某些同志的觀念和決策中仍然存在。同人民代表大會是中國的權力機關這一性質、地位和作用是完全背離的。提高代表素質，除了需要從根本指導思想上解決這一問題外，還可考慮採取多種具體辦法。例如，有關部門應作好代表人才資源的調查研究工作。每次換屆選舉之前，應對現有代表素質的高低作出評估以決定其去留；對擬新增代表候選人，既要考慮到代表的廣泛性和代表的合理結構，又要注重其個人的先進性和參政能力。現在代表結構中官員（特別是政府職能部門負責人）所佔比例過多。他們中不少人不是素質不高，而是任務過重或兼職過多，無暇顧及人大工作。這就出現了少數地方黨政領導在人民代表大會或常委會開會之前要動員那些代表與官員雙肩挑的人積極參加人代會，以便保證會議表決時的足夠票數這種不應有的現象。又如，可以在

中央和省市兩級普遍建立人大幹部培訓中心。學員不僅包括從事人大工作的專職專業人員、也可以包括各級人大常委會成員和一般人民代表。應組織力量編好各類教材，逐步實現培訓的經常化、正規化。這對提高代表素質和專門從事人大工作的專職和專業人員的政治業務能力和民主法制觀念將是很有效的。此外，有些地方的人大常委會分期分批吸收人民代表列席常委會會議，這對提高人民代表的素質是有益的。這種做法值得推廣。

人大常委會委員的專職化問題

在西方，議會的議員絕大多數是專職的，加上會期很長，因此議員的調查研究工作以及議會的立法和討論決定其他問題的時間很充分。中國的情況有很大不同。各級人民代表大會的代表人數很多。其好處是可以使代表具有廣泛性，能反映廣大普通勞動者的心聲。但是不可能經常開會，議決問題不方便，效率也不高。因而就有縣級以上各級人大常委會的出現。人大自設置常委會以來，工作效率大大提高。實踐證明這是一項成功的改革。中國的國家機構的設置同西方的多種模式的三權分立構架有很大不同。各級人民代表大會是國家的權力機關。各級行政機關和司法機關都由它選舉產生，對它負責，受它監督。因此它在國家政治生活中的地位與作用，具有極端的重要性。在中國，人民當家作主，最根本的是通過人民代表大會制度來體現和實現。人代會有十多項職權，最主要的是立法權、監督權、任免權和重大問題決定權等四項。這些任務相當繁重。但是，中國的人民代表都不是專職。人大常委會委員中絕大多數成員也都是兼職。他們（特別是政府職能部門的負責官員）不僅自己的工作都很忙，而且對情況的了解也限於自己的工作領域。而人大的工作特別是立法，其內容涉及的領域十分廣泛。因而做好這些工作，需要各級人大常委會的成員在會議審議各項議案（特別是立法議案）之前，進行大量的調查研究工作。這是兼職人大常委委員難以做到的。此外，人大有監督政府的職權與職責。身兼人大常委與政府負責官員的雙重身份，既要行使人大的決定權、監督權，又要擔負政府執行決定、接受監督的職責。這是相互矛盾的。中國人民代表大會代表人數很多，沒有可能也無必要全部專職化，但是，人大常委委員的專職化則既

需要也可行。人大常委專職化是今後的發展方向，可逐步實現。一些同志認為，北京市人大常委中專職委員約佔三分之一左右，如果能夠逐步擴大到二分之一或更多些，則人大代表執行職務的狀況將會大為改觀。

延長人大會議的會期

依據中國憲法和法律的規定，全國的和地方的各級人民代表大會一般是一年舉行一次。全國人大常委會是「一般兩個月舉行一次」；地方各級人大常委會則是「每兩個月至少舉行一次」。會議開幾天，未作具體規定。但實際做法是，人大常委會會議通常在 5 天至 7 天。一般說來，大會一年一次是合適的，但常委會會期偏短。特別是討論法律議案，有時候半天或一天討論並通過一個法案，很難做到審議充分。審議其他議案，也有這個問題。要加快立法速度，特別是要提高立法質量，人大常委會的認真與充分審議，是一個具有決定性的環節。它需要充分發揚民主，完善審議程序，如完善修正案程序，進行全體大會交流看法與開展辯論等，時間太短是難以做到的。我們不必像西方的議會那樣會期很長。但在現今基礎上會期延長一倍，如常委會每兩個月開會一次，每次會議 15 天左右，時間並不算多。鑒於人大在中國政治生活中的性質、地位和作用，在這方面增加一些支出，不應當有困難。各級黨政主要領導人也不必天天列席會議。他們可以從各種渠道得到人大會議的各種信息，可以通過各種方式實現執政黨對人大工作的領導。問題主要在會期的適當延長要同人大常委會成員的逐步專職化進程相適應。

健全立法制度

立法制度是人大制度的重要組成部分。立法工作是人大一項最主要最經常最繁重的工作。20 年來，我們的立法工作取得了舉世公認的成就。但今後的任務仍然長期而艱巨。黨的十五大報告已明確提出，我們要在 2010 年之前建立起中國的社會主義法律體系。現在在提高立法量方面還面臨許多重要課題需要解決。如有的法律的起草難度很大，有的法律規定過於原則和籠統，可操作性差。這些都有賴於盡快制訂一部

較為理想的立法法加以解決。由於現行憲法和法律有關立法權限的劃分、立法程序的安排、法律解釋的設計,立法監督的措施等規定過於原則和簡單,已不適應客觀的需要。而這幾項也是將要制訂的立法法需要重點解決的幾個問題。在立法權限劃分上,應調動中央與地方兩個積極性,不宜過分強調中央集權而妨礙地方立法的積極性與主動性。應在理論上承認部委規章與地方政府規章的制定是屬廣義立法的範疇,既不要過份約束行政規章制定的手腳,又需要加強同級權力機關的監督,以控制其失控與維護國家法制的統一。在立法程序上,建議將立法準備階段列入廣義的立法程序的的範疇,因為規範立法計劃與規劃,合理規定法案起草單位、要求法案起草應走群眾路線等,是保證立法質量的重要環節。法律案審議階段程序設計總的要求應是加強立法的民主性和科學性,諸如法律草案要提前送達人民代表或人大常委委員手中以便為參與審議法案早作準備;要在小組會、聯組會以及全體大會充分開展對法案的辯論;要充分發揮專門委員會對法案的審議並協調好它們彼此的關係;要發揮法律及其他方面專家在法律審議過程中的作用並設置聽證會等制度以廣泛聽取各有關方面的意見;要完善修正案制度等。

改進人大監督工作

監督憲法和法律的實施,監督國務院、最高人民法院、最高人民檢察院的工作,是憲法賦予全國人大及其常委會的重要職權。省級地方人大也有此相對應的權力。現在,絕大多數省、自治區、直轄市的人大已制訂出自己的監督法。全國人大需要制訂的監督法應早日出臺。這部法律的制訂,能夠促使人大的工作監督與法律監督步入制度化和法律化的軌道,也是人大制度建設的重要內容。法律要有權威、能得到切實遵守,首先是憲法要有權威、能得到切實遵守。現在違憲的事時有發生。其原因是多方面的,但憲法的執行缺少卓有成效的監督機制,是一個重要原因。現行憲法規定,全國人大及其常委會有權監督憲法的實施,但我們一直沒有建立這一機構、機制與程序,使這一極為重要的規定如同虛設。憲法規定,全國人大及其常委會有權撤銷同憲法和法律相違背的行政法規、地方性法規和決定,但從來沒有這樣做過。現在世界絕大多數國家都建立有憲法監督機制和程序。建立一個其性質與地位同人大各

專門委員會大體相當的憲法監督委員會，在政治上不應有任何問題，甚至也不涉及憲法的修改。這是完全可行的。現在是到解決這一問題的時候了。這一機構、機制和具體程序的建立，將為改革中國的人大制度邁出重要一步。

增強人大工作的透明度

全國人大議事規則明確規定：「中國人民代表大會會議公開舉行。」「大會全體會議設旁聽席。旁聽辦法另行規定。」現在允許普通公民旁聽人大會議的情況還不普遍。山東濰坊市人大自 1995 年 11 月開始，實行會議開始一周前事先將需要議決的事項在報紙和電台公佈、允許普通公民列席會議旁聽，事實證明效果不錯。全國和地方各級人大應有這方面的具體辦法以落實這一法律規定。人大會議上有關審議選舉任免、法律議案和工作報告等的表決結果應予公佈，這也是最起碼的要求。在民主體制下，即使是以一票的微弱多數通過某一議案，也完全是一種正常現象。對某種投票的具體結果對廣大公民保密，弊病很多。此外，各級人大公開會議的文件與討論的記錄等材料，也可以有條件地逐步向公眾開放，允許其查閱與研究。這是涉及對公民應當享有的知情權的尊重。在我們的國家裏，人民是國家的主人。在一定意義上講，不僅政府官員是人民的公僕，而且由選民選出並代表人民執掌國家權力的人代會的組成人員也是人民的公僕。人民享有充分的知情權，是他們參政議政並監督國家機構行使權力的基本條件。

改善執政黨對人大的領導

要正確處理好執政黨與國家權力機關的關係。黨的執政地位，是通過黨對國家政權機關的領導來實現的。如果放棄了這種領導，就談不上執政地位，任何削弱黨對人大的領導的想法和做法都是不正確的。但是從一定角度看，又只有改善黨的領導才能實現加強黨的領導的目的。黨對國家政治生活的領導，本質上是組織與支持人民當家作主，而不是代替人民當家作主。要善於把黨的有關國家的重大方針政策，經過嚴格

的法定程序轉變為國家意志。黨的政策是黨的主張，國家法律和國家政策是黨的主張與人民意志的統一。在黨的政策變為國家意志即轉變為國家法律與國家政策的過程中，要充分發揚民主，切實遵守民主程序。應允許黨員代表與黨外代表在議事過程中對黨的某些具體政策提出某些補充、修改意見和提出某些新的政策建議，以進一步豐富和完善黨的方針和政策。人民代表中的執政黨黨員，既要宣傳與貫徹執政黨的路線、方針和政策，又要充分反映人民的意志和願望。他們應當正確地擔當這一雙重角色，正確處理好這兩個方面的關係。黨的各級組織應當充分尊重各級人大依照法定程序所作出的各項決定。同行政機關實行首長負責制有所不同，人大是實行委員會制，每個人都只平等地享有一個表決權。在人大工作的各個環節，都應避免與杜絕「長官意志」和個人說了算的弊端。這是貫徹民主集中制原則的要求，也是在一定意義上涉及執政黨與黨外人士互相尊重與合作共事的問題。

第三十八章
取消國家領導職務
實際終身制的意義

* 原載於《新憲法簡論》（北京：法律出版社，1984 年）。參見〈一項意義深遠的改革〉
  一文（載《人民日報》1982 年 7 月 9 日）。本章所稱「新憲法」，即 1982 年憲法。

新憲法對國家領導人的任職時間做了限制，規定：中華人民共和國主席、副主席，全國人大常委會委員長、副委員長，國務院總理、副總理、國務委員，最高人民法院院長，最高人民檢察院檢察長，每屆任職五年，連續任職不得超過兩屆。這是中國國家領導體制的一項重要改革，它對廢除實際存在的領導職務終身制，實現國家領導制度的民主化，促進四個現代化建設，有着重大的現實意義和深遠的歷史意義。

　　從歷史上看，終身制是同專制主義的政治制度聯繫在一起的。在奴隸制和封建制時代，除某一時期的個別國家（如古希臘、羅馬）出現過共和政體外，其他基本上都是君主專制政體。在這種政治制度下，國家元首（國王、皇帝等）絕大多數都是終身的，甚至是世襲的。資產階級革命摧毀了封建君主專制政體，建立起共和政體的民主制度，國家最高職務由選舉產生並且限制任職的時間，這是資產階級革命的一項重大成就，是人類政治生活的一個重大進步。當然，我們也要看到資產階級共和制政體的階級實質和歷史局限性。資產階級民主是建立在資本主義生產關係的基礎上。因此資本主義國家的國家元首和政府首腦的經常更替，本質上是反映了各資本家集團和各派政治勢力彼此之間的相互爭奪和矛盾的調節，是有利於維護資本主義的政治制度和經濟制度，有利於鞏固對廣大勞動人民的統治。

　　社會主義民主是建立在生產資料公有制的基礎上。它是佔人口絕大多數的人民大眾真正當家做主，享有管理國家一切大事的權力。它在本質上要比資產階級民主優越得多、進步得多，是人類發展史上最高類型的民主。這種民主要求實行最徹底、最完備的共和政體。而國家最高領導職務的終身制是同共和制政體完全背離的。

　　建國以後我們頒佈的頭三部憲法，明確規定了國家最高領導職務都由選舉產生，但是卻沒有規定限制任職的時間。現在看來這是一個重大失策。如果不硬性規定限制任職的屆數，由於各種具體條件和原因，

就可能出現國家領導職務實際上的終身制。這種情況也確實在我們的國家裏出現了。出現這種情況的條件和原因主要有以下三個方面：

首先，是由於我們在這個問題上缺乏經驗。現在，我們對廢除國家領導職務事實上的終身制的重大意義的認識，是經歷了曲折的道路，飽嘗了嚴屬的教訓才逐漸得到的。1956 年，毛澤東同志和黨中央從總結國際（主要是蘇聯）無產階級專政的歷史經驗中，就已經意識到了社會主義國家政治生活中權力過分集中和個人崇拜的消極後果，並且曾經考慮過廢除黨和國家領導職務實際上的終身制這個問題。1957 年 4 月，毛澤東同志在一次同黨外人士的談話中，正式提出了不當下屆國家主席的問題，並在這年 5 月一封來信的批示中明確表示：「可以考慮修改憲法，主席、副主席連選時可以再任一期」，並要求就此事展開討論，以打通黨內黨外一些同志的思想，接受他的主張。後來，由於形勢發生了變化，主要是「左」的錯誤開始出現並日趨嚴重，這一考慮就被長期擱置了下來。從此，權力過分集中於個人和個人崇拜現象逐漸形成與發展，以致到「文化大革命」期間，出現了把黨和國家領導人實際上的終身制和接班人正式寫進黨章並試圖寫進憲法這種極不正常的現象。粉碎了「四人幫」，特別是在十一屆三中全會以後，通過撥亂反正，我們才開始認真地、切實地總結這方面的教訓。1980 年，黨的十一屆五中全會，明確地提出了廢除領導職務實際上存在的終身制。同年，在全國五屆人大三次會議上，一批老一輩無產階級革命家辭去了國家最高一級領導職務，為改革國家領導制度作出了光輝的榜樣。這次制定新憲法，終於明確規定了國家領導人的任職時間，把廢除國家領導職務事實上的終身制加以制度化法律化。上述這一過程充分說明，只有經過實踐，特別是有了「文化大革命」這樣慘痛的教訓，在這個問題上我們才可能有今天這樣的認識。歷史上，任何一個統治階級，其政治經驗的積累，都需要有一個過程。這一點是不能忽視和否認的。

其次，過去之所以出現國家領導職務事實上的終身制，同中國革命的具體特點也有一定的關係。中國的革命是在黨的領導下，經過長期的艱苦卓絕的鬥爭，才打倒三大敵人，建立了新中國。在民主革命時期，我們黨經受了最嚴竣的考驗，並鍛煉出了一大批職業革命家。他們忠於革命事業，具有豐富的鬥爭經驗，在人民中享有很高的威望。新中國成立後，他們理所當然地成了國家的棟樑。在 1950 年代和 1960 年

代，黨和國家的中堅力量當時正處於年富力強、精力充沛的時期，因此那時我們的幹部狀況同革命事業的需要之間，大體上還是相適應的。只有到了 1970 年代，幹部老化問題才尖銳起來，革命接班問題才突出起來。上述這種情況，對我們沒有足夠重視限制國家領導職務的任期，以避免出現終身制，是有一定影響的。

第三，在我們今天的社會裏之所以出現國家領導職務事實上的終身制，和中國的社會歷史特點是分不開的。社會主義時期的終身制，就其性質來說，是封建專制主義終身制的殘餘在中國現階段領導制度上的一種反映。中國是一個經歷了幾千年封建社會的國家，缺乏民主與法制的傳統，而封建主義的遺毒在人們的思想上卻是根深蒂固的。這就不可避免地要給我們的政治生活帶來各種消極的後果。一個突出的表現，就是我們在長期內對發展社會主義民主與健全社會主義法制的重要意義認識不足。在這種情況下，當然也不會引起對限制國家領導職務任期問題的重視。同時，那種「一朝為官，終身受祿」的封建思想流毒，也勢必腐蝕着我們一些幹部和群眾的頭腦，而把終身制看成是理所當然與習以為常。

在中國，廢除國家領導職務事實上的終身制，概括起來，主要有以下五個方面的重要意義：

第一，廢除國家領導職務實際上的終身制，有利於消除權力過分集中於個人，防止產生個人專斷和個人迷信，避免民主集中制和集體領導原則遭受破壞。

事實證明，產生個人專斷與個人迷信的原因雖然很多，但是存在領導職務實際上的終身制，是一個極其重要的原因。因為，隨着領導職務終身制而來的，必然是權力過分集中於個人，這正是產生個人迷信的重要條件。如果一個人長期或終身擔任國家最高領導職務，就其本人來說，隨着年事的增高，深入實際和接觸群眾會愈來愈少，這樣就很容易使他忽視集體和群的作用，而誇大自己個人的作用。就一般幹部和群眾來說，這種狀況也容易使得他們自覺地或不自覺地過分誇大終身領導者的個人作用，把功勞都記到這一個或少數幾個領導人身上。同時，在實行領導職務終身制的情況下，下級幹部對自己的領導人很容易產生依附思想，對領導者經常是一味奉承不敢批評；而終身領導者也往往覺得自己完全可以不受幹部和群眾的任何監督。這樣，隨着終身領導人威望

的不斷增高，加給他的頭銜就會愈來愈多，對他個人的宣傳和頌揚也會愈來愈突出。這一切都不可避免地會產生個人迷信以及家長制、個人專斷和個人凌駕於集體之上的等現象。其結果必然是民主集中制和集體領導原則遭到徹底破壞。現在，新憲法採取嚴格限制國家最高領導人任職時間的辦法，定期更新領導層，上述現象就難以發生。

第二，廢除國家領導職務實際上的終身制，可以防止幹部隊伍老化，使國家最高領導班子永遠保持旺盛的活力，以提高國家領導工作的效率。

國家領導人特別是國家最高領導人，擔負着指導和組織整個國家事務的重任，需要有充沛的精力和強健的體格。一個人長期或終身任職，年齡必然愈來愈高，由於受自然規律的限制，無論在體力上還是在精力上，都很難勝任這樣繁重的工作。只有按照一定的任期，把那些年事已高的同志換下來，把那些革命和建設中經過鍛煉和考驗的、德才兼備、年富力強的同志及時換上去，才能使國家的最高領導班子經常保持旺盛的生命力，才能擔負起不斷發展的社會主義建設事業的重任。回顧建國初期，我們國家的最高領導人，包括毛澤東、周恩來、劉少奇、朱德等領袖人物在內，絕大多數都處在精力充沛、年富力強的時期。他們都能親臨第一線，深入實際、深入群眾處理和解決國家的重大問題。我們在建國後的頭幾年，勝利地完成了繁重的社會改革任務，迅速地恢復了在舊中國遭到破壞的國民經濟，並基本上實現了生產資料私有制的社會主義改造。我們之所以能夠在短期內取得那樣輝煌的成就，是同當時我們國家最高領導人的比較年輕化是分不開的。

第三，廢除國家領導職務實際上的終身制，既有利於挑選、培養、鍛煉大批新的領袖人物並充分發揮他們的作用，又有利於那些年事已高的老一代領導人在適當的崗位上更好地發揮其作用。

社會主義革命和建設事業是人類歷史上空前偉大的事業。為了領導好這一事業，人民需要有自己的傑出領導人。這種領導人，不應當只是一個或者少數幾個，而應當是一大批。而且社會主義制度也為這種人民領袖人物的出現提供了條件和可能。社會主義時代應當是一個群星燦爛、人才輩出的時代。而事實證明，存在着領導職務事實上的終身制，就必然會壓抑新的一代領袖人物的發現、培養和充分發揮他們的作用。

「不在其位，不謀其政」，德才兼備的領導人，只有在一定的崗位上才能得到考驗、鍛煉。

對國家主要領導人任職時間實行限制，並不會妨礙某些特殊的傑出人物充分發揮其作用。無產階級的傑出領導人之所以能夠起到比較大的作用，在於他們能夠科學地認識社會發展的客觀規律，正確地反映人民群眾的要求；在於他們能夠深入實際、深入群眾。一個人，包括一些傑出人物在內，如果長久或終身任職，隨着他們年事的增高，深入實際和接觸群眾客觀上就會愈來愈困難，他們才能的增長和充分發揮就會受到很大限制。相反，領導人在年高體弱時退居第二線、第三線，從繁重的日常事務中解脫出來，集中精力考慮國家大事，總結領導、管理國家的經驗，為在職的領導人當顧問、當參謀，對中青年幹部傳幫帶，就能更好地發揮他們的作用。

第四，廢除國家領導職務實際上的終身制，有利於保持國家方針政策的連續性和國家領導班子的穩定性。

有人認為，限制國家最高領導人的任職時間，會影響國家方針政策的連續性和國家領導班子的穩定性，這種擔心是不必要的。事實恰恰相反，只有建立起嚴格的制度，按照一定的民主程序，定期地更新領導層，才能保證這種連續性和穩定性。這是因為：首先，國家方針政策的正確與否，並不在於某個人在位不在位，任職不任職，而在於制訂出來的方針政策，是不是符合客觀實際和充分反映全國廣大人民的利益和願望。正確的方針政策應當是集中全國人民群眾智慧的結果，決不是某個領導者個人意志的反映。限制國家最高領導人的任職時間有利於國家民主生活正常化，有利於維護民主集中制，因而也有利於國家方針政策的正確制訂和正確執行，從而就能夠保證方針政策的連續性和領導班子的穩定性。其次，使國家領導人的輪換制度化，就可以使年輕一代不斷進入最高領導崗位，就可以按照一定的嚴格的民主程序，有秩序地解決好最高一級領導人的交接班問題。如果不是這樣，而是一個人長期或終身任職，新的一批或一代領導人的能力與威望培養和建立不起來，一旦老的領導人不能理事或不幸逝世，就容易發生事情的突變，影響國家政局的穩定，影響方針政策的連續性和領導班子的穩定性。在國際共運中，無論在外國還是在中國，都有過這方面的教訓，我們應當吸取。

第五，廢除國家領導職務實際上的終身制，有利於克服能上不能下、能官不能民的舊思想、舊傳統，有助於廢除其他各級國家機關實際存在的領導職務終身制。

　　長期以來，由於種種原因，在人們的思想中形成了這樣一種觀念，一個幹部只要當了什麼「長」，職務就只能上升，不能下降；只能終身為官，不能削官為民，認為這是天經地義。過去我們也講能上能下，能官能民。實際上，這遠遠沒有形成為一種制度，一種社會風尚。由於這種思想的影響，一些人就對廢除終身制思想不通。實行對國家主要領導人任職時間的限制，就可以為其他各級領導幹部樹立一個較好的榜樣，有利於他們樹立能上能下、能官能民的全心全意為人民服務的思想，這對促進整個國家領導制度的改革，必將產生巨大而意義深遠的影響。

第三十九章
黨政分開是
政治體制改革的關鍵

* 本章又名〈從黨治走向法治〉，載《炎黃春秋》2012 年第 12 期。

正如鄧小平同志所指出，建國後我們過去政治體制上的最大弊端是權力過分集中。按我個人理解，權力過分集中，具體表現為，黨與政府，權利過分集中在黨；領導個人與領導集體，權力過分集中在領導個人；中央與地方，權力過分集中在中央；國家與公民，權力過分集中在國家。這一弊端的根源是黨政不分和以黨代政。以往民主法治不健全的根源也在這裏。而這正是「文革」這一民族浩劫之所以發生和發展並持續十年之久的根本原因。文革期間，「黨的一元化領導」達到頂峰，以致「砸爛公檢法」，公開在「七五」憲法中寫進「中國共產黨中央委員會領導下的全國人民代表大會是全國的最高權力機關。」這一原則。

　　以 1978 年黨的十一屆三中全會為標誌，中國進入改革開放新時期以來，在鄧小平理論指導下，從黨的十二到十三大，我們在克服權力過度集中現象上取得重要進展，從而促進了民主法治建設。但是後來觀念又有回潮，以致改變黨政不分，以黨代政的現象，並沒有重大進展並從根本上解決。黨國不分，乃至黨先於國，黨重於國，黨高於國，黨大於國的觀念和作法仍未解決，「黨國」、「黨國」仍然是人們的口頭蟬。其制度表現之一是從中央到地方，一些領域仍然實行「兩塊牌子、一套人馬」，甚至還有蔓延趨勢。曾有同志說：過去的人大是「橡皮圖章」，現在已變為「木頭圖章」，但它應當是「鋼印」。這一比喻也不無道理。儘管，「黨委審批案件」的制度已經在 1979 年 9 月發佈的中共中央「關於保證刑法、刑訴法切實實施的指示」中已明令取消，但現今仍然存在政法委干預具體辦案的現象。對某些重大和疑難案件，政法委召集「三長」交換一下看法還是可以的，但要在這種會議上硬性作出決定，是明顯違憲的。中國憲法已明確規定審判權由各級人民法院行使，不允許在人民法院之上還有某個機構或個人，對案件最後拍板。

　　在新民主主義革命時期，我們黨曾領導中國人民高舉憲政的大旗，以民主對抗國民黨反動政權的專制，以法治反對它搞黨治，以人權反對它剝奪人民的一切權利。這是中國共產黨領導人民以少勝多，以弱

勝強，最終推翻了蔣家王朝的最大「法寶」。在「武裝鬥爭」的革命形式下，「黨政軍一體化」，權力高度集中，是難以避免的。但是，在新中國成立後，就應還政於民，逐步改變過去那種權力過度集中的政治體制。黨政不分、以黨代政、黨權高於一切，在現代民主法治社會裏，是根本不可能得到廣大人民群眾認同的，也不符合馬克思主義的基本原理和理想追求。這種觀念和制度設計，在馬克思、恩格斯等馬克思主義老祖宗那裏，是找不到任何思想足跡的，列寧就曾指出，不應將黨的組織和政權組織混為一談。1942 年，鄧小平同志在〈黨與抗日民主政權〉一文中說：我們絕不能像國民黨那樣搞「以黨治國」，因為那「是麻痺黨、腐化黨、破壞黨、使黨脫離群眾的最有效的辦法」。為此，他提出了三個基本觀點：一是黨的「真正的優勢要表現在群眾擁護上」，把「優勢建築在權力上是靠不住的。」二是不應把黨的領導解釋為「黨權高於一切」，甚至「黨員高於一切」；要避免「不細心地去研究政策，忙於事務上的干涉政權，放鬆了政治領導。」三是辦事不能「尚簡單避複雜」，不能「以為一切問題只要黨員佔多數，一舉手萬事皆迎刃而解。」他的這些觀點在今天仍有重大的現實指導意義。

怎樣才能在今後一個較長時期裏逐步解決這一政治體制改革的關鍵問題呢？我有如下五點想法和建議：

一要解決突出表現黨政不分的「兩塊牌子，一套人馬」問題。辦法是大量合併和精簡各級黨委下設的與行政機關和司法機關對口的職能機構，不能再事無巨細進行對口「領導」和「管理」。大量合併與精簡後的黨的職能機構應把工作重心轉移到協助黨委做好調查研究，制定好重大決策和方針政策上來，做好「黨要管黨」的工作。同時，加強各級各部門「黨組」的工作，充分發揮其「政治、思想」領導的功能。要改變黨的領導除了「政治、思想」領導之外，還有「組織」領導的錯誤觀念。

二是解決好黨和人大的關係問題。要逐步將權力重心從各級黨組織轉移到各級人大上來，使之成為真正的「國家權力機關」。主要通過各級人大的「黨團」、黨組織、黨員，做好人大的工作，各級黨組織的工作重心應放到提出立法建議和重大問題決策的建議上來，各級人大不應事無巨細都要向同級黨委彙報。尤其要重視人大自身的建設，包括提高選舉的自由度；提高人民代表的政治和業務素質；實現各級人大常委

的專職化；進一步提高人大工作的透明度；提高各民主黨派的獨立自主性，以進一步發揮其在人大工作中的作用等。

三是堅持司法獨立，維護司法權威。現在連「司法獨立」四個字都不敢提，是很欠考慮的。中國民主革命時期根據地政權的法律文書就早已寫進「司法獨立」。八二憲法起草過程中，憲法起草委員會主任委員葉劍英委員長在第一次會議致辭裏也明確提出了這次憲法的制訂，應貫徹「民主立法」與「司法獨立」原則。不能說這也是在否定黨的領導吧？！國際人權文書有幾個關於「司法獨立」的專門文書，還有過一個關於「司法獨立」的「北京宣言」。它作為司法工作的一項基本原則已為全世界各國所公認。作為聯合國安理會的常任理事國，我們有充分尊重它的義務。而且它被公認為是現代民主政治體制中非常重要的一環，對國家長治久安也有重大意義。至於各國在憲法表述上、在制度安排上略有不同，那是自然的。前面提到的政法委「三長會議」定案是違憲的，即使只是交換一下意見與看法，刑訟法中並沒有這樣的制度安排，也是不妥的。在這個問題上，鄧小平同志的態度是十分明確的。他曾說，「不管誰犯了法，都要由公安機關依法偵查，司法機關依法處理，任何人都不許干擾法律的實施，任何犯了法的人都不能逍遙法外。」「黨要管黨內紀律的問題，法律範圍的問題應該由國家和政府管。黨干預太多，不利於在全體人民中樹立法制觀念。」

在這裏，我還重複提一下我曾多次提過的建議，即修改現行憲法的第 126 條。該條的規定是：「人民法院獨立行使審判權，不受行政機關、社會團體和個人的干涉。」我建議將「不受行政機關」干涉改為「不受任何機關」干涉，或恢復 1954 年憲法的規定：「人民法院獨立行使審判權，只服從法律。」因為「干涉」是個貶義詞，行政機關不能「干涉」，黨組織和人大也不能「干涉」。對司法工作，黨要領導，人大要監督，那是另外一個概念，另外一個問題。當然，這不僅是憲法的用詞和邏輯需要嚴謹、嚴肅的問題，關鍵還是它內涵的理念是否合理和正確。

現在司法權威不高，「信訪」不信「法」，就是一個突出的問題。即使涉法涉訟的來信來訪案件已移交政法委處理，也多有不妥。因為它不僅涉及司法獨立的貫徹遵守，還涉及到這樣是否科學、合理。一個案件經過公檢法按刑訟法、民訴法和行政訴訟法的嚴密設計的一系列程序

而作出的終審判決，信訪部門僅憑原、被告一方的一封信和相關材料的審讀，就可以對該案的是非對錯表態，顯然是不科學、不嚴肅、不慎重的。如果把道理說清楚，老百姓是會通情達理的。經過幾年努力，「信訪」不信「法」的問題就可得到解決；「某人要上訪，縣委書記給他下跪」這樣的事情就不會再發生了。

四是「建立建憲審查制度刻不容緩」。這是我在 2001 年 11 月 2 日《法制日報》發表的一篇文章的標題。為此，我曾多次呼籲，在這篇文章又再次提出，是因為，它不僅直接關係到維護憲法尊嚴與權威，解決有人比喻中國憲法是「一隻沒有牙齒的老虎」這一重大問題，而且它還同正確的黨政關係這一問題有密切關聯。在一次高級別的專家座談會上，我曾建議盡快建立憲法監督制度，會上一位長期從事人大工作的高級幹部爭辯說：「是不是違憲，黨說了算」。此言一出，當時令我哭笑不得。因為，這可能成為國際上的一大笑話。我的意見是，在全國人大常委會下設立一個「憲法監督委員會」，其性質和地位同現有的九個專門委員會相當，受全國人大常委會領導，並對它負責，它作出的有關憲法監督方面的意見與建議，報送全國人大常委會討論和作出是否違憲的決定。必要時由人大常委會報告全國人民代表大會作出決定。它的職責可以是：對憲法解釋提出意見、建議；對法律法規、自治條例和單行條例是否違憲，對中央一級國家機關的重大政策和決定是否違憲，提出意見；對中央機關之間的權限爭議，對中央一級領導人的罷免案提出審查意見等。將中央軍委制訂的法律、法規是否違憲提出審查意見，也應當列入其職責範圍，是理所當然的。因為中央軍委也是憲法規定的對全國人大負責、報告工作並受其監督的一個國家機構。至於人們最擔心的當黨中央的紅頭文件同憲法或基本法律相抵觸問題，那也好辦。我們可以同意大利等西方國家的憲法法院或憲法委員會有權作出「政黨違憲」的裁決不同，可以用內部通報方式，交由黨中央或全國人大作出修改憲法、法律或對其作出解釋；或由黨中央對新政策作出調整，或對修憲改法提出建議。這對國家機關、民主黨派、社會組織和廣大公眾開展對黨組織的監督大有好處。人們說，中國尚未建立起違憲審查制度或憲法監督制度。這一判斷是成立的。認為現在的「法規審查室」已在履行憲法監督職能，甚至認為這就夠了。一個「局級」機構就可以擔負起「憲法監督」的重任和完成其職責，這有損於憲法應有的崇高尊嚴和權威。主

張用現在「法律委員會」來代行憲法監督的職能，會混淆憲法與法律的原則界限，同樣有損於憲法應有的權威與尊嚴。

五是要樹立國家法律的效力高於執政黨的政策的理念和制度。當黨的政策和國家法律發生抵觸和矛盾時該怎麼辦？這個問題在 1980 年代就曾討論過。第一種意見認為，應按黨的政策辦，理由是法律要相對穩定，它比較容易滯後於現實生活；黨的政策能更快地反映現實生活的變化；況且，黨的政策是國家法律的靈魂，國家法律是黨的政策的工具。第二種觀點認為，你看哪個正確就按哪個辦。第三種觀點是我和一些同志的看法，即應按國家法律辦。理由是，黨的政策是黨的主張，國家法律則是黨的主張和人民意志的統一。從原則上講，不是這個黨的黨員，就不受這個黨的黨綱和黨章的約束，黨的政策對非黨人士無直接約束力，它只能通過宣傳與示範吸引人們自願接受。國家法律的靈魂不是黨的政策，國家法律與黨的政策的靈魂都應當是人民的利益，社會的進步、事物的規律和時代的精神。國家法律更不應該是黨的政策的工具，兩者都應當是國家為人民謀利益的工具。第二種意見也當然不可取，因為那樣就會亂套，不能維護法制的統一和尊嚴。已故前最高人民檢察院研究室主任王桂五同志的觀點倒很有意思。他說，如果你是群眾，你就按國家法律辦；如果你是黨員，你就趕緊請示黨組織，他說怎麼辦，你就怎麼辦。他提出的後面那種做法，我不完全同意，但有一定的啟示意義，就是黨組織和有關人大要趕快對此類問題研究解決。現在有立法權的人大開會也不難，重大問題在二個月之間召開臨時會議也是能夠做到的。這裏的關鍵還是在黨的組織與國家政權組織的關係上，應有符合現代民主法治具有普遍價值的正確理念。

第四十章
邁向共和國法治的新時代

·　原載於《法學研究》2013 年第 1 期。最初是作者於 2013 年 1 月 16 日在中國法學會常務理事會擴大會議上的講話。

黨的十八大的勝利召開，在我們黨的歷史上具有非常重要的意義。我認真學習黨的「十八大報告」一個最深切的體會是、它揭開了人民共和國光輝歷程的嶄新篇章。我們的國家叫「中華人民共和國」。這裏的「中華」是指包括漢、蒙、壯、維、藏族在內的 56 個民族所組成的大家庭，這個「人民共和國」就是我們中華民族的共同家園。這裏的「人民」不是狹義的與「敵人」相對應的政治概念，而是一個廣義的國家的和法律的概念，即同「公民」同義。人民是我們的「國體」即「國家的一切權力屬人民」，「人民是國家的主人」。這裏的「共和」是「政體」，其具體表現形式主要是「人民代表大會」這一根本制度，當然也包括政治協商制度、民族區域自治制度和城鄉基層自治制度在內。我們的「人民共和國」具有社會主義的性質，也具有自己鮮明的民族特色。這樣的國體和政體就必然對全社會的經濟、文化、社會各方面的基本制度發生深刻的影響。因此，這裏的「共和」可以概括為四「共」與四「和」，四「共」是：國家的一切權力歸人民共有，國家的各種大事由人民共決，國家的主要資源由人民共佔，國家的發展成果由人民共享。四「和」是：官員與民眾和諧相處，民族與民族和睦相待，富人與窮人和衷共濟，本國與他國和平共處。「共」是社會主義的本質特徵，「和」是中華民族的文化瑰寶。建國以來，雖然在前 30 年裏走了不少彎路，但是黨領導人民是朝着建設「人民共和國」這一目標前進的。進入改革開放新時代 34 年以來，一個令全世界無數人羨慕與敬仰的強大而繁榮的人民共和國已經屹立在地球的東方，黨的十八大的召開則將大大加快我們朝着建設五大文明理想目標前進的步伐。在十八大報告中，出現次數最多的一個詞，就是「人民」。滿足人民的需求，保障人民的權利，謀求人民的幸福，就像一根紅線，貫串於這一報告的始終。而在「四」共與「四和」上，都有新思維、新目標、新舉措。

　　在黨的「十八大」召開前夕，我曾在中國法學會「第七次法學家論壇」上提出過實現民族偉大復興的「十二字訣」，即「謀發展，保民

生，反腐敗，行憲政。」並願意把十二個字獻給未來新的中央領導集體。認真研讀「十八大報告」，特別是在短短不到兩個月的時間裏，新的中央領導集體的一系列舉措給我的啟示，令我對早日實現我們的「中國夢」，更加充滿信心。我們將「確保到 2020 年實現全面建成小康社會的宏偉目標。」「經濟上要實現國內生產總值和城鄉居民的人均收入比 2010 年翻一翻。」依據我們前 30 年取得經濟發展奇跡的成功實踐和近十年提高人民生活水平和縮少貧富差距的一系列政策，在「謀發展」、「保民生」的問題上應該說是沒有多大懸念的。新的中央領導集體已經把「反腐敗」問題提高到關係黨和國家生死存亡的高度。不到一個月，就果斷地把一個中央後補委員拉下馬，令國內外很多人對中國新領導反腐倡廉的決心刮目相看。但反腐必須「治本」「治標」相結合。腐敗的根源和反腐的阻力主要在制度。因此，「行憲政」不僅是建設政治文明的必由之路，也是反「腐敗」是否能取得成功的基礎性條件。對此，習近平同志在 2012 年 12 月 4 日首都各界紀念現行憲法公佈施行 30 周年慶典上的講話中提出的四條要求，已為中國未來一個時期裏開展憲政建設勾畫了一幅具體而又清晰的藍圖。它們分別是發揚「人民民主」，推進「依法治國」，充分「保障人權」，實現「依憲治國」、「依憲執政」。社會主義的民主、法治、人權是社會主義憲政的實體內容，「依憲治國」是憲政的形式要件。「憲政」一詞並不像極個別人所說的那樣「神秘」和「可怕」，我們大家都在講的憲政，就是講的「依憲治國」、「依憲執政」。

現在中央領導有句口頭禪：「空談誤國、實幹興邦」。今年 1 月 3 日，孟建柱同志主持召開的全國政法工作電話電視會議上提出，將「勞教制度改革、涉法涉訴信訪工作改革、司法權力運行機制改革以及戶籍制度改革」確定為是 2013 年政法工作的重點。這些都是老大難問題。在這樣短的時間裏就決定盡快解決它，這是需要很大智慧、勇氣和魄力的。正如人民日報下屬的《環球時報》「社評」對此作出的評論：中央為「2013 年的政法工作設立了龐大目標，這可以看成總動員級別的既往開來，甚至新的出發」。

在今天這個會上，我之所以要談這樣一些學習「十八大報告」和新的中央領導集體的新思維、新舉措的體會，是想表達我的一個認識；對我們今日中國老中青三代法學研究工作者來說、歷史給我們提供了一個

非常好的為建設「法治中國」而獻身的機遇；黨和國家為我們搭建了一個非常好的實現自己人生價值的平台。對此，我們必須倍加珍惜！

我從事法律學習和法學研究已經 55 年。我很慶倖自己能夠生活在這個偉大的國度和時代裏，在改革開放和民族振興的歷史征程中也留下了自己的一行思想足印。回顧我個人近 30 多年的研究工作經歷，一個最深切的感受是，只要我們會講道理，我們的思想和建議符合黨心、民心，符合時代的精神和中國的實際，中央領導是會重視和採納我們的意見的。

1979 年，我負責執筆起草於當年 9 月 9 日發佈的中共「中央關於保證刑法、刑事訴訟法切實實施的指示」（即「六十四號」文件）在黨中央文件中第一次寫進了要實行「社會主義法治」；決定果斷取消黨委審批案件的制度；明確宣佈廢除文革「公安六條」中的所謂「惡毒攻擊罪」，允許批評黨和國家的領導人；宣佈「五類分子」摘帽後應享有同其他公民一樣的權利。1980 年，我負責起草總結審判林彪、江青反革命集團的歷史經驗，並以「特約評論員」文章的名義在人民日報發表。我總結出「司法獨立」、「司法民主」、「實事求是」、「人道主義」、「法律平等」這五項法治原則，並在這一重要中央文獻中第一次寫入中國要實行「以法治國」的方針。1981 年，我又受命起草前葉劍英委員長在八二憲法「起草委員會」第一次會議上的講話稿，建議寫入「民主立法」和「司法獨立」兩項法治原則，亦被採納，並被寫進八二憲法。我曾先後在《人民日報》、《求是》雜誌、《光明日報》上發表四十多篇文章，其中許多重要觀點與建議，都被中央接受，如「法律面前人人平等」，廢除領導職務終身制，「凡具有中華人民共和國國籍的人，都是中華人民共和國公民。」建議將「公民的基本權利和義務」一章置於「國家機構」一章之前，這些都被規定在了八二憲法裏。而「黨組織要在憲法和法律的範圍內活動」則被規定在 1982 年修改後的黨章中。2003 年 6 月 13 日，吳邦國同志在人民大會堂主持的修憲座談會上，與會者對人權問題儘管有過爭論，但中央最終還是採納了徐顯明教授和我的建議，將「國家尊重和保障人權」莊嚴地記載了在現行憲法裏。總之，回顧我個人這三十多年來的研究工作經歷，有兩點認識感悟最深：一是歷屬中央領導集體對知識分子的作用都是十分肯定的，對專家學者的意見都是十分重視的。二是中央領導自身，始終堅持實事求是，始終堅持改革開放，始

終堅持理論創新，始終堅持學術寬容。正是基於這種認識，多年來，我在各種講課或演說中，一開頭總要表達這樣一個觀點：在改革開放的新時代裏，我們之所以能夠取得經濟發展的人類歷史的奇跡，也取得了政治、文化、社會文明快速進步的巨大成就，首先應歸功於13億勤勞、智慧、勇敢的中國人民，也應歸功於黨中央的英明決策和正確領導。

今天，中國的社會主義法律體系已經建成。這個體系已基本達到了部門齊全、結構嚴謹、內部和諧、體例科學、協調發展的要求。中國的社會主義法制體系，包括立法、執法、司法、護法在內的制度體系，已基本實現各自獨立、彼此銜接、相互協調、運行通暢。中國的社會主義法學體系，包括理論法學、法律史學、部門法學、國際法學在內，也已日見成熟與科學，並具有自己一定的風格與氣魄。在學術層面上，我們已經完全能和西方發達國家平起平座，彼此切磋、相互借鑒。五千年的中華文明史已經證明，我們的民族始終是一個善於理論思維的民族。在這個問題上，我們切不可妄自菲薄，一味迷信西方。黨和國家的領導已多次充分肯定我們的老中青三代法學家為中國法治建設所付出的心血和所作出的貢獻。人民不會忘記我們，但我們更要時時刻刻記住祖國和人民對我們的養育之恩。

此時此刻，回顧過去，展望未來，我們大家應該在一個主要的問題上達成基本的共識：中國的憲政建設已經取得重大成就。黨的十八大後我們的道路將會更加寬廣。但是我們要走的路還很長。對此，我們既急不得、但也等不得。我們的憲政建設，包括人民民主，依法治國，人權保障，依憲執政，必須同中國的經濟、文化發展水平相適應，必須同我們各方面的制度改革進度相適應。因此，我們的憲政建設必須堅持在黨的統一領導下，有組織，有計劃，有步驟地逐步進行。但是，我們的各級領導也應該肯於和勇於去做那些應當做也完全可以做的事情。現在人們的主要希望是，我們的步子能夠走得比過去再快一點。我認為，要做到這一點，主觀上必須做以下幾點：政治家們要有遠見卓識和膽略，法律實務工作者要有職業操守和良心，法學家們要有獨立品格和勇氣，廣大人民群眾要有政治覺醒和參與。我們的黨和國家應當為此創造更為良好的社會條件和寬鬆政治環境，切實做到既有民主，又有集中；既有自由、又有紀律；既有統一意志，又有個人心情舒暢的那樣一種政治局面。

中國法治三老　　郭道暉是「時代的良知」，江平是「中國法學的良心」，李步雲是「敢開第一腔」的法學家，三位法學泰斗在中國法學界享有盛譽，被尊稱為「法治三老」。

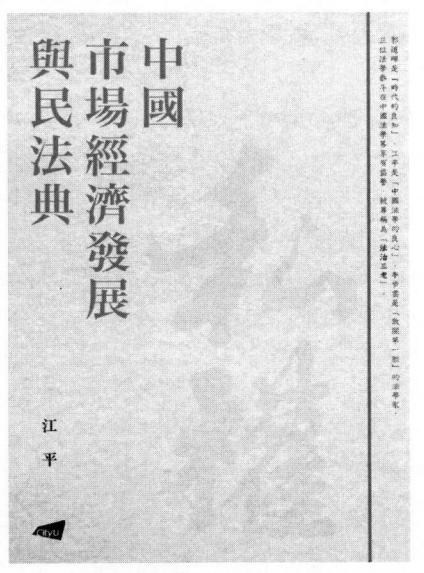

江平《中國市場經濟發展與民法典》
978-962-937-407-5

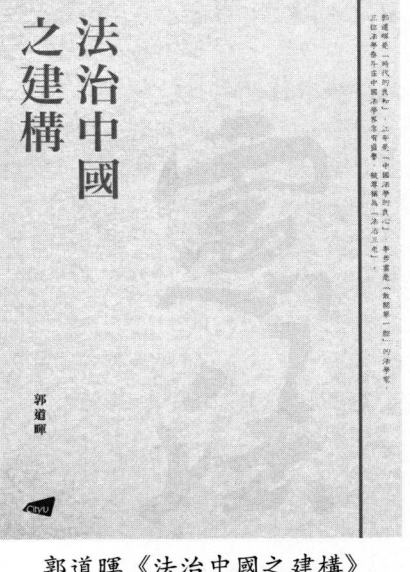

郭道暉《法治中國之建構》
978-962-937-408-2

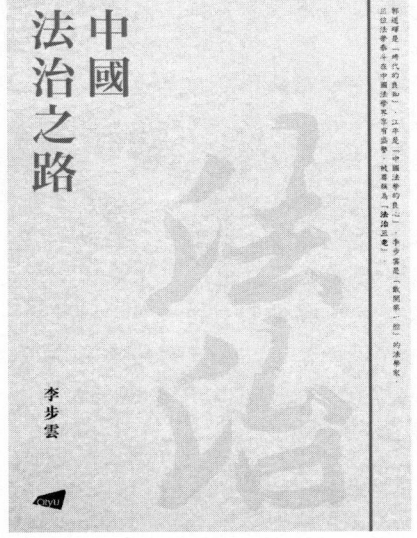

李步雲《中國法治之路》
978-962-937-409-9